Reinhard Ibler (Hg.)

Unter Mitarbeit von Katharina Bauer, Anja Golebiowski und Elisa-Maria Hiemer

# Der Holocaust in den mitteleuropäischen Literaturen und Kulturen seit 1989

Materialien des Internationalen Workshop,
Gießen 21.-23. November 2012

---

Reinhard Ibler (ed.)

Assisted by Katharina Bauer, Anja Golebiowski, and Elisa-Maria Hiemer

# The Holocaust in the Central European Literatures and Cultures since 1989

Proceedings of the International Workshop,
Gießen 21-23 November 2012

# Literatur und Kultur im mittleren und östlichen Europa

herausgegeben von Reinhard Ibler

ISSN 2195-1497

1     *Elisa-Maria Hiemer*
      Generationenkonflikt und Gedächtnistradierung
      Die Aufarbeitung des Holocaust in der polnischen Erzählprosa des 21. Jahrhunderts
      ISBN 978-3-8382-0394-2

2     *Adam Jarosz*
      Przybyszewski und Japan
      Bezüge und Annäherungen
      Mit einem Vorwort von Hanna Ratuszna und Quellentexten in Erstübertragung
      ISBN 978-3-8382-0436-9

3     *Adam Jarosz*
      Das Todesmotiv im Drama von Stanisław Przybyszewski
      ISBN 978-3-8382-0496-3

4     *Valentina Kaptayn*
      Zwischen Tabu und Trauma
      Kateřina Tučkovás Roman *Vyhnání Gerty Schnirch* im Kontext der tschechischen
      Literatur über die Vertreibung der Deutschen
      ISBN 978-3-8382-0482-6

5     *Reinhard Ibler (Hg.)*
      Der Holocaust in den mitteleuropäischen
      Literaturen und Kulturen seit 1989
      The Holocaust in the Central European Literatures and Cultures since 1989
      ISBN 978-3-8382-0512-0

Reinhard Ibler (Hg.)

# DER HOLOCAUST IN DEN MITTELEUROPÄISCHEN LITERATUREN UND KULTUREN SEIT 1989

The Holocaust in the Central European Literatures and Cultures since 1989

*ibidem*-Verlag
Stuttgart

**Bibliografische Information der Deutschen Nationalbibliothek**
Die Deutsche Nationalbibliothek verzeichnet diese Publikation in der
Deutschen Nationalbibliografie; detaillierte bibliografische Daten sind im
Internet über http://dnb.d-nb.de abrufbar.

**Bibliographic information published by the Deutsche Nationalbibliothek**
Die Deutsche Nationalbibliothek lists this publication in the Deutsche Nationalbibliografie;
detailed bibliographic data are available in the Internet at http://dnb.d-nb.de.

∞

Gedruckt auf alterungsbeständigem, säurefreien Papier
Printed on acid-free paper

ISSN: 2195-1497

ISBN-13: 978-3-8382-0512-0

© *ibidem*-Verlag
Stuttgart 2014

Alle Rechte vorbehalten

Das Werk einschließlich aller seiner Teile ist urheberrechtlich geschützt. Jede Verwertung
außerhalb der engen Grenzen des Urheberrechtsgesetzes ist ohne Zustimmung des Verlages
unzulässig und strafbar. Dies gilt insbesondere für Vervielfältigungen,
Übersetzungen, Mikroverfilmungen und elektronische Speicherformen sowie die
Einspeicherung und Verarbeitung in elektronischen Systemen.

All rights reserved. No part of this publication may be reproduced, stored in or introduced into a retrieval
system, or transmitted, in any form, or by any means (electronic, mechanical, photocopying, recording or
otherwise) without the prior written permission of the publisher. Any person who does any unauthorized act
in relation to this publication may be liable to criminal prosecution and civil claims for damages.

Printed in Germany

# Inhalt

REINHARD IBLER:
Vorwort — 9

## *Entwicklungen und Trends* — 15

ANJA GOLEBIOWSKI:
Die Geister der Vergangenheit. Trauma und Psychoanalyse in der polnischen Gegenwartskunst und -literatur — 17

HANS-CHRISTIAN TREPTE:
Kinder und Enkel des Holocaust erzählen. Neue Perspektiven in der polnischen Holocaustliteratur — 39

MARKUS ROTH:
Fiktionalisierung und Dokumentation: Die Shoah im deutschsprachigen Gegenwartsdrama — 59

KATHARINA BAUER:
Representations of the Holocaust in Recent Youth Literature — 69

## *Vergleichende Studien* — 87

MARIJA SRUK:
Weiter leben – weiter schreiben: Ruth Klügers *Still Alive. A Holocaust Girlhood Remembered* und Imre Kertész' *Dossier K. Eine Ermittlung* im Vergleich — 89

SASCHA FEUCHERT:
Das Getto Łódź/Litzmannstadt in fiktionalen Texten. Ein Versuch — 107

KRYSTYNA RADZISZEWSKA:
Das Bild des Łódźer Gettos in der Literatur im 21. Jahrhundert. Rezeption in Polen — 127

AGNIESZKA IZDEBSKA – DANUTA SZAJNERT:
The Holocaust – Postmemory – Postmodern Novel: *The Flytrap Factory* by Andrzej Bart, *Tworki* by Marek Bieńczyk and *Skaza* by Magdalena Tulli — 139

WOLFGANG F. SCHWARZ:
Holocaust und KZ im Fokus tschechischer Literatur nach 2000.

Zu Arnošt Goldflams *Doma u Hitlerů* und Radka Denemarkovás
*Peníze od Hitlera* 157

**Späte Zeugnisse der Erlebnisgeneration** 173

GRZEGORZ GAZDA:
Literature of the Holocaust and Genre Theory (on Leon Weliczker's
Book *Brygada śmierci*) 175

ALEKSANDRA BĄK-ZAWALSKI:
Trauma-Verarbeitung in *Das Mädchen im roten Mantel* und *Dobre
dziecko* (*Gutes Kind*) von Roma Ligocka 185

HANA HŘÍBKOVÁ:
Ota B. Kraus's Life and his Novel *Můj bratr dým* (*The Painted
Wall*) 203

FILIP TOMÁŠ:
Family – an Unpredictable Joke: Milan Uhde's Family Plays 215

**Die Generation der Kinder und Enkel** 225

JIŘÍ HOLÝ:
Willy Mahler's Theresienstadt Diary and Arnošt Goldflam's Play
*Sweet Theresienstadt* (*Sladký Theresienstadt*) 227

REINHARD IBLER:
Zwischen Traumidylle und realem Horror: Zur Darstellung des
Holocaust in Arnošt Goldflams Drama *Sladký Theresienstadt*
(1996) 245

VALENTINA KAPTAYN:
Another Way to Remember: Jáchym Topol's Works *Sestra* (1994)
and *Chladnou zemí* (2009) in the Context of Czech Cultural
Memory of the Holocaust 263

ŠTĚPÁN BALÍK:
Biological and Other Ways of Surviving the Shoah in Irena
Dousková's Work 275

TEREZA TOMÁŠOVÁ:
Trauma in Denemarkovás Buch *Peníze od Hitlera* 291

OLGA ZITOVÁ:
Holocaust und Indien: Zu Hana Andronikovas Roman *Zvuk
slunečních hodin* ... 303

ELISA-MARIA HIEMER:
Outrageous Taboo Breaking or Ingenious Narrative Strategy?
About Zyta Rudzka's *Ślicznotka doktora Josefa* and its Perception
in German and Polish Reviews ... 317

ŠÁRKA VLASÁKOVÁ:
The Tale of Sir Nicholas Winton in Matej Mináč's Movies
*Nicky's Family* and *The Power of Good* ... 331

MAŁGORZATA LEYKO:
*Szpera '42* – Theater im Raum der Geschichte ... 347

Personenverzeichnis ... 363

# Vorwort

Die Beiträge des vorliegenden Sammelbands sind aus dem Internationalen Workshop *The Holocaust in the Central European Literatures and Cultures since 1989* hervorgegangen, der vom 21. bis 23. November 2012 an der Justus-Liebig-Universität Gießen stattfand. Veranstalter waren das Gießener Zentrum östliches Europa (GiZo), das Institut für Slavistik und der Forschungskreis Holocaustliteratur und -kultur im mittleren und östlichen Europa. Dieser Workshop war der insgesamt fünfte und letzte im Rahmen eines 2010 ins Leben gerufenen Projekts, an dem Vertreterinnen und Vertreter aus Literatur-, Kultur- und Medienwissenschaften der Universitäten Gießen, Łódź und Prag beteiligt waren. Erstmals sollte hier im Rahmen einer breiten, internationalen Kooperation vergleichend untersucht werden, wie der Völkermord der Nationalsozialisten in Literatur, Theater und Film der Länder Mittel- und Ostmitteleuropas, d.h. in einer mit dem Geschehen in besonderer Weise verbundenen Region, dargestellt und künstlerisch verarbeitet wurde. Im Zentrum des Interesses stand dabei der polnische, tschechische (bzw. tschechoslowakische) und deutsche Kontext.

Das Projekt startete mit einem in Gießen durchgeführten Impulsworkshop zum Thema *Ausgewählte Probleme der polnischen, tschechischen und deutschen Holocaustliteratur und -kultur* (27./28. Mai 2010) mit zehn aktiven Teilnehmerinnen und Teilnehmern. Ziel dieser Veranstaltung war es auch, die Eckpunkte der künftigen Zusammenarbeit abzustecken und die weiteren Aktivitäten zu planen. Konkret wurde dabei vor allem die Organisation eines Zyklus von Workshops beschlossen, die sich thematisch jeweils einer bestimmten Phase in der Entwicklung der Holocaustliteratur und -kultur vom Zweiten Weltkrieg bis in die Gegenwart widmen sollten. Da die Finanzierung dieser Workshops über das Programm Projektbezogener Personenaustausch (PPP) des Deutschen Akademischen Austauschdienstes und seiner polnischen und tschechischen Partnerinstitutionen sowie ergänzend u.a. durch Mittel des Deutsch-Tschechischen Zukunftsfonds, des Gießener Zentrums östliches Europa abgesichert werden konnte, fanden in den Jahren 2011 und 2012 je zwei Veranstaltungen zur Thematik an wechselnden Orten statt.

So ging es in Łódź (19.-21. Mai 2011; 15 Referate) um die literarische und kulturelle Aufarbeitung des Holocaust in der unmittelbaren Nachkriegszeit. In den beiden darauffolgenden, jeweils in Prag abgehaltenen Workshops stand die Zeit der späten fünfziger und der sechziger Jahre (21./22. November 2011; 15 Referate) sowie der siebziger und achtziger Jahre (21./22. Juni 2012; 15 Referate) auf dem Programm. Die Materialien des Gießener Impulsworkshops[1] sowie der beiden Prager Workshops[2] liegen bereits als Sammelbände vor, der Łódźer Band[3] steht nach Angaben der Herausgeber unmittelbar vor der Fertigstellung und soll in etwa zeitgleich mit der vorliegenden Publikation erscheinen.

Der Gießener Workshop vom November 2012 umfasste 24 Beiträge, von denen 22 Eingang in den vorliegenden Band gefunden haben.[4] Diese vergleichsweise hohe Zahl ist nicht zuletzt Beleg dafür, dass der Holocaust auch in der jüngsten literarisch-kulturellen Entwicklung ein Thema von hoher Aktualität und Relevanz bildet. Das ist insofern bemerkenswert, als die Erlebnisgeneration unweigerlich im Aussterben begriffen ist. Zwar gab es in den letzten Jahren noch Berichte von Zeitzeugen, von denen einige sich überhaupt zum ersten Mal zu ihren Holocaust-Erfahrungen geäußert haben. Im Fokus steht nunmehr aber die Generation der Nachgeborenen – der Kinder sowie bereits auch der Enkel. Mit dem Holocaust befassen sich freilich nicht nur diejenigen, die ihre eigene Familiengeschichte aufarbeiten wollen. Auch Autoren und Künstler ohne solche familiären Bindungen haben in jüngster Zeit mit eindrucksvollen Werken zur Holocaust-Thematik auf sich aufmerksam gemacht. Da die Generation der Nachgeborenen sich mit Ereignissen auseinandersetzen muss, die sie nur vom Hörensagen kennt, rücken die daraus zwangsläufig hervorgegangenen veränder-

---

[1] Ausgewählte Probleme der polnischen und tschechischen Holocaustliteratur und -kultur. Materialien des Internationalen Workshops in Gießen, 27.-28. Mai 2010. Hrsg. v. Reinhard Ibler unter der Mitarbeit von Anja Golebiowski. München – Berlin 2012.
[2] Jiří Holý (ed.): The Representation of the Shoah in Literature, Theatre and Film in Central Europe: 1950s and 1960s. Praha 2012. – Jiří Holý (ed.): The Representation of the Shoah in Literature and Film in Central Europe: 1970s and 1980s. Praha 2012.
[3] Grzegorz Gazda, Małgorzata Leyko, Paweł Rutkiewicz (red.): The Representation of the Shoah in Literature and Film in Central Europe: the Post-War Period. Łódź [im Druck]
[4] Folgende Beiträge wurden nicht zur Publikation eingereicht: Tomasz Majewski (Łódź), *City's Space as Mnemotechnic Theatre of Forgetting. Traces, Memorials and Representations of the Łódź Ghetto*, und Lisa Peschel (York), *Post-1989 Survivor Testimony on Theatrical Culture in the Terezín Ghetto*.

ten Sichtweisen und neuen künstlerischen Lösungen, die in verstärktem Maße auch Provokation und Tabubruch implizieren, in den Fokus.

Die Dokumentation, Beschreibung, Beurteilung und Einordnung dieses aktuellen literarisch-kulturellen Umgangs mit dem Holocaust namentlich bei den Polen, Tschechen und Deutschen ist Hauptanliegen dieses Buchs. Angesichts der immensen Fülle des vorhandenen Materials kann dies freilich nur selektiv und exemplarisch vonstattengehen. Gleichwohl vermag die in den Beiträgen repräsentierte thematische und methodische Bandbreite eine Vorstellung vom Umfang der Problematik und damit von den vielfältigen Aufgaben zu vermitteln, die heute vor der Forschung liegen.

Den Beginn machen Untersuchungen, die größere Entwicklungszusammenhänge in den Blick zu nehmen. So verbindet die Beiträge von *Anja Golebiowski* und *Hans-Christian Trepte* das Bemühen um einen systematischen Zugang zu den mannigfaltigen Formen und Erscheinungen der jüngsten mit dem Holocaust befassten polnischen Literatur und Kunst. Demgegenüber konzentrieren sich *Markus Roth*, der die Entwicklung der Thematik im deutschen Drama seit den siebziger Jahren verfolgt, und *Katharina Bauer* in ihrer vergleichenden Studie zur aktuellen deutschen, polnischen und amerikanischen Kinder- und Jugendliteratur über den Holocaust auf gattungsspezifische Fragestellungen.

Vergleichend angelegt sind auch die Arbeiten der folgenden Abteilung, von denen sich zwei (*Sascha Feuchert*, *Krystyna Radziszewska*) mit der Darstellung des Gettos Łódź/Litzmannstadt in der zeitgenössischen polnischen und internationalen Literatur beschäftigen. Ein weiterer Beitrag (*Agnieszka Izdebska* u. *Danuta Szajnert*) stellt am Beispiel dreier polnischer Gegenwartsromane die Frage nach der Funktion postmoderner Verfahren in der Holocaustliteratur. *Wolfgang F. Schwarz* betrachtet zwei Werke der neuesten tschechischen Literatur, die den Holocaust thematisieren, im Lichte der ‚possible-worlds'-Theorie. Einige in den vergangenen Jahren erschienene Werke zweier bekannter Holocaustüberlebender, Ruth Klüger und Imre Kertész, stellt *Marija Sruk* in ihrer Studie gegenüber.

Die weiteren Beiträge sind jeweils einzelnen Autorinnen und Autoren gewidmet. Zunächst geht es um Vertreterinnen und Vertreter der Erlebnisgeneration wie die Polen Leon Weliczker (*Grzegorz Gazda*) und Roma Ligocka

(*Aleksandra Bąk-Zawalski*) sowie die Tschechen Ota B. Kraus (*Hana Hříbková*) und Milan Uhde (*Filip Tomáš*). Schriftstellerinnen und Schriftsteller aus der Generation der Kinder und Enkel stehen im Zentrum der letzten Abteilung des Bandes. Es handelt sich hierbei in der polnischen Literatur um Zyta Rudzka (*Elisa-Maria Hiemer*) und in der tschechischen Literatur um Arnošt Goldflam (*Jiří Holý*, *Reinhard Ibler*), Jáchym Topol (*Valentina Kaptayn*), Irena Dousková (*Štěpán Balík*), Radka Denemarková (*Tereza Tomášová*) und Hana Andronikova (*Olga Zitová*). Neben den Untersuchungen mit literarischem Schwerpunkt finden sich in dieser Abteilung zudem ein Beitrag zu den Filmen des slowakischen Regisseurs Matej Mináč mit Holocaust-Bezug (*Šárka Vlasáková*) sowie der Bericht von *Małgorzata Leyko* über ein in Łódź realisiertes szenisches Projekt zum Getto Litzmannstadt.

Mit dem Gießener Workshop vom November 2012 endete das erste gemeinsame polnisch-tschechisch-deutsche Projekt zur Holocaustliteratur und -kultur. Darin ging es primär um eine Bestandsaufnahme der bisherigen Forschung zur Thematik, um die Eruierung relevanten Materials und die Erarbeitung konkreter Aufgaben für die künftige wissenschaftliche Kooperation. Besonders die weitere Stärkung des komparatistischen Blickwinkels erscheint uns der Mühen wert. Auf dieser Grundlage soll u.a. ein monographisches Projekt in Angriff genommen werden, in dem eine repräsentative Auswahl von Werken der polnischen, tschechischen, slowakischen und deutschen Holocaustliteratur näher vorgestellt und ihre *wechselseitige* Rezeption erfasst werden soll. Dies soll dazu beitragen, das Verständnis für den besonderen *transnationalen* Charakter der Holocaustliteratur und -kultur zu schärfen. Ein weiteres, paralleles Vorhaben soll die Relevanz von Gattungen und generischen Prozessen innerhalb dieses Problemkomplexes unter die Lupe nehmen.

Mein Dank gilt zunächst allen, die mit ihren kompetenten Beiträgen diesen Band und damit den Blick auf die anhaltende Aktualität der Holocaust-Thematik in der literarisch-kulturellen Sphäre Mittel- und Ostmitteleuropas ermöglicht haben. Besonders verbunden bin ich meinen Kolleginnen vom Gießener Forschungskreis Holocaustliteratur und -kultur im mittleren und östlichen Europa, Katharina Bauer, Anja Golebiowski und Elisa-Maria Hiemer, die sich sowohl bei der Organisation des Workshops als auch bei der Vorbereitung des vorliegenden Materialienbandes in hohem Maße engagiert haben. Die Durchführung des Workshops wäre ohne die vielfältige Unterstützung durch unsere Sekretariatsmitarbeiterinnen Magda Szych und Christine Bily nicht möglich gewesen. Auch ihnen sei herzlich gedankt! Namentlich erwähnen möchte ich noch Friedrich von Petersdorff, der uns dankenswerterweise beim Korrekturlesen, insbesondere der englischsprachigen Beiträge, in uneigennütziger Weise unterstützt hat.

Ich freue mich auf die Weiterführung der Kooperation zur Problematik der Holocaustliteratur und -kultur in einer ebenso freundschaftlichen und arbeitsintensiven Atmosphäre, wie dies bisher der Fall war.

Gießen, im Dezember 2013

Der Herausgeber

**Entwicklungen und Trends**

**Developments and Trends**

# Die Geister der Vergangenheit.
## Trauma und Psychoanalyse
## in der polnischen Gegenwartskunst und -literatur

*Anja Golebiowski, Gießen*

Der Zweite Weltkrieg hat im kollektiven Gedächtnis der Polen tiefe Narben hinterlassen, weshalb die historische Erfahrung des Opferseins als nationales Trauma bis in die Gegenwart nachwirkt. Auf die in einem Interview gestellte Frage nach dem Grund für die anhaltende seelische Erschütterung, die sich ebenfalls bei den Nachkriegsgeborenen bemerkbar mache, antwortet die polnische Schriftstellerin Magdalena Tulli:

> Es ist leichter, Schuld zu tragen als Leid, das einem zugefügt wurde. [...] Neben dem Zorn gab es die Scham. Meine Mutter schämte sich vor sich selbst dafür, wie man sie behandelt hatte. Wenn das Leid wirklich groß ist, will das Opfer nur eines: vergessen. Aber das kann es nicht. Und so geht das Trauma auf die nächste Generation über und dauert fort, solange diese nichts damit anfängt. Die Geschädigten haben immer eine schwere Arbeit zu leisten. Sie müssen ihr Leid akzeptieren. Wenn sie es nicht tun, werden sie bis zu ihrem Tode leiden und hinterlassen diesen Salat ihren Nachfahren. (Gnauck 2012)

Durch den Zweiten Weltkrieg ist nicht nur die staatliche Souveränität Polens verletzt worden, sondern die polnische Bevölkerung ist durch die Menschen verachtende Rassenpolitik des nationalsozialistischen Okkupanten zudem zutiefst gedemütigt worden, wodurch ein nicht zu unterschätzender Opferkomplex entstanden ist. In diesem Kontext muss man sich vergegenwärtigen, dass nahezu jede polnische Familie in der einen oder anderen Art vom Terror betroffen gewesen ist. Hinzu kommt, dass der auf polnischem Boden stattgefundene Holocaust das polnische Selbstbildnis von einem Land der Freiheitskämpfer und Verteidiger christlich-europäischer Werte in Frage stellt, da sich neben der eigenen Machtlosigkeit auch die Frage nach der eigenen Schuld stellt. In den letzten Jahren ist jedoch eine sehr frische und selbstbewusste polnische Literatur- und Kulturszene zu beobachten, welche die gesellschaftliche Auseinandersetzung mit diesem Komplex anzustoßen versucht. Die Erschütterung der nationalen Psyche, die tief sitzende Ängste und Komplexe hervorgebracht und das Verhältnis zu Deutschland nachhaltig beeinträchtigt hat, bildet den zentralen Gegenstand von

Andrzej Stasiuks Buch *Dojczland* (2007), das als eine Art Therapieversuch verstanden werden kann. Im Mittelpunkt des Textes steht der Ich-Erzähler, ein „literarischer Gastarbeiter" und das vermeintliche Alter Ego des Autors, der von seinen Lesereisen nach Deutschland erzählt, die er jedoch einzig im betrunkenen Zustand erträgt:

> Nie da się na trzeźwo pojechać z Polski do Niemiec. Nie oszukujmy się. To jednak jest trauma. W równym stopniu dotyka specjalistów od uprawy szparagów i pisarzy. Nie da się do Niemiec pojechać na luzie. [...] Jazda do Niemiec to jest psychoanaliza. (Stasiuk 2007, 27)

> Man kann nicht nüchtern von Polen nach Deutschland fahren. Machen wir uns nichts vor. Das ist schließlich ein Trauma. Gleichermaßen betrifft es die Fachleute für den Spargelbau wie auch die Schriftsteller. Man kann nicht relax nach Deutschland fahren. [...] Eine Fahrt nach Deutschland, das ist Psychoanalyse.[1]

Die Reflexionen des Ich-Erzählers über Deutschland und das Wesen der Deutschen sind durchzogen mit Kommentaren und Anspielungen zum Zweiten Weltkrieg, da er zwangsläufig den Dreh- und Angelpunkt der deutsch-polnischen Beziehungen bildet. Obwohl bereits über ein halbes Jahrhundert vergangen ist, haben sich die aus dem Trauma resultierenden negativen Gefühle auf die nachfolgenden Generationen übertragen, was auch die bereits zitierte Tulli in ihrem jüngsten Erzählband *Włoskie szpilki* (2011; *Italienische Stöckelschuhe*) thematisiert. Der übermäßige Alkoholkonsum von Stasiuks Ich-Erzähler ist daher zum einen eine den Text zusammenhaltende Erzählstrategie als auch ein Krankheitssymptom des transgenerativen Traumas.

Die Erschütterung der nationalen Psyche stellt jedoch nicht nur eine Angelegenheit zwischen Polen und Deutschen dar, sondern sie ist aufs Engste mit dem Leid verbunden, das die Juden auf polnischem Boden erfahren haben. Obgleich das zentrale Thema des Buches das deutsch-polnische Verhältnis bildet, weitet Stasiuk die Problematik subtil aus, indem er am Anfang seines Essays symbolträchtig eine beinahe surrealistisch anmutende Begegnung mit Henryk Grynberg beschreibt, die er während seines ersten Aufenthalts in Deutschland hatte. Der jüdische Schriftsteller, dessen Familie zum Opfer der Deutschen und Polen geworden ist und der sich so unvermittelt im Leipziger *Auerbachs Keller* inmitten eines opulenten Festessens befindet und dennoch isoliert ist, wird vom Ich-

---

[1] Hier und im Folgenden, wenn nicht anders vermerkt, Übersetzung A.G.

Erzähler als ein Mahnmal wahrgenommen. Obwohl sich die Zeiten geändert haben und nach der Wende von 1989 anscheinend eine Normalisierung eingetreten ist, Deutsche, Polen und Juden in Deutschland zusammentreffen können, kann die Vergangenheit nicht so klanglos übergangen werden. Der zu einer Symbolfigur für das Leid der polnischen Juden gewordene Grynberg sowie Stasiuks Alter Ego, dem die Szenerie wie ein Abbild der Hölle vorkommt, bleiben in dieser deutschen Umgebung Außenseiter:

> Patrzyłem na ciemny piwniczny karnawał. Enerde odreagowywało przeszłość. Tak sobie powtarzałem, ponieważ pierwszy raz w życiu widziałem tyle żarcia. To miało coś wspólnego z piekłem. Szło się przez te piwnice i po bokach otwierały się jakieś nisze, boczne nawy, piwniczne kaplice z dębowymi stołami i sklepieniami z czerwonej cegły. I w jednej z nich, przy długim opustoszałym stole, zobaczyłem Henryka Grynberga. [...] Był absolutnie sam. Wokół kłebiło się lipskie Enerde, a on powoli podnosił coś na widelcu i w głębi tej ceglanej niszy połyskiwały jego okulary. Niemcy wymordowali mu rodzinę. Cudem ocalała matka ocaliła jego. W czasie niemieckij okupacji Polacy zamordowali mu ojca. Siedział w środku tego teutońsko-enerdowskiego karnawału i patrzył. Patrzył, żeby zapamiętać i zabrać ten obraz ze sobą, nieważne dokąd się wybierze.
> To był mój niemiecki początek. Samotność, Enerde, skini, pijaństwo, literatura i Holokaust. Do Niemiec nie można pojechać bezkarnie. [...] (Stasiuk 2007, 14, 16f.)
> Ich schaute mir den dunklen Kellerkarneval an. Die DDR entlud sich der Vergangenheit. Das sagte ich mir, da ich zum ersten Mal im Leben so viele Fressalien gesehen habe. Das hatte etwas von der Hölle. Man ging durch die Keller, und an den Seiten öffneten sich irgendwelche Nischen, Seitenschiffe, Kellerkapellen mit Eichentischen und Gewölben aus roten Ziegeln. Und in einer von ihnen, an einem langen, verlassenen Tisch, sah ich Henryk Grynberg [...] Er war vollkommen allein. Drum herum ballte sich die Leipziger DDR, und er hob langsam seine Gabel und in der Tiefe dieser Ziegelnische schimmerte seine Brille. Die Deutschen haben seine Familie umgebracht. Die wie durch ein Wunder gerettete Mutter rettete ihn. In der Zeit der deutschen Besetzung Polens ist sein Vater ermordet worden. Er saß inmitten dieses DDR-Teutonen-Karnevals und schaute. Er schaute, um sich alles zu merken und dieses Bild mit sich zu nehmen, egal wohin er sich aufmacht.
> Das war mein deutscher Anfang. Einsamkeit, die DDR, Skins, Trinkerei, Literatur und Holocaust. Nach Deutschland fährt man nicht ungestraft. [...]

Diese Szene bildet den Ausgangspunkt von Stasiuks Reiseberichten, die aus aneinandergereihten verbalen Vorurteilen und Klischees bestehen und von der gegenseitigen Distanz der Völker zeugen. Stasiuks Buch endet jedoch mit einem Hoffnungsschimmer, der in Richtung einer langsamen Annäherung deutet. Während der Ich-Erzähler auf dem Stuttgarter Flughafen auf seinen Rückflug wartet, verfolgt er im Fernsehen den Besuch Benedikts XVI. in Auschwitz. Der deutsche Papst wird für den polnischen Ich-Erzähler zum moralischen Vorbild, da er im Gegensatz zu ihm die Kraft und Courage aufgebracht hat, sich der Vergangenheit zu stellen und die Aussöhnung mit dem jüdischen Volk zu suchen:

> To był ten dzień, gdy niemiecki papież modlił się w Auschwitz. [...] Patrzyłem na obóz, na baraki, na druty kolczaste, krematoria, na to wszystko, co telewizja jest w stanie pokazać. Patrzyłem, jak papież klęczy i się modli, a za nim w sporej odległości stoi nieporuszony tłum, jakby czekał, że ta modlitwa coś w końcu zmieni, że nareszcie coś się dzięki niej stanie. [...] Właściwie to się nawet cieszyłem, że on tam jest i robi to za mnie i za całą resztę. Sam kiedyś dojechałem pod bramę, ale wymiękłem. Stchórzyłem i tyle. [...] Na stuttgarskim lotnisku było ze dwanaście monitorów i cierpliwie chodziłem od jednego do drugiego, jakbym z tym klęczącym starym Niemcem mówiącym po polsku drogę krzyżową odprawiał. (ebd., 109f.)

> Das war der Tag, an dem der deutsche Papst in Auschwitz gebetet hatte [...]. Ich sah das Lager, die Baracken, den Stacheldraht, die Krematorien, alles das, was das Fernsehen zu zeigen im Stande ist. Ich sah, wie der Papst kniete und betete, und hinter ihm stand in einiger Entfernung die sich nicht bewegende Masse, als würde sie darauf warten, dass das Gebet endlich etwas ändere, dass dank dem Gebet endlich etwas passieren würde. [...] Eigentlich habe ich mich sogar gefreut, dass er dort ist und dass er das für mich und den ganzen Rest macht. Ich bin selber einmal bis zum Tor gekommen, aber dann bin ich eingeknickt. Ich habe gekniffen und das war's. [...] Auf dem Stuttgarter Flughafen befanden sich etwa zwölf Monitore und geduldig ging ich von einem zum anderen, als wäre ich zusammen mit dem polnisch sprechenden, knienden, alten Deutschen den Kreuzweg abgegangen.

Im Anschluss an dieses Erlebnis fühlt sich Stasiuks Alter Ego erleichtert und entspannter. Dennoch lässt der Autor den Leser mit einem offenen Ende zurück. Auf seinem Rückflug entdeckt der Ich-Erzähler einen roten, pulsierenden Riss am schwarzen Horizont, dessen Symbolik nicht eindeutig ist:

> Tamtego dnia, gdy papież był w Auschwitz, wystartowaliśmy o zmierzchu. Nad Bawarią zapadała mokra ciemność. Lecz potem, gdy znaleźliśmy się już wysoko, wysoko, na zachodzie otworzyła się długa, pozioma, świetlista szczelina. Lecieliśmy wzdłuż niej. Tutaj było ciemno, ale tam, w tym pęknięciu cienkim jak włos, jak rana po najostrzejszym ostrzu, płonął złocisty ogień, pulsowała purpurowa krew. KONIEC (ebd., 112)

> An jenem Tag, an dem der Papst in Auschwitz gewesen ist, starteten wir bei Abenddämmerung. Über Bayern kam eine feuchte Dunkelheit auf. Später jedoch, als wir bereits weit, weit oben waren, öffnete sich im Westen eine lange, waagerechte, leuchtende Spalte. Wir flogen an ihr entlang. Hier war es dunkel, doch dort, in diesem Riss, der so fein wie ein Haar war, wie eine Wunde nach einem Schnitt mit dem allerschärfsten Messer, brannte ein goldenes Feuer, pulsierte purpurnes Blut. ENDE

Die sich am Himmel manifestierende Wunde spiegelt wider, dass sich zwischen den Völkern Normalität nur schwerlich wieder einstellt. Doch in diesem Schnitt pulsieren kraftvoll das Blut und damit das Leben. Die Zukunft wird zeigen, ob die offene Wunde zuheilen wird.

Stasiuks provokatives Buch ist nur eines in einer Reihe von Aufsehen erregenden Projekten, die in den letzten Jahren entstanden sind und sich explizit mit dem kollektiven Trauma auseinandersetzen, indem sie die Kunst und Kultur als eine Art psychoanalytisches Verfahren erproben. Eine Gemeinsamkeit dieser Werke besteht darin, dass sie vielfach mit den Verfahren des magischen Realismus operieren und die Lebenden mit den Verstorbenen konfrontieren, die plötzlich wieder lebendig werden. Dabei zeigt sich, dass diese Geister keine Schreckgespenster sind, sondern an den gleichen Traumata wie die Lebenden leiden und dieselben Bedürfnisse nach innerem Frieden besitzen.

Eines der prominentesten und bemerkenswertesten Projekte ist aus den Aktivitäten der israelischen Künstlerin Yael Bartana hervorgegangen. In Zusammenarbeit mit Angehörigen der linken Kulturszene Polens hat sie das Filmprojekt *The Polish Trilogy* realisiert, das die Erinnerungsmaschinerie des Holocaust dekonstruiert (vgl. Bartana 2011) und eine produktive Diskussion anzustoßen beabsichtigt. Der Text zum ersten Teil der Trilogie, der den Titel *Mary Koszmary/Nightmares* (2007) trägt, stammt von der Autorin und Soziologin Kinga Dunin sowie von Sławomir Sierakowski, dem Gründer und Chefredakteur der links-intellektuellen Zeitschrift *Krytyka Polityczna* (gegr. 2002; *Politische Kritik*) sowie des gleichnamigen Verlags, welche die Basis einer mittlerweile breit aufgestellten gesellschaftspolitischen Bewegung bilden. Sierakowski verkörpert zudem den zentralen Charakter der Trilogie, der im Laufe der Zeit den Status einer gesellschaftspolitischen Symbolfigur annimmt.

Der politisch aufgeladene Film spielt mit der Propagandaästhetik, die der Nationalsozialismus, der Sozialismus und Zionismus miteinander teilten (vgl. Zemel 2011, 50). Im Stile der nationalsozialistischen Propagandamaschinerie und insbesondere der Ästhetik von Leni Riefenstahls Propagandafilm *Triumph des Willens* (1935) (vgl. Petrowskaja 2012) hält Sierakowski im Warschauer Stadion Dziesięciolecia Manifestu Lipcowego (Stadion des 10. Jahrestages des Juli-Manifestes) eine emphatische Ansprache, in der er 3.300.000 ermordete und vertriebene polnische Juden dazu auffordert, in ihr polnisches Vaterland zurückzukehren, da man nur vereint eine Zukunft aufbauen könne:

> Jews! Fellow coutrymen! People, Peeeeeeople Return! We need you! You think the old woman who still sleeps under Rifke's quilt doesn't want to see you? Has forgotten about you? You're wrong. She dreams about you every night. Dreams and trembles with fear. Since the night you were gone and her mother reached for your quilt, she has had nightmares. Bad dreams. Only you can chase them away. Let the three millions Jews that Poland has missed stand by her bed and finally chase away the demons. Return to Poland, to Your country! [...] Return and we shall finally become Europeans. [...] Return not as shadows of the past but as a hope for the future. Heal our wounds, and you'll heal yours. And we'll be together again. (Bartana 2007)

Das heutige Polen wird in dem Film als ein melancholischer Raum konstruiert, in dem die monokulturelle Bevölkerung von den Geistern der Vergangenheit geplagt wird und nicht den Weg in die Gegenwart findet. Dieser Eindruck eines „haunted space" (Zemel 2011, 50) und des kulturellen Niedergangs wird durch die Lokalität verstärkt. Sierakowski steht zusammen mit einer Gruppe polnischer Pfadfinder inmitten des leeren, dem Verfall Preis gegebenen Warschauer Stadions, das im Sozialismus großen Partei-Kundgebungen und der Veranstaltung von Feierlichkeiten gedient hatte. Doch nun ist das Gemäuer verwittert und die Ränge sind menschenleer. Und dennoch spricht Sierakowski nicht ins Leere. Denn durch die Kameraführung entsteht der Eindruck, dass die Geister der Toten und Vertriebenen zugegen seien und ihm von den Rängen aus zuhörten. Die 3.300.000 Juden, an die sich der fiktionalisierte Sierakowski wendet, bilden einen metaphysischen Bestandteil des Stadions, das aus dem Schutt des Warschauer Aufstands erbaut worden ist.

Der zweite Teil der Trilogie, *Mur i wieża/Wall and Tower* (2009), ist als Antwort auf Sierakowskis Rede konzipiert, die sich leitmotivisch durch den Zyklus zieht. Zu Beginn des Films, der u.a. Kritik an der zionistischen Politik übt, wird seine Ansprache eingespielt, der diesmal allerdings eine Gruppe von jüdischen Siedlern zuhört. Nun beginnt die Utopie Gestalt anzunehmen. Die jungen, enthusiastischen Frauen und Männer, die im Übrigen jüdische und polnische Statisten sind und klischeehaft dem zionistischen Ideal der 1930er Jahre entsprechen (vgl. Anonymus 2009), machen sich nach Warschau auf, um dort im öffentlichen Raum einen Kibbuz zu errichten. Entsprechend der während des Arabischen Aufstands in den 1930er Jahren praktizierten jüdischen Turm-und-

Palisaden-Siedlungspraxis, *Homa U'Migdal* (dt. Mauer und Turm), okkupieren sie ein Stück Land, auf dem sie innerhalb von 24 Stunden eine befestigte Siedlung bauen. Der Gebäudekomplex wird zum Schluss mit Stacheldraht gesichert, so dass sich unweigerlich der Vergleich mit einem Konzentrationslager aufdrängt. An zusätzlicher Brisanz gewinnt die Kunstaktion durch die Symbolik des Ortes. Der Kibbuz befindet sich im Stadtteil Muranów, der nach dem Krieg buchstäblich auf den Trümmern des Gettos erbaut worden ist (zur Geschichte dieses Stadtteils s. Chomatowska 2012). Zum Zeitpunkt der Aktion war der Platz zudem bereits als Baugrund für das Muzeum Historii Żydów Polskich (Museum der Geschichte der polnischen Juden) ausgewiesen, was wie ein Augenzwinkern wirkt, denn mit der Realisierung des Museums soll ein Ort der polnisch-jüdischen Begegnung entstehen und die Grundlage für ein neues jüdisches Leben in Polen geschaffen werden:

> Muzeum ma stać się punktem odniesienia dla wszystkich zainteresowanych dziedzictwem Żydów polskich oraz znakiem dokonującego się przełomu we wzajemnych stosunkach Polaków i Żydów. [...] Istnienie Muzeum powinno wspomóc rozwój tożsamości żydowskiej, wśród odradzającej się wspólnoty Żydów polskich, [...] Program Muzeum będzie swego rodzaju portalem, dającym ogólną orientację i kierującym wszystkich zainteresowanych do miejsc, w których przypominane są zarówno jasne jak i ciemne karty polsko-żydowskiej przeszłości.
> 
> Muzeum powinno jednak nade wszystko stać się miejscem spotkań i dyskusji ludzi, którzy pragną lepiej poznać przeszłość i współczesną kulturę żydowską, którzy chcą zmierzyć się ze stereotypami i ograniczyć zjawiska zagrażające współczesnemu światu, takie jak ksenofobia i nacjonalistyczne uprzedzenia. (Muzeum Historii Żydów Polskich)
> 
> Das Museum soll zu einer Anlaufstelle für alle werden, die am Erbe der polnischen Juden interessiert sind, und es soll ein Symbol für die sich abzeichnende Wende in den polnisch-jüdischen Beziehungen darstellen. [...] Die Existenz des Museums sollte dabei helfen, jüdische Identität unter der erneut auflebenden Gemeinschaft polnischer Juden wieder auszubilden, [...] Das Museumsprogramm ist als eine Art Portal gedacht, das allen Interessierten allgemeine Orientierung bieten und ihnen die Richtung zu Orten weisen soll, an denen sowohl an die weißen als auch an die dunklen Flecken der jüdisch-polnischen Vergangenheit erinnert wird.
> 
> Zuallererst soll das Museum jedoch zu einem Ort der Begegnung und der Diskussion für diejenigen werden, die die Vergangenheit und die gegenwärtige jüdische Kultur besser kennenlernen sowie sich den Vorurteilen stellen und gegen Erscheinungen wie Fremdenfeindlichkeit und nationalistische Vorurteile angehen möchten, die eine Bedrohung für die moderne Welt darstellen.

Am Eingang des Kibbuz ist auf Hebräisch die Aufschrift „Willkommen im Kibbuz Muranów" angebracht. Für den Zuschauer stellt sich jedoch die Frage, wie die Bewohner des Viertels auf dieses irritierende, so plötzlich aufgetauchte Konstrukt reagieren sollen, das die schwierige Vergangenheit wieder aufleben lässt. Schließlich stellt der Kibbuz in dieser Umgebung einen Fremdkörper dar (vgl. Anonymus 2009), der mit seinem Schutzwall keineswegs einladend wirkt. Auf die Kluft zwischen den Gruppen weist Bartana mit kurzen Filmsequenzen hin, in denen verblüffte, zumeist ältere Einwohner des Viertels gezeigt werden, die einen starken Kontrast zu den Siedlern bilden, die unbedacht, fast schon naiv den Platz okkupieren und ihr Projekt ausführen.

Im dritten Teil, *Zamach/Assassination* (2011), treibt Bartana ihr Gedankenexperiment auf den Höhepunkt. So bildet den Ausgangspunkt der Handlung die Beerdigung Sierakowskis, der von einem unbekannten Attentäter ermordet worden ist und im Warschauer Kulturpalast aufgebahrt wird. Um von ihm Abschied zu nehmen, zieht an dem Katafalk der Strom seiner Anhänger in einer pathetisch aufgeladenen Atmosphäre vorbei. In *Mary Koszmary* hatte lediglich eine kleine Gruppe von einigen wenigen Pfadfindern seine Ideen geteilt. In der Zwischenzeit ist hieraus jedoch eine Massenbewegung erwachsen, das *Jewish Renaissance Movement in Poland* (JRMiP), dessen Emblem eine Verschmelzung des polnischen Adlers mit dem Davidstern ist. Im Anschluss an die Trauerfeierlichkeiten versammeln sich seine Anhänger zu einer Kundgebung auf dem symbolträchtigen Piłsudski-Platz, auf der mahnende Reden gehalten werden.[2] Wie so häufig in der Geschichte wird dieser Märtyrermord nicht als Rückschlag empfunden, sondern er gibt der Bewegung zusätzlichen Antrieb. Die übersteigert pathetische Stimmung des Filmes und der mythisierende Personenkult, der rasch in Fanatismus umschlagen kann, lassen den Zuschauer diese Entwicklung hinterfragen und werfen einen ironischen Blick u.a. auf die Politik Israels (vgl. Sieńkiewicz 2011). Die Szenerie wird durch die bereits im ersten Teil erwähnte

---

[2] Der Piłsudski-Platz steht im kollektiven Gedächtnis nicht nur als Erinnerungsort für den Führerkult um Józef Piłsudski. Am 2.6.1979 hatte Johannes Paul II. hier eine Messe abgehalten, der über 500.000 Menschen beiwohnten. Mit den Worten „und ich rufe, ich, ein Sohn polnischer Erde und zugleich Papst Johannes Paul II., ich rufe aus der ganzen Tiefe dieses Jahrhunderts, rufe am Vorabend des Pfingstfestes: Sende aus deinen Geist! Sende aus deinen Geist! Und erneuere das Angesicht der Erde!" (Johannes Paul II. 1979) hatte er damals die Menschen dazu aufgerufen, sich gegen das Regime zu erheben. 1999 sprach er hier zudem 108 polnische Märtyrer selig. 2005 fand auf dem Platz daher die Warschauer Trauermesse für ihn und 2010 für den verstorbenen Präsidenten Lech Kaczyński statt.

Ryfka unterbrochen, die im Zweiten Weltkrieg ermordet wurde und die sich nun stellvertretend für alle den verschiedenen Völkermorden zum Opfer gefallenen jüdischen, aber auch anderen Seelen äußert. Ungesehen von den Teilnehmern der Kundgebung wandelt sie mit ihrem Köfferchen zwischen den Demonstranten umher und klagt an, da sie die sich ewig gleichenden und rückwärtsgerichteten Erinnerungsrituale nicht mehr ertragen kann:

> Jestem duchem powrotu, powrotem wracającym do siebie. Zatopiony w grobie żalu, którego nie można wyrazić słowami, mój martwy język kryje coś, co zostało żywcem pogrzebane. Jestem tu, by odsłonić zniszczenie rozumienia dokonywanego za pomocą języka [...]. Tak mnie zmęczyły upamiętniające ceremonie, powtarzające się rytuały przemysłu wspomnienia [...]. Zgubiłam się w limbo, zapadającym się w siebie, gdy tylko znikają wyjaśnienie, perspektywa i refleksja; straciłam i ciągłość, i wieczność. Skazana na wieczne przeżywanie pamięci, pojmana w pułapkę luster, niezdolna do oddzielenia refleksji od doświadczenia, niezdolna odróżnić duchy od żywych. (Bartana 2011)
>
> Ich bin der Geist der Wiederkehr, der Rückkehr, die zu sich selber führt. Versenkt im Grab der Trauer, die man mit Worten nicht ausdrücken kann, verbirgt meine tote Zunge etwas, das lebendig begraben worden ist. Ich bin hier, um die mit Hilfe der Sprache vollzogene Zerstörung des Verstehens zu enthüllen [...]. Mich haben die Gedenk-Zeremonien, die sich wiederholenden Rituale der Erinnerungsindustrie, dermaßen ermüdet [...]. Ich habe mich im Limbus verloren, der sofort in sich einstürzt, sobald die Erklärungen, Perspektiven und Reflexionen verschwinden; ich habe die Kontinuität und die Ewigkeit verloren. Ich bin zum ewigen Durchleben der Erinnerung verurteilt, ich bin gefangen in der Falle der Spiegel, unfähig, die Reflexion von der Erfahrung zu trennen, unfähig, die Geister von den Lebenden zu unterscheiden.

Bartanas Trilogie hat weltweit Beachtung erfahren. Das Projekt ist nicht nur in führenden Kulturinstitutionen gezeigt worden, sondern 2011 wurde es ebenfalls im polnischen Pavillon auf der Biennale in Venedig als erstes Kunstwerk einer nichtpolnischen Künstlerin präsentiert. Das Faszinierende an diesem jüdischpolnischen Projekt ist jedoch nicht allein seine große Resonanz und Vielschichtigkeit, sondern dass es die Grenzen zwischen Kunst und Realität verwischt. Aus dem fiktiven JRMiP ist eine internationale Bewegung erwachsen, die eine politische Botschaft verfolgt, wobei nicht eindeutig ersichtlich ist, was in der Tat Ausdruck eines politischen Aktionismus und was Teil eines Kunstprojekts ist (vgl. hierzu Stokfiszewski/Żmijewski 2012). Wie jede ernstzunehmende Organisation unserer Tage besitzt die JRMiP eine eigene Homepage mit Kontaktadressen, ein Manifest und eine Facebook-Seite mit über 1.400 I-like-it-Bewertungen (vgl. Facebook 2010). Im Mai 2012 hat auf der Berliner Biennale zudem ein erster Kongress mit Delegierten aus der ganzen Welt stattgefunden, die darüber diskutiert haben, was sich an der Politik Europas und Israels ändern müsste, damit Juden wieder in Polen resp. Europa leben könnten. Die Forderung nach der Rückkehr von 3.300.000 Juden nach Polen ist selbstredend nicht wörtlich zu nehmen, sondern soll vielmehr den Anstoß zu gesellschaftlichen Diskussionen und Veränderungen geben. Denn Bartana vertritt die Ansicht, dass die jüdische und polnische Gesellschaft das Holocausttrauma einzig durch die Konfrontation wird verarbeiten können:

> Ich will die Vorstellungskraft in Schwung bringen. Ich bin doch keine Faschistin, die Menschen davon überzeugen möchte, aus ihrer Heimat in ein anderes Land umzusiedeln! Es handelt sich ja um ein symbolisches Projekt, bei dem es nicht um Lösungen geht, sondern um Fragen der Identität. Man versteht das Eigene besser durch solche Bewegungen. Wenn wir unser Trauma überwinden wollen, müssen wir nach Polen. In Israel sind die Menschen besessen vom Holocaust, auch diejenigen, die ihn nicht erlebt haben. Ich fühle mich in dieser Situation nicht wohl. (Petrowskaja 2012)

Das Motiv der durch polnische Städte wandelnden jüdischen Geister findet sich auch in der jüngsten polnischen Holocaustliteratur wieder. In einer etwas leiseren, intimeren Variante taucht es im Kapitel *Łączniczki* (*Verbindungsfrauen*) von Sylwia Chutniks Debütwerk *Kieszonkowy atlas kobiet* (2008; dt. u.d.T. *Weibskram*) auf, das vom Schicksal der Warschauerin Maria handelt. Die mittlerweile greise Frau, hatte ihr gesamtes Leben unter ihren Kriegstraumata gelitten. Ein Leben lang hatte sie ihre Erlebnisse verschweigen und ihre jüdische Identität vor ihren Mitmenschen verheimlichen müssen. Die tief verborgenen seelischen Qualen sind auch der Grund dafür, warum sie keine eigene Familie gründen und glücklich werden konnte. Nach dem Krieg hatte sie ein Kind zur Welt gebracht, das sie – wie von der Erzählerinstanz angedeutet wird – vermutlich jedoch selber getötet hat, da der psychische Druck zu groß gewesen ist. Enttäuscht von der Welt und den Anfeindungen, denen sie als Jüdin ausgesetzt ist, zieht sie sich zum Sterben in den Keller ihres Wohnhauses zurück. Durch diesen symbolischen Akt teilt sie das Los des schmerzhaften, einsamen Todes mit all den Menschen und insbesondere jüdischen Mitbürgern, die im Krieg in so vielen Warschauer Kellern den Tod gefunden haben:

Piwnica w kamienicy na Opaczewskij. Nie mogła już normalnie służyć ludziom, mimo generalnego remontu i dokładnego zdrapania zwłok ze ścian. Mury piwnicy widziały sceny, po których nie mogą już przechowywać rowerów, leżaków i przetworów na zimę. Takie miejsca to pomniki. Co jednak robić w chwili, kiedy pomnik jest elementem teraźniejszości: bloku zamieszkałego przez żywych. Zasypać piwnicę, udawać, że nic nigdy się tu nie wydarzało. (Chutnik 2009, 102)

Der Keller im Wohnhaus in der Opaczewska-Straße. Er konnte den Menschen keinen normalen Dienst mehr leisten, obwohl er grundrenoviert worden ist und die Leichen gründlich von den Wänden abgekratzt worden sind. Die Kellermauern haben Szenen gesehen, nach denen sie keine Fahrräder, Liegen und Eingemachtes für den Winter aufbewahren konnten. Solche Orte sind Grabmäler. Doch was soll man in solchen Momenten machen, in denen der Grabstein ein Bestandteil der Gegenwart ist: Ein von lebenden Menschen bewohnter Block. Den Keller zuschütten, vorgeben, dass hier nie etwas passiert ist.

Der Keller wird bei Chutnik zum plakativen Symbol des verdrängten Holocausttraumas. Die überlebenden polnischen Juden waren nach dem Krieg nicht nur vom Naziterror gezeichnet, sondern sie wurden auch weiterhin stigmatisiert. So schafft Maria es erst durch die Aussprache mit ihrer Mutter, die im Zweiten Weltkrieg von einem Nazi erschossen wurde und Maria nun als Geist erscheint, Frieden zu finden: „Nikt ducha zmarłej nie wywołał, sama przylazła i mówi do córki: ‚A chodź, na spacer pójdziemy, dzień taki ładny, co będziemy tak siedzić w murach'" (ebd., 109; „Niemand hatte den Geist der Verstorbenen gerufen, von selbst ist sie hergekommen und sagt zu der Tochter: ‚Ach lass uns gehen, wir machen einen Spaziergang, der Tag ist so schön, was sollen wir hier in diesen Mauern sitzen'"). Seit dem Tod ihrer Mutter hatte Maria stets das Gefühl der Schuld mit sich getragen, doch nun empfindet sie an ihrer Seite zum ersten Mal wieder Geborgenheit. Zusammen spazieren sie zum letzten Mal über den Warschauer Bazar, was allerdings erneut die Nichtzugehörigkeit Marias zur polnischen Gesellschaft zum Ausdruck bringt. Erschöpft scheidet sie schließlich dahin: „Zamykam oczy. Czuję, że zaraz będzie po wszystkim. Czuję ulgę, nareszcie. Czy to boli? Nie bój się, córeczko, jestem przy tobie" (ebd., 110; „Ich schließe die Augen. Ich fühle, dass gleich alles vorüber sein wird. Ich fühle Erleichterung, endlich. Wird es schmerzen? Hab keine Angst, Töchterchen, ich bin bei dir"). Obzwar sie Erleichterung verspürt, bleibt doch der fahle Beigeschmack eines vergeudeten Lebens. Den Holocaust hatte Maria zwar überlebt, doch innerlich ist sie schon damals gestorben.

Sehr viel prominenter als Chutnik baut Andrzej Barth das Geistermotiv in seinen Roman *Fabryka mucholapek* (2008; *Die Fliegenfängerfabrik*) ein, der eine große Aufmerksamkeit in der Öffentlichkeit erfahren hat (vgl. Kijowska 2011) und u.a. 2011 ins Deutsche übersetzt worden ist. Im Zentrum des Buches steht ein fiktiver Prozess, der in der Gegenwart, und zwar im Jahr 2007, gegen Mordechai Chaim Rumkowski geführt wird. Rumkowski, der ehemalige Vorsitzende des Judenrats im Getto Litzmannstadt, gilt als historisch umstrittene Persönlichkeit, da zum einen das Łódźer Getto – und damit das Leben der Getto-Bewohner – dank seiner Leitung und Kooperationspolitik am längsten von allen Gettos überdauern konnte. Zudem hatte Rumkowski versucht, die städtische Infrastruktur und die Lebensmittelversorgung im Getto bestmöglich aufrecht zu erhalten, um das Leid so gering wie möglich zu halten. Dem gegenüber stehen jedoch sein autoritärer, selbstherrlicher Führungsstil sowie seine kontroversen Entscheidungen über Leben und Tod im Getto (vgl. hierzu Unger 2004).

Die Handlung des Romans beginnt mit der Zusammenkunft der unterschiedlichsten Personen in einer ehemaligen Łódźer Fabrik, der sogenannten Fliegenfängerfabrik, anlässlich eines Prozessverfahrens gegen Rumkowski. Der Ich-Erzähler, ein Schriftsteller und Barths Alter Ego, wird von einem geheimnisvollen Fremden zu diesem Prozess eingeladen, ohne dass er im Vorfeld erfährt, um wen es sich bei dem Angeklagten handelt. Als er am Ort des Prozesses eintrifft, stellt er fest, dass die Anwesenden allesamt Verstorbene sind, die einzig zum Anlass des Verfahrens wieder zum Leben erweckt wurden. Im Laufe des Prozesses lernt Andrzej die tschechische Jüdin Dora kennen, mit der er verbotenerweise einen Spaziergang durch Łódź unternimmt. Zusammen mit ihr und ihren Erinnerungen erkundet er seine Heimatstadt, die noch voller Spuren der jüdischen Vergangenheit ist. Dabei ist sich der Ich-Erzähler nicht sicher, ob er träumt, temporär geisteskrank ist oder ob es sich um eine tatsächlich stattfindende Begebenheit handelt.

Ausgehend von der Gerichtsverhandlung, die den Dreh- und Angelpunkt des Romans bildet, verwebt Barth kongenial die Ebenen des Fiktiven, Phantastischen und Außertextuell-Realen miteinander. Dies gelingt ihm u.a., indem er zwei der belangreichsten Gerichtsprozesse der Menschheits- bzw. Literaturgeschichte, und zwar den Eichmann-Prozess (1961) sowie Franz Kafkas fiktiven

Roman *Der Process* (1925), in den Text miteinfließen lässt. Dank dieser außer- und intertextuellen Referenzen gewinnt der Text sowohl an ästhetischem Reiz als auch an Aussagegehalt.

Die Referenz auf den Eichmann-Prozess wird unverkennbar durch die Anwesenheit Hannah Arendts markiert, die seinerzeit zu den prominenten Prozessbeobachtern in Jerusalem gehörte. Hinter beiden spektakulären Prozessen steht der Versuch, sich in das Wesen des Angeklagten hineinzuversetzen und die persönliche Schuld zu ermitteln, um das Grauen der Holocaust-Maschinerie besser verstehen zu können. Doch trotz der zahlreichen Zeugenaussagen bleibt dem Leser die Persönlichkeit des Angeklagten fremd, da Barth keinerlei Einblicke in dessen Innenleben gewährt. Die Verhandlung demonstriert, dass es nicht möglich ist, sich in Rumkowski hineinzuversetzen und zur historischen Wahrheit durchzudringen (vgl. Polit 2011, 378f.). Dennoch bringt das Gerichtsverfahren die erschreckende Erkenntnis zu Tage, dass es sich bei Rumkowski ebenso wie bei Adolf Eichmann um ganz normale Menschen gehandelt hat.[3] Der berüchtigte *Getto-König* ist am Ende lediglich ein gebrechlicher, alter Mann, so wie Eichmann äußerlich ein vollkommen unscheinbarer Mensch gewesen ist. In Anlehnung an Arendts Formulierung von der „Banalität des Bösen" lautet daher das emotionale Schlussplädoyer von Rumkowskis Verteidiger Bornstein, der in seiner Rage und Hilflosigkeit angesichts des geschehenen Grauens plötzlich die Funktion des Anklägers übernimmt:

> Powtarzam pytanie: czy warto było tracić czas na mojego klienta? Po trzykroć tak. Trzeba bowiem surowo ukarać próżność, która pozwoliła mu uwierzyć we własną wyjątkowość. Trzeba było wybić mu z głowy fałszywe przekonanie, że był dobrym, opiekuńczym Żydem, bo był tylko nadętym głupcem. Wnoszę zatem o wyrok najsurowszy ... Niechże naszą karą będzie wieczne zapamiętanie go takim, jakim był!
> (Barth 2008, 251)
>
> Ich wiederhole die Frage: Hat es sich gelohnt, für meinen Mandanten Zeit zu vergeuden? Dreimal ja. Die Eitelkeit, die es ihm erlaubt hat, an seine eigene Außergewöhnlichkeit zu glauben, muss nämlich strengstens bestraft werden. Man musste ihm die falsche Überzeugung aus dem Kopf schlagen, dass er ein guter, fürsorglicher Jude gewe-

---

[3] „Das Beunruhigende an der Person Eichmanns war doch gerade, dass er war wie viele und dass diese vielen weder pervers noch sadistisch, sondern schrecklich und erschreckend normal waren und sind. Vom Standpunkt unserer Rechtsinstitutionen und an unseren moralischen Urteilsmaßstäben gemessen, war diese Normalität viel erschreckender als die Gräuel zusammengenommen" (Arendt 2006, 400).

sen sei, denn er ist lediglich ein aufgeblasener Dummkopf gewesen. Daher fordere ich das härteste Urteil ... Soll unsere Strafe darin bestehen, dass man ihn für alle Zeiten als den in Erinnerung behält, der er war!

Obwohl die historische Persönlichkeit Rumkowskis die Folie der Handlung bildet, fungiert er nicht als Hauptprotagonist. Das Augenmerk des Lesers wird vielmehr auf die der Verhandlung beiwohnenden Personen gelenkt. Mit dem Prozess wird den vielfach namenlosen Opfern des Łódźer Gettos eine Stimme verliehen, mit der sie von Angesicht zu Angesicht zum ersten Mal Anklage erheben und sich zum Geschehenen äußern können. Im Mittelpunkt des Buches steht insbesondere Barths Alter Ego, das sich urplötzlich in einer kafkaesken Welt wiederfindet. Wie auch die übrigen Anwesenden wird der polnische Schriftsteller unversehens in das Geschehen involviert, ohne zu wissen, wer dieses Gericht überhaupt einberufen hat. Hinter diesem mysteriösen, an Kafkas *Process* erinnernden Gerichtsverfahren verbirgt sich eine dem Menschen nicht begreifbare, höhere Instanz, die durch den Vorsitzenden Richter repräsentiert wird, der vermutlich Gott selbst ist.

Das kafkaeske Moment wird zusätzlich durch den literarischen Raum der Fabrik unterstrichen, der sich aus labyrinthartigen Gängen und unzähligen Türen und Räumen zusammensetzt, die den Protagonisten ihre Kleinheit und Machtlosigkeit angesichts der Geschehnisse vor Augen halten. Andrzej schafft es allerdings, diese Umgebung zu verlassen und zusammen mit Dora, von der er sich sehr angezogen fühlt, in den städtischen Raum des heutigen Łódź zu gelangen. Dies gibt dem Polen und dem jüdischen Geist die Möglichkeit, sich einander sowie der Vergangenheit anzunähern.

Mit dem Prozessende tritt wieder die alte vermeintliche ‚Normalität' ein. Die für die kurze Zeit zum Leben wiedererweckten Toten werden symbolträchtig in Güterwagons dorthin zurückgebracht, von woher sie gekommen und vor so vielen Jahrzehnten ermordet worden sind. Und Andrzej kehrt in sein altes Leben zurück. Am Lauf der Geschichte hat sich nichts geändert. Der Schriftsteller beendet seinen Roman *Fabryka muchołapek* und damit auch seine persönliche Auseinandersetzung mit der Vergangenheit seiner Heimatstadt.

Der Roman spiegelt einen inneren Prozess des Hauptprotagonisten wider, der – analog zu Kafka oder Stasiuks Beschreibung des verwinkelten Kellers – durch den verschlungenen Raum versinnbildlicht wird. Barths Alter Ego versucht die

Geschehnisse mit einer geistigen Erkrankung zu erklären, denn selbst seine Tagebuchaufzeichnungen weisen keinerlei Hinweise auf seine Erlebnisse in der Fabrik auf. Allerdings findet er in seinem Besitz den Füller, der einst Dora gehört hat, was eine tiefe Irritation in ihm auslöst:

> Czuję się świetnie, czas zapomnieć o zwidach, a przede wszystkim postawić ostanią kropkę. Irytuje tylko pióro z zielonego szylkretu, w pudełku wyłożonym aksamitem, ze złotym napisem „Pramen & Sohn". Patrzę na nie, raz nawet próbowałem napisać nim słowo, a przecież to nie moje. (Barth 2008, 275)
>
> Ich fühle mich großartig, es ist Zeit, die Traumgespinste zu vergessen, und vor allem den letzten Punkt zu setzen. Lediglich der Füllfederhalter aus grünem Schildpatt in diesem mit Samt ausgelegten Schächtelchen und der goldenen Aufschrift „Pramen & Sohn" auf dem Deckel irritiert. Ich schaue ihn an, einmal habe ich sogar versucht, ein Wort mit ihm zu schreiben, dabei gehört er nicht mir.

Die unmittelbare Konfrontation mit der Vergangenheit scheint einen Genesungsprozess in der Psyche des zu Beginn missmutig gestimmten Schriftstellers eingeleitet zu haben. Seit jeher hat ihn der Holocaust an den Juden belastet, weshalb er bereits als Kind Albträume gehabt hat. Obwohl er sich aktuell wohler fühlt, ist der Prozess keineswegs beendet und er wird es wahrscheinlich auch nie werden, wodurch sich der Kreis zum ergebniskargen Gerichtsverfahren schließt. Der Holocaust hat unsere Realität und unser Bewusstsein dermaßen geprägt, dass sich seine Präsenz nicht abschwächen lässt. Durch die Existenz des Füllfederhalters ergibt sich abschließend die Frage, ob der polnische Schriftsteller tatsächlich im Stande ist, mit seinem Roman den jüdischen Holocaust der Nachwelt angemessen zu vermitteln.

Eine Art Persiflage von *Fabryka muchołapek* stellt der Roman *Noc żywych Żydów* (2012; *Die Nacht der lebenden Juden*) von Igor Ostachowicz dar, hinter dessen skurriler Handlung sich der ewige Kampf zwischen Gut und Böse, Himmel und Hölle verbirgt. Der Text orientiert sich an der Ästhetik der Popkultur und zeichnet sich durch einen humoristischen Schreibstil aus. Dennoch besitzt der Roman eine der Thematik gebührende Tiefe und repräsentiert einen neuen und unverkrampften Umgang mit der Holocaustthematik in Polen.[4]

---

[4] Erst nach drei Jahren konnte der Autor, der zum Beraterstab des polnischen Premierministers Donald Tusk gehört, einen Verlag für seinen Roman gewinnen (vgl. Wodecka 2012).

Der Held oder vielmehr Antiheld des Buches ist ein sich in den Dreißigern befindender Fliesenleger „mit höherer Bildung", der klischeehaft die in der Nachwendezeit sozialisierte und von der Popkultur geprägte Generation polnischer Großstädter repräsentiert.[5] Seiner Umwelt begegnet er mit Gleichmut und trotz Hochschulabschluss genügt ihm seine Tätigkeit als Handwerker. Zusammen mit seiner arbeitslosen und magersüchtigen, jedoch – im Gegensatz zu ihm – idealistischen Freundin Chuda wohnt er in einem Plattenbau in Muranów. Eines Tages wird das Paar damit konfrontiert, dass in ihrem Keller eine nicht überschaubare Anzahl an jüdischen Seelen herumgeistert. Diese haben im Krieg schwere Traumata erlitten. Da bei ihnen – im Unterschied zu den polnischen Toten – niemand übriggeblieben ist, der sie betrauern könnte, können sie die irdische Welt nicht verlassen.

Das Paar freundet sich mit der im Teenageralter verstorbenen Rachel an, die unter einem Trauma leidet, weshalb ihre Seele keine Ruhe findet. Sie wird erst dann erlöst werden, wenn sie ihr Trauma überwindet und wieder zu lachen beginnt. Um Rachel bzw. Rejczel – wie sie selber genannt werden will – zu helfen, beschließt das Paar mit ihr in die Warschauer Shopping Mall mit dem bezeichnenden Namen Arkadia (Arkadien) zu gehen, wo der Geist – ähnlich wie Dora in *Fabryka muchołapek* – neu eingekleidet wird. Am nächsten Tag steht eine Horde von verstorbenen jüdischen Kindern vor der Tür des Fliesenlegers, die sich nun allesamt im Konsumtempel vergnügen wollen. Alsbald ist die Warschauer Innenstadt von den Geistern bevölkert, und der Fliesenleger, der sich Eliza Szybowicz (2012) zufolge zum Anti-Szmalcownik entwickelt, ist damit beschäftigt, auf die Rasselbande aufzupassen und ihren Konsum zu finanzieren. Erschwert wird dies dadurch, dass in der Stadt eine auf die Geister Jagd machende Gruppe von polnischen Neonazis ihr Unwesen treibt, wodurch sich eine weitere Parallele zu *Fabryka muchołapek* ergibt, wo Barth Andrzejs und Doras Spaziergang durch Łódź nutzt, um den gegenwärtigen polnischen Antisemitismus zu problematisieren. Einer von den Neonazis, Ktoś Zły bzw. KZ (Jemand Böses), ist vom Teufel besessen und mutiert zu dem Wesen Zupełnie Zły (Voll-

---

[5] Über die Figur des Fliesenlegers schreibt Joanna Tokarska-Bakir (2012): „Chwila wysiłku i każdy z nas rozpozna się w Glazurniku" („Ein Moment der Anstrengung und jeder von uns erkennt sich in dem Fliesenleger wieder").

kommen Böse), der sich als eine große Bedrohung für Rejczel und die übrigen jüdischen Seelen entpuppt. In der Shopping Mall kommt es schließlich zu einem finalen Entscheidungskampf. Mit Hilfe einer List gelingt es dem Fliesenlieger, seine Schützlinge zu retten, doch er selbst verliert dabei sein Leben und wird von dem Engel Uriel abgeholt und zum Jüngsten Gericht begleitet, vor dem ja auch schon Rumkowski gestanden hat.

Der vorgestellte Roman spielt selbstironisch mit den Konventionen der verschiedenen Gattungen und Filmgenres. Der Autor verwendet Zitate, Klischees und Anspielungen, die vom Zombiefilm über den Abenteuerfilm bis zur Liebeskomödie reichen. Doch zu allererst ist der Text ein zeitgenössischer Bildungsroman (vgl. Sokalska 2012), in dem der Antiheld Verantwortungsgefühl und moralisches Handeln erlernt.

Mit seinem Roman, der in Polen für sehr viel Aufmerksamkeit gesorgt und die Kritiker in zwei Lager gespalten hat (vgl. Anonymus 2012), versucht Ostachowicz einen Impuls zur Aufarbeitung des Holocaust zu geben, wofür er einen großen Bedarf in der polnischen Gesellschaft sieht:

> Mimo debaty wokół „Sąsiadów" i Jedwabnego temat nie został społecznie przepracowany, więc każdy sobie z nim radzi, jak potrafi. Większość spycha, część brnie w antysemityzm, a niektórzy przyjmują na siebie żydowskie pochodzenie. Jest wyrwa, ciemna plama i trauma [...]. Nie wiedzą nawet, jak się nazywa ta rzecz, którą Żydzi przyczepiają na drzwiach, a więc jak mają rozprawiać o Holocauście. A prawda jest taka, że nie trzeba dużo wiedzieć, by umieć odróżnić dobro od zła. Każdy człowiek, łącznie z moim bohaterem, jest w stanie to rozpoznać. Oczywiście, można przeżyć życie bez takiego wyboru, ale warto podjąć ten wysiłek, tym bardziej że i tak trudno od niego uciec. (Wodecka 2012)

> Trotz der Debatten rund um die „Nachbarn" und Jedwabne ist das Thema noch nicht gesellschaftlich aufgearbeitet worden, so dass jeder auf seine eigene Art damit fertig wird. Die meisten weisen es von sich, einige traben in Richtung Antisemitismus, und einige nehmen die jüdische Abstammung auf sich. Es gibt einen Riss, einen dunklen Fleck und ein Trauma [...]. Sie wissen noch nicht einmal, wie dieses Ding heißt, das die Juden an der Tür befestigen, also wie sollen sie sich mit dem Holocaust auseinandersetzen. Und die Wahrheit ist, dass man nicht viel wissen muss, um zwischen Gut und Böse unterscheiden zu können. Alle, samt meinem Helden, sind in der Lage, dies zu erkennen. Selbstverständlich kann man auch ohne eine derartige Wahl leben, aber es lohnt sich, die Mühe auf sich zu nehmen, umso mehr, da es eh schwierig ist, vor ihr wegzulaufen.

Das Holocaust-Thema ist auf dem polnischen Buchmarkt und in der Kulturszene noch nie so präsent gewesen. Ein Grund hierfür ist, dass sich die Kulturschaffenden auf einer internationalen Bühne bewegen und von Warschau bis New York zuhause sind. Dabei empfinden sie den nationalen Komplex und den nicht aufgearbeiteten Holocaust als ein starkes Hemmnis für die Entwicklung Polens. So erklärt zum Beispiel Barths Alter Ego seinen schizophrenen Zustand mit dem auf Polen lastenden Makel:

> Wiedziałem już, skąd wziął się atak choroby. Jako młody chłopak kazałem sobie opowiadać historię, jak to ludzie z wielkiego świata przyjechali do mojego miasta i co się z nimi potem stało. [...] To nic, że umierali w zatruwanych spalinami ciężarówkach czy komorach gazowych Chełmna czy Auschwitzu. Dla ich przyjaciół w Pradze, w Wiedniu czy Berlinie to Łódź była miejscem, z którego dali ostatni znak życia. Zawsze mnie to obrażało. (Barth 2008, 92f.)

> Ich wusste schon, woher dieser Krankheitsschub stammte. Als Junge hatte ich mir erzählen lassen, wie die Menschen aus der großen Welt in meine Stadt gekommen sind und was dann mit ihnen passiert ist. [...] Es macht nichts, dass sie in den Gaskammern von Kulmhof oder Auschwitz gestorben sind. Für ihre Freunde aus Prag, Wien oder Berlin war Łódź der Ort, von dem aus sie das letzte Lebenszeichen gegeben haben. Das hatte mich immer schon gekränkt.

Die Kulturschaffenden bedienen sich des Geistermotivs, um zu zeigen, dass sich der Holocaust nicht verdrängen lässt:

> Popkultura sięga po duchy, zmory, zombi. Pojawiają się wśród żywych, bo ich spokój został zakłócony. W każdym siedzi strach przed miejscem, w którym dokonała się zbrodnia. Mamy też wewnętrzne przekonanie, że prędzej czy później sprawiedliwość musi zwyciężyć. Dlatego w tylu opowieściach zjawy tak długo nękają żyjących, aż ich krzywda zostanie nazwana i zrozumiana. (Wodecka 2012)

> Die Popkultur benutzt Geister, Gespenster, Zombies. Sie erscheinen zwischen den Lebenden, da ihr Frieden gestört worden ist. Jeder besitzt eine Angst vor dem Ort, an dem ein Verbrechen begangen worden ist. Wir besitzen auch eine innere Überzeugung, dass früher oder später die Gerechtigkeit siegen muss. Aus diesem Grund plagen die Spukgestalten die Lebenden so lange, bis das ihnen angetane Unrecht ausgesprochen und verstanden wird.

Die Geister der Vergangenheit bilden eine Bürde für das Hier und Heute, und nur durch die direkte Konfrontation und Aufarbeitung des begangenen Unrechts können die Fragen der Gegenwart angegangen werden. Die Aufarbeitung ist dabei nicht nur für die jüdischen Opfer von Bedeutung, sondern ebenso für die polnische Gesellschaft. Daher lautet Sierakowskis Appell: „Return and we shall finally become Europeans. [...] Return not as shadows of the past but as a hope for the future. Heal our wounds, and you'll heal yours" (Bartana 2007).

## Literaturverzeichnis

PRIMÄRLITERATUR

*Barth,* Andrzej 2008: Fabryka muchołapek. Warszawa.
*Chutnik,* Sylwia 2009: Kieszonkowy atlas kobiet. 4. Aufl. Kraków.
*Stasiuk,* Andrzej 2007: Dojczland. Wołowiec.
*Ostachowicz,* Igor 2012: Noc żywych Żydów. Warszawa.

FILME

*Bartana,* Yael (R) 2007: Mary Koszmary/Nightmares. HD video. 11Min 27 Sek. (abrufbar unter: http://www.artmuseum.pl/filmoteka/?l=0&id=200).
*ders.* (R) 2009: Mur i wieża/Wall and Tower. 35mm. 15 Min 56 Sek. (abrufbar unter: http://www.artmuseum.pl/filmoteka/?l=0&id=199).

SEKUNDÄRLITERATUR

*Anonymus* 2009: „Mur i wieża" projekt Yael Bartana. In: Culture.pl vom 25.6.2009. http://www.culture.pl/kalendarz-pelna-tresc/-/eo_event_asset_publisher/L6vx/content/mur-i-wieza-projekt-yael-bartany (letzter Abruf 1.4.2013).
*Anonymus* 2012: Doradca Tuska napisał skandalizującą książkę „Noc żywych Żydów". In: Gazeta.pl vom 11.4.2012. http://wiadomosci.gazeta.pl/wiadomosci/1,114873,11518832, Doradca_Tuska_napisal_skandalizujaca_ksiazke__Noc.html (letzter Abruf 1.4.2013).
*Arendt,* Hannah 2006: Eichmann in Jerusalem. Ein Bericht von der Banalität des Bösen. 15. Aufl. München [u.a.].
*Bartana,* Yael 2011: Duch powrotu. In: Krytyka polityczna, Nr. 26: Duchy. Pomysł Yael Bartana, o.S.
*Chomatowska,* Beata 2012: Stacja Muranów. Wołowiec.
*Gnauck,* Gerhard 2012: Vom Trauma, Opfer zu sein. Die polnische Schriftstellerin Magdalena Tulli über die Erinnerung der zweiten Generation nach Krieg und Holocaust. In: Die Welt, Nr. 23 v. 27.1.2012, S. 26.
*Johannes Paul II.* Apostolische Reise nach Polen. Predigt. Siegerplatz in Warschau, 2. Juni 1979. http://www.vatican.va/holy_father/john_paul_ii/homilies/1979/documents/hf_jp-ii_hom_19790602_polonia-varsavia_ge.html (letzter Abruf 1.4.2013).
*JRMiP*: Facebook-Eintrag seit 23.1.2010. https://www.facebook.com/jrmip (letzter Abruf 1.4.2013).
*Kijowska,* Marta 2011: Anklage des Gettokönigs. In: Frankfurter Allgemeine Zeitung v. 15.2.2011.
*Muzeum Historii Żydów Polskich*: O muzeum. http://www.jewishmuseum.org.pl/pl/cms/muzeum/ (letzter Abruf 1.4.2013).
*Petrowskaja,* Katja 2012: Interview mit Yael Bartana v. 11.5.2012. http://blog.interview.de/Interview-Yael-Bartana (letzter Abruf 1.4.2013).
*Polit,* Monika 2011: Punkty widzenia. Mordechaj Chaim Rumkowski – literackie oceny i interpretacje. In: Zagłada Żydów. Studia i materiały 7, S. 373-392.
*Sienkiewicz, Karol* 2011: Ryfka przychodzi i odchodzi. In: Dwutygodnik, Nr. 59. http://www.dwutygodnik.com/artykul/2332-ryfka-przychodzi-i-odchodzi.html (letzter Abruf 1.4.2013).

Sokalska, Arlena 2012: „Noc żywych Żydów" Ostachowicza. Zamiast „szokującego horroru" niezła postmodernistyczna powieść. In: Polskatimes.pl v. 13.4.2012. http://www.polskatimes.pl/artykul/552459,noc-zywych-zydow-ostachowicza-zamiast-szokujacego-horroru,2,id,t,sa.html (letzter Abruf 1.4.2013).

Stokfiszewski, Igor – Żmijewski, Artur 2012: Nie będziemy żołnierzami. Z Yael Bartaną rozmawiają i Igor Stokfiszewski i Artur Żmijewski. In: Krytyka polityczna, Nr. 30, S. 200-208.

Szybowicz, Eliza 2012: Resident Good. W Warszawie. In: Dwutygodnik, Nr. 81. http://www.dwutygodnik.com/artykul/3483-resident-good-w-warszawie.html (letzter Abruf 1.4.2013).

Unger, Michael 2004: Reassessment of the Image of Mordechai Chaim Rumkowski. Jerusalem.

Wodecka, Dorota 2012: No dobra, jest Polska, i super. A co z Żydami? In: Wyborcza v. 15.7.2012. http://wyborcza.pl/2029020,76842,12115704.html (letzter Abruf 1.4.2013).

Zemel, Carol 2011: Yael Bartana's *Mary Koszmary* and *Galut Melancholy*. In: Association for Jewish Studies (AJS). Spring, S. 49-50. http://www.bjpa.org/Publications/details.cfm?PublicationID=12018 (letzter Abruf 1.4.2013).

## Summary

The Holocaust theme has never been more present in Poland than in the recent years. The issue is being debated in novels, diaries, interviews, films and artworks, whereupon the discourse is particularly characterised by the terms *trauma*, *psychoanalysis* and *ghosts*. By confronting the main characters of their works with Jewish ghosts, a whole range of artists tries to come to term with the tremor of the national psyche that has been caused by the Holocaust. Those ghosts are no spectres, but they suffer from the same trauma as the living people and they have the same needs for inner peace. The motif of the Jewish ghosts that come back into the middle of Polish society underlines that it is not possible to repress the memories of the Holocaust. The demons of the past are a burden to the here and now and only by a direct confrontation with the injustices of the past the issues of the present can be approached. Coming to terms with the past is not only of importance for the Jewish victims, but also for Polish society. An outstanding characteristic of those sensational and aesthetically interesting works that have achieved a new quality in Polish Holocaust literature is the blurring of the line between fiction and reality.

## Streszczenie

Temat Holokaustu nigdy dotąd nie był tak obecny w Polsce jak w ostatnich latach. Debata podejmowana jest w książkach, wspomnieniach, wywiadach, filmach i dziełach sztuki. Szczególną rolę w dyskursie zajmują *duchy*, *trauma* i *psychoanaliza*. Liczni twórcy podjęli próbę reakcji na wstrząs na psychice narodowej wywołany Holokaustem, który wywołał głęboko tkwiące strachy i kompleksy, poprzez konfrontację w swoich dziełach żywych z żydowskimi duchami. Te duchy nie straszą, lecz cierpią tę samą traumę co żyjący i kierują się tą samą potrzebą wewnętrznego spokoju. Duchy przeszłości są obciążeniem dla teraźniejszości i tylko poprzez bezpośrednia konfrontacja i rozliczenie się z dawnych niesprawiedliwości umożliwiają rozwiązanie teraźniejszych problemów. Rozliczenie się jest równie ważne dla żydowskich ofiar, co dla polskiego społeczeństwa. Te głośne i ciekawe ze względu na ich estetykę prac wniosły nową jakość do polskiej literatury Holokaustu. Ich szczególną cechą jest zatarcie granicy między fikcją a rzeczywistością.

# Kinder und Enkel des Holocaust erzählen.
## Neue Perspektiven in der polnischen Holocaustliteratur

*Hans-Christian Trepte, Leipzig*

Der Völkermord an den europäischen Juden stellt einen geradezu unerschöpflichen Inspirationsquell für Literatur, Kultur und Kunst dar. Je weiter wir uns vom eigentlichen Geschehen entfernen, desto größer scheint das Interesse am Holocaust zu werden, der inzwischen zu einem „erinnerungskulturellen Fluchtpunkt" und „globalen Referenzpunkt" (Probst 2003, 45) nicht nur in Europa geworden ist. „Der Umgang mit dem Holocaust […] öffnet exemplarisch unser Verständnis für neue Erinnerungskulturen"; dabei ist die „Erinnerung an den Holocaust in einer Epoche ideologischer Ungewißheit zu einem Maßstab für humanistische und universalistische Identifikationen" (Levy/Sznaider 2001, 9), zu einem „Mythos der Moderne" geworden (Assmann/Frevert 1999, 272f.). Während in der „Ersten Moderne" noch „der nationalstaatliche Rahmen" vorrangig war, lässt sich in der „Zweiten Moderne" eine deutliche „Entortung von Politik und Kultur" beobachten, d.h. der Holocaust wird als ein einzigartiges Ereignis zunehmend vergleichbar (ebd., 9) und damit „paradigmatisch für den Prozeß der Globalisierung" (ebd., 20). Erst die Vermittlungsfunktion der Massenmedien ermöglicht auf verschiedenen Ebenen die Durchdringung nationaler wie globaler Erinnerungselemente. Seit den 1990er Jahren verschieben sich Motive und Wertungen, d.h. die eigentliche ‚Geschichte' des Holocaust wird zunehmend umgeschrieben, dabei verändert sich auch das Täter-Opfer-Verhältnis grundlegend. Während in der „Ersten Moderne" die Unterscheidung zwischen „der Tätererinnerung und der Opfererinnerung" noch ein wichtiger Aspekt des gegenseitigen Unverständnisses war und vornehmlich „der Abgrenzung diente", kommt es in der „Zweiten Moderne" zu einem Kompromiss, der von „der gegenseitigen Anerkennung der Geschichte des Anderen getragen", immer mehr zu einem „Akt der Versöhnung", zu einem „zentralen Erinnerungserlebnis" wird (ebd., 236). „Dass Täter zugleich Opfer und Opfer auch Täter sein können" scheint für „die Erinnerungs- und Gedenkkultur keine unerhebliche Schwierigkeit" mehr darzustellen (Heer 2004).

In seiner Rede vor dem Bundestag hatte der israelische Historiker Yehuda Bauer 1998 geäußert: „Es vergeht kaum eine Woche, ohne daß in der Welt neue Memoiren, Romane, wissenschaftliche Abhandlungen, Theaterstücke, Gedichte, Fernseh- oder Kinofilme erschienen, die sich in irgendeiner Weise mit der Shoah befassen" (Bauer 2001, 318). Einige dieser Veränderungen und Perspektiven sollen nachfolgend anhand einiger aussagekräftiger Beispiele aufgezeigt werden.

Nicht nur in der Öffentlichkeit der westlichen Länder ist bei der Wahrnehmung und Verarbeitung des Geschehen das Bedürfnis nach „Personalisierung, nach Privatisierung und Intimisierung" gewachsen, das häufig mit einem Hang zum „Politainment" (Dörner 2001, 171) in der medialen Erlebnisgesellschaft einhergeht und auch auf eine Sehnsucht des Lesers nach „Entlastung", „Vergebung", „Erlösung" zurückgeführt werden kann (Reichel 2004, 315). Diese Tendenz kann auch bei der Rezeption bestimmter literarischer Werke verfolgt werden. Erinnert sei z.B. an die Aufnahme von Andrzej Szczypiorskis Roman *Początek* (1986, dt. *Die schöne Frau Seidenman*, 1988) im deutschsprachigen Bereich oder an die positiven Reaktionen auf Steven Spielbergs Film *Schindlers Liste*. Im Gedenken an den Holocaust und dessen künstlerische Darstellung zeichnet sich als „kulturelle Tendenz des neuen Jahrtausends" (Schmitz 2004, 47) auch ein Paradigmenwechsel ab. Die zunehmend an Einfluss und Macht gewinnenden Bilder führen zu einer sichtbaren Wende, dem „visual turn" (Roeck 2003, 294), die sich auf den Holocaust-Film (vgl. Dalle Vacche 2002) wie auch auf die gesamte visuelle Kultur und die „visuell" und medial stark beeinflusste „Holocaust-Literatur" (vgl. Zelizer 2001) als Medium einer „suggerierten Zeugenschaft" offenbart (vgl. Wende 2002; Kramer 2003).

„Erinnerungsstrategien" dieser Art sind folglich mit „Medienformaten" und einem „Medienwechsel" verbunden (Schmitz 2004, 47). Nach der „erfundenen Erinnerung" an den Holocaust (Reichel 2004, 250), erinnert sei an die Fernsehserie *Holocaust* wie auch Spielbergs Film *Schindlers Liste*, war es gelungen, „eine Emotionalisierung zweiten Grades" (Jeismann 2001, 156) im Wechsel „zwischen Fiktion und Authentizitätsversprechen" zu erreichen und den „Mythos der Shoah" (Schmitz 2004, 47) auch mit cineastischen Mitteln zu umschreiben und zu neuem Leben zu erwecken.

Wie auch mit seinen anderen Erfolgsfilmen hatte Spielberg mit *Schindlers Liste* einen Wandel der Mentalität erspürt, in große Bilder übersetzt und ihn – durch den Erfolg des Films – nochmals deutlicher profiliert und verstärkt. (ebd., 43).

Verwiesen sei an dieser Stelle auf eine Reihe weiterer Kinoerfolge wie *La vita è bella* von Roberto Benigni (1998), *Train de vie* von Radu Mihaileanu (1998), *Der Pianist* von Roman Polanski (2002), *Waltz with Bashir* von Ari Folman (2008), *Inglorious Basterds* von Quentin Tarantino (2009), *In Darkness* von Agnieszka Holland (2011), *Pogłosie* von Władysław Pasikowski (2012) u.a.

## 1. Verspätete Debüts über den Holocaust

Die letzten zwei Jahrzehnte waren für die wenigen Vertreter der im Verschwinden begriffenen Generation der Holocaust-Überlebenden „die letzte Chance, das Wort zu ergreifen", während die Vertreter der „jungen Generation", die mit dem Schreiben erst begonnen hatten, sich durchaus bewusst waren, dass „das bislang gültige Paradigma im Umgang mit dieser Problematik sich bald erschöpft haben und ohne die Kraft der Authentizität wenig aussagekräftig und lediglich Wiederholung sein wird" (Wróbel 2012, 285).

Zu den Autoren, die erst spät ihre Erinnerungen und Erlebnisse in einer Art Bekenntnisliteratur zu Papier brachten, gehören z.B. die in Israel lebenden Schriftstellerinnen polnisch-jüdischer Herkunft Ida Fink und Irit Amiel sowie der bisher hauptsächlich als Literaturwissenschaftler bekannt gewordene Michał Głowiński. Erst 1998 hatte er in seinem Erzählband *Czarne sezony* (*Schwarze Zeiten*) seine bisher geheim gehaltene jüdische Identität und Kindheit, seine Rettung aus dem Warschauer Getto, die Trennung von seiner Mutter und sein Überleben in einem Kloster in der polnischen Provinz beschrieben. Ruta Wermuth wagte es 1992, sich zu ihrem Judentum zu bekennen, das sie aus Angst sogar vor ihrem eigenen Kind verborgen gehalten hatte. Für sie hatte das Wort ‚Jude' Jahrzehnte lang Ausgrenzung, Diskriminierung, Angst, Mord und Tod bedeutet. Mit dreizehn Jahren war sie Ende des Jahres 1941 ins Getto ihrer Heimatstadt Kolomea gekommen, Eltern und Bruder wurden ermordet. Wermuths ein halbes Jahrhundert umfassende Lebenserinnerungen *Im Mahlstrom der Zeiten* (2002), die zuvor in Polen mit dem Titel *Spotkałem Ludzi* (*Mir sind Menschen begegnet*) in einer anderen Form erschienen waren, stellen ein bewegendes Dokument jüdischen Lebens dar, das von den erlebten schrecklichen Ereignissen im Getto bis in die neunziger Jahre des 20. Jahrhunderts einen Bogen spannt, als sie ihren tot geglaubten Bruder Salek wiederfindet. Die 2002 mit dem Nike-Preis ausgezeichnete Journalistin, Dramatikerin und Drehbuchautorin Joanna Olczak Ronikier beschreibt in ihrem Buch *W ogrodzie pamięci* (2001, dt. *Im Garten der Erinnerung. Eine europäische Jahrhundertfamilie*, 2006) die Freuden, Träume und Leidenschaften aus der Zeit ihrer glücklichen Kindheit. Sie zeigt die einmalige Atmosphäre der Kurorte und Salons um die Wende vom 19. zum 20. Jahrhundert ebenso wie den bitteren Alltag unter deutscher und sowjetischer Besatzung; sie berichtet vom Tod im Getto ebenso wie von berührenden Begegnungen von Holocaust-Überlebenden, denen es gelungen war, sich durch abenteuerliche Fluchten über Indien und Japan nach New York zu retten.

Bemerkenswerte literarische Debüts legten auch die aus Polen stammenden und in den USA lebenden Schriftsteller Louis Begley (Ludwik Begleiter) und Wilhelm Dichter vor, Begley mit *War Time Lies* (1991; dt. *Lügen in Zeiten des Krieges*, 1996) und Dichter mit der Trilogie *Koń Pana Boga* (1996; dt. *Das Pferd Gottes*, 2000), *Szkoła bezbożników* (1999; dt. *Rosenthals Vermächtnis*, 2000) und *Lekcja angielskiego* (2010; *Die Englischstunde*). Bei einigen Schriftstellern tauchen zwar Motive von Gewalt, Deportation und Völkermord im gesamten Werk auf, doch der Holocaust wie auch die Lagerwirklichkeit werden scheinbar nur am Rande thematisiert. Mit wachsendem Abstand machen einige von ihnen jedoch den Holocaust zum Mittelpunkt ihrer Werke. Zu ihnen kann beispielsweise der 2011 verstorbene polnische Exilschriftsteller Marian Pankowski gezählt werden, der die Lager Auschwitz, Groß-Rosen und Bergen-Belsen überlebt hatte. Erst Jahrzehnte nach dem Ende des Zweiten Weltkriegs berichtet er in Büchern wie *Z Auszwicu do Belsen. Przygody* (2000; *Von Auschwitz nach Belsen. Abenteuer*) oder *Planet Auschwitz* (2010) über das von ihm Erlebte und Erlittene.

> Ich bin Bewohner des Planeten Auschwitz, der sich in seiner eigenen souveränen Zeit bewegt und mit der Zukunft nichts zu schaffen hat. Seine Gegenwart ist so intensiv, dass sie keinen Platz für das kleinste Quäntchen der blauen Blume lässt. Dieses von Stacheldraht eingegrenzte Aquarium habe ich adoptiert, hier nur navigiere ich. (Pankowski 2010 b, 2)

Pankowskis Texte sind keine typischen Berichte eines Holocaust-Überlebenden, ihm geht es um die nötige Distanz zum Erlebten, „um das Altern der Ereignisse", um jene „Juden, die ihres Mensch-Seins beraubt wurden" (ebd., 200). Es geht ihm aber auch um die kaum überwindbare Kluft zwischen Überlebenden und Nicht-Überlebenden, zwischen jenen, die den „Planet Auschwitz" selbst erlebt haben und jenen, die lediglich über ihn erfahren haben. Zu ihnen gehören jene Juden „da drüben" in Amerika, die ein schlechtes Gewissen haben, weil sie selbst keine Gräuel wie die Juden „von dort" aus dem östlichen Europa erfahren haben und das „Ghetto steht wieder in Flammen" (nach)spielen wollen (ebd., 236). Ein Thema, das der Schriftsteller in einem seiner letzten Werke aufgreift: *Była Żydówka, nie ma Żydówki* (2010; dt. *Da war eine Jüdin, die Jüdin ist weg*, 2010):

> Niemand wird bestreiten, dass die Juden, auch wenn die Zeit allgemeiner religiöser oder nazistischer Unterdrückung der europäischen Juden vorbei ist, auch wenn Treblinka und Auschwitz heute Museen sind, in denen sich die Enkel der Opfer auf der Asche ihrer Familien fotografieren lassen, nach wie vor Fremde für uns sind. Selbst das Feuer der Krematorien von gestern hat ihnen nicht den Stempel der grundsätzlichen Andersartigkeit ausgebrannt. (ebd., 200)

Neben den Berichten von Holocaust-Zeugen stehen literarische Werke, die den Überlebenden bzw. Zeugen des Holocaust gewidmet sind, die ihre Erinnerungen und Erfahrungen nicht niedergeschrieben haben, weil sie nicht genügend Abstand zum Erlebten gewinnen konnten oder aber selbst nicht in der Lage waren, darüber zu schreiben. Diese von anderen festgehaltene Zeugenschaft ergänzt „das literarische Bild des Holocaust um Aspekte, die sich aus einer ausschließlich persönlichen, individuellen Perspektive heraus kaum darstellen ließen"; aus persönlichen „Erinnerungssplittern" kann dabei zuweilen auch ein breites „Panorama" entstehen (Wróbel 2012, S. 284). Erlebnisse aus individueller, persönlicher Perspektive werden häufig von namhaften Schriftstellern festgehalten, ein Verfahren, das beispielsweise Hanna Krall bei der Aufzeichnung von bisher anonym gebliebenen Stimmen bis heute erfolgreich anzuwenden weiß. Zu den neueren literarischen Erscheinungen dieser Art gehört auch das Buch des in Polen vor allem als Lyriker bekannt gewordenen Jacek Cygan, *Klezmer. Opowieść o życiu Leopolda Kozłowskiego-Kleinmana* (2009; dt. *Der letzte Klezmer. Das Leben des Leopold Kozłowski-Kleinman*, 2012). Mit der zentralen Figur des legendären Musikers Leopold Kozłowski-Kleinman, dem es als einzigem seiner Familie gelang, die Shoah zu überleben, der zum musikalischen Leiter von Spielbergs Film *Schindlers Liste* avancierte und zu den Mitbegründern des Krakauer Klezmer-Festivals gehörte, wird, von der Jetztzeit ausgehend, eine lebendige Verbindung zur Kultur und Musik der ermordeten polnischen Juden in Galizien hergestellt. Lediglich verwiesen sei aber auch auf jene Schriftsteller nichtjüdischer Herkunft, die großes Interesse am verschwundenen jüdischen Leben zeigen und es in ihren literarischen Werken wiederholt thematisieren. Zu ihnen gehören z.b. Piotr Szewc mit *Zagłada* (1987; dt. *Das Buch eines Tages*, 2011) oder Anna Bolecka, die nach ihrem erfolgreichen Roman *Biały kamień* (1994; dt. *Der weiße Stein*, 1998) mit *Cadyk i dziewczyna* (2012; *Der Zaddik und das Mädchen*) ein weiteres spannendes Buch über die eng miteinander verflochtenen Schicksalswege von Juden, Polen und Deutschen während der deutschen Besatzung Warschaus vorlegte.

## 2. Die „Kinder des Holocaust"[1]

Die fast durchgängige Auseinandersetzung mit der Shoah mündete in Polen bereits Ende der achtziger, vor allem aber in den nachfolgenden neunziger Jahren in einen posttraumatischen Diskurs, der von Vertretern unterschiedlicher Generationen geprägt wird. Zu ihnen gehört die immer kleiner werdende Zahl authentischer Zeugen, die Generation der Kinder und Enkel der Holocaust-Überlebenden, die mit z.T. völlig neuen, unkonventionellen Methoden und Mitteln Traumata bewältigen möchten. Fiktion bedeutet hier häufig auch Provokation. So wird beispielsweise die Behauptung aufgestellt, Anne Frank sei nicht im Konzentrationslager ermordet worden, sondern verstecke sich bis heute auf dem Dachboden des jüdischen Familienvaters Kugel in Amsterdam. Das beschreibt jedenfalls Shalom Auslander in ihrem Roman *Hoffnung. Eine Tragödie* (2013). Auch die jüngsten Werke über den Holocaust bewegen sich zwischen den zwei bekannten Polen, dem Festhalten und Dokumentieren von Fakten auf der einen Seite und der freien Fiktionalisierung auf der anderen. Nach dem demokrati-

---

[1] Vgl. Meloch/Szostkiewicz 2001, Matwin-Buschmann 1995.

schen Umbruch von 1989/90 meldete sich eine erstaunlich große Zahl von Autoren zu Wort, die zumeist zum ersten Mal das Thema Holocaust literarisch aufgriffen (Ewa Hoffman, Bożena Keff, Ewa Kuryluk, Joanna Olczak-Ronikier, Marian Pankowski, Michał Głowiński, Tadeusz Słobodzianek, Ruta Wermuth, Igor Ostachowicz, Mikołaj Łoziński). Der Begriff „Kinder des Holocaust" verfügt dabei über unterschiedliche semantische Facetten. So stellt er einen unmittelbaren Bezug her zu Anna Mieszkowskas Buch *Matka dzieci Holocaustu – Historia Ireny Sendlerowej* (2004; *Die Mutter der Kinder des Holocaust – Die Geschichte der Irena Sendlerowa*). Irena Sendlerowa hatte ihr Leben für die Rettung von Juden aufs Spiel gesetzt und mit Hilfe der jüdischen Untergrundorganisation ŻEGOTA (Rat für die Unterstützung der Juden) 2500 Kinder gerettet. Auf Sendlers Liste stand u.a. auch Michał Głowiński, der das Vorwort zu Mieszkowskas Buch schrieb. Der Begriff „Kinder des Holocaust" geht des Weiteren auf den Band *Dzieci Holocaustu mówią* (dt. *Kinder des Holocaust sprechen. Lebensberichte*, 1995) zurück, der 1993 zum 50. Jahrestag des Warschauer Gettoaufstandes mit einem Vorwort von Jerzy Ficowski erschien. Interessant ist die Entstehungsgeschichte dieser Publikation. Nach dem demokratischen Umbruch von 1989/90 wurde 1991 die *Gesellschaft der Kinder des Holocaust in Polen* (*Stowarzyszenie Dzieci Holocaustu w Polsce*) gegründet. Ihr Anliegen war es, alle damals noch im Lande lebenden Kinder des Holocaust (etwa 200 bis 250) zu einem jüdischen ‚Coming out' zu bewegen, mit ihnen über eine verdrängte, oft in Alpträumen wiederkehrende, zumeist aber verschwiegene traumatische Kindheit zu sprechen. So fanden zahlreiche „Gefährten der Wehrlosigkeit" (Matwin-Buschmann 1995, 3) 1992 zueinander, um von nun an gemeinsam die Last der Vergangenheit zu tragen. Aus der Tiefe ihres Gedächtnisses tauchen ängstlich und zögerlich jene „schwarzen Gedanken" (ebd.) auf, die einer offenen, nicht heilen wollendenden, schmerzenden Wunde glichen. Die Veröffentlichung vereint 63 fragmentarische Zeugenaussagen, die ursprünglich nicht „mit dem Gedanken an eine Veröffentlichung niedergeschrieben" (ebd.) wurden. Es sind z.T. intime Lebensberichte, geborgen aus dem Gedächtnis von „Auserwählten eines Schicksals, eines grausamen Schicksals, das sie versehentlich übersah" (ebd., 9f.). Der polnischen Ausgabe von *Dzieci Holocaustu mówią* folgte 1996 eine weitere Veröffentlichung von Zeugen des Holocaust mit dem Titel *Czarny rok. Czarne lata* (*Schwarzes Jahr, schwarze Jahre*), die 1997 vom Reclam-Verlag Leipzig mit dem Titel *Schwarze Jahre. Zeugen des Holocaust erinnern sich* herausgegeben wurde. Zu den erzählenden Kindern der Überlebenden des Holocaust zählen vor allem jene in der polnischen Gesellschaft vom „Virus des Genozids Infizierte[n]" (Czapliński 2012, 290) wie auch die bisher anonym Gebliebenen, Stummen, Schweigenden, die ihre jüdische Identität angesichts erneuter Repression, Diskriminierung und Verfolgung verdrängt hatten und erst nach dem demokratischen Umbruch in Polen wagten, sich nunmehr auch öffentlich zu ihrer jüdischen Identität zu bekennen, über ihr eigenes und das Schicksal ihrer Familien zu berichten. In den literarischen Zeugnissen der „Kinder des Holocaust" wird nach all den „Jahren der Anklage und Empörung […] ein starker Wunsch nach Versöhnung spürbar, wenn nicht mit der Geschichte, dann wenigstens mit der Familie" ein Auskommen zu finden und „auf Rettung durch die Kunst" (Raulff, zit. n. Schmitz 2004, 79) zu hoffen. Auffallend ist des Weiteren eine Tendenz hin zur verstärkten Fiktionalisierung des Holocaust, die nicht zuletzt auf die wachsende Demokratisierung und Mehrstimmigkeit innerhalb der polnischen Literatur zurückzuführen ist. Über Jahrzehnte war die Frage nach dem Sinn des Heldentums, in Bezug auf den Getto-, vor allem aber auf den Warschauer Aufstand, als „heroische und hoffnungslose Rebellion gegen die Unmenschlichkeit" (Reich-Ranicki 2000, 278) virulent gewesen. So begannen zumeist leidenschaftlich ausgetragene Diskussionen, die das polnische Heldentum sowie die heroische Verklärung des nationalen Widerstands in Polen wie auch im Ausland betrafen. Viele ehemalige Widerstandskämpfer wie z.B. Marek Edelman lehnen die Requisiten und Bilder eines heldenhaft geführten Kampfes ab[2], eine Entwicklung, die sich seit der Veröffentlichung von Miron Białoszewskis *Pamiętnik z powstania warszawskiego* (1970; dt. *Nur das was war. Erinnerungen an den Warschauer Aufstand*, 1994)[3] in der polnischen Literatur immer deutlicher abzuzeichnen begann. Immer stärker wird nicht mehr allein das Heroische, sondern zunehmend das „Alltägliche, ja Zufällige, das Verstreute und Verzweifelte ihrer Aktionen" thematisiert (Schmitz 2004, 62). Die eigentli-

---

[2] Vgl. hierzu auch: Marek *Edelman*: Das Ghetto kämpft. Berlin 1993, und Der Hüter: Marek Edelman erzählt. Hrsg. v. Rudi Assuntino und Włodek Goldkorn. München 2002.
[3] Vgl. dazu auch: Miron *Białoszewski*: Tajny dziennik (Geheimes Tagebuch). Kraków 2012.

che Aufgabe des Widerstandskampfes sei gewesen, „die Flamme des Lebens zu bewahren, mit welchen Handlungen auch immer" (ebd.). Diese Diskussion wird z.T. auch auf den jüdisch-israelischen Widerstand in der Geschichte des Staates Israel übertragen; auf diese Art und Weise entstand „der Mythos von der Geburt Israels" (ebd.). So schreibt Jan Karski: „Aus der Asche der sechs Millionen Unschuldigen, aus dem bewaffneten Kampf der tapfersten unter den tapferen Juden [...] erhob sich aufs Neue der Staat Israel. Die Juden sind nicht länger heimatlos und hilflos" (zit. n. Schmitz 2004, 71).

### 3. Die Enkel des Holocaust oder die „Generation post-memory"[4]

Die nach dem Zweiten Weltkrieg geborenen Enkel des Holocaust, einige von ihnen unmittelbar danach, andere erst viele Jahre später, machten ebenfalls häufig die eigene Familiengeschichte, die sie mit der Shoah verbindet, meistens sind es die Großeltern, zum Gegenstand ihres Schreibens.

> Sie berufen sich somit nicht auf eigene Erfahrungen, sondern setzen sich mit ihrer eigenen Post-Holocaust-Erinnerung auseinander, mit dem Holocaust-Gepäck also, das Gesellschaftskultur und familiäre Weitergabe – auch ohne eigenes Erleben – in ihre individuelle Erinnerung eingepflanzt haben. Sie sind vom Holocaust durchtränkt, obgleich sie nie mit ihm in Berührung gekommen sind. Sie waren nie physisch von ihm bedroht, und doch wehren sie sich auf eine Art gegen ihn. (Czapliński 2012, 293)

Die Enkel des Holocaust sind oft vom starken Willen beseelt, sich die vernichteten jüdischen Lebenswelten auf eine ganz eigene, individuelle Art und Weise zu erschließen. Dabei sehen sie sich als „das letzte Glied in der Generationenkette" und zwar „ganz an ihrem Ende angehängt" (Wróbel 2012, 283). Ähnlich wie vor ihnen die „Kinder des Holocaust" gehen sie weitaus freier und ungezwungener mit der Shoah um. Sie selbst sind zwar nicht mehr unmittelbar „von persönlichen Kriegserinnerungen belastet", doch die „Dämonen der Vergangenheit [...] beeinflussen – nicht selten auf dramatisch destruktive Weise – ihre eigenen Schicksalswege wie auch das Schicksal ihrer Familien" (ebd., 285). Sie tragen die Last der familiären wie auch der gesellschaftlichen Post-Holocaust-Erinnerung weiter mit sich und gehen in ihren literarischen Werken auf Spurensuche, die zumeist mit der Frage nach der eigenen Identität verbunden ist. Nicht selten

---

[4] Vgl. Hirsch 2012.

in nostalgisch verklärenden Werken versuchen sie, die untergegangene jüdische Welt für sich zu erschließen. Zu den literarischen Vertretern der dritten Generation gehört Piotr Paziński. Sein Debütwerk *Pensjonat* (2009; *Die Pension*) wurde von dem 1997 posthum erschienenen Roman Bogdan Wojdowskis, *Tamta strona* (1997; *Die andere Seite*), inspiriert, in dem über eine einem Leichenhaus gleichende alte Villa und ihre jüdischen Bewohnern berichtet wird. Pazińskis Buch spielt in einer solchen alten Villa, einer jüdischen Pension in der Nähe von Warschau, die insgesamt zu einer Allegorie für die Situation der Juden in Polen gerät. Die Enkel des Holocaust erfahren, ähnlich wie zuvor die Holocaustkinder, erst spät von ihrer jüdischen Herkunft, die ihnen z.t. selbst von der eigenen Familie lange Zeit verschwiegen worden war. Interessant ist in diesem Kontext das Problem der Namensidentität. Oft tragen die ‚Enkel' einen polnischen Namen, der ihnen u.a. zum Schutz vor Diskriminierung, Ausgrenzung und Marginalisierung gegeben wurde. Das belegt z.b. der Fall von Bożena Keff, die zunächst den von ihrem Vater angenommenen polnischen Familiennamen Umińska trug, ihn aber im Prozess des Bewusstwerdens ihrer jüdischen Herkunft ablegte und zu ihrem eigentlichen jüdischen Namen Keff zurückkehrte bzw. heute z.t. auch den Doppelnamen Umińska-Keff verwendet. Die Suche nach der eigentlichen Identität beginnt z.B. in Roman Grens Erzählung *Krajobraz z dzieckiem* (1996; dt. *Landschaft mit Kind*, 2001)[5] mit der provokanten Frage der Schwester des kindlichen Erzählers, ob er denn etwas über seine jüdischen Herkunft wüsste. Ähnlich verhält es sich im Falle von Mikołaj Łozińskis Werk *Książka* (2010; *Das Buch*). Aus der Perspektive eines Kindes wird auch hier über das belastende historische Gepäck von drei Generationen gesprochen, hauptsächlich anhand bloßer Erinnerungsgegenstände: eines Schlüsselbunds, eines Rasierapparats, einer Kaffeemaschine, einer Brille, eines Rings. Doch auch die anderen Familienmitglieder wollen sich in die (nach)erzählte Geschichte einbringen, sie möchten mitbestimmen, was geschrieben und was besser nicht geschrieben bzw. verschwiegen werden soll. Verwiesen sei auf Jarosław Kamińskis Roman *Rozwiązła* (2012; *Libertine*). Hier ist es die attraktive vierzigjährige Zofia, die sich auf die Suche nach ihrer Herkunft und Identität begibt und dabei erfahren muss,

---

[5] Vgl. dazu auch: Roman Gren: Landschaft mit Kind, Die Apfelsinen, Der Stift, Zeichen, In der Kolonie. In: Jahrbuch des Deutschen Polen-Instituts. Bd. 11. Darmstadt 2000.

dass sie nicht, wie von ihr bisher angenommen, ein polnisches Waisenkind, sondern das von einer polnischen Nonne gerettete Kind einer jüdischen Mutter ist. Gekonnt versteht es der Autor in seinem Buch, die verschiedenen zeitlichen Ebenen miteinander zu verbinden, die Gegenwart z.b. mit den Märzereignissen von 1968, dem Zweiten Weltkrieg, der Okkupation, dem Holocaust und der kommunistischen Machtergreifung. Zu den Enkeln des Holocaust können auch Autoren ohne jüdische Wurzeln gezählt werden, die in ihren Werken ebenfalls die bisher geltenden Regeln und Muster in der Darstellung des Holocaust zielbewusst brechen, nach neuen Ausdrucksmitteln und ästhetischen Formen suchen. Diese künstlerischen Werke (zu denen auch Filme und Kunstwerke gehören) „zeigen neue Wege in der Artikulation des Holocaust auf", sie „stehen in dem Ruf, künstlerische Meisterleistungen zu sein und bereichern die Kunst nach dem Holocaust um großartige Innovationen, doch gleichzeitig sind ihre Referenzen höchst unklar" (Czapliński 2012, 293). „Unter kognitivem Gesichtspunkt" haben sie nicht viel zum Thema Holocaust zu sagen, sie tragen auch nicht „viel Innovatives" bei, auch „ihr dokumentarischer Wert ist verschwindend gering, um nicht zu sagen: nicht vorhanden" (ebd., 294). Die bisher im Umgang mit dem Holocaust akzeptierten, für gültig befundenen Paradigmen scheinen sich zu erschöpfen; die meisten jungen Schriftsteller können selbst nicht mehr auf eigene Holocaust-Erfahrung, oft auch nicht auf eigene Familienerzählungen zurückgreifen. Nicht selten werden ihre Texte zu einem „Ausdruck der den Holocaust betreffenden Erfahrungen" (Ankersmit 2001, 192, zit. nach Czapliński 2012, 294). Aus diesem Grunde kommt es auch zu einer Verlagerung der Repräsentation mit Hilfe anderer künstlerischer Mittel und Medien, die als Versuche angesehen werden können, nicht selbst Erlebtes, Posttraumatisches zu verarbeiten bzw. zu bewältigen (vgl. Szczepan 2011, 239-256). Dabei werden oft nicht verarbeitete Traumata in ihren fatalen Folgen an die nächste Generation weitergegeben, es kommt zu einer „Prolongierung des Holocaust" (Czapliński 2012, 301), der auf alle Bereiche des Nachkriegslebens, der laufenden Kriege, ethnischen Säuberungen und des Völkermords bezogen und damit verlängert werden kann. Marek Bieńczyk, ein Vertreter der mittleren polnischen Schriftstellergeneration, unternimmt mit seinem 2012 mit dem Nike-Literaturpreis ausgezeichneten Dekonstruktionsroman *Tworki* (2012) den Versuch, den Holocaust lediglich in seinen verheerenden Folgen aufzuzeigen, ohne ihn auch nur mit einem einzigen Wort zu erwähnen. Bewusst entzieht sich Bieńczyks Werk allen Versuchen, es klassifizieren bzw. verorten zu wollen.[6] In den literarischen Werken der Enkel des Holocaust werden häufig Tabus als ein bewusster Akt der Profanierung gebrochen. Zu ihnen gehören Xeno- und Homophobie, Antisemitismus, Frauenfeindlichkeit, häufig herausgestellte Spielarten von Sexualität und Perversion. Das traditionelle Genregefüge löst sich in diesen Werken auf, es weicht hybriden Formen bzw. einem Mix aus unterschiedlichen Gattungen. Fast immer wird jedoch eine kritische, aggressiv anmutende Analyse der Geschichte, der modernen polnischen Gesellschaft und Mentalität vorgenommen:

> Wie ekelhaft ist dieses Land! Sie verstehen die eigene Geschichte nicht und haben keine Identität, sie können nicht mitleiden, haben keine Empathie, diese Spät-Sklaven des polnischen Adels, angeblich stammen sie alle vom Adel ab. Ein Stamm, zusammengekleistert durch den Mythos, Individualität ist hier verboten. (Keff 2010, 30)

In zahlreichen Werken der Enkelgeneration fällt eine Inter- bzw. Transmedialität auf. Hinzu kommen vielfältige Bezüge auf Werke der ‚National-' und Weltliteratur, auf die Musik, von der Klassik bis hin zu Ikonen der Popmusik, auf die Kunst und den Film. Von besonderer Bedeutung ist in diesem Zusammenhang Art Spiegelmans Kultcomic *Maus*. Für die Vaterfigur in *Maus* ist Auschwitz „eine absolute Erfahrung", mit der „alles, was der Junge erlebt […] gemessen wird". Dagegen scheinen die Erfahrungen des jungen Artie, da er das Vernichtungslager nicht durchlebt hat, „nichts wert" (Czapliński 2012, 306) zu sein. So prallen unterschiedliche ethisch-moralische Auffassungen aufeinander, auf der einen Seite „das durch den Vater verabsolutierte Auschwitz als Maß aller Dinge", auf der anderen „die Ethik der Empathie und der Gleichheit, repräsentiert durch die Familie. […] Auf diese Weise wird eine weltliche Sakralisierung des Holocaust verhindert" (ebd., 306). Zumeist geht es um bewusst vollzogene, z.T. extreme Verfremdungen, um die Schaffung von Distanz mit Hilfe von aufgesetzten Masken und bemühten Mythen. Anderseits wird aber auch darauf ver-

---

[6] Zu dieser Art von Literatur gehören u.a. auch der biographisch-surrealistische Roman *Le Sang du ciel* (1961), poln. *Krew nieba* (2003), dt. *Blut des Himmels* (1996) von Piotr Rawicz; die Holocaustallegorie *Paris, London, Dachau* (1994) von Agnieszka Drotkiewicz; *Fabryka muchołapek* (2008), dt. *Die Fliegenfängerfabrik* (2011) von Andrzej Bart und der Mikroroman *Była Żydówka, nie ma Żydówki* (2008), dt. *Da war eine Jüdin, die Jüdin ist weg* (2010) von Marian Pankowski (vgl. Ubertowska. 2012, 254).

wiesen, wie sehr unsere heutige Kultur, unser ganzes Bewusstsein im Zuge der Globalisierung von historischen wie modernen Mythen, von den Massenmedien, von Film, Fernsehen und dem Internet beeinflusst wird. Art Spiegelmans *Maus* stellt ein wichtiges Werk im weltweiten Enttabuisierungsprozess des Holocaust dar, der zahlreiche Schriftsteller wie z.b. Bożena Keff erst zum Schreiben ermutigt hat. Ihr blasphemisches, mehrfach auf die Bühne gebrachtes Werk *Utwór o matce i ojczyźnie* (2008; *Stück über Mutter und Vaterland*) ist eine bewusste „Mischung aus Oper, Tragödie und Oratorium", es kann sogar als „eine polnische Version von Art Spiegelmans *Maus* gelten" (Czapliński 2012, 306). In B. Keffs Stück geht es um die Auseinandersetzung eines Kindes mit der Bürde der historischen Erfahrung der Mutter, in deren Leidensgeschichte die Tochter gleichsam eingesperrt bleibt. Seelenqualen und Torturen der Holocaust-Überlebenden werden von der Mutter an die Tochter weitergegeben, bewusst werden Schuldgefühle erzeugt und eine Wiedergutmachung für das eigene Schicksal von der Tochter abgefordert. Jeder Versuch des Kindes, sich von der Mutter abzunabeln, wird als eine Fortführung des Holocaust, ja des Mordes an der Mutter gesehen. „Du bist wie Adolf Hitler, der mein Leben auch in eine Steppe der Einsamkeit verwandelt hat" (Keff 2010, 26). Eine temporäre Befreiung aus dieser prekären Zwangslage sieht die Tochter z.B. in der Kunst, sie sucht Halt in emanzipatorischen Diskursen, in einer von Fantasy und Science Fiction geprägten Welt. Zwischen dem Hass der Tochter auf die Mutter und dem Hass der Polen auf die Juden scheint es offensichtliche Parallelen zu geben. Identität konstituiert sich hier in erster Linie durch Abneigung, durch Xenophobie, Antisemitismus, Schwulen- und Frauenhass, und Blasphemie dient der Dekonstruktion von Mythen: „Die einen Juden bespucken die Polen, die anderen geben ihnen / dafür den Nobelpreis und Orden. Wie dem Miłosz, diesem angeblichen Dichter, / der die Päderasten und die Jüdchen so verehrt hat, und wie diese Szymborska!" – „Die Juden sind schwul! Und die Jüdinnen sind lesbisch, und Feministinnen sind jüdische Weiber!" (ebd., 71). Nicht durch die Katharsis, sondern allein durch „die Profanierung – das vollständige Herauslassen, Herausschreien, Ausdrücken des Hasses unter Zuhilfenahme aller zugänglichen Ausdrucksmittel" (Czapliński 2012, 309) scheint eine Selbstbefreiung von diesen zerstörerischen, negativen Gefühlen möglich zu sein. Der 2012 in Polen erschienene Roman *Noc żywych Żydów* (*Die Nacht der lebenden Juden*) von Igor Ostachowicz kann zu den spektakulärsten Erscheinungen über die Holocaustliteratur der Enkelgeneration gezählt werden, die sich mit der nach dem Zweiten Weltkrieg entstandenen homogenen, monokulturellen polnischen Realität auseinandersetzt, in der Juden häufig nur noch als mehr oder weniger ungewollte Phantome auftreten. Aus der Perspektive des heutigen Polens setzt sich der Schriftsteller mit der Vernichtung, der Erinnerung, der Bewältigung des Holocaust im komplizierten polnisch-jüdischen Kontext auseinander. So kehrt die unbewältigt gebliebene Vergangenheit als Horror, in Form von Alpträumen, lebendig gewordenen jüdischen Leichen zurück, die ungestüm Einlass in die Häuser der polnischen Nachgeborenen begehren.

> [...] das Böse lässt sich nicht mit Hilfe von Schutt und Erde zuschütten, das Leiden muss man achten und abrechnen, und das Blut, wenn man es nicht rechtzeitig wegwischt und erlaubt, dass es gleichgültig in den Boden versickert, wird mit Lehm vermischt eines Tages als eine Horde von Golems, langsam wie Panzer hervorkriechen, und die gebrochenen Knochen und die misshandelten Körper werden sich in die Lumpenreste einhüllen, die ihnen nicht gestohlen wurden, sie werden sich mit der Kraft der Subbiologie zu zweibeinigen Gespenstern zusammensetzen, die allein den Schmerz kennen, und diesen Schmerz werden sie teilen, indem sie gebeugt von einer Tür zur anderen unserer friedlichen Wohnungen ziehen. (Ostachowicz 2012, 14)[7]

Bereits mit dem Titel *Noc żywych Żydów* bezieht sich Ostachowicz auf die (Omni)Präsenz vorgefertigter Bilder in unseren Köpfen, so u.a. auf den Film *Night of the Living Dead* (*Die Nacht der lebenden Toten*) von George A. Romero. Der Buchtitel spielt im polnisch-nationalen Kontext aber auch auf ein Buch der polnischen Literaturwissenschaftlerin Maria Janion an: *Do Europy tak, ale razem z naszymi umarłymi*. (2000; *Nach Europa ja, aber nur mit unseren Toten*). Als makabrer Thriller, als Werk der Popkultur, als postmodernistischer Roman bezeichnet, weicht Ostachowiczs Buch von allen bisher in der polnischen Literatur gängigen Schreibweisen über den Holocaust ab. Vergleichbar ist der Roman durchaus mit dem erwähnten Stück von Bożena Keff *Utwór o matce*

---

[7] „[...] zła się nie da przysypać gruzami i ziemią, cierpienie trzeba uszanować i rozliczyć, a krew, jeśli się jej w porę nie zmyje i pozwoli obojętnie wsiąknąć w ziemię, zmieszana z gliną wylezie kiedyś hordą golemów powolnych jak czołgi, a połamane kości i sponiewierane ciała obleką się wte resztki szmat, których im nie ukradziono, skleją się siłą podbiologii w dwunożne zmory znające tylko ból i będą się tym bólem dzielić, biegając pochylone od drzwi do drzwi naszych spokojnych mieszkań." (Übersetzung im Text von HCT)

*i ojczyźnie*, nicht zuletzt auch was die z.T. extrem vulgäre Sprache, den herausgestellten Exhibitionismus, die ungeschminkte Brutalität im Zusammenprall zweier extrem unterschiedlicher Welten betrifft. *Noc żywych Żydów* weist dabei eine verblüffende Vielzahl unterschiedlicher Motive, Anspielungen und Assoziationen auf. Igor Ostachowicz geht vor allem auch auf die besondere Topographie der polnischen Hauptstadt ein, auf die Lage des einstigen jüdischen Gettos, auf dessen Grundmauern unmittelbar nach dem Zweiten Weltkrieg neue sozialistische Wohnblocks errichtet wurden. Auch Sylwia Chutnik geht in ihrem inzwischen in Polen wie auch in Israel aufgeführten Stück *Muranooo* (2012) auf diese besondere Topographie des ehemaligen Warschauer Gettos ein. Wie Ostachowicz verbindet sie die spukenden Geister der einstigen jüdischen Einwohner mit der Präsenz der heute polnischen Einwohner im Warschauer Viertel Muranów. Bei Ostachowicz wie auch bei Chutnik vermischen sich Elemente der schwarzen Komödie mit Elementen des Horrors. Zwei sich eigentlich ausschließende ‚Matrix'- Formen durchdringen einander auf provozierende und groteske Weise. In Ostachowiczs *Noc żywych Żydów* wird das Warschauer Einkaufszentrum Arkadia, Mekka der konsumversessenen polnischen Vertreter der freien Marktwirtschaft, nunmehr auch für die aus dem Untergrund des ehemaligen Gettos auftauchenden jüdischen Untoten zu einem bevorzugten Aufenthaltsort im modernen, kapitalistischen Warschau, wo sie sich einem bisher unbekannten Konsumrausch hingeben möchten. Die in Polen weitgehend verschwiegene, zumeist tabuisierte Wahrheit über einen finsteren Ort der Vergangenheit, wo unter den Trümmern des ehemaligen Gettoviertels die Geister der ermordeten, verstümmelten, verbrannten, verhungerten, verdursteten Juden liegen, kommt auf eine erschreckende, Furcht einflößende, ungewollte und plötzliche Art und Weise ans Tageslicht. Das Auftauchen der „lebenden Leichname", Verkörperung all dessen, was bisher nicht sichtbar, hörbar, höchstens als Spuk spürbar war, führt zu einer diametralen Umkehrung der bisher herrschenden ‚Ordnung', zu einer karnevalesk-grotesk anmutenden Begegnung mit dem verdrängten Leid und dem Tod der einstigen Mitbewohner und Nachbarn. Igor Ostachowicz wie auch Sylwia Chutnik geht es wie vielen anderen Vertretern der Kinder- und Enkelgeneration des Holocaust um das wiedergefundene Gedächtnis, um das Erinnern und das Gedenken, um die im sprichwörtlichen Sinne im Keller gebliebenen Leichen... Es sind Fragen und Probleme, die die Vertreter der Kinder- und Enkelgeneration des Holocaust ähnlich wie die Literaturwissenschaftlerin Maria Janion, der Historiker Jan Tomasz Gross oder die Regisseurinnen Agnieszka Holland und Agnieszka Arnold immer wieder aus Neue stellen. Mit ihren aufrüttelnden, oft provozierenden Werken wollen sie eine verschüttete, sich nicht nur auf das Nationalpolnische beschränkende umfassendere Identität im Sinne einer breit gefassten Polonität wiederentdecken. Sie möchten zur Klärung eines sie immer wieder neu bewegenden Tatbestands beitragen, aus welchem Grunde die mehr als neunhundert Jahre zählende Geschichte von Polen und Juden häufig nur die Geschichte eines Nebeneinanders und nur selten die eines Miteinanders gewesen ist. Dabei stellen sie sich die Aufgabe, „das Bergwerk der Erinnerung" zu erforschen, seine Tiefen aufs Neue zu ergründen, die Lücken im kollektiven Bewusstsein unter Verweis auf die (selbst)zerstörerischen Folgen zu schließen, geht es doch nicht allein „um die Vergangenheit, sondern auch um die Zukunft" (Hoffman 2000, 27) von Juden und Polen.

## Literatur

PRIMÄRLITERATUR

*Auslander*, Shalom 2013: Hoffnung. Eine Tragödie. Berlin.
*Białoszewski*, Miron 1970: Pamiętnik z powstania warszawskiego. Warszawa.
*ders.* 1994: Nur das was war. Erinnerungen aus dem Warschauer Aufstand. Aus d. Polnischen v. Esther Kinsky. Frankfurt am Main.
*Bieńczyk*, Marek 2012: Tworki. Warszawa.
*Bolecka*, Anna 1994: Biały kamień. Warszawa.
*dies.* 1998: Der weiße Stein. Aus d. Polnischen v. Albrecht Lempp. Berlin.
*dies.* 2012: Cadyk i dziewczyna. Warszawa.
*Chutnik*, Sylwia 2012: Muranooo. Warszawa.
*Cygan*, Jacek 2009: Klezmer. Opowieść o życiu Leopolda Kozłowskiego-Kleinmana. Kraków – Budapeszt.
*ders.* 2012: Der letzte Klezmer. Das Leben des Leopold Kozłowski-Kleinman. Aus d. Polnischen v. Paulina Schulz. Berlin.
*Głowiński*, Michał 1998: Czarne sezony. Kraków.
*Gren*, Roman 1996: Krajobraz z dzieckiem. Warszawa.
*ders.* 2001: Landschaft mit Kind, Die Apfelsinen, Der Stift, Zeichen, In der Kolonie Aus d. Polnischen v. Roswitha Matwin Buschmann. Darmstadt. (= Jahrbuch des Deutschen Polen Instituts 11.2000).
*Hoffman*, Ewa 2000: Im Schtetl. Die Welt der polnischen Juden. Wien.
*Kamiński*, Jarosław 2012: Rozwiązła. Warszawa.

*Keff*, Bożena 2008: Utwór o matce i ojczyźnie. Kraków.
*dies.* 2010: Ein Stück über Mutter und Vaterland. Aus d. Polnischen v. Michael Zgodzay. Leipzig.
*Łoziński*, Mikołaj 2010: Książka. Kraków.
*Matwin-Buschmann*, Roswitha 1995: Kinder des Holocausts sprechen. Lebensberichte. Leipzig.
*Olczak Ronikier*, Joanna 2001: W ogrodzie pamięci. Kraków.
*dies.* 2006: Im Garten der Erinnerung. Aus d. Polnischen v. Karin Wolff. Berlin.
*Ostachowicz*, Igor 2012: Noc żywych Żydów. Warszawa.
*Pankowski*, Marian 2000: Z Auszwicu do Belsen. Przygody. Warszawa.
*ders.* 2008: Była Żydówka, nie ma Żydówki. Warszawa.
*ders.* 2010 a: Da war eine Jüdin, die Jüdin ist weg Aus d. Polnischen v. Jan Glas. In: Prawdziwy koniec wojny jest przed jej początkiem. Red. Stephan Stroux/ Das wahre Ende des Krieges liegt vor seinem Anfang. Hg. von Stephan Stroux. Warszawa 2010, S. 175-236.
*ders.* 2010 b: Planet Auschwitz. Aus d. Französischen v. Rosemarie Golze. Münster.
*Paziński*, Piotr 2009: Pensjonat. Warszawa.
*Reich-Ranicki*, Marcel 2000: Mein Leben. München.
*Szczypiorski*, Andrzej 1986: Początek. Paris.
*ders.* 1986: Die schöne Frau Seidenman. Aus d. Polnischen v. Klaus Staemmler. Zürich.
*Szewc*, Piotr. 1987: Zagłada. Kraków.
*ders.* 2011: Das Buch eines Tages. Aus d. Polnischen v. Esther Kinsky. Berlin.
*Wermuth*, Ruta 2002: Spotkałem Ludzi. Poznań.
*dies.* 2005: Im Mahlstrom der Zeiten. Die ungewöhnliche Geschichte eines jüdischen Geschwisterpaares. Berlin.
*Wojdowski*, Bogdan 1997: Tamta strona. Wrocław.
*Wolff*, Karin 1997: Schwarze Jahre: Zeugen des Holocaust erinnern sich. Leipzig.

SEKUNDÄRLITERATUR

*Ankersmit*, Frank R. 2001: Remembering the Holocaust: Mourning and Melancholia. In: ders.: Historical Representation. Stanford, S. 176-193.
*Assmann*, Aleida – *Frevert*, Ute 1999: Geschichtsvergessenheit – Geschichtsversessenheit. Vom Umgang mit deutschen Vergangenheiten nach 1945. Stuttgart.
*Bauer*, Yehuda 2001: Die dunkle Seite der Geschichte. Die Shoah in historischer Sicht. Interpretationen und Re-Interpretationen. Frankfurt a.M.
*Czapliński*, Przemysław 2012: Holocaust und Profanierung. In: Wolff-Powęska/Forecki (Hrsg.), S. 299-313.
*Dalle Vacche*, Angela 2003: The Visual Turn: Classical Film Theory and Art History. New Jersey.
*Dörner*, Andreas 2001: Politainment. Politik in der medialen Erlebnisgesellschaft. Frankfurt a. M.
*Heer*, Hannes 2004. Die Nation im Leistungskurs. Von allen Podien der Buchmesse hallte das Echo der deutschen Geschichte des zwanzigsten Jahrhunderts. In: Süddeutsche Zeitung v. 29.3.2004.

*Hirsch*, Marianne 2012: The Generation of Postmemory: Writing and Visual Art After the Holocaust. New York.

*Janion*, Maria 2000: Do Europy tak, ale razem z naszymi umarłymi. Warszawa.

*Jeismann*, Michael 2001: Auf Widersehen Gestern. Deutschland sucht sein Gedächtnis. Stuttgart.

*Kramer*, Sven 2003: Die Shoah im Bild. München.

*Lermen*, Birgit – *Ossowski*, Mirosław 2004: Europa im Wandel. Literatur, Werte und Europäische Identität. Sankt Augustin.

*Levy*, Daniel – *Sznaider*, Natan 2001: Erinnerung im globalen Zeitalter – der Holocaust. Frankfurt a.M.

*Meloch*, Katarzyna – *Szostkiewicz*, Halina 2001: Dzieci Holocaustu mówią. Warszawa.

*Mieszkowska*, Anna 2004: Matka dzieci Holocaustu – Historia Ireny Sendlerowej. Warszawa.

*dies*. 2006: Die Mutter der Holocaust-Kinder. Irena Sendler und die geretteten Kinder aus dem Warschauer Ghetto. Aus d. Polnischen v. Urszula Usakowska-Wolff und Manfred Wolff. München.

*Probst*, Lothar 2003: Founding Myths in Europe and the Role of the Holocaust. In: New German Critique 90, S. 45-58.

*Raulff*, Ulrich 2004: Großvater und Gral. Monumentale Identität: Die NS-Zeit als Familienroman. In: Süddeutsche Zeitung v. 8.3.2004.

*Reichel*, Peter 2004: Erfundene Erinnerung. Weltkrieg und Judenmord in Film und Theater. München.

*Roeck*, Bernd 2003: Visual turn? Kulturgeschichte und Bilder. In: Geschichte und Gesellschaft 29, S. 294-315.

*Schmitz*, Walter 2004: „... wie das Kalb zur Schlachtbank". Widerstand und Rache der Juden im Gedächtnis der Shoah. In: Lermen/Ossowski (Hrsg.), S. 41-88.

*Śliwowska*, Wiktoria 1993: Dzieci holokaustu mówią. Warszawa.

*dies*. 1995: Kinder des Holocaust sprechen. Lebensberichte. Aus d. Polnischen v. Roswitha Matwin-Buschmann. Leipzig.

*dies*. 1996: *Czarny rok. Czarne lata*. Warszawa.

*Szczepan*, Aleksandra 2011: Polski dyskurs posttraumatyczny. Literatura polska ostatnich lat wobec Holokaustu i tożsamości żydowskiej. In: Kultura po przejściach, osoby z przeszłością. Polski dyskurs postzależnościowy. Tom 1: Konteksty i perspektywy badawcze. Red. Ryszard Nycz. Kraków, S. 239-256.

*Ubertowska*, Aleksandra 2012: Die Postmoderne und die polnische Holocaustliteratur – lokale Zusammenhänge. In: Erinnerung in Text und Bild. Zur Darstellung von Krieg und Holocaust im literarischen und filmischen Schaffen in Deutschland und Polen. Hrsg. v. Jürgen Egyptien. Berlin, S. 251-264.

*Welzer*, Harald – *Moller*, Sabine – *Tschuggnall*, Karoline (Hrsg.) 2002: „Opa war kein Nazi". Nationalsozialismus im Familiengedächtnis. Frankfurt a.M.

*Wende*, Waltraud (Wara) 2002: Geschichte im Film. Mediale Inszenierungen des Holocaust und kulturelles Gedächtnis. Stuttgart – Weimar.

*Wolff-Powęska*, Anna – *Forecki*, Piotr 2012: Der Holocaust in der polnischen Erinnerungskultur. Frankfurt a.M. [et al.].

*Wróbel*, Józef 2012: Blätter der Erinnerung. Die polnisch-jüdische Literatur nach dem Zweiten Weltkrieg. In: Wolff-Powęska/Forecki (Hrsg.), S. 269-288.

*Zelizer*, Barbie 2001: Visual Culture and the Holocaust. New Brunswick.

## Summary

In the rich literature of the so called children and grandchildren of Holocaust survivors (but also of writers of non Jewish descent) can be stated an important turning point. Mainly caused by growing distance of time the methods, fictional interpretations and critical evaluations applied by the representatives of the second and third generation are getting unconventional, more and more critical. Memories as well as traumas are transferred onto the following generations, connecting a horrifying past with an often unpleasant present (B. Keff). Mostly such transmissions are linked with questions of ethnic and cultural identity. Some of the children or grandchildren are constantly haunted by phantoms and ghosts of the murdered Jews (I. Ostachowicz), often they want to find out more about the lives and fates of their relatives following their traces (P. Paziński). But they also want to engage themselves in different acts of Holocaust remembrance telling stories which are not their own. In contemporary representation of the Holocaust there can be stated a ‚visual turn', especially towards movies. For many children and grandchildren experiencing the past Holocaust means descending into the abyss of time, of despair, pain, and horror. Often their reactions provoke the reader in terms of language, historical, political, religious, and sexual taboos. The responsibility of the second and third generation does not end at the preservation of memory or recording testimonies, but recognizing in it an important public resource for reflections on the lines of history, culture, religion which divide groups of people from each other till today.

## Streszczenie

Bogata literatura dzieci i wnuków holocaustu demonstruje nowe podejścia i perspektywy w postrzeganiu holocaustu, które związane są m.i. z problemami tożsamości etnicznej i kulturowej, ale także z nowymi realiamy w Polse po przełomie 1989 r. Przedstawiciele drugiego pokolenia chcieli po długim czasie milczenia albo niewiedzy nareszcie opowiadać ich prywatną historię w słowach wiernych: "dzieci holocaustu mówią". Wnukowie holocaustu natomiast znali zagładę Żydów przeważnie tylko z opowiadań, zwłaszcza dziadków. Inni znowu chcieli szukać ich śladów, badać ich losy. W ich utworach literackich rekonstrują oni przeszłość, nieznana dotąd "prehistoria" rodziny, zapomniane, często przemilczane zbrodnie. Dzieci, ale także wnukowie holocaust byli przerażeni wojną i zagładą (B. Keff). Ich osobiste podejścia rozróżniały się często celowymi prowokacjami m.i. w kształcie brutalnego języka, w obalaniu tabu historycznych, kulturowych, religijnych lub seksualnych. Nowym zjawiskiem w tej literaturze jest wyraźna zmiana od tradycyjnego słowa do obrazu, do wizualnych mediów (visual turn), które są obecne w ciągu całej anarracji (I. Ostachowicz). Pokazano jest oprócz tego specyficzne przedłużenie zagłady w ścisłym związku do dziesiejszego dnia z nowymi zbrodniami.

# Fiktionalisierung und Dokumentation:
## Die Shoah im deutschsprachigen Gegenwartsdrama

*Markus Roth, Gießen*

Theater nach und über Auschwitz war und ist eng mit den gesellschaftlichen und politischen Entwicklungen der Bundesrepublik verbunden. Nach einer Blütezeit der Inszenierung verschiedener Aspekte des nationalsozialistischen Massenverbrechens im Theater der sechziger Jahre wurde es in den siebziger Jahren, wie in weiten Teilen von Gesellschaft und Politik auch, relativ ruhig um das Thema; kaum ein neues Stück erschien oder wurde aufgeführt (vgl. Roth 2012, 93-106). Dies änderte sich gegen Ende des Jahrzehnts. Der Beginn des Umschwungs lässt sich recht genau datieren, es war Anfang 1979. Das Ereignis des Jahres, das die bundesdeutsche Gesellschaft aufrüttelte und bewegte, war die Ausstrahlung der vierteiligen amerikanischen Serie *Holocaust* im Januar 1979. Die Geschichte der jüdischen Familie Weiß auf der einen und der nichtjüdischen deutschen Familie Dorf auf der anderen Seite, die alle wesentlichen Etappen von Verfolgung und Vernichtung umfasste – erstere auf Opferseite, letztere auf Seiten der Täter, Mitläufer und Zuschauer –, konfrontierte das westdeutsche Fernsehpublikum direkt und emotional anrührend mit den oft immer noch verdrängten NS-Verbrechen, wie sie bis dahin in dieser Form nicht zu sehen gewesen oder zur Kenntnis genommen worden waren. Die noch während der Ausstrahlung einsetzende breite Diskussion der Serie legte letztlich auch die Versäumnisse in Politik, Gesellschaft und Wissenschaft in der Auseinandersetzung mit der NS-Geschichte und ihrer Hinterlassenschaft offen (vgl. Märtesheimer/Frenzel 1979; Hickethier 2009, 308f.; Bösch 2009, 69f.). *Holocaust* markiert, freilich etwas vereinfacht gesprochen, den Beginn einer neuen, intensiveren und bis heute anhaltenden Beschäftigung mit den nationalsozialistischen Verbrechen und ihrer Nachwirkungen.

Auch auf die Agenda der Politik kehrte das Thema zurück, nicht zuletzt weil sie es 1969 versäumt hatte, die Frage der Verjährung von Mord – in der Regel nur im Zusammenhang mit den NS-Verbrechen diskutiert – abschließend zu regeln. Da die Verjährungsfrist seinerzeit um zehn Jahre verlängert worden war, wurde das Problem nun wieder virulent. Auch unter dem Einfluss der Serie *Ho-*

*locaust* und ihrer enormen Wirkung beschloss der Deutsche Bundestag im März 1979 die endgültige Aufhebung der Verjährung für Mord. Zugleich sorgte der Freispruch von vier Angeklagten im großen Düsseldorfer Majdanek-Prozess für neue Aufregung (vgl. Reichel 2001, 194-198).

Das lange Schweigen während der siebziger Jahre war damit an sein Ende gekommen. Auch am Theater setzte eine im Grunde bis heute anhaltende Renaissance der Beschäftigung mit dem nationalsozialistischen Massenmord an den europäischen Juden und all seinen Facetten ein. Teils diente die Darstellung der Shoah wieder als Folie für andere Themen und Konflikte, so etwa in Peter Steinbachs 1980 uraufgeführtem Drama *Kusch und Platz*, in dem es vor allem um den Opportunismus der Vielen und die Kontinuitäten von Karrieren und Mentalitäten geht, weniger aber um die eigentliche Geschichte, wie der Sohn einer Jüdin versteckt bei einer Nachbarin überlebt hat.

Andere Dramen widmeten sich der lokalen Spurensuche und folgten damit gewissermaßen dem in den siebziger Jahren einsetzenden Trend in der Bundesrepublik, in zahlreichen Geschichtsinitiativen und Geschichtswerkstätten die Verfolgungsgeschichte(n) vor Ort aufzuarbeiten. Beispielcharakter hat hier Thomas Strittmatters Drama *Viehjud Levi* (1980), dessen Grundlage eine authentische Figur ist, von deren Geschichte aber nur einzelne Splitter in Erzählungen überliefert sind. Strittmatter versucht, diese für die Zeit nach 1933 weiterzuspinnen. Der jüdische Viehhändler Levi, der während der Weltwirtschaftskrise Ende der zwanziger und zu Beginn der dreißiger Jahre den Hof von Andreas Horgers am Leben erhält, indem er gute Preise zahlt, gerät nach der Machtübernahme der Nationalsozialisten zunehmend in Bedrängnis. Vor allem sind es von auswärts kommende Bahnarbeiter, die nicht nur neuen Aufschwung in das Dorf, sondern auch die NS-Ideologie und ihren Antisemitismus dorthin bringen. Horgers nimmt Levi gegen Anfeindungen in Schutz, woraufhin die Bahnarbeiter die Geschäfte mit Horgers abbrechen. Der Ausgang der Geschichte bleibt im Ungewissen; Levi stirbt unter ungeklärten Umständen, Horgers' Hof wird geplündert und er selbst, nun als Arbeiter bei der Bahn, kommt 1938 bei einem Zugunglück ums Leben, seine Frau stirbt 1943 bei einem Luftangriff.

Ähnlich, wie dies schon in den allerersten Dramen von 1933[1] zur Thematik der Fall war, stellt Strittmatter den Aufstieg des Nationalsozialismus und das Umsichgreifen des Antisemitismus auf die Bühne, auch wenn, was durchaus nicht unproblematisch scheint, die Ideologie in seinem Stück nicht aus der Mitte der Dorfgesellschaft entsteht, sondern von außen herangetragen wird.

So wie es für die Darstellung der Shoah im deutschsprachigen Drama nach 1945 insgesamt charakteristisch ist, dass sich die Mehrzahl der Stücke auf Täter und Mitläufer konzentriert, gilt dies auch in hohem Maße für die Entwicklung seit den achtziger Jahren.[2] Mitunter geschah dies in einer eigentümlichen Mischung aus dokumentarischem Theater und gleichzeitiger Enthistorisierung durch grenzenlose Aktualisierung und uferlose Vergleiche wie in Heinar Kipphardts *Bruder Eichmann* (1982), in dem der Autor auf der Grundlage der Jerusalemer Prozessprotokolle die Person Eichmann auslotet, zugleich aber eine Art ‚Prinzip Eichmann' ausmacht und dies in die Gegenwart verlängert, indem er es beispielsweise mit Ariel Sharon in Verbindung bringt.[3]

Die in den zurückliegenden Jahrzehnten entwickelte Bandbreite der Shoah-Darstellung auf der Bühne prägt auch das Gegenwartsdrama, ohne dass sich, wie etwa mit dem Dokumentartheater in den sechziger Jahren, eindeutig dominante Trends und Entwicklungslinien ausmachen ließen. Die Bandbreite reicht vom dokumentarischen Theater bis hin zur Groteske[4], wofür die jüngst veröffentlichten Stücke *Der Kommandant* (2011) von Jürg Amann und Robert Schindels *Dunkelstein* (2010) beispielhaft stehen. Die Unterschiede könnten kaum größer sein: Amann verdichtet die autobiographischen Aufzeichnungen des Auschwitz-Kommandanten Rudolf Höß zu einem Monolog und „sperrt", wie es etwas reißerisch im Klappentext heißt, „seinen Leser in den Kopf eines Massenmörders",

---

[1] Vgl. zum Beispiel *Die Rassen* von Ferdinand Bruckner oder *Professor Mamlock* von Friedrich Wolf.
[2] Aus dem Rahmen fällt hier Taboris groteske Inszenierung der Wiener Jahre Hitlers in *Mein Kampf* (1987). Weitere Beispiele von Hitler-Dramen in Atze 2003, z.B. S. 57-61.
[3] Zur damaligen Kritik vgl. z.B.: Schödel, Helmut: Bruder Eichmann, Bruder Sharon. In: Die Zeit, Nr. 5, 28.1.1983; Sympathien für Bruder Eichmann? In: Der Spiegel, 1983, Nr. 9, S. 186-188.
[4] Diese beiden Pole, Dokumentation und Groteske, prägen auch andere Gattungen und Medien, etwa den Roman oder den Film.

während Robert Schindel den Handlungsspielraum eines jüdischen Gemeindefunktionärs und Judenältesten auslotet.

Zunächst zu Amanns Drama, das fast ausschließlich auf den Aufzeichnungen des Lagerkommandanten von Auschwitz, Rudolf Höß, basiert. Hierzu sind einige Erläuterungen und Einordnungen notwendig: Rudolf Höß, der bis November 1943 Lagerkommandant war, wurde nach dem Krieg verhaftet und an Polen ausgeliefert, wo er 1947 zum Tode verurteilt und hingerichtet wurde. In der Haft verfasste er einen autobiographischen Rechenschaftsbericht unter dem Titel *Meine Psyche, Werden, Leben und Erleben*, den Martin Broszat vom Institut für Zeitgeschichte in den fünfziger Jahren in der Bundesrepublik veröffentlichte (vgl. Höß 1998).

In seiner Einleitung schreibt Broszat unter anderem:

> Zu den erschreckendsten Manifestationen dieses Dokumentes scheint mir dabei jener bereits angedeutete Bezug zwischen philisterhaftem Dünkel und betulicher Sentimentalität einerseits und kältester Gedankenlosigkeit der Pflichterfüllung auf der anderen Seite zu gehören. (ebd., 23)

Vor allem charakterisiert Broszat die Aufzeichnungen eben nicht als eine „wirkliche Confessio" (ebd., 25), sondern als den Bericht „eines ganz Unbetroffenen" (ebd., 26). Zur Bewertung und Schilderung der seelischen Erlebnisse von Höß merkt Broszat an:

> Vieles an ihnen wie auch an der Darstellung seines inneren Entwicklungsganges seit seiner Kindheit bleibt eitle Selbstbespiegelung und nachträgliche, wenn vielleicht auch unbewußte Stilisierung. (ebd.)

Auch der Schilderung von Höß' Zeit in den Freikorps bescheinigt Broszat eine Schönung der Realität, die „zu einem ungetrübten Bild opfervoller Selbstlosigkeit gemodelt" (ebd., 27) werde. Zusammenfassend stellt Broszat klar, dass „das Pathos der Selbstgerechtigkeit, das sich durch Höß' Bericht hindurchzieht [...] auf sehr schwankendem Boden steht" (ebd.). Dies gilt es, bei allem dokumentarischen Wert, der diesem Bericht zweifellos auch beizumessen ist, kritisch im Auge zu behalten. So schonungslos offen sind die Aufzeichnungen nicht, schreibt Höß doch, er sei nicht der richtige Mann für die Ermordung der Juden gewesen, eigentlich sei er zu weich gewesen, habe dies jedoch vor den SS-Männern nicht offenbaren dürfen, sondern als Offizier so handeln müssen, als stünde er dahinter (vgl. ebd., 196-201). Diese fast selbstmitleidigen Passagen kommentiert der israelische Historiker Tom Segev:

> Mag sein, daß er dies glaubte, nachdem alles vorbei war; es besteht jedoch nicht der geringste Grund zu der Annahme, er hätte nicht hinter dem Projekt gestanden, als er ihm zur Durchführung verhalf. Und man kann keineswegs sagen, er sei daran zerbrochen: So weich war er nun offensichtlich auch wieder nicht. (Segev 1992, 243)

Dieses Selbstzeugnis eines zentralen NS-Täters, so problematisch es auch ist, bietet doch Einblick in das Selbstbild eines Täters, so wie er zumindest von der Nachwelt gesehen werden möchte. Schon vor dem hier zu besprechenden Drama hat es Autoren inspiriert. Von 1950 bis 1952 schrieb der französische Schriftsteller Robert Merle den Roman *Der Tod ist mein Beruf*, der seit seiner Erstveröffentlichung viele Auflagen erlebt hat. Das Buch, schreibt Merle in einer späteren Nachbemerkung, „war schon aus der Mode, bevor es geschrieben war" (Merle 2008, 291), denn die kurze Welle zahlreicher Veröffentlichungen zu den Verbrechen in den Konzentrationslagern war bereits versiegt.

Merle verfolgte einen dokumentarischen Anspruch und stützte sich vor allem auf den Bericht des amerikanischen Gefängnispsychologen, der in Nürnberg viele Gespräche mit Höß geführt hatte. Im ersten Teil des Romans habe er Höß' Leben literarisch neugeschöpft, während er sich im zweiten Teil ganz erheblich auf die Nürnberger Dokumente stützte. Das Bemerkenswerte an dem Roman ist das moderne Täterbild, das er transportiert und das diametral entgegen zum Täterbild der fünfziger Jahre stand, als die NS-Täter vorwiegend als sadistische, unmenschliche Bestien gesehen und dargestellt wurden (vgl. dazu Paul 2002, 16-20). Merle weist dieses zurück, Höß, der im Roman Rudolf Lang heißt, habe nicht wie ein Sadist gehandelt, sondern „moralisch innerhalb der Immoralität, gewissenhaft ohne Gewissen" (Merle 2008, 292). Weiter schreibt er:

> Alles, was Rudolf Lang tat, tat er nicht aus Grausamkeit, sondern im Namen des kategorischen Imperativs, aus Treue zum Führer, aus Respekt vor dem Staat. Mit einem Wort, als ein *Mann der Pflicht*: und gerade darin ist er ein Ungeheuer. (ebd., 292f.)

Merle stützt sich also durchaus auf dokumentarische Überlieferung, gestaltet aber mit literarischen Mitteln ein eigenständiges Bild vom Täter Höß, von seiner Geschichte und seinen Beweggründen.

Ganz anders jedoch Jürg Amann in dem Drama *Der Kommandant*. Amanns dokumentarischer Anspruch ist absolut und duldet keinerlei Abstufungen. In einer „editorischen Notiz" – hier will der Schriftsteller offenkundig nicht mehr als solcher, sondern nur noch als Herausgeber gesehen werden – schreibt er: „Angesichts der Wirklichkeit ist alles Erfinden obszön" (Amann 2011, 107). Damit entzieht Amann nicht nur jedweder Literatur den Boden, sondern er setzt überdies das konstruierte, von Lügen durchdrungene und auf Selbstentlastung zielende Zeugnis eines einzelnen Täters absolut und als Realität, wenn er weiter schreibt: „Vor allem da, wo man die Wirklichkeit haben kann" (ebd.). Dass das Erfinden obszön sein kann, zeigt sich dem Leser oder Zuschauer nicht zuletzt an der Selbstfiktion von Rudolf Höß, die wiederum Amann durchaus eindringlich zu verdichten weiß, „auf ihre Essenz hin zugespitzt" (ebd., 108), wie er schreibt.

Entstanden ist das Stück in Reaktion auf den Roman *Die Wohlgesinnten*, in dem Jonathan Littell den fiktiven SS-Funktionär Maximilian Aue sich erinnern lässt. Aue war an nahezu allen bedeutenden Ereignissen des Holocaust beteiligt und an den wichtigen Orten zugegen, zudem traf er die zentralen Personen sowohl in den planenden Behörden als auch in den ausführenden Einheiten. Amann verspürte bei der Lektüre ein erhebliches Unbehagen und sah in dem Roman eine „affirmative Einfühlung in einen NS-Täter in Form eines Romans" (ebd., 107). Dem wollte er mit seinem Stück etwas entgegensetzen, das nicht auf Fiktionalisierung baute, sondern auf Dokumentation. Bei seinen Recherchen stieß Amann auf die Aufzeichnungen von Rudolf Höß:

> Da hatte ich die Antwort. Aus diesen Selbstzeugnissen, aus dieser auf erschütternde Weise naiven Selbstdenunziation ließ sich aus der Wirklichkeit eine Antwort auf die Fiktion gewinnen. (ebd.)

Das Bild von Höß aber, das Littell in dem Roman zeichnet, unterscheidet sich kaum von dem in Amanns Drama. Höß war, schreibt Littell,

> [...] ein vollkommen durchschnittlicher Offizier der IKL [Inspektion der Konzentrationslager], fleißig, verbohrt und beschränkt, fantasie- und einfallslos, hatte aber in der Art, sich zu bewegen und zu sprechen, noch etwas von der – wenn auch mit der Zeit ein wenig verschlissenen – virilen Autorität derer, die Kavallerieattacken und Scharmützel der Freikorps selbst erlebt hatten. (Littell 2008, 846)

Die Kritik nahm Amanns Stück weitgehend positiv auf, wenngleich sie auch ein wenig hilflos blieb. Viele Kritiker beschränkten sich letztlich auf die von Amann in der editorischen Notiz vorgegebene Linie oder das vorweggenommene Urteil des Klappentexts. Nicht wenige gingen der postulierten absoluten Authentizität auf den Leim, die Rede ist etwa von einer „nicht mehr zu hinterfragenden Authentizität" und dass Amann „die Literatur gewissermaßen auf ihren Wahrheitsgehalt" (Hesse 2011) zurückführe. Helmut Hein jedoch erkannte in der dokumentarischen Methode Amanns den neuralgischen Punkt und sparte nicht mit Kritik. Indem Amann den Bericht von Höß, der durch Wehleidigkeit, Sentimentalität und Verleugnung geprägt sei, durch seine Verdichtung zuspitze, verharmlose er ihn letztlich „auch ein wenig" (Hein 2011).

Amanns puristisches Verständnis von Dokumentarliteratur entpuppt sich letztlich als die bedingungslose Kapitulation der Literatur – und zwar nicht als eine Kapitulation vor der Wirklichkeit wie Amann in seiner editorischen Notiz glauben machen will, sondern als eine Kapitulation vor der Selbstkonstruktion eines NS-Täters, die unkritisch in verdichteter Form abgebildet wird. Dokumentartheater in dieser zugespitzten Form ist in letzter Konsequenz in Gefahr, nicht Dokumentation, sondern Affirmation zu sein.

Einen ganz anderen, wenngleich nicht frei von dokumentarischen Ansprüchen bleibenden Ansatz verfolgt Robert Schindel in seiner „Realfarce" *Dunkelstein*. Er greift ein Thema auf, das bereits in Reaktion auf Hannah Arendts bekannten Bericht über den Eichmann-Prozess in Jerusalem zeitweise kontrovers diskutiert wurde: die Frage, ob in dem Wirken der Judenräte und anderer jüdischer Einrichtungen im deutsch beherrschten Europa eine Form des Verrats oder der Kollaboration zu sehen sei.

Ausgangspunkt der Handlung sind Dreharbeiten in Theresienstadt, das Abdrehen einzelner Szenen und die Anweisungen des Regisseurs sowie Gespräche der Schauspieler in den Drehpausen. Im Verlauf des Dramas gewinnt die Vergangenheitsebene immer stärker Oberhand. In mehreren Szenen, deren Handlung im Wien der dreißiger Jahre angesiedelt ist, dreht sich das Stück nun um den nationalsozialistischen Funktionär Linde und dessen Aufstieg sowie um den Rabbi Saul Dunkelstein, der das von Linde ersonnene System der erzwungenen Auswanderung umsetzen und organisieren muss, später auch als Judenältester in Theresienstadt. In der Hoffnung, damit möglichst viele retten zu können, begibt sich Dunkelstein auf dieser schiefen Ebene in eine schier ausweglose Lage, denn er muss nun die Entscheidung übernehmen, wer auserwählt und wer deportiert wird.

In der Gruppe der Schauspieler sind auch Überlebende. Auch durch diese Figuren, in deren Person gewissermaßen Gegenwarts- und Vergangenheitsebene zusammengeführt sind, verschmelzen die Zeitschichten. Die bisweilen ins Stakkato gleitende Erinnerung Willy Klangs an die enthemmte antijüdische Gewalt nach dem ‚Anschluss' Österreichs 1938 lässt diesen zusammenbrechen. Unterbrochen wird sein Bericht von „kakophonen Stimmen", die wüste antisemitische Beschimpfungen brüllen, sich anstacheln. Die Übergänge zwischen den einzelnen Szenen, aber auch zwischen den Zeiten, gestaltet Schindel oft abrupt und nicht frei von grotesken und komischen Elementen. Willy Klangs Bericht zum Beispiel wird unvermittelt vom Aufnahmeleiter abgebrochen mit den Worten: „Ende mit dem gemütlichen Plauscherl. Auf Position" (Schindel 2010, 36).

Die Verschmelzung der Zeitebenen, das szenische Nachspielen der Vergangenheit, die Inszenierung der Erinnerung und ihrer Tücken mit Hilfe mitspielender Überlebender, die grotesken und komischen Gestaltungsmittel und schließlich der Umstand, dass vor allem die Opfer und ihre Nachkommen im Mittelpunkt stehen – all dies lässt sich auf George Taboris Erinnerungsarbeit im Theater zurückführen. So wie Taboris Stücke auch eine, wenn auch verborgene, dokumentarische Dimension haben, entsagt auch Schindel nicht vollkommen einem gewissen dokumentarischen Anspruch. Unschwer erkennbar orientiert sich die Figurenkonstellation des Nazis Linde und Dunkelsteins an realen Begebenheiten und Personen – Adolf Eichmann und Benjamin Murmelstein sind in diesen kaum verhüllt erkennbar. Überdies werden diese dokumentarischen Bezüge in einem Nachwort Doron Rabinovicis, der die maßgebliche Studie über die jüdische Kultusgemeinde in Wien, ihre Funktionäre und deren Handlungsspielräume unter der NS-Herrschaft verfasst hat (vgl. Rabinovici 2000), offengelegt und gewissermaßen beglaubigt.

So lässt sich am Ende vielleicht doch ein Trend ausmachen in der Holocaust-Dramatik, der womöglich für die Holocaust- und Lagerliteratur insgesamt gilt: Der Trend zum Dokumentarischen – in verschiedenen Abstufungen freilich, von dem dokumentarischen Purismus des Jürg Amann über das Fortspinnen eines dokumentarischen Ausgangspunkts wie in Strittmatters *Viehjud Levi* bis hin zu einer Art dokumentarischer Groteske bei Robert Schindel. Weitere Beispiele ließen sich anführen, etwa Elfriede Jelineks Drama *Rechnitz* (2008). Anders jedoch als noch vor wenigen Jahren wenden sich mehr und mehr Dramatiker den Verfolgten und Opfern zu, es stehen nicht mehr nur die Täter im Vordergrund.

## Literaturverzeichnis

PRIMÄRLITERATUR

*Amann*, Jürg 2011: Der Kommandant. Monolog. Zürich.
*Jelinek*, Elfriede 2009: Drei Theaterstücke. Die Kontrakte des Kaufmanns. Rechnitz (Der Würgeengel). Über Tiere. Reinbek.
*Kipphardt*, Heinar 2006: Bruder Eichmann. Schauspiel und Materialien. 9. Auflage. Reinbek.
*Littell*, Jonathan 2008: Die Wohlgesinnten. Roman. Aus d. Französischen v. Hainer Kober. Berlin.
*Merle*, Robert 2008: Der Tod ist mein Beruf. 11. Auflage. Aus d. Französischen v. Curt Noch. Berlin.
*Schindel*, Robert 2010: Dunkelstein. Eine Realfarce. Innsbruck – Wien.
*Steinbach*, Peter 1980: Kusch und Platz. Frankfurt a.M.
*Strittmatter*, Thomas 2000: Viehjud Levi. Volkstheaterstück. Zürich.

SEKUNDÄRLITERATUR

*Atze*, Marcel 2003: „Unser Hitler". Der Hitler-Mythos im Spiegel der deutschsprachigen Literatur nach 1945. Göttingen.
*Bösch*, Frank 2009. Der Nationalsozialismus im Dokumentarfilm. Geschichtsschreibung im Fernsehen 1950-1990. In: Public History. Öffentliche Darstellungen des Nationalsozialismus jenseits der Geschichtswissenschaft. Hrsg. v. Frank Bösch u. Constantin Goschler. Frankfurt a.M., S. 52-76.
*Hein*, Helmut 2011: Verräterischer Monolog eines Monsters in Menschengestalt. In: Mittelbayerische Zeitung v. 23.5.2011. http://www.mittelbayerische.de/index.cfm?pid=10028 &lid=0&tid=0&pk=666617 (letzter Abruf 16.10.2012).
*Hesse*, Bettina 2011. Ungeheuerliche Authentizität. DRadio v. 20.6.2011. http://www. dradio.de/dlf/sendungen/buechermarkt/1485975/ (letzter Abruf 16.10.2012).
*Hickethier*, Knut 2009: Nur Histotainment? Das Dritte Reich im bundesdeutschen Fernsehen. In: Der Nationalsozialismus – die zweite Geschichte. Überwindung – Deutung – Erinnerung. München, S. 300-317.
*Höß*, Rudolf 1998: Kommandant in Auschwitz. Autobiographische Aufzeichnungen. Hrsg. v. Martin Broszat. 16. Auflage. München (Originalausgabe 1958).
*Märtesheimer*, Peter – *Frenzel*, Ivo (Hrsg.) 1979: Im Kreuzfeuer. Der Fernsehfilm „Holocaust". Eine Nation ist betroffen. Frankfurt a.M.
*Paul*, Gerhard 2002: Von Psychopathen, Technokraten des Terrors und „ganz gewöhnlichen" Deutschen. Die Täter der Shoah im Spiegel der Forschung. In: Die Täter der Shoah. Fanatische Nationalsozialisten oder ganz normale Deutsche? Göttingen, S. 13-90.
*Rabinovici*, Doron 2000: Instanzen der Ohnmacht. Wien 1938-1945. Der Weg zum Judenrat. Frankfurt a.M.

Reichel, Peter 2001: Vergangenheitsbewältigung in Deutschland. Die Auseinandersetzung mit der NS-Diktatur von 1945 bis heute. München.
Roth, Markus 2012: Zwischen Dokumentation und Skandalisierung. Entwicklungslinien des Holocaust-Dramas in der Bundesrepublik Deutschland 1957 – 1979. In: The Representation of the Shoah in Literature, Theatre and Film in Central Europe. 1950s and 1960s. Ed. by Jiří Holý. Praha, S. 93-106.
Segev, Tom 1992. Die Soldaten des Bösen. Zur Geschichte der KZ-Kommandanten. Aus d. Amerikanischen v. Bernhard Schmid. Reinbek.

## Abstract

After many plays in the 1960s which staged the Holocaust and certain aspects of the Third Reich and its aftermath German theatre did not deal with these subjects in the 1970s. The end of this silence was marked by the television serial *Holocaust* at the beginning of 1979. Afterwards (and until today) many plays, dealing with National Socialism and the Holocaust were staged – some of them asking for careers and mentality of the Nazi officials and the people and some of them searching for local stories of antisemitism and persecution of the Jews.

The variety of recent plays about the Holocaust is great – from pure documentation to grotesque ways of staging the Holocaust. Jürg Amanns drama *Der Kommandant* is an example for radical documentary theatre and, to some degree, can be seen as the „unconditional surrender" of literature because Amann gives only a shortened version of Rudolf Höß' autobiographical writings. Amann postulates the creation of an authentic picture of a perpetrator by showing "pure" reality, ignoring that Höß' writings themselves are a kind of selfconstruction full of lies and other problematic aspects.

## Streszczenie

Po okresie intensywnego zajmowania się Holokaustem w teatrze RFN-u w latach sześćdziesiątych ani Holokaust, ani system narodowego socjalizmu nie były tematem dramatów w latach siedemdziesiątych. Milczenie o Holocauście przerwała emisja amerykańskiego serialu „Holocaust" na początku roku 1979. Po tym przedstawiono dużo dramatów na temat. Niektóre utwory zajmują się karierami i mentalnością sprawców hitlerowskich, inne opowiadają lub rekonstruują lokalne zjawiska antysemityzmu i prześladowania Żydów.

Spektrum dramatów o Holokauście obejmuje dokumentacje jak również dramaty groteskowe. Dramat „Der Kommandant" Jürga Amanna jest przykładem radykalnej dokumentacji: Amann skraca jedynie wspomnienia Rudolfa Hoessa, które ten napisał po wojnie w więzieniu w Krakowie. W tym dramacie Hoess przemawia własnymi słowami. Amann twierdzi, że jest w ten sposób w stanie ukazać realistyczny obraz centralnego sprawcy Holokaustu. Przy tym Amann nie dostrzega, że już wspomnienia Hoessa są dokumentem pełnym konstruktów samego siebie, kłamstw i luk.

# Representations of the Holocaust in Recent Youth Literature

*Katharina Bauer, Gießen*

The current scientific discourse on artistic representations of the Holocaust includes discussions about the changing forms and functions of artistic representations of the Holocaust when trying to overcome the growing temporal distance to the historical event. In these discussions special attention is also paid to the means by which the huge mass of cultural products about the Holocaust – R. Clifton Spargo actually calls it a „proliferation of imaginative acts" (Spargo 2010, 7) – is marked by current perspective(s) on and understanding(s) of the Holocaust:

> In thinking about the past we are always already living in the present, finding ourselves immersed in culture; and all of that presentist perspective must also be part of the stories – historical, testimonial, or simply fictive – that we recover. (ibid.)

Literature for young people, although „rarely avant-garde", nevertheless „responds to the prevailing social climate" (Bosmajian 2002, xiv). The topics of the discourse about Holocaust literature in general are, therefore, relevant for youth literature as well. Marianne Hirsch and Irene Kacandes talk in their introduction to the volume *Teaching the Representation of the Holocaust* about „radical generational shifts in transmission concerning what aspects of the story are told, what questions persist, what layers remain unexplored" (Hirsch/Kacandes 2004, 2). It is not only to be taken into consideration that every generation discusses the topic in its own very special way but also that a specific readership has its own peculiar characteristics. The questions of „how to tell and how to be heard" (ibid., 2) do not lose their urgency particularly in terms of the fact that „[…] further chronological distance [to the historical events; K.B.] only increases the problem of conceptualization and communicability" (ibid., 4).

One of the foci in this article will, therefore, be the mode of representation in selected literary works about the Holocaust for young readers – preferably after the year 2000.

Furthermore I will briefly discuss the above-mentioned „generational shifts" within the field of education, regarding the continuities and changes in the literary canon in Germany, Poland and the United States.

My starting point, though, is connected to both these topics and outlines the scientific discourse about the present role of Holocaust literature for young readers, its qualities and desiderata.

**Sparing the reader – and the writer?**

Scientific discussions about Holocaust literature for young readers are still dominated by the question of a child-appropriate representation of the historical reality in the literary text whereas questions of literary devices, narrative strategies etc. stand in the second row. This becomes obvious, for example, in the prefaces of bibliographies edited by The Alabama Holocaust Commission or the U.S. Holocaust Memorial Museum. With regard to the complementary role of knowledge about the historical events and its literary representation it is pointed out in the latter:

> Where a good general history of the period can provide historical background, a personal narrative will translate that history into human terms, and a more specialized history will examine a particular aspect of that history in greater depth. (Annotated Bibliography, 55)

A similar view is proposed in the Alabama Holocaust Commission's foreword:

> Literature has the ability to transform Holocaust studies from an experience of the mind to one of the heart. Good Holocaust literature presents factual information in a way that conveys the personal experience of this cataclysmic event. (Holocaust Literature for Youth)

Furthermore, the editors identify four main categories to which fictional and non-fictional texts can be related: remembrance, survival, courage and humanity. The educational aim can, therefore, be contoured as an understanding through compassion for the individual fate. This kind of reading is often intensified by a first person child-narrator whom the young reader is tended to identify with. By concentrating on hope, personal strength and „unexpected aid of others to survive", the focus lies clearly on a representation in which „humanity can shine through the darkness of hate" (ibid.).

One example following along the above described lines is the Canadian anthology entitled *Tapestry of Hope. Holocaust Writing for Young People* (Boraks-Nemetz/Watts 2003). It combines pieces from literary works with statements of survivors. As expressed in the title most of the texts deal with stories emphasising „acts of courage and faith" as outlined in the introduction:

> Through their stories, poems, and personal accounts, the contributors to *Tapestry of Hope* record the darkest of times, not do dismay us but to show us that nothing can extinguish the spark that gives dignity to life. (Lowinger 2003, xi)

Although the ambiguity is well reflected – with regard to the millions of victims – this approach evokes some critical questions about the balance between historical reality and its assumed child-appropriate representation. Or, as Thomas Haupenthal puts it: „Wie geht man mit der historischen Realität um, mit der Tatsache, dass es nur in Ausnahmefällen eine Rettung gab, der Tod aber die Regel war?" (Haupenthal 2006).

What is comprehensible from a didactic-protective point of view may – in the worst case – leave the impression that not unbearable pain and death characterise the Holocaust but aid by others, resistance and survival (cf. Shavit 1988, 15). Particularly in connection with social tendencies in Germany to suppress, to whitewash and to conceal such an approach might evoke a biased idea of the historical reality.

Hamida Bosmajian calls this protective impetus „sparing the child" and points out that this is only one side of the medal because it also spares the adult:

> The author who chooses to write for children about serious matters avoids (to a far greater extent than writers of adult narratives) the critical gaze of the adult reader, for children do not interpret the text [...]. As a result, children's literature is a medium that spares both the author and the child reader as the official text of the story sublimates and disguises a personally or socially complicated subtext. (Bosmajian 2002, xiv)

Though Bosmajian is primarily referring to autobiographical texts whose writing may be as challenging for the survivor as beneficially, her observation can be transferred to writers in general as well. For it is the adult's imagination of the child's capability to come to terms with the horrific experiences:

> The implied reader, the child or adolescent, is the ideal reader, listener and eventual witness for the narrator-author. The very limitations of the reader enable the narrator to shape experience into a story that the narrator can bear to tell and the child supposedly can bear to hear. (ibid., 137)

However, the difficult question remains how the horrors of the Holocaust can or should be depicted in youth literature. This topic is explicitly addressed in the above-mentioned preface of the U.S. Holocaust Memorial Museum. The editors refer to Lawrence Langer's book *The Age of Atrocity. Death in Modern Literature*. Following his argument, a book „should not ‚circumspectly [skirt] the horror implicit in the theme but [leave] the reader with the mournful if psychologically unburdened feeling that he has had a genuine encounter with inappropriate death'" (Annotated Bibliography, 56). On the other side, it is also made clear that a too extensive depiction of atrocities would only „numb the senses" (ibid.). Many books do not show murder or extermination explicitly but, so to say, ‚off stage' (cf. Bosmajian 2002, 133). Furthermore, the main protagonist is rarely affected by it but – if at all – knows about it, observes it. It also took a long time until (fictional) stories from within the camps became a topic of youth literature about the Holocaust.

In the German bibliography *Kindern vom Faschismus erzählen. Kinder- und Jugendliteratur zu Holocaust und Nationalsozialismus. Eine Leseliste* dating from 2004 most of the titles listed under the key word *Holocaust* were published not before the 1990s. The 2012 revised and extended version of this bibliography also lists some new titles but basically maintains the already known titles in new editions (Trettner 2004/2012). Among the titles of the Alabama Holocaust Commission's bibliography dealing with the life within the camps most of them are published after the year 2000.

**Functions of youth literature about the Holocaust**

Taking a closer look at the discussions in Germany since the 1980s a change in the function of youth literature about the Holocaust is noticeable. Malte Dahrendorf writes about its initial role in the context of „literarischer Erinnerungsarbeit":

> [...] sie beanspruchte, Versäumnisse der politischen Bildung an den Schulen und in den Elternhäusern auszugleichen und das Ihre dazu beizutragen, daß sich ‚Auschwitz nicht wiederhole'; daneben war sie auch immer [...] individuelle Rechtfertigungsliteratur und literarische ‚Vergangenheitsbewältigung' (obwohl sich ‚Auschwitz' natürlich nicht ‚bewältigen' läßt.). (Dahrendorf 1988, 124 et seq.)

Additionally, Rüdiger Steinlein states the tendency towards a sense-making intention in many works between the 1940s and 1990s that he calls „den Primat des Moralisch-Pädagogischen" (Steinlein 1996, 180). Due to the pedagogical role of youth literature, Steinlein points out:

> Selbst wenn die Erzählungen im Schlimmsten, in Situationen der ausweglosen Vernichtung enden, setzen die Schlüsse entgegen dem vorher den realen bzw. geschichtlichen Tatsachen entsprechend gestalteten (Unheils)verlauf Hoffnungszeichen und öffnen Zukunftsperspektiven[…]. (ibid.)

But as we could see from the prefaces' quotes (which date from after 2000) this approach can be observed not only in German youth literature. It is still a commonly accepted – or even expected – pattern for the stories to end positively. According to Adrienne Kertzer, this desire is especially prevalent in North America (cf. Kertzer 1999, 252). Hamida Bosmajian identifies in this context as well cultural-specific influences as once more adult's projections:

> Our cultural construction of the necessity of an affirmative, if not happy, closure in children's literature transfers adult desire to what a child reader supposedly needs; it denies the child the chance to imagine and rehearse through ambivalent, even tragic narratives life situations that are indeed possible. (Bosmajian 2002, 135)

This observation can be affirmed by the results of Lydia Kokkola's research on youth literature. She analysed a huge corpus of literary texts about the Holocaust, mainly from the 1980s and 90s. Concerning the endings she states:

> The most common endings in Holocaust literature either focus on the moment of liberation of the camps or the end of the war. […] The return to the frame story […] provides reassurance that the time is now past and life continues. The unusual frequency with which framing is used in Holocaust literature compared with other genres may well be a consequence of the need to re-establish normalcy. (Kokkola 2003, 155)

It is only since the 1990s that Steinlein is able to observe first signs of more artistic freedom in youth literature about the Holocaust, being treated in terms of an „Objekt ästhetischen Experimentierens" (Steinlein1996, 180). He explains these changes on the one hand „mit dem wachsenden Wissen über die historisch-politischen Zusammenhänge aus dem Geschichts- und Sozialkundeunterricht […]" (ibid.) and on the other hand with the influence of the discourse about Holocaust literature in general:

> Dies ist nicht zuletzt die Folge von […] provozierenden, verstörenden Darstellungsexperimenten, wie wir sie z.B. mit den Romanen von Edgar Hilsenrath, Roman Frister oder Imre Kertész vor uns haben. Auch Skandale wie Wilkomirskis ‚erschlichen'-fiktionalisierte Autobiographie bzw. die Wiederaufnahme des Sujets im Kino […] haben zu

dieser Umakzentuierung des literarischen Holocaustdiskurses bis hinein in die Jugendliteratur beigetragen. (ibid., 181)

His example for a by then unusual treatment of the topic is Gudrun Pausewang's *Reise im August* (1992). Interestingly Steinlein argues not only with the conscious fictional character of the novel that is affirmed by the lack of the usual added material about the historical facts in the book's paratext, but also with the author's status as a „Angehörige der Täternation" telling the story „aus dem Erlebnis- und Erfahrungshorizont" (Steinlein 1996, 185) of a Holocaust victim.

Within the context of children's and youth literature about the Holocaust the author's relation to and motivation for this literary subject apparently plays a similar important role as for Holocaust literature in general. Almost every book is provided with paratextual information that sheds light on the author's motifs and aims, explaining whether the persons and/or the story are fictional or rely (partly) on true personal experiences. Fictional texts written by authors without any compassionate connections to the historical event are rare. Recent Holocaust literature for a young readership is dominated by hybrid genres like anthologies that contain survivors' narratives as well as literary texts, autobiographical half-fiction[1] or fictional stories based on true life-stories but written by professional writers.

The fictional representation of a true life-story seems to be the preferred model for treating the topic in youth literature in Germany during the last decade. In 2002 the renowned German author of youth literature Mirjam Pressler was awarded with the *Deutscher Bücherpreis* for her novel *Malka Mai*, the story of a girl's separation from her mother and older sister during their escape through the Carpathians to Hungary and her struggle for survival in the ghetto until the end of the war. In the afterword Mirjam Pressler explains in the above-described manner who the real Malka Mai is and how she is related to the story's protagonist. Pressler explains that she had to invent most of the story because the ‚real' Malka remembered only some details and had tried to forget this „very hard

---

[1] Uri Orlev is one example for a survivor who became a professional writer and explicitly writes for young readers about the Holocaust until these days. Some of his most famous books are *The Island on Bird Street*, *The Man from the Other Side*, *Run, Boy, Run* or *The Lead Soldiers*.

time" (Pressler 2001, 323). Due to this necessary fictionalisation Pressler indeed gained more artistic freedom, like the double perspective she uses throughout the novel. From the very start the narrator, in order to further the story line, is shifting between the mother's point of view and that of her seven years old daughter. Additionally to the alternation between the mother's adult perspective and Malka's child perspective the geographical separation leads to two parallel narratives of the experiences during the escape and in the ghetto. Although mother and daughter finally survive and reunite it became obvious to the reader how the experiences of the last years changed both characters: particularly Malka seems to be emotional alienated from her mother.

*Malka Mai* therefore represents on the one hand a typical book of youth literature about the Holocaust inasmuch it deals with survival that became possible only due to „personal strength and the unexpected aid of others to survive" (Holocaust Literature). Furthermore it follows the home – away – home pattern that usually provides a „sense of security" for the young reader through its return to normality (cf. Kokkola 2003, 132). But not in this case: it remains open whether Malka comes to terms with her disturbing – probably traumatising – experiences even after the reunion with her mother.

Another award winning German book about the Holocaust is Anja Tuckermann's *„Denk nicht, wir bleiben hier!" Die Lebensgeschichte des Sinto Hugo Höllenreiner* (2005). In 2006 she won the Deutscher Jugendliteraturpreis. In her fictionalised biography of Hugo Höllenreiner she combines a distanced third-person-narrative with paragraphs of the original memories and reflections Höllenreiner told her in interviews. In the epilogue the author explains at length the book's history and gives a detailed insight in the way she tried to ‚translate' the sometimes unbearable and unspeakable memories – particularly concerning the time in Auschwitz – into a narrative order:

> Ich beschloss, seine Geschichte in der dritten Person zu schreiben, angelehnt an seine Sprache neu zu formulieren, weil grauenvolle Erlebnisse sich nicht geordnet erzählen lassen, die Erinnerung nicht geradlinig verläuft. Oft reißt ein Satz ab, weil es zu schlimm ist weiterzusprechen; oder in dem Augenblick die Erinnerung zu ertragen. Um die seither vergangenen 60 Jahre spürbar zu machen, fügte ich Hugos Reflexionen aus heutiger Sicht wörtlich in den Text ein. Spürbar machen deshalb, weil die vergangenen Jahrzehnte seit der Befreiung nicht die Wunden heilen und nichts vergessen machen konnten. (Tuckermann 2008, 288)

Tuckermann's book is not only composed in an unusual way and reflects its own role in passing the memories down to the youth but, furthermore, it is dedicated to a group of Holocaust victims that is still underrepresented in German historical memory.

Awarding fictional stories embedded explicitly in the factual historical context is noticeable among English books as well. I want to mention only two titles by Canadian authors published in the series *Holocaust remembrance book for young readers*. Kathy Kacer published *Clara's War*, the story of a girl's life – and survival – in the ghetto of Terezín, in 2001.

In Karen Levine's book *Hana's suitcase* (2002) the narrator alternates chapter by chapter between the 1940s in Czechoslovakia and the year 2000 in Japan. He follows the curator of the Tokyo Holocaust Centre, Fumiko Ishioka, who tries to reconstruct the fate of the Czech girl Hana Brady whose suitcase is part of an exhibition there. During Fumiko's research in Europe the reader gradually comes to learn about Hana's life. Contacted by the Japanese curator Hana's brother George finally tells in two long letters his memories about his younger sister. Hana Brady's case is one of the rare stories in which it is clear from the beginning that the story's protagonist did not survive. The book is translated into more than forty languages and was adapted under the title *Inside Hana's suitcase* in 2009 for the screen as well (cf. Reimer/Reimer 2012, 194).

**The educational canon between continuity and literary/social evolution**

Regarding the changes in the role of Holocaust literature during the last 30 years in Germany it is quite astonishing that the readings in school classes hardly changed. Since the 1970s teachers in Germany have decided on their own which books they choose for class reading as only suggestions are made in the curriculum. In her 2007 survey among students and teachers in Berlin Marita Meyer states that the literary canon still consists of works like *Das Tagebuch der Anne Frank*, *Friedrich*, *Als Hitler das rosa Kaninchen stahl*, *Die Welle* – in short: quite old titles which mostly can be counted under youth literature not dealing explicitly with the Holocaust but with persecution and outrage in the Nazi era in general. For older pupils mostly Bernhard Schlink's *Der Vorleser* was named as well as Paul Celans *Todesfuge* (cf. Meyer 2009, 217). Concerning Schlink's *Der*

*Vorleser* Meyer discusses the problematical representation of the female protagonist who may have become a perpetrator only due to adverse circumstances (ibid., 218). In her comparison with the canonical school reading in Poland, where Holocaust literature is treated only in the year before the final examinations, Meyer discovers a huge gap.

Unlike the German trend towards works of youth literature that avoid too frightening subjects, what Meyer calls a „Tendenz zur Schreckensvermeidung oder zur entlastenden Lektüre" (ibid., 237)[2], there exists in Poland no gap between literary studies and school didactics. Authors such as Tadeusz Borowski, Hanna Krall, Czesław Miłosz, Zofia Nałkowska or Kazimierz Moczarski demonstrate that Polish pupils are invariably confronted with demanding and challenging works of high literary quality.

Concerning the German social context Meyer concludes carefully but still admonitorily: „Es mehren sich die Hinweise, dass die zweite Generation sich mit der Elterngeneration auszusöhnen versucht und an die dritte Generation ein geschöntes Bild der Vergangenheit weitergibt" (ibid., 238).

In contrast to the canonical continuity in Germany the political changes in Poland influenced the educational canon of the Holocaust considerably. Many sensitive topics related to the national-specific cultural memory are mentioned in the literary works:

> Betrachtet man die polnischen Schullektüren als Teil des kulturellen Gedächtnisses, dann fällt auf, dass sie keineswegs ausschließlich auf die Opferrolle fixiert sind. […] Zentrale Bedeutung besitzt die Perspektive des Zuschauers und des Augenzeugen, eine Perspektive, die in der gesamten polnischen Literatur über den Holocaust eine wichtige Rolle spielt. […] Auch kann man nicht behaupten, dass die jüdischen Opfer übergangen würden, wenn auch der konkurrierende Status der Opfergruppen manchmal den Blick trüben kann. (ibid., 239 et seq.)

In a short comparison of Polish and American reading canons Sylwia Mikołajczak states another interesting difference between the two countries: the national Polish canon listing the above mentioned names stands vis-à-vis the American canon that is highly international – e.g. Primo Levi, Jean Améry, Elie Wiesel,

---

[2] As one can see from the works Meyer listed, with the exception of *Das Tagebuch der Anne Frank*, neither testimonies, memoirs nor literary texts dealing with the life within the camps are an inherent part of the syllabus.

Charlotte Delbo, Tadeusz Borowski, Anne Frank, Jerzy Kosiński or Art Spiegelman (cf. Mikołajczak 2008, 268). Her conclusion refers to two distinct levels. At first she mentions the difference in terms of the perspective:

> W polskim kanonie przewagę mają teksty pisane z perspektywy zewnętrznej, tj. świadka nie-Żyda [...] bądź oparte na mediacji między pozycją późniejszego mieszkańca Polski a niegdysiejszego uczestnika Zagłady [...]
> Z kolei kanon amerykański[3] preferuje świadectwo bezpośrednie, stąd tak wysoka pozycja dzieła Prima Leviego czy dzienników Anny Frank. [...] też cechuje go dużo większa uległość wobec dzieł popularnych, choć niekoniecznie wartościowych [...] (ibid., 270).
>
> The Polish canon consists mainly of texts which are written from an outside perspective, i.e. by non-Jewish witnesses [...] aiming towards a mediation between the position of a future Polish citizen and a contemporary witness of the Holocaust [...]
> The American canon prefers immediate testimonies resulting in the high regard for the works of Primo Levi or the diaries of Anne Frank. [...] it also allows for popular but not necessarily valuable works to a much higher extent [...].

The second interesting conclusion concerns the development of hybrid genres (dzieła hybrydalne) in the Polish literary canon about the Holocaust. As examplary works which mix testimony, novel and essay Mikołajczak names Michał Głowiński's *Magdalena z razowego chleba* (*Brown-Bread Madeleine*) or *Czarne sezony* (*Black Seasons*) (ibid., 270). Although she does not go so far as to expect a fundamental change within the canon she sees indeed some space for new ways of writing about the Holocaust in Polish literature (ibid., 271).

**Recent fictional representations: the role of 'double narratives'**

In my last point I will present some further strategies of the so to say 'pure' fictional representations of the Holocaust which accentuate the possibilities of literature to make these events at least imaginable which otherwise are scarcely expressible.

A narrative strategy some authors use is choosing a fairy tale structure. In *Briar Rose* (1992) Jane Yolen alternates between the grandmother's version of

---

[3] Unfortunately Mikołajczak only gives the names of the Polish universities whose syllabi she referred to whereas it remains unclear which American syllabi she studied.

the *Sleeping Beauty*[4] that she has been telling again and again to her granddaughters, and the step by step decoding of it after her death. As it turns out as a result of one of the granddaughter's investigative journeys in the U.S. and to Poland, the fairy tale is an allegory of the grandmother's horrible experiences in Chełmno where she survived the gassing and was rescued by Jewish partisans who lived nearby in the woods. According to Margarete Landwehr the fairy tale leads to the reader's identification with its protagonists, foremost ordinary people with fears and weaknesses who live in a world that may be incomprehensible for him/her. Fairy tales, as an „alternative narrative" to history, „[…] offer an opportunity to acquire an understanding, however inadequate, of suffering" (Landwehr 2009, 157) and create through their symbolic dimension a distance that protects the adolescent reader from repulsion or from denying the horrific events (ibid., 159). In terms of Hamida Bosmajian's assumption, *Briar Rose* is an example of how a survivor (i.e. the grandmother) tries to come to terms with her traumatic past by structuring it as a fairy tale that she can bear to tell and her granddaughters can bear to listen to. Unfortunately it is only after the grandmother's death that her family becomes aware of the constant presence of the horrific past in their (grand)mother's everyday life.

To advise today's youth of the more or less hidden traces the Holocaust left is a function the editors of the above mentioned German bibliography *Kindern vom Faschismus erzählen* are pointing out:

> Sie [die Bücher; K.B.] können sowohl Interesse wecken als auch Fragen provozieren und junge Menschen für das Thema sensibilisieren, ohne dass sie davon abgeschreckt werden. […] Die hier aufgeführte Literatur kann vor diesem Hintergrund auch als Anregung dienen, in der Familie oder der unmittelbaren Umgebung nachzufragen und selbst zur Vergangenheit zu recherchieren. (Trettner/Kleijn 2012, 39)

Although not explicitly directed towards young readers, John Boyne's *The Boy in the Striped Pyjamas* (2006) should be mentioned here inasmuch the chosen subtitle *A fable* also implies an allegorical reading. The literary device of defamiliarisation of the events through a child-narrator, who cannot see the whole and explains the ongoing events in terms of his limited point of view and

---

[4] Another example for the use of a classical fairy tale theme is Louise Murphy's *The True Story of Hansel and Gretel* (2003).

knowledge of the world, is used in several works of other authors besides Boyne. Child-narrators in literature for adults may, due to the child's partial understanding, help to „alleviate the adult narrator's struggle with language and artistic expression" (Sokoloff 1994, 262). Not everything has to be explained or questioned. An adult reader should be able to recognise the voids and to fill them, due to his knowledge of the historical facts.

In youth literature, though, like in Morris Gleitzman's *Once* (2005) or Jerry Spinelli's *Milkweed* (2003), this narrative strategy has another function. Both authors decided to narrate the story from an about nine years old boy's point of view who has to manage his survival without parents. In *Once* all the decisions of the main protagonist Felix are based upon a child's understanding of the surrounding world. The reader who enters the world as seen through Felix's eyes receives no further explanations and learns at the same pace as Felix the bitter truth about the war (cf. Kuhiwczak 2007, 167). As Felix loves to invent stories each chapter is beginning with „Once I …". But the (young) reader's expectation to hear/read a ‚nice' child-story is already spoiled after the first sentences which summarize the chapter's content: „Once I stayed awake all night, waiting for Mum and Dad to arrive. They didn't. They haven't " (Gleitzman 2010, 9).

As he is mostly surrounded by other children of his age his understanding – and that of the reader – depends on their knowledge and explanations. The stories, however, Felix is asked to tell, are not meant to ‚explain' the ongoing events but right the opposite: they attempt to „displace the real world and impose an imaginary world in its stead" – at least for a while (Kokkola 2003, 150). Unusual for the genre (as we could see above), the novel closes with an enumeration of possible endings after Felix's jump out of the train that should bring him to a concentration camp[5]:

> I don't know what the rest of my story will be. It could end in a few minutes, or tomorrow, or next year, or I could be the world's most famous author in the year 1983, living in a cake shop with a dog called Jumble and my best friend, Zelda. However my story turns out, I'll never forget how lucky I am. (Gleitzman 2010, 163)

---

[5] This device however loses its charm knowing that *Once* is the first book of a quadripartite series – *Once, Then, Now, After*.

Whereas Gleitzman's protagonist Felix is a young boy whose parents previously owned a book shop, sometimes noticeable due to the boy's lofty style, Jerry Spinelli created a protagonist who does not even know his name. It is a group of orphan boys who give him a name and invent his past. Living originally outside the Warsaw Ghetto he follows a Jewish girl and her family into the ghetto and provides for the family's survival by smuggling food until they are deported. Mischa is rescued from being deported only by a gunshot by one of his friends to make the German soldiers believe Mischa were dead.

The larger part of the book seems to be an adventure story, following Mischa at his search at night for food in a spooky town during the war, and is sometimes redolent of Uri Orlev's *Island on Bird Street*. As he cannot read nor has any education at all Mischa acts only intuitively, having confidence in his skills. Questions that remain unanswered for the protagonist may remain unanswered for a young reader as well or make him/her search for an answer.

But the story does not end – as usual – with the year 1945. In one of the chapters Mischa resumes his struggle with the world's post-war ‚normality' he could not accustom to: „The world was returning to normal, but for me there was no normal to return to. Normal for me was stolen bread and ditch water" (Spinelli 2005, 199). Though the narrating I does not save on self-irony it is obvious that his ‚run' is not finished yet: itinerant as a carny he enjoys the freedom to speak and to listen to his own voice – an almost unknown experience for Mischa: „There had been a few word bursts during and before the ghetto, but up until the end of the war, I had probably not spoken two thousand words in my life. Now you could not shut me up" (ibid.).

Traumatized by his childhood experiences in the ghetto he is only capable of working through his past when he finally realizes that he has to talk about it – even if his accounts may sound weird. After many years during which others told Mischa who he was or should be, it is his desire to tell them who he is:

> The important thing was not that you listened, but that I talked. I can see that now. I was born into craziness. When the whole world turned crazy, I was ready for it. That's how I survived. And when the craziness was over, where did that leave me? On the street corner, that's where, running my mouth, spilling myself. And I needed you there. You were the bottle I poured myself into. (ibid., 203)

The paradox between the first and the last sentence is obvious. Initially it might have been more important to have an opportunity at all to talk. But following the narrator's further words it becomes clear that this is not enough. As a traumatised survivor, talking weird, behaving sometimes strangely, he is confronted with the people's lack of understanding – or even worse: their indifference. Spinelli refers here to an experience that is not specific for the actual day of the narrating I, as survivors had to face this already in the post-war period, struggling with „surviving survival" (Bosmajian 2002, 179). But as long as he finds no attentive audience his ‚mission' remains unsuccessfully:

> Then one day in Philadelphia, in the shadow of City Hall, two women stopped and listened. They looked to be in their seventies [...] After a while one of them reached out her hand and cupped my ear clump. She smiled and nodded and said: „We hear you. It's enough. It's over." And they walked on, and I went another way, and I never took another street corner. (Spinelli 2005, 203 et seq.)

Spinelli's protagonist finally comes to terms with the post-war ‚normality' as well, whereby the book affirms the pattern that a positive ending is needed. But he could reach this status not on his own. „Interest and care" (Greenspan 1998, 171) of people who are close to him were needed.

**Résumé**

The possibility to tell the own story – even in an allegorical way – to an empathetic audience is like a *basso continuo* that permeates so different books like *Denk' nicht wir bleiben hier*, *Briar Rose* and *Milkweed*. Literary self-reflections about the possibilities of story-telling are an important part in *Once* as well. Every single story does not only assure the transmission of memory to the next generation but may at the same time pluralise the ways in which we remember by adding further, individual narratives. Due to the growing temporal distance to the historical events it will be necessary not only to remember but to unfold the inseparable connection between present and past[6] – not only for those who survived but for our cultural consciousness in general.

---

[6] Popular devices in youth literature to build a bridge between the youth's present world and the years of the Holocaust are for example time travel, investigation of family history (*Briar Rose*) as well as research inspired by a personal piece (*Hana's suitcase*).

It is one of the remaining challenges of youth literature about the Holocaust to come to terms with the „seeming paradox [...] being at once ‚unspeakable' and yet something that *must* be spoken about [...]" (Baer 2000, 391). Whereas autobiographical memoirs and other genres highlight the reference to the historical facts, fictional stories use the strategy of a „double narrative, one that simultaneously respects our need for hope and happy endings even as it teaches us a very different lesson about history" (Kertzer 1999, 253). Thus the danger of constructing an „unambiguous hopeful lesson" or a „singular meaning" (ibid.) of the Holocaust can be averted.

Or does anyone can finally say what ‚Auschwitz means'?

## Bibliography

LITERARY TEXTS

*Boyne*, John 2006: The Boy in the Striped Pyjamas. London.
*Gleitzman*, Morris 2010 (2005): Once. New York.
*Kacer*, Kathy 2001: Clara's War. Toronto.
*Levine*, Karen 2002: Hana's Suitcase. A True Story. Toronto.
*Pausewang*, Gudrun 1992: Reise im August. Ravensburg.
*Pressler*, Mirjam 2001: Malka Mai. Roman. Weinheim – Basel.
*Spinelli*, Jerry 2005 (2003): Milkweed. New York.
*Tuckermann*, Anja 2008: „Denk' nicht, wir bleiben hier." Die Lebensgeschichte des Sinto Hugo Höllenreiner. München.
*Yolen*, Jane 1992: Briar Rose. New York.

SECONDARY SOURCES

Annotated Bibliography. Ed. by The U.S. Holocaust Memorial Museum. http:// www.ushmm. org/education/foreducators/workshop/pdf/bibliography.pdf (accessed 27-5-2013).
*Baer*, Elizabeth R. 2000: A New Algorithm in Evil. Children's Literature in a Post-Holocaust World. In: The Lion and the Unicorn 24, pp. 378-401.
*Boraks-Nemetz*, Lillian – *Watts*, Irene N. 2003: Tapestry of Hope. Holocaust Writing for Young People. Toronto.
*Bosmajian*, Hamida 2002: Sparing the Child. Grief and the Unspeakable in Youth Literature about Nazism and the Holocaust. New York – London.
*Dahrendorf*, Malte 1988: Literarische Erinnerungsarbeit. Jugend- und Erwachsenenliteratur zum Faschismus. In: Die Darstellung des Dritten Reiches im Kinder- und Jugendbuch. Hrsg. v. Malte Dahrendorf u. Zohar Shavit. Frankfurt a.M., pp. 124-140.
*Greenspan*, Henry 1998: On Listening to Holocaust Survivors. Recounting and Life History. Westport.
*Haupenthal*, Jan 2006: Nationalsozialismus in der zeitgenössischen Kinder-und Jugendlitera-

tur. Historische Realität und Fiktion am Beispiel von Miriam Presslers *Malka Mai*. In: TRANS. Internet-Zeitschrift für Kulturwissenschaften. No. 16. http://www.inst.at/trans/16Nr/10_1/haupenthal16.htm (accessed 27-5-2013).

*Hirsch*, Marianne – *Kacandes*, Irene 2004: Introduction. In: Teaching the Representation of the Holocaust. Ed. by Marianne Hirsch and Irene Kacandes. New York, pp. 1-36.

Holocaust Literature for Youth. Prepared by the Alabama Holocaust Commission. http://www.bhamholocausteducation.org/documents/holocaustlit.pdf (accessed 27-5-2013).

*Kertzer*, Adrienne. 1999. „Do you know what ‚Auschwitz' means?" Children's Literature and the Holocaust. In: The Lion and the Unicorn 23,2, pp. 238-256.

*Kokkola*, Lydia 2003: Representing the Holocaust in Children's Literature. New York – London.

*Kuhiwczak*, Piotr 2007: Holocaust Writing and the Limits of Influence. In: Forum for Modern Language Studies 43, pp. 161-276.

*Landwehr*, Margarete J. 2009: The Fairy Tale as Allegory for the Holocaust. Representing the Unrepresentable in Yolen's *Briar Rose* and Murphy's *Hansel and Gretel*. In: Fairy Tales reimagined: Essays on New Retellings. Ed. by Susan Redington Bobby. Jefferson, NC, pp. 153-167.

*Langer*, Lawrence 1978: The Age of Atrocity. Death in Modern Literature. Boston.

*Lowinger*, Kathy 2003: Introduction. In: Tapestry of Hope. Holocaust Writing for Young People. Compiled by Lillian Boraks-Nemetz and Irene N. Watts. Toronto, p. xi.

*Meyer*, Marita 2009: Deutsche und polnische Lektüren über den Zweiten Weltkrieg und den Holocaust. Eine vergleichende Untersuchung zur schulischen Kanonbildung und zum kulturellen Gedächtnis. In: Convivium. Germanistisches Jahrbuch Polen, pp. 213-243.

*Mikołajczak*, Sylwia 2008: Trauma Holokaustu. Amerykański i polski kanon literatury oraz dyskurs poholokaustowy. In: Auschwitz i Holokaust. Dylematy i wyzwania polskiej edukacji. Pod red. Piotra Trojańskiego. Oświęcim, pp. 267-271.

*Reimer*, Robert C. – Reimer, Carol J. (eds.) 2012: Historical Dictionary of Holocaust Cinema. Plymouth.

*Shavit*, Zohar 1988: Die Darstellung des Nationalsozialismus und des Holocaust in der deutschen und israelischen Kinder- und Jugendliteratur. In: Die Darstellung des Dritten Reiches im Kinder- und Jugendbuch. Hrsg. v. Malte Dahrendorf u. Zohar Shavit. Frankfurt a.M., pp. 11-42.

*Sokoloff*, Naomi 1994: Childhood lost. Children's Voices in Holocaust Literature. In: Infant Tongues. The Voice of the Child in Literature. Ed. by Elizabeth Goodenough, Mark A. Heberle, Naomi Sokoloff. Detroit, pp. 259-274.

*Spargo*, R. Clifton 2010: Introduction. On the Cultural Continuities of Literary Representation. In: After Representation? The Holocaust, Literature, and Culture. Ed. by R. Clifton Spargo and Robert M. Ehrenreich. New Brunswick, NJ, pp. 1-22.

*Steinlein*, Rüdiger 1996: Auschwitz und die Probleme narrativ-fiktionaler Darstellung der Judenverfolgung als Herausforderung der gegenwärtigen Kinder- und Jugendliteratur. Gudrun Pausewangs Holocausterzählung „Reise im August". In: Bücher haben ihre Geschichte. Kinder- und Jugendliteratur. Literatur und Nationalsozialismus. Deutschdidaktik. Norbert Hopster zum 60. Geburtstag. Hrsg. v. Petra Jostin u. Jan Wirrer, pp. 177-191.

*id.* 2006: Brückenschläge über den „Abgrund der Vergangenheit" (Erich Kästner). Die Darstellung des Holocaust in der deutschsprachigen Kinder- und Jugendliteratur. In: Shoah in der deutschsprachigen Literatur. Hrsg. v. Norbert Otto Eke u. Hartmut Steinecke. Berlin, pp. 169-190.

*Trettner*, Barbara 2004: Kindern vom Faschismus erzählen. Kinder- und Jugendliteratur zu Holocaust und Nationalsozialismus. Eine Leseliste. Ausstellung in der Deutschen Bücherei Leipzig vom 26. Mai bis 28. August 2004. Hrsg. v. Anne-Frank-Shoah-Bibliothek. Frankfurt a.M.

*id.* – *Kleijn*, Karen 2012: Kindern vom Faschismus erzählen. Kinder- und Jugendliteratur zu Holocaust und Nationalsozialismus. Eine Leseliste. Im Auftrag der Deutschen Nationalbibliothek zusammengestellt. Frankfurt a.M. http://d-nb.info/1027485189/34 (accessed 27-5-2013).

## Zusammenfassung

Der Beitrag widmet sich drei Bereichen im Zusammenhang von Kinder- und Jugendliteratur über den Holocaust. Am Beginn steht ein kurzer Überblick über die Rolle von literarischen Texten über den Holocaust im Unterschied zu geschichtlichen Quellen sowie die Möglichkeiten der thematischen Kategorisierung. Darüber hinaus wird die Frage gestellt, wie mit den grausamen Erfahrungen, die den Holocaust charakterisieren, in der Jugendliteratur umgegangen wird.

Ein Abriss über die Veränderungen innerhalb der deutschen Jugendliteratur über den Holocaust zeichnet die Entwicklung von einer von Erinnerungsarbeit und Vermittlung historisch-dokumentarischen Wissens geprägten Literatur hin zu einer stärkeren Betonung der künstlerischen Freiheit nach.

Wie ein Blick auf deutsche, polnische und amerikanische Schullektüren zeigt, bleibt der Schulsektor von den Entwicklungen der allgemeinen Jugendliteratur weitgehend unberührt (in Polen und den USA noch stärker als in Deutschland).

Abschließend werden mehrere zeitgenössische fiktionale Werke und ihre literarischen Verfahren vorgestellt, mit denen Autorinnen und Autoren versuchen, ein junges Lesepublikum für die historischen Ereignisse zu sensibilisieren bzw. ihr Nachwirken bis in die heutige Zeit zu verdeutlichen.

## Streszczenie

Niniejszy artykuł poświęcony jest trzem dziedzinom z zakresu literatury dziecięcej i młodzieżowej dotyczącej tematyki Holocaustu. Na wstępie znajduje się krótki zarys opisujący rolę tekstów literackich o Holocauście w odróżnieniu do źródeł historycznych, jak i możliwości ich tematycznej kategoryzacji. Ponadto artykuł rozpatruje pytanie, jak w literaturze młodzieżowej obchodzi się z okrutnymi doświadczeniami, charakteryzującymi Holocaust.

Zarys dotyczący zmian w obrębie niemieckiej literatury młodzieżowej o Holocauście opisuje przebieg rozwoju poczynając od literatury ukształtowanej przez pracę nad wspomnieniami oraz przekazywanie historyczno-dokumentalnej wiedzy poprzez mocniejsze podkreślenie artystycznej swobody.

Spojrzenie na niemieckie, polskie i amerykańskie lektury szkolne wskazuje na to, że rozwój powszechnej literatury młodzieżowej w dużej mierze nie porusza sektora szkolnego (w Polsce i w Stanach Zjednoczonych w większym stopniu niż w Niemczech).

Na zakończenie przedstawione zostały współczesne dzieła fikcyjne wraz z ich procesami literackimi, przy pomocy których autorki i autorzy próbują zwiększyć wrażliwość młodych czytelników na wydarzenia historyczne, względnie podkreślić ich działanie aż do dzisiejszych czasów.

**Vergleichende Studien**

**Comparative Studies**

# Weiter leben – weiter schreiben:
## Ruth Klügers *Still Alive. A Holocaust Girlhood Remembered* und Imre Kertész' *Dossier K. Eine Ermittlung* im Vergleich

*Marija Sruk, Gießen*

Ruth Klüger und Imre Kertész gehören zu den noch sehr wenigen Überlebenden, die trotz einer immer größer werdenden zeitlichen Distanz zum Holocaust über das größte europäische Trauma des letzten Jahrhunderts schreiben. Mit dem Lebensende der letzten Zeitzeugen der Judenverfolgung unter den Nationalsozialisten werden in der nahen Zukunft keine weiteren Werke ‚aus erster Hand' entstehen. Die bislang unbekannten und unerforschten Texte werden hoffentlich noch entdeckt, die bekannten Bücher und Berichte werden wieder gelesen, die sog. sekundären Darstellungen (vgl. Köppen/Scherpe 1997) der zweiten, dritten und weiteren Generationen werden die Erinnerung an den Holocaust auf ihre eigenen Weisen weiterschreiben. Die Überlebenden selbst werden jedoch mit ihrem Lebensende nicht mehr da sein, um neue Texte und Bilder zu schaffen und von ihrer Erfahrung zu berichten.

Die nach der Jahrhundertwende entstandenen Werke von Ruth Klüger und Imre Kertész gehören zu den letzten aktuellen literarischen und essayistischen Holocaustthematisierungen der ersten Generation. Dabei sind ihre Texte nicht ‚nur' Dokumente über die Shoah, sondern über diese wichtige Dimension hinaus auch scharfsinnige Beobachtungen über ein ganzes Zeitalter, vom Anfang des Zweiten Weltkriegs bis hinein in das 21. Jahrhundert. Es sind u.a. auch relevante Kommentare zu verschiedenartigen Umgangsweisen der Gesellschaft mit der Erinnerung an den Holocaust bzw. zu den Phänomenen des kollektiven und kulturellen Gedächtnisses sowie philosophische Auseinandersetzungen mit der Frage des Menschseins und intime Erörterungen der eigenen Biographie und Identität.

Klügers *weiter leben. Eine Jugend* (1992) und Kertész' *Roman eines Schicksallosen* (ungarische Originalausgabe 1975, deutsche Übersetzung 1996) gehören längst zum Kanon der Holocaustliteratur und wurden in den letzten zwei Jahrzehnten in der breiten internationalen Öffentlichkeit und Forschung vielfach besprochen und analysiert. Die hier fokussierten Werke, Klügers *Still Alive. A*

*Holocaust Girlhood Remembered* (2001) und Kertész' *Dossier K. Eine Ermittlung* (2006), die zu den aktuellsten autobiographischen Werken der Autoren gehören, können zum einen als Weiterschreibungen der eigenen Geschichte und Metakommentare zu den erwähnten ‚Erfolgsbüchern' gelesen werden, zum anderen als zeitaktuelle Beobachtungen über die Entwicklung der Holocausterinnerung im diskursiven Raum. In diesem Zusammenhang manifestiert eine Parallelbetrachtung beider Bücher einige wichtige Vergleichspunkte, die im Folgenden diskutiert werden. Dies sind vor allem die für den jeweiligen Text charakteristischen dynamischen Verhältnisse zwischen Fakt und Fiktion bzw. Differenzierung und Universalisierung, die Frage nach der Auffassung des/der Überlebenden und seiner/ihrer Position in der breiten Öffentlichkeit sowie die Problematik der Gedenkkultur und der Zukunft der Holocausterinnerung.

**Dynamisches Verhältnis zwischen Fakt und Fiktion, Differenzierung und Generalisierung**

Trotz des großen deutschen und internationalen Erfolgs von Ruth Klügers *weiter leben. Eine Jugend* (1992) wurde ein ‚äquivalentes' Buch in der englischen Sprache unter dem Titel *Still Alive. A Holocaust Girlhood Remembered* erst 2001 veröffentlicht. Eine frühere Übersetzung in die heutige Lingua franca wurde bis zu diesem Zeitpunkt nämlich von der in den USA lebenden Autorin aus persönlichen Gründen abgelehnt. Wie Klüger selbst in *Still Alive* erklärt, wollte sie nicht, dass ihre Mutter das Buch zu lesen bekomme (vgl. Klüger 2012, 210). Fast zehn Jahre nach der erfolgreichen deutschen Version ließ Klüger das Buch allerdings nicht übersetzen, sondern schrieb alleine eine englische Version, ein zweites Buch, das sich vom deutschen Vorgänger um mehr als die Sprache unterscheidet. Klüger kommentiert dies im Epilog von *Still Alive* wie folgt:

> What you have been reading is neither a translation nor a new book: it's another version, a parallel book, if you will, for my children and my American students. [...] I have written this book twice. (ebd.)[1]

Dass Klüger mit *Still Alive* das *weiter leben* etwas überarbeitet und hauptsächlich für die amerikanischen Leser als Zielpublikum geschrieben hat, wird u.a.

---
[1] Vgl. auch Klüger 2008, 165: „Ich [...] übersetzte schließlich ‚weiter leben' selbst ins Englische, mit so vielen Änderungen, daß fast ein neues Buch daraus wurde."

daran deutlich, dass einige der in der deutschen Version vorhandenen Episoden und Unterkapitel im späteren Buch nicht vorkommen. Es sind vor allem Teile, die sich mit der deutschen und österreichischen Literatur, Philosophie und Kultur im Allgemeinen beschäftigen und damit für die amerikanischen Leser eventuell unbekannt oder weniger interessant wären. Anstelle dieser stellt Klüger in *Still Alive* mehrere Bezüge zur amerikanischen Kultur (Emily Dickinson, Toni Morrison, Woody Allen) und Geschichte her (afroamerikanische Sklaverei, Diskriminierung der schwarzen Bevölkerung in den USA, Vietnamkrieg). Manche Erinnerungen aus der Kindheit Klügers, die bereits in *weiter leben* zum Thema gemacht wurden, werden in *Still Alive* detaillierter beschrieben oder sogar leicht korrigiert (etwa durch die Erinnerungen von Klügers Pflegeschwester Susi oder auch durch historische Quellen und spätere Entdeckungen der Autorin). Den fiktiven Namen der Figuren aus *weiter leben* entsprechen in *Still Alive* die Namen der echten Personen aus dem Familien- und Freundeskreis Klügers (Ditha wird beispielsweise in der englischen Fassung mit dem realen Namen Susi genannt, Christoph entpuppt sich, wie inzwischen bekannt, als Martin Walser). Während das deutsche Buch „den Göttinger Freunden" gewidmet ist, wurde die englische Version in der Erinnerung an Klügers Mutter Alma Hirschel geschrieben. Überhaupt bekommt die komplexe Mutter-Tochter-Beziehung in der englischen Version eine weitere Facette[2] – nicht zuletzt aufgrund der Ereignisse, die in der Zeit zwischen der Veröffentlichung beider Bücher passiert sind. So werden das Verhältnis von Klügers Mutter zur Urenkelin, ihre letzten Tage, ihr Tod und die Bestattung im Epilog von *Still Alive* eindrucksvoll und emotional beschrieben.[3]

Imre Kertész' *Dossier K. Eine Ermittlung* ist, ähnlich wie Klügers *Still Alive*, ein stark autobiographisch geprägtes Werk, geschrieben in der Form eines fiktiven Dialogs. Da der Gesprächsstoff im Dialog fast ausschließlich aus den Fakten

---

[2] Auch wenn der Eindruck einer komplizierten Beziehung zwischen Ruth und ihrer Mutter Alma, wie in *weiter leben* thematisiert, in *Still Alive* weiterhin sichtbar bleibt, erscheinen in letzterer Version einige Bemerkungen über die Mutter jedenfalls in etwas milderem Licht; man vergleiche beispielsweise folgende Aussage in *weiter leben* mit der gleichen Stelle in *Still Alive*: „Ich hätte mich für meine Mutter nicht geopfert. Das wußte und weiß ich" (Klüger 2007, 137) – „I wouldn't have sacrificed myself for my mother, though I would have considered it natural if *she* had stayed with *me*" (Klüger 2012, 110; kursiv im Original).
[3] Zu ausführlicheren Analysen der Unterschiede zwischen *weiter leben. Eine Jugend* und *Still Alive. A Holocaust Girlhood Remembered* siehe McGlothlin 2004 und Schaumann 2004.

aus Kertész' Lebenslauf und Werk besteht, kann *Dossier K.* aufgrund des Wechselverhältnisses zwischen der Faktizität der Biographie und der Fiktionalität des Dialogs sowohl als Autobiographie als auch als Roman betrachtet werden[4] – wie dies selbst von dem mit den Initialen I.K. unterschriebenen Autor in der Vorbemerkung zum Buch angesprochen wird:

> So ist dieses Buch entstanden, das einzige meiner Bücher, das ich eher auf äußere Veranlassung als aus innerem Antrieb geschrieben habe: eine regelrechte Autobiographie. Folgt man jedoch dem Vorschlag Nietzsches, der den Roman von den *Platonischen Dialogen* herleitet, dann hat der Leser eigentlich einen Roman in der Hand. (Kertész 2006, 5; kursiv im Original)

*Dossier K.* ist bis auf die Vorbemerkung im vollen Umfang als ein fiktiver Dialog gestaltet, in dem der eine Gesprächspartner Imre Kertész selbst ist, dessen Lebenslauf sich mit dem des realen Autors deckt. Der andere namenlose Dialogpartner ist ein Landsmann Kertész', ein Kenner seines Werks, ein jüngerer kritischer Geist, und wahrscheinlich auch ein (Familien-)Freund des Schriftstellers.[5] Der Namenlose, dessen Dialogteile im Text durch Kursivschrift gekennzeichnet sind, beginnt das Gespräch, indem er zugleich die Rolle des Befragenden besetzt und im darauf folgenden Dialog, einer Art Interview, Kertész über sein Leben und Werk sowie über die kulturelle und politische Situation in Ungarn ausfragt. Kertész ist damit keinesfalls auf die passive Rolle des Befragten reduziert, weil er, in der Tradition der platonischen Dialoge, auch selbst Gegenfragen stellt, die somit nicht selten mäeutisch wirken und eine bestimmte Antwort oder weitere Frage provozieren. Der Kulturwissenschaftler Dietmar Ebert beschreibt treffend den Charakter des Gesprächs, was die Rolle und den Ton beider Partner betrifft:

---

[4] Die Bezeichnung „autobiographischer Roman" lehnt Kertész bereits zum Anfang des Dialogs ab, weil er die Gattung der Autobiographie vom Roman unterscheidet: „Geht es um Autobiographie, dann beschwörst du die Vergangenheit herauf, bemühst dich, dich so gewissenhaft wie möglich an deine Erinnerungen zu halten, und es ist von größter Bedeutung, daß du alles so beschreibst, wie es in Wirklichkeit geschehen ist, das heißt den Tatsachen nichts hinzufügst. [...] Im Roman dagegen sind nicht die Tatsachen das Entscheidende, sondern allein das, was man den Tatsachen hinzufügt" (Kertész 2006, 12).

[5] Im Dialog wird erwähnt, dass der namenlose Gesprächspartner bei der Hochzeit des Ehepaars Kertész anwesend war (siehe Kertész 2006, 212f.). Mehrere Dialogstellen weisen auch darauf hin, dass er aus einer christlichen Tradition kommt (siehe ebd., 50).

> Gewiss ist die kursiv gesetzte Stimme eine überwiegend fragende Stimme; sie verfügt jedoch über eine Skala von Farbschattierungen, über einfühlsam fragend, provozierend, Thesen aufstellend, zweifelnd, widersprechend, Lesarten vortragend, während die zweite Stimme eher Sachverhalte klar und sachlich zur Sprache bringt, Hinweise gibt, erläutert, mit Gleichmut und Gelassenheit Inneres preisgibt und voll Klug- und Weisheit Spuren ins Werk des Autors legt. (Ebert 2010, 61)

Kertész selbst beschrieb einmal die Arbeit an *Dossier K.* als ein ihm eine unerwartete Freude bereitendes, intensives Pingpongspiel, in dem die Fragen die Antworten und diese wiederum neue Fragen gebaren, wobei er selbst als Autor nur für den Ball und die Schläger sorgen musste (siehe die Interviews *Es ist ein Spiel*, 2006, und *The Freedom of Bedlam*, 2006).

Die Frage des Verhältnisses von Fakt und Fiktion, die im ganzen Opus Kertész' im Hintergrund präsent ist, wird in *Dossier K.* an prominente Stelle gerückt. So wird Kertész im Gespräch vom Namenlosen mehrfach befragt, ob die fiktiven Figuren seiner Romane und Erzählungen mit dem Schriftsteller und seinem realen Erlebnisumfeld gleichgesetzt werden können (der Leser entsinnt sich dabei der wiederholten Fragen in den tatsächlichen mit Imre Kertész geführten Interviews: Sind Sie Köves/Steinig/der Alte? Gab es diese und jene Figuren in der Wirklichkeit? Ist das genau so passiert?). In *Dossier K.* werden diese Fragen mit Ausdauer und im Detail beantwortet[6], wobei das Argument – egal von welchem Roman oder welcher Episode aus dem Gesamtwerk Kertész' die Rede ist – ähnlich bleibt: Viele reale Personen und Geschichten dienten zwar als Vorlage für die Fiktion, es seien jedoch an erster Stelle die Sprache und die Form, die die Fakten gestalten und ihnen somit eine gewisse Autonomie in der Sphäre der Fiktion, der Kunst geben. Der folgende Ausschnitt aus dem *Dossier K.*-Dialog veranschaulicht dieses Argument am deutlichsten:

> Die Welt der Fiktion ist eine souveräne Welt, die im Kopf des Autors geboren wird und den Gesetzen der Kunst, der Literatur gehorcht. Und das ist ein großer Unterschied, der sich in der Form, der Sprache und der Handlung des Werkes widerspiegelt. Bei der Fiktion sind alle Details vom Autor erfunden, jedes Moment...
>
> *Du willst doch nicht sagen, daß du Auschwitz erfunden hast?*

---

[6] Vgl. etwa die Aussage über die Ähnlichkeit Köves', der Hauptfigur aus *Roman eines Schicksallosen*, mit Imre Kertész: „Die Figur des György Köves hat, wie ich sagte, mehr Ähnlichkeit mit dem, der den Roman geschrieben hat, als mit dem, der das alles durchlebt hat" (Kertész 2006, 90f.).

Und doch ist es in einem gewissen Sinn genau so. Ich mußte im Roman Auschwitz für mich neu erfinden und zum Leben bringen. Dabei konnte ich mich nicht an den äußeren, den sogenannten historischen Tatsachen außerhalb des Romans festhalten. Alles mußte auf hermetische Weise, durch die Zauberkraft von Sprache und Komposition in Erscheinung treten. (Kertész 2006, 13f.)

Während das Spannungsverhältnis zwischen Faktizität und Fiktionalität als Triebwerk des Dialogs in *Dossier K.* funktioniert, liegt in *Still Alive* ein vergleichsweise dynamisches Verhältnis zwischen Differenzierung und Generalisierung der Holocausterinnerung im Fokus (vgl. McGlothlin 2004, 62-65).[7] Ähnlich wie Kertész, der eine fiktionale Interpretation der Fakten für legitim und geradezu notwendig hält[8], zeigt sich auch Klüger in Bezug auf die Vergleiche zwischen der Shoah und weiteren traumatischen historischen Ereignissen von einer konservativen radikalen Haltung entfernt. In *Still Alive* wird dem Holocaust und den persönlichen Erfahrungen und Erinnerungen der Opfer (zu denen ja auch die Autorin gehört) keinesfalls ihre Einzigartigkeit abgesprochen. Der Text zeigt sich allerdings genauso engagiert in Bezug auf die Vergleichbarkeit verschiedener Erfahrungen des Verbrechens an den Menschen. Klüger befürwortet nicht das Eine vor dem Anderen, sondern argumentiert geradezu für die Notwendigkeit eines dynamischen und respektierenden Verhältnisses zwischen der Differenzierung und dem zwischenmenschlichen Austausch durch den Vergleich und die Generalisierung. Nur ein solches Verhalten macht Geschichten im Schreiben kommunizierbar und etabliert eine Brücke zwischen verschiedenen Erfahrungsbereichen der Menschen.

So werden in *Still Alive* mehrere Vergleiche zwischen dem Holocaust und der eigenen Opfererfahrung und Diskriminierung der Autorin aufgrund ihrer jüdischen Herkunft und den bekannten Kriegskatastrophen wie der in Hiroshima oder Vietnam (siehe Klüger 2012, 64f., 182, 209), der Geschichte der Sklaverei und Diskriminierung der afroamerikanischen Bevölkerung in den USA (siehe

---

[7] Mein Argument über das dynamische Verhältnis zwischen Differenzierung und Generalisierung in Klügers *Still Alive* entspricht im Wesentlichen dem Argument Erin McGlothlins, die in ihrem Artikel „the rethorical practices of *conjunctio* and *distinctio*, or comparison and differentiation" (McGlothlin 2004, 62) in *weiter leben* und *Still Alive* analysiert.

[8] Vgl. Kertész' provokative Aussage in *Galeerentagebuch*: „Das Konzentrationslager ist ausschließlich als Literatur vorstellbar, als Realität nicht. (Auch nicht – und vielleicht sogar dann am wenigsten –, wenn wir es erleben)" (Kertész 1999, 253).

ebd., 22f., 25, 111), und sogar der Familiengewalt (siehe ebd., 111) gezogen. Die Erzählerin betont, dass solche Vergleiche genauso notwendig sind wie die Differenzierungen einzelner Erfahrungen und Erinnerungen innerhalb der Rahmen eines singulären historischen Ereignisses wie im Fall der Shoah, die auch nicht nur ‚eine einzige Geschichte' ist: „Though the Shoah involved millions of people, it was a unique experience for each of them" (ebd., 66).

Das Argument für ein dynamisches, produktives Verhältnis zwischen dem Differenzierungs- und Vergleichspotenzial erscheint in *Still Alive* betonter und präsenter als dies in *weiter leben* der Fall war, wie vor allem die angeführten Vergleichsbeispiele zeigen. Die Grundgeschichte beider Bücher bleibt größtenteils gleich und erzählt chronologisch die Ereignisse aus Klügers Leben – den Beginn der Judenverfolgung in Wien, die Zeit in den Lagern von Theresienstadt, Auschwitz und Christianstadt (Groß-Rosen), die Jahre nach der Befreiung in Deutschland, die ersten Jahre in den USA sowie den späteren Arbeitsbesuch und den Unfall in Göttingen, der als Auslöser für die Erinnerungsarbeit bzw. die Verschriftung der Erinnerungen und das Zeugnisablegen erklärt wird. Diese jeweils höchst persönlichen Episoden aus dem Leben Klügers werden in ihrer teilweise sehr traumatischen Einzigartigkeit in *Still Alive* nun weitergeschrieben, indem sie in Relation mit globalen Symbolen der Vernichtung oder den spezifisch an den lokalen (amerikanischen) Kontext gebundenen Erinnerungsnarrativen gebracht werden. Dies bekräftigt nicht nur eine freundliche Haltung der Autorin ihren Lesern gegenüber, sondern wirkt auch denkanstoßend und fördert die Offenheit der Rezipienten gegenüber den Erfahrungen der Anderen. Da ihr die Vorwürfe gegen eine vergleichende Darstellung bewusst sind, hebt Klüger, sich direkt an ihre Leser wendend, eine zeit- und erfahrungsübergreifende Dimension der vergleichenden, kommunikationsoffenen Holocaustdarstellungen als besonders wichtig hervor:

> We insist that their deaths were unique and must not be compared to any other losses or atrocities. Never again shall there be such a crime. The same thing doesn't happen twice anyway. Every event, like every human being and even every dog, is unique. We would be condemned to be isolated monads if we didn't compare and generalize, for comparisons are the bridges from one unique life to another. In our hearts we all know that some aspects of the Shoah have been repeated elsewhere, today and yesterday, and will return in new guise tomorrow; and the camps, too, were only imitations (unique imitations, to be sure) of what had occurred the day before yesterday. (ebd., 64)

## Der/die Überlebende – ein Anderer und ein Ich von mehreren

Ein ambivalentes Verhältnis der Autoren (bzw. der Erzählerin in *Still Alive* und eines der Dialogpartner in *Dossier K.*) zu der Tatsache, dass einer/eine zu den Überlebenden gehört, wird in den beiden hier besprochenen Texten an mehreren Stellen zum Ausdruck gebracht. Dass man dem Tod im Holocaust durch Zufall und Glück entkommen ist und die eigene Geschichte dadurch zu einer Rettungs- und Happy-End-Geschichte wurde[9], wird in beiden Werken als eine Abweichung von der Regel betont und als unerklärliche Merkwürdigkeit formuliert – wie die zwei folgenden Zitate jeweils veranschaulichen:

> Der Überlebende ist eine Ausnahme, seine Existenz ergibt sich im Grunde aus einer Betriebspanne in der Todesmaschinerie, wie Jean Améry treffend bemerkt hat. Vielleicht kann man sich deshalb so schwer damit abfinden, sich so schwer befreunden mit der exzeptionellen und regelwidrigen Existenz, die das Überleben darstellt. (Kertész 2006, 80)

> We who escaped do not belong to the community of those victims, my brother among them, whose ghosts are unforgiving. By virtue of survival, we belong with you, who weren't exposed to the genocidal danger, and we know that there is a black river between us and the true victims. Therefore this is not the story of a Holocaust victim and becomes less and less so as it nears the end. (Klüger 2012, 138)

Durch das Entkommen vor dem Tod, das also sowohl bei Kertész als auch bei Klüger als ein zufällig glücklicher Ausgang aus dem Schrecken der Shoah beschrieben wird, wird die Überlebende aus dem Zusammensein der Toten ausgeschlossen. Da die Überlebende jedoch durch eine radikal andere, traumatisierende Erfahrung ihrer Vergangenheit zu einer Anderen in der Gesellschaft gestempelt wird – weil sie von der anderen Seite des Abgrunds herkomme (vgl. Klüger 2008, 235) –, bleibt sie auch von den Außenstehenden, die keine Opfer der Naziverfolgung waren, abgesondert und somit nicht richtig in die ‚Nachwelt' eingebunden. Klüger kommentiert diese Zwischenposition, die ihr manchmal sogar vorgeworfen wird, in *unterwegs verloren. Erinnerungen* wie folgt:

---

[9] Vgl. Klüger 2012, 137f.: „Since by definition the survivor is alive, the reader inevitably tends to separate, or deduct, this one life, which she has come to know, from the millions who remain anonymous. You feel, even if you don't think it: well, there is a happy ending after all. Without meaning to, I find that I have written an escape story, not only in the literal but in the pejorative sense of the word."

> Die Überlebenden der KZ, mit Ausnahme von einigen, die man zu Märtyrern gestempelt hat, sind allen frei gebliebenen Menschen ein Dorn im Auge. Gelitten zu haben ist eine Schande, außer wenn man daran und dafür gestorben ist, ähnlich wie bei Vergewaltigungen, die am einfachsten durch Hinrichtung oder Selbstmord des Opfers gesühnt werden, vormals auch im Abendland und heute noch in vielen Teilen der Welt. [...] Meine Existenz erinnert daran, daß die anderen unbehelligt leben durften, und durch die falsche Logik des Unbewußten wird mein Dasein per se zum Vorwurf. Ambivalenz ist natürlich auch dabei. (ebd., 59)

Symptomatisch für das Gefühl dieses Andersseins ist weiterhin der Vergleich, den beide, Klüger und Kertész, zwischen dem Überlebenden und dem Tier ziehen. Bei Kertész heißt es „eine Art Wundertier" (Kertész 2006, 210), Klüger wiederum vergleicht die Überlebende mit den vom Aussterben bedrohten Walfischen und gejagten Wölfen (vgl. Klüger 2008, 215).

Das ambivalente Verhältnis zum Überlebenden ist nicht nur auf die mangelnde Erklärung zurückzuführen, dass man überlebt hat – während viele Unbekannte, Bekannte und Familienmitglieder in der Tötungsmaschinerie der Nazis umgebracht wurden. Diese Ambivalenz hat auch mit dem Begriff selbst bzw. seiner Aufladung im diskursiven Raum zu tun. In den Texten Klügers und Kertész' werden die Überlebenden öfters mit auf den ersten Blick grob erscheinenden Bezeichnungen wie „Rohmaterial" (Klüger 2006, 59) oder „kitschiger Nebendarsteller in der falschen Erzählung" (Kertész 2006, 210) beschrieben. Aus dem textuellen Kontext wird jedoch deutlich, dass solche Bezeichnungen nicht der Perspektive der Autoren selbst entstammen, sondern eher eine kritische, zynisch gefärbte Meinung äußern, die sich vor allem auf das öffentliche Verhältnis den Überlebenden gegenüber bezieht. Es ist, mit anderen Worten, eine Art Charakteristikum von Klügers und Kertész' Texten, Kritik an der oft verflachten, zeremoniellen Rolle der Überlebenden in den trivialen, auf die Förmlichkeit reduzierten Praktiken des (offiziellen) Gedenkens zu üben – wo jemand als lebendes Dokument verstanden werde, das die anderen nur noch lesen und interpretieren müssen (vgl. Klüger 2006, 59.). Die Abwehrreaktion gegen ein solch reduktionistisches, einseitiges Wahrnehmen einer Person wird beispielsweise in folgendem ironischen Kommentar Klügers ganz deutlich:

> Daß ich amerikanische Hochschullehrerin und vierfache Großmutter bin, über das barocke Epigramm promoviert habe und gerne Kriminalromane lese, all die Lebensinhalte, Eigenschaften und Interessen, die eine Person ausmachen, sind in ihren Augen unwich-

tig im Vergleich zu meiner jüdischen Herkunft. Dieser Tatbestand hat mein geistiges Hauptanliegen zu sein. (Klüger 2008, 199)

Die stark autobiographisch geprägten Werke Klügers und Kertész' (vor allem *weiter leben, Still Alive* und *unterwegs verloren* bzw. *Galeerentagebuch, Ich, ein anderer* und *Dossier K.*) sprechen durch ihre Komplexität und die thematische Reichweite gegen eine Reduktion der Autorenperson auf die Tatsache, dass man den Holocaust überlebt hat – auch wenn sich der Holocaust als die wahrscheinlich am stärksten prägende Erfahrung wie ein roter Faden durch das Werk beider Autoren zieht. So ergibt die Lektüre beispielsweise von *Still Alive* und *Dossier K.*, die die Thematisierung des Holocaust nicht außer Acht lassen kann, viele weitere interessante Aspekte für die Literaturforschung sowie Vergleichspunkte zwischen dem Werk beider Autoren – wie etwa das ambivalente Verhältnis zu der Geburtsstadt und dem Heimatland (Wien und Österreich bei Klüger bzw. Budapest und Ungarn bei Kertész) und zur gewählten neuen Heimat (die USA bzw. Deutschland), die innige Beziehung zur Muttersprache oder zum Beruf unter spezifischen gesellschaftlichen Umständen (Klüger als Literaturwissenschaftlerin in der von Männern dominierten Akademie, Kertész als Schriftsteller im ungarischen Kontext), um nur einige Beispiele zu nennen.

Das Werk Klügers und Kertész' erweist sich somit als eine unverdeckt intime Auseinandersetzung mit der Frage der Identität in der die Autoren umgebenden Gesellschaft überhaupt. Das (selbst-)kritische Spektrum der Ichs funktioniert dabei, wie *Still Alive* und *Dossier K.* gut zeigen, alternierend als Fernrohr und als Lupe. So beobachten die verschiedenen Ichs nicht nur sich selbst, sondern gewinnen auch scharfsinnige Erkenntnisse über ein ganzes Zeitalter und geben sie im Kommunikationsakt des Schreibens weiter an die Leser. Daraus folgend zeigt sich, dass die Erfahrung des Holocaust in Texten wie *Still Alive* und *Dossier K.* in einen größeren persönlichen wie gesellschaftlichen Rahmen eingebunden wird, wodurch die Frage der Identität des Einzelnen bzw. der einer Generation und der Nachgenerationen viel komplexer erscheint, als dies durch den bloßen Umstand des ‚Überlebt-Habens' zum Ausdruck kommt. Dazu die beiden Autoren:

> The place which I saw, smelled, and feared, and which now has been turned into a museum, has nothing to do with the woman I am. And yet in the eyes of many, Auschwitz is a point of origin for survivors. The name itself has an aura, albeit a negative one, that

came with the patina of time, and people who want to say something important about me announce that I have been in Auschwitz. But whatever you may think, I don't hail from Auschwitz, I come from Vienna. (Klüger 2012, 111f.)

> Ihr verlangt doch nicht, daß ich meine nationale, konfessionelle und rassische Zugehörigkeit formuliere? Ihr verlangt doch nicht, daß ich eine *Identität* habe? Ich verrate euch: Meine einzige Identität ist die des Schreibens. *(Eine sich selbst schreibende Identität.)*. (Kertész 1998 a, 56; kursiv im Original)[10]

**An der Gedenkstätte – ein Blick in die Zukunft**

Das ambivalente Verhältnis zum Begriff des Überlebenden ist bei Klüger und Kertész weiterhin eng mit der Kritik an ritualisierten und trivialen Darstellungs- und Gedenkpraktiken des Holocaust verbunden. Eine ablehnende Haltung oder zumindest Skepsis gegenüber zu Riten verflachten und mythologisierten Formen der Gedenkkultur wird sowohl in *Still Alive* als auch in *Dossier K.* auf einer persönlichen wie allgemeinen Ebene geäußert. So wird in beiden Büchern der mit Absicht nicht oder erst sehr spät stattgefundene Besuch Klügers bzw. Kertész' an den Orten und Gedenkstätten der ehemaligen Konzentrationslager erklärt (siehe Kertész 2006, 209-12, sowie Klüger 2012, 111f.). Auf einer allgemeinen Ebene ist darüber hinaus beiden Texten die Kritik an Museumslandschaften und Gedenkstätten, oder etwa Phänomenen wie den sog. *oral-testimony*-Projekten,[11] gemeinsam. Es ist eine kritische Haltung, die auch sonst die autobiographische, fiktionale und essayistische Prosa der beiden Autoren kennzeichnet. So betont Kertész, dass der Erinnerung an den Holocaust Unrecht getan werde, wenn die Shoah als das unerklärliche Böse mythologisiert und damit außerhalb des Kontextes der westlichen Zivilisation interpretiert werde (vgl. Kertész 2004 d, 216). Eine solche Einstellung findet sich nach Kertész nicht selten in den Formen des offiziellen Gedenkens. Diese fördern, so der Autor, keine Erinnerung, sondern ganz im Gegenteil, das Vergessen:

---

[10] Zu den Fragen der Identität und des Ichs im Werk von Imre Kertész siehe vor allem die Einträge zu „Ich", „Ich bin, der ich bin" und „Identität" in Földényi 2009, 153-61.

[11] So äußern sich sowohl Klüger als auch Kertész kritisch gegenüber Steven Spielbergs Stiftungsprojekt (Survivors of the Shoah Visual History Foundation), in dem der Mensch, laut Klüger, nur als rohes Material und nicht als denkender Mensch behandelt werde (vgl. Klüger 1996, 59, sowie Kertész 2006, 7f.).

Wir machen die Erfahrung, daß die mechanisch wiederholten Zeremonien formaler Trauerfeierlichkeiten, des öffentlichen Gedenkens eher dem institutionalisierten Vergessen als kathartischem Erinnern dienen. (Kertész 2004 b, 129)

In einem ähnlich kritischen Ton begründet auch Klüger ihre Abneigung gegen die Museumslandschaft des Holocaust, weil die „weltweite Museumskultur der Shoah" (Klüger 2012, 63) die Tendenz hat, eine kritische Sichtweise zu hemmen und dem Besucher stattdessen eine vorgeschriebene Deutung und emotionale Haltung aufzuoktroyieren (vgl. ebd., 198, sowie Schmidtkunz 2008, 42f.). Klüger kommentiert in diesem Zusammenhang, dass die Museen ihr Angebot auf einer falschen Prämisse des Betroffenheitsgestus der Besucher aufbauen. Dadurch werde letztendlich die Aufmerksamkeit vom Geschehen auf den Besucher und seine Beschäftigung mit sich selbst gelenkt. Die Autorin bezeichnet dies als eine sentimentale Haltung, die den Blick auf das reale Geschehen verstellt:

> The museum culture of the camp sites has been formed by the vagaries and neuroses of our unsorted, collective memory. It is based on a profound superstition, that is, on the belief that the ghosts can be met and kept in their place, where the living ceased to breathe. Or rather, not a profound, but a shallow superstition. A visitor who feels moved, even if it is only the kind of feeling that a haunted house conveys, will be proud of these stirrings of humanity. And so the visitor monitors his reactions, examines his emotions, admires his own sensibility, or in other words, turns sentimental. For sentimentality involves turning away from an ostensible object and towards the subjective observer, that is, towards oneself. It means looking into a mirror instead of reality. (Klüger 2012, 66)

Wenn Gedenkstätten, Museumsangebote oder Kunstwerke vorgeben, wie der Rezipient denken oder fühlen sollte, dann wird das bei Klüger unter dem Begriff „KZ-Kitsch" subsumiert. Eine vom Kitsch befreite Darstellung suggeriere demgegenüber keine festen Bedeutungen und Lesarten, sondern heiße eine kritische Meinung willkommen (vgl. Klüger 2006, 61f.).[12]

---

[12] Vgl. Kertész' Auffassung des Kitsches, die eng mit der Kritik an der vom lokalen, zivilisatorischen und anthropologischen Kontext losgelösten Mythologisierung des Holocaust verbunden ist: „Ich halte [...] jede Darstellung für Kitsch, die nicht die weitreichenden ethischen Konsequenzen von Auschwitz impliziert und der zufolge der mit Großbuchstaben geschriebene MENSCH – und mit ihm das Ideal des Humanen – heil und unbeschädigt aus Auschwitz hervorgeht. [...] Für Kitsch halte ich auch jede Darstellung, die unfähig – oder nicht willens – ist zu verstehen, welcher organische Zusammenhang zwischen unserer in der Zivilisation wie im Privaten deformierten Lebensweise und der Möglichkeit des Holocaust besteht; die also

Selbst wenn die Überlebenden, die ehemaligen Opfer, im Hinblick auf das Gedenken an die Shoah ihrer persönlichen Erfahrung wegen zu gewissen Autoritätsinstanzen erklärt werden, wollen sich sowohl Klüger als auch Kertész trotz ihrer kritischen Haltungen nicht als moralisierende Instanzen positionieren. *Still Alive* und *Dossier K.* liegt deshalb eine Einstellung zugrunde, der jeder Wunsch nach Machtausübung oder dem elitären „Monopol für das richtige Deuten und Darstellen" (Levy/Sznaider 2007, 163) fremd ist. Es ist in diesem Sinne kennzeichnend, dass der Begriff des ‚Dürfens' in den Texten beider Autoren fast nie eine eigene Perspektive kennzeichnet, gerade weil man die moralische Haltung von den „Holocaust-Puritanern, Holocaust-Dogmatikern, Holocaust-Usurpatoren" (Kertész 1998 b) nicht übernehmen möchte. Kritik auszuüben heißt immer auch, die Maßstäbe dieser Kritik zu überprüfen, betont Klüger:

> Auffallend ist, wie oft die Vokabel ‚dürfen' verwendet wird, als gäbe es eine anerkannte geistige Autorität, die über erlaubtes und unerlaubtes Erinnern bestimmt. Die negative Kritik setzt Maßstäbe an, ohne diese Maßstäbe selbst der Kritik auszusetzen. (Klüger 2006, 66)

In diesem Zusammenhang fehlt weder bei Kertész noch bei Klüger eine Diskussion von Adornos einflussreichem Diktum über die Barbarei der Dichtung nach Auschwitz. Das Diktum, das – losgelöst von seinem ursprünglichen zeitlichen Kontext und dem Werk Adornos – als „Gemeinplatz" (Földényi 2009, 288) in der Gesellschaft bis heute als eine Art Verbot fiktionaler Darstellungen des Holocaust zitiert wird, wird wegen der Ausmaße seiner Wirkung von beiden Autoren für schädlich erklärt. In *Still Alive* fehlt zwar die Passage aus *weiter leben*, wo Klüger die Deutungen des Geschehenen, auch in Form von Lyrik, für notwendig erklärt (vgl. Klüger 2007, 127f.). Kertész hat in seinem Werk an mehreren Stellen Adornos Aussage modifiziert, von „man könne nach Auschwitz nur noch Gedichte über Auschwitz schreiben" (Kertész 2004 c, 54) über „nach Auschwitz sei kein Glück mehr möglich" (Kertész 2004 b, 129) bis zu seinen kritischen Ausführungen in *Dossier K.* Hier wirft Kertész dem Diktum Elitarismus vor, hält es für schädlich und bezeichnet es als eine „moralische Stinkbombe" (Kertész 2006, 120):

---

den Holocaust ein für allemal als etwas der menschlichen Natur Fremdes festmacht, ihn aus dem Erfahrungsbereich des Menschen hinauszudrängen versucht" (Kertész 1998 b).

Je mehr du diesen unglücklichen Satz drehst und wendest, desto unsinniger wird er. Für wirklich schädlich aber halte ich eine darin zum Ausdruck kommende Tendenz: Es drückt sich nämlich ein verqueres elitäres Denken darin aus, das im übrigen auch in anderer Form um sich greift. Was ich meine, ist, daß der Satz einen Alleinanspruch auf das Leiden anmeldet, den Holocaust gleichsam beschlagnahmt. Und diese Tendenz trifft sich seltsamerweise mit der Ansicht der ‚Schlußstrich'-Befürworter, also derer, die den Erfahrungsbereich Auschwitz für sich abweisen und auf eine eng begrenzte Gruppe von Menschen beschränken wollen und auch die Erfahrung selbst mit dem Aussterben der letzten Überlebenden der Konzentrationslager als tote Erinnerung, als ferne Geschichte betrachten möchten. (ebd., 121)

Was sagen Klüger und Kertész über die Zukunft der Holocausterinnerung? Beide stimmen darin überein, dass dies nicht eine Frage des ‚ob' eines Einzelnen, sondern hauptsächlich eine Frage des ‚wie' (vgl. Klüger 2006, 52) einer ganzen Zivilisation ist. Die geschichtliche, vergangene Dimension des Holocaust lasse sich nicht abstreiten, jedoch ist es wichtig zu erkennen, dass diese Erfahrung auch weitreichende ethische Konsequenzen für die Zukunft nach sich zieht und Fragen an die ganze Menschheit stellt. Dies liegt der Aussage Kertész' zugrunde, wenn er fordert, dass der Holocaust nicht „zu einem bloßen Geschichtsereignis" degradiert werden soll (Kertész 2006, 208). Die Erinnerung an den Holocaust soll darüber hinaus nicht nur an eine persönliche Erfahrung gebunden bleiben, die mit den letzten Zeitzeugen sterben bzw. als ‚nicht lebendige' Hinterlassenschaft bleiben wird. Die Shoah ist, wie in den Werken von Klüger und Kertész immer wieder betont wird, ein dunkler Teil unserer gemeinsamen Vergangenheit und Zukunft:

Das Überleben ist nicht nur das persönliche Problem der Überlebenden, die langen, dunklen Schatten des Holocaust legen sich über die gesamte Zivilisation, in der er geschah und die mit der Last und den Folgen des Geschehenen weiterleben muß. (Kertész 2004 a, 86)

Die Frage, wie man mit unterschiedlichen Erinnerungen desselben Geschehens weiterlebt, gilt heute nicht nur für die unter uns, die tatsächlich in den KZs waren. Wenn die Frage wertvoll ist, so ist sie es, weil alle, die nach Auschwitz leben, vor allem die, die in westlichen Ländern leben, Auschwitz in ihrer, in Europas Geschichte haben, so daß wir alle, selbst die Nachgeborenen, gewissermaßen Überlebende des Holocaust sind. (Klüger, 2006, 54)

Die nach der Jahrtausendwende entstandenen, autobiographisch geprägten Texte von Ruth Klüger und Imre Kertész zeigen, dass es noch viel über die Holocaustliteratur aus der Feder von Zeitzeugen zu entdecken gibt. Es ist eine Literatur, die immer aktuell bleibt, gerade weil sie die gedankliche Arbeit über die Vergangenheit, die Gegenwart und die Zukunft anregt, das Menschsein und Unmenschsein erfragt und nicht zuletzt darum bemüht ist, die Klüfte zwischen verschiedenen Generationen, zwischen den Einen und den Anderen, den Innen- und den Außenstehenden zu überbrücken. Dies gehört sicherlich zu einer der wichtigsten Prämissen für den Schreibprozess überhaupt, wie Klüger in einer rhetorischen Frage formuliert: „If there is no bridge between my memories and yours and theirs, if we can never say ‚our memories', then what's the good of writing any of this?" (Klüger 2012, 93).

Und doch, wenn es keine Zeitzeugen unter uns mehr geben wird? Was wird das für die Erinnerung an den Holocaust bedeuten? In einem 2011 in seiner Berliner Wohnung stattgefundenen Interview antwortete der damals 81-jährige Imre Kertész auf diese Frage pointiert mit einer Gegenfrage: „Bist du da gewesen, bei der Schlacht in Waterloo?" (das Interview *Meeting with Kertész*). Auch wenn man nicht dabei war, kennt man es doch. Verschiedene Szenarien sind möglich, führte Kertész bei der Gelegenheit aus: Dass die Erinnerung an den Holocaust zu einer toten Geschichtsbuch-Erinnerung wird, dass eine neue Perspektive das Gedächtnis reicher macht, bis zu der Möglichkeit, dass sich Unwissen verbreitet und damit die Gefahr entsteht, dass etwas Ähnliches wieder passiert. Um Letzterem zu entgehen, so Kertész, sollte man aus dem Grausamen keinen Kult machen, sondern Wissen. Wissen sei das einzige Gut, denn „nur im Licht dieses erfahrenen Wissens können wir die Frage stellen, ob all das, was wir begangen und erlitten haben, Werte schaffen kann" (Kertész 2004 b, 131). Und dabei sollte es an einer gesunden Dosis Kritik und Auseinandersetzung nicht mangeln, würde Ruth Klüger hinzufügen:

> Laßt euch doch mindestens reizen, verschanzt euch nicht, sagt nicht von vornherein, das gehe euch nichts an oder es gehe euch nur innerhalb eines festgelegten, von euch im voraus mit Zirkel und Lineal säuberlich abgegrenzten Rahmens an, ihr hättet ja schon die Photographien mit den Leichenhaufen ausgestanden und euer Pensum an Mitschuld und Mitleid absolviert. Werdet streitsüchtig, sucht die Auseinandersetzung. (Klüger 2007, 142)

## Literaturverzeichnis

*Ebert*, Dietmar 2010: *Dossier K.* – Oder warum sich Leben und Schreiben von Imre Kertész einer traditionellen Autobiographie entziehen. In: Das Glück des atonalen Erzählens. Studien zu Imre Kertész. Hrsg. v. Dietmar Ebert. Dresden, S. 47-92.

*Földényi*, László F. 2009: Schicksallosigkeit. Ein Imre-Kertész-Wörterbuch. Aus d. Ungarischen v. Akos Doma. Reinbek bei Hamburg.

*Kertész*, Imre 1998 a: Ich – ein anderer. Aus d. Ungarischen v. Ilma Rakusa. Berlin.

*ders.* 1998 b: Wem gehört Auschwitz? Aus d. Ungarischen v. Christian Polzin. In: Die Zeit 1998,48. http://www.zeit.de/1998/48/Wem_gehoert_Auschwitz_ (letzter Abruf 21.3.2013).

*ders.* 1999: Galeerentagebuch. Neuausgabe. Aus d. Ungarischen v. Kristin Schwamm. Reinbek bei Hamburg.

*ders.* 2004 a [1992]: Der Holocaust als Kultur. Zum Jean-Améry-Symposium in Wien 1992. Aus d. Ungarischen v. György Buda. In: Imre Kertész. Die exilierte Sprache. Essays und Reden. Frankfurt am Main, S. 76-89.

*ders.* 2004 b [1995]: Das glücklose Jahrhundert. Aus d. Ungarischen v. Kristin Schwamm. In: Imre Kertész. Die exilierte Sprache. Essays und Reden. Frankfurt am Main, S. 110-132.

*ders.* 2004 c: Lange dunkle Schatten. Aus d. Ungarischen v. Déza Géreky. In: Imre Kertész. Die exilierte Sprache. Essays und Reden. Frankfurt am Main, S. 53-61.

*ders.* 2004 d [2000]: Die exilierte Sprache. Aus d. Ungarischen v. Kristin Schwamm. In: Imre Kertész. Die exilierte Sprache. Essays und Reden. Frankfurt am Main, S. 206-221.

*ders.* 2006: Dossier K. Eine Ermittlung. 2. Aufl. Aus d. Ungar. v. Kristin Schwamm. Reinbek bei Hamburg.

*Klüger*, Ruth 2006 [1996]: Von hoher und niedriger Literatur. In: Ruth Klüger: Gelesene Wirklichkeit. Fakten und Fiktionen in der Literatur. Göttingen, S. 29-67.

*dies.* 2007. weiter leben. Eine Jugend. 14. Aufl. München.

*dies.* 2008. unterwegs verloren. Erinnerungen. Wien.

*dies.* 2012. Still Alive. A Holocaust Girlhood Remembered. Neuausgabe. New York.

*Köppen*, Manuel – *Scherpe*, Klaus R. 1997: Zur Einführung. Der Streit um die Darstellbarkeit des Holocaust. In: Bilder des Holocaust. Literatur – Film – Bildende Kunst. Hrsg. v. Manuel Köppen u. Klaus R. Scherpe. Wien, S. 1-12.

*Levy*, Daniel – *Sznaider*, Natan 2007: Erinnerung im globalen Zeitalter – der Holocaust. Aktualisierte Neuauflage [Erstaufl. 2001]. Frankfurt a.M.

*McGlothlin*, Erin 2004: Autobiographical Re-vision. Ruth Klüger's *weiter leben* and *Still Alive*. In: Gegenwartsliteratur. Ein germanistisches Jahrbuch 3, S. 46-70.

*Schaumann*, Caroline 2004: From *weiter leben* (1992) to *Still Alive* (2001). Ruth Klüger's Cultural Translation of Her ‚German Book' for an American Audience. In: The German Quarterly 77,3 (Summer 2004), S. 324-339.

*Schmidtkunz*, Renata 2008: Im Gespräch: Ruth Klüger. Wien.

INTERVIEWS IM INTERNET

*Es ist ein Spiel.* Ein Gespräch mit Imre Kerész über die Schönheit und Schwierigkeit, eine Autobiographie zu verfassen. Von Lerke von Saalfeld. In: Die Zeit, 2006,44. http://www.zeit.de/2006/44/L-Kertesz-Interview (letzter Abruf 21.3.2013).

*The Freedom of Bedlam*. Imre Kertész talks with Eszter Radai. Translated from the Hungarian by Reka Safrany. In: Signandsight, 22.8.2006. http://www.signandsight.com/features/908.html (letzter Abruf 21.3.2013).

*Meeting with Imre Kertész*. Berlin, March 2011. Svante Weyler (interviewer) and Hakan Pienowski (director and producer). The Swedisch PEN and the Swedish Academy. http://www.youtube.com/watch?v=Cl7eFs755Ak (letzter Abruf 21.3.2013).

## Summary

With the ever-growing time distance to the Holocaust there will be no new literature written by first-generation witnesses soon. Ruth Klüger's *Still Alive. A Holocaust Girlhood Remembered* (first 2001) and Imre Kertész' *Dossier K. A Memoir* (first 2006, engl. transl. 2013), both works by authors from this first generation, are therefore some of the last of their kind. Whereas with *Still Alive* Klüger wrote an English version of her internationally successful *weiter leben. Eine Jugend* (1992), i.e. a second and somewhat new book on her experience of the Shoah, *Dossier K.* presents Kertész' autobiography in the form of a fictional dialogue.

A comparative reading of both books discovers several parallels which are the topic of this article. While a dynamic relation between fact and fiction shows to be central for *Dossier K.*, *Still Alive* displays a productive interchange between the differentiation of one's experience of the Holocaust on the one hand and its comparison to other personal and local/global traumas on the other. Furthermore the article argues that the ambivalent notions of the survivor and her or his identity, as expressed in both texts, can be linked to Klüger's and Kertész' critique of the trivial and ritualized practices of the memory cultures. Both authors agree that the question of remembering should be one of ‚how' and not ‚if'. The answer to the challenge of the near future for the collective Holocaust memory is similarly formulated in both texts as one that can only be met if we acknowledge that the duty of remembrance does not die with the last survivors. Instead, we – the ‚insiders' and the (future generation) ‚outsiders'– have to accept the fact that the Holocaust is part of our common history, presence and future, and that its memory is best saved by knowledge and the power of critical thinking.

## Streszczenie

Wraz z wzrastającym dystansem czasowym jaki upłynął od Holocaustu wkrótce zabraknie nowej literatury pisanej przez świadków wydarzeń. *Still Alive. A Holocaust Girlhood Remembered* Ruth Klüger (pierwsze wydanie w 2001 r., polskie tłumaczenie 2009 r.) i *Dossier K.* Imre Kertésza (pierwsze wydanie w 2006 r., tłumaczenie polskie 2008 r.) napisane przez autorów pierwszej generacji należą więc do ostatnich książek tego rodzaju. Podczas kiedy *Still Alive*... Klüger jest niejako angielską wersją jej cieszącej się międzynarodowym sukcesem *weiter leben. Eine Jugend* (1992 r.), czyli poniekąd nową książką na temat jej własnych doświadczeń z Shoah, *Dossier K.* Kertésza jest autobiografią w formie fikcyjnego dialogu. Porównawcza lektura obu książek ujawnia jednak wiele podobieństw, będących tematem niniejszego artykułu. Podczas kiedy podstawę książki Kertésza stanowi dynamiczny związek między faktami a fikcją, tematem *Still Alive*... jest relacja między własnymi doświadczeniami wyniesionymi z Holocaustu w zestawieniu z cudzymi i lokalnymi/globalnymi traumami. Ponadto autorka artykułu stawia tezę, że ambiwalentne poglądy na ocalałych i ich tożsamości wyrażane w obydwu dziełach jest wynikiem krytyki Klüger i Kertésza wobec trywialnych i zrytualizowanych praktyk kultury pamięci. Autorzy zgadzają się, że istotne znaczenie dla pamięci ma kwestia formy. Obydwa teksty zawierają podobną i jedyną – przy założeniu, że obowiązek pamięci nie powinien zniknąć wraz ze śmiercią ostatnich ocalałych. Dla jej uratowania, zarówno ‚wtajemniczeni' jak i ‚outsiderzy' (przyszłe pokolenia) powinny zaakceptować fakt, że Holocaust jest częścią naszej wspólnej historii, teraźniejszości oraz przyszłości, a pamięć o nim najlepiej zachowana jest dzięki wiedzy i krytycznemu myśleniu.

# Das Getto Łódź/Litzmannstadt in fiktionalen Texten. Ein Versuch[1]

*Sascha Feuchert, Gießen*

„Darf man das?" – ich gebe zu, dass mich diese Frage, „darf man das?", gelegentlich ziemlich ärgert. Wenn ich mit ihr konfrontiert werde bei der Neuerscheinung eines Romans über den Holocaust, bin ich nicht selten versucht, sofort zu antworten: „Literatur darf alles". Frage wie Antwort gehen natürlich in ihrem jeweiligen absoluten Anspruch zu weit. Was heißt hier „man", wenn doch in der Regel ein sehr konkreter Autor ein sehr konkretes Buch geschrieben hat, und wer macht eigentlich der Literatur Auflagen, dass man sie so abfragen könnte? So kann man also eigentlich nicht fragen.

Andererseits ist es zwar richtig, dass ich vehement gegen jedes Verbot für Literatur eintrete, denn es ist ihr Wesen, dass sie frei sein muss, um uns etwas zu bedeuten, sie muss uns ärgern, aufregen, auch abstoßen dürfen, sonst wäre sie nichts wert. Dennoch ist das kein Freibrief: Literatur mag alles *dürfen*, können muss sie noch lange nicht alles, sie kann an ihren Objekten scheitern, Autoren können an ihren Gegenständen versagen und ihre Texte können – unter verschiedenen Gesichtspunkten – schlecht sein. Die reflexartige Antwort auf die immer wieder gestellte Frage führt also auch nicht unbedingt weiter.

Dennoch ist zumindest die Frage „darf man das?" ubiquitär in der Welt, sie scheint ein ganzes Syndrom aus Vorbehalten und Unbehagen in eine ritualisierte Formel zu gießen, dem aus dem Weg zu gehen nicht sinnvoll erscheint. Wo aber liegt das Unbehagen genau, das sich einstellt, wenn wir es mit Romanen über den Holocaust zu tun haben, wie sie hier im Mittelpunkt stehen sollen, also mit Leslie Epsteins *Der Judenkönig* (amerik. Orig. *King of the Jews*, 1979), Andrzej Barts *Die Fliegenfängerfabrik* (poln. Orig. *Fabryka muchołapek*, 2008) und Steve Sem-Sandbergs *Die Elenden von Łódź* (schwed. Orig. *De fattiga i Łódź*, 2009)? Alle drei Erzählungen, die sich dem Getto Litzmannstadt (wie die Nazis Łódź umbenannt hatten) widmen und von ‚Unbeteiligten' stammen, wurden mit

---

[1] Der Text des am 21. November 2012 gehaltenen Eröffnungsvortrags für den Workshop ist in deutlich gekürzter Form bereits erschienen in *wespennest* 163/2012, S. 102-106.

der Frage konfrontiert, mit zum Teil sehr unterschiedlichen, aber oft sehr leidenschaftlichen Antworten.

Mir scheint, dass es vor allem drei Dinge sind, die bei solchen Romanen dafür sorgen, dass die nun auch hier schon oft wiederholte Frage „darf man das?" gestellt wird: Zum ersten fiktionalisieren sie ein Geschehen, das schon als reales Ereignis unsere Phantasie überfordert. Auch fürchten Leser, Rezensenten und Überlebende nicht selten, dass erfundene Geschichten die tatsächlichen Leiden überdecken könnten, dass sie gleichsam zu einer Ersatzerzählung werden, die die mühsam erkämpfte und stets aufs Neue gefährdete Erinnerung an jene, die von den Nationalsozialisten brutal ermordet wurden, überdecken oder verdrängen könnte.

Zweitens sprechen in diesen drei Fällen Autoren, die keine Verbindung zum Geschehen haben, Unbeteiligte sozusagen, deren Kenntnis der Ereignisse sekundär ist und damit – so ein zweiter Verdacht – notwendig falsch.

Unbehagen löst zum Dritten auch die Vorstellung aus, individuelle Schicksale realer Personen könnten so zum Material verkommen, das letztlich ausgebeutet wird, damit literarische Effekte erzielt werden, die weniger über den Holocaust sprechen als eigenen, ästhetischen Zielen dienten. Dabei erscheint nicht selten die Rundung zu einem funktionierenden Narrativ als besonders bedenklich.

Diesen drei Befürchtungen möchte ich im Folgenden anhand der drei Romane ansatzweise und in loser Kopplung nachgehen, wobei ich auch besonders die doppelte Tradition von Literatur über den Holocaust bzw. Holocaustliteratur versuchen werde zu beachten: Denn gerade fiktive Texte von Unbeteiligten müssen sich zu den Gattungserwartungen, die sich in den letzten ca. 40 Jahren für Holocaustliteratur immer stärker ausgeprägt haben und sich nicht selten wesentlich unterscheiden von anderen literarischen Diskursen (als Stichwort sei hier die Authentizität genannt), verhalten, gleichzeitig aber genau diesen anderen Diskursen ebenso originell verpflichtet bleiben. Dieser Spagat ist es, der manch einen Text in ein unauflösbares Dilemma führt.

## 1. Allgemeines

Bevor ich mich mit diesen kritischen Ebenen der Diskussion auseinandersetzen werde, möchte ich versuchen, ganz allgemein zu kennzeichnen, mit was für

Romanen wir es hier eigentlich zu tun haben, wo ihre Gemeinsamkeiten und wo ihre sofort zu Tage tretenden Unterschiede liegen. Allen drei Romanen gemeinsam ist der historische Hintergrund, vor dem sie sich entfalten, den ich wenigstens in groben Strichen noch einmal skizzieren möchte:[2] Es ist dies die Geschichte des Gettos Łódź/Litzmannstadt, das 1940 von den Deutschen eingerichtet und vollständig abgeriegelt wurde. Bis zu 160.000 Menschen wurden hier gleichzeitig auf etwas mehr als vier Quadratkilometer eingepfercht, im ärmsten Viertel der Stadt, ohne Kanalisation und häufig in Holzhäusern. Anders als in Warschau gab es für die Eingesperrten kaum nennenswerten Kontakt mit Widerstandsgruppen außerhalb des Gettos; auch eine Flucht war so gut wie unmöglich. Durch die rigorose Siedlungspolitik der Nationalsozialisten war das Getto praktisch umgeben von Deutschen – wohin hätte man fliehen sollen, wo hätte es Unterstützung geben können? Bewacht wurde das Getto nicht von der SS, sondern von Einheiten der Schutzpolizei. In der Stadtverwaltung wurde eine eigene, sich im Laufe der Zeit immer weiter aufblähende Verwaltungsstelle gegründet, die schon bald von dem Bremer Kaffeehändler Hans Biebow geleitet wurde.[3] Diesem gelang es, das Getto bis zu seiner Liquidierung im August 1944 zu einem riesigen Industriebetrieb umzugestalten, der vor allem für die Wehrmacht, aber auch für Teile der Privatwirtschaft, wie etwa das Modehaus Neckermann, produzierte und der Gettoverwaltung, vor allem aber auch Biebow selbst, enorme Gewinne einbrachte – und natürlich eine Befreiung von der Front.

Unterstützt wurde der Chef der deutschen Gettoverwaltung vom Ältesten der Juden, Mordechai Chaim Rumkowski, den die Deutschen einsetzten und der ihnen von sich aus den Vorschlag machte, das Getto und seine Bewohner auszunutzen – weil Rumkowski dem rational-ökonomischen Argument erlegen war, dass Deutschland Juden, die es für seine Kriegsbemühungen brauchen konnte, schonen würde. Für diese Hoffnung nahm Rumkowski, der im Inneren des Gettos mit nahezu absolutistischer Macht ausgestattet war – und dabei natürlich dennoch als Marionette an den Fäden der Deutschen hing – Vieles in Kauf. Sukzessive baute er nicht nur eine enorme Verwaltung auf, die das Gettoleben regel-

---

[2] Zur Geschichte des Gettos Łódź/Litzmannstadt vgl. v.a. Löw 2006 und Feuchert/Leibfried/Riecke 2007.
[3] Zur Geschichte der Gettoverwaltung vgl. besonders Klein 2009.

te, sondern auch eine weitverzweigte, hochspezialisierte Getto-Industrie, die stets bemüht war, den Deutschen neue Produkte anzubieten, um sich unentbehrlich zu machen. Das bedeutete aber, dass die Arbeit nicht nur zur Lebensberechtigung des Kollektivs, sondern auch des Einzelnen gemacht wurde: Wer nicht arbeiten konnte, galt der Getto-Administrative bald als wertlos und wurde als unnützer Esser verstanden. Immer wieder forderten die Deutschen von Rumkowski, diese ‚Elemente', wie es im Getto-Jargon hieß, loszuwerden – und dieser musste sich fügen: Zehntausende Menschen wurden bereits vor der endgültigen Auflösung des Gettos deportiert und im Vernichtungslager Kulmhof getötet. Ob Rumkowski wusste, was den Deportierten bevorstand, lässt sich nicht mit letzter Sicherheit sagen; angesichts der vielen Gerüchte im Getto und seiner engen Beziehungen zu den Deutschen ist es aber wahrscheinlich, dass der Älteste der Juden davon ausgehen musste, dass die Menschen getötet würden.

Zum zentralen, traumatischen Ereignis der Getto-Geschichte wurde der September 1942: Auf Geheiß der Deutschen wurden alle Kinder unter zehn und alle Älteren über 65 Jahre deportiert und damit das Getto endgültig in ein riesiges Arbeitslager umgestaltet. Leidenschaftlich forderte der Judenälteste in einer öffentlichen Ansprache, sich der Deportationsanordnung nicht zu widersetzen, denn er müsse Glieder amputieren, um den Körper zu retten. Es ist diese Rede, die bis heute immer wieder im Zentrum der Auseinandersetzungen um Rumkowski steht.

Die Bevölkerung indes ließ sich von ihr nicht beeindrucken und versuchte die Kinder und Alten zu retten – mit allerdings fatalen Folgen. Statt wie vorgesehen der jüdische Ordnungsdienst (eine interne Getto-Polizei) übernahmen nun die deutschen Schutzpolizisten und Gestapo-Angehörigen die sog. ‚Aussiedlung'. Mit enormer Brutalität töteten sie bereits im Getto viele Menschen und brachten schließlich das geforderte Kontingent zusammen.

Auch abseits der Deportationen entwickelte sich das Getto zunehmend zum Schreckensort: Auch wenn sich die jüdische Administration darum bemühte, etwa ein funktionierendes Fürsorgewesen zu etablieren, war das Getto dennoch permanent unterversorgt. Die Menschen hungerten und litten an Krankheiten – nahezu 46.000 Menschen starben alleine im Getto aufgrund dieser katastrophalen Bedingungen.

Auch wenn Rumkowski nach den Septemberereignissen von 1942 an Macht verlor und sich gerade mit den Spitzen des Ordnungsdienstes bzw. einer Spezialeinheit desselben um Dawid Gertler und später Marek Kligier ein veritabler Machtkampf entwickelte, blieb er dennoch die zentrale Figur für die weiteren Entwicklungen. Im August 1944 wurden aber auch er und seine Familie wie nahezu 70.000 andere Getto-Insassen nach Auschwitz deportiert. Über Rumkowskis letzte Stunden existieren mehrere Versionen: Fest steht, dass er schon kurz nach der Ankunft in Birkenau ermordet wurde.

Rumkowski und sein Handeln, seine enorme Leistung beim Aufbau einer Getto-Industrie, seine (scheinbar) weithin widerstandslose Auslieferung so vieler Menschen im Glauben an eine Logik bei den Deutschen, die so nicht existierte – und sein widersprüchlicher Charakter, der offenbar oszillierte zwischen Anteilnahme am Schicksal derer, die ihm anvertraut waren, radikaler Selbstüberschätzung und einem deutlich ausgeprägten Willen zur Macht, sind es, die seither immer wieder im Zentrum von Zeugnissen Überlebender, aber eben auch von fiktionalen Bearbeitungen der Getto-Geschichte stehen. Auch die hier in Rede stehenden drei Texte entfalten ihre Erzählungen um diese Person und machen sie zur zentralen Figur – freilich auf sehr unterschiedliche Weise.

## 2. Lektüren

Der Amerikaner Leslie Epstein war 1979 der Erste, der als Unbeteiligter über das Getto einen umfangreichen Roman verfasste. Aus einer jüdischen Familie stammend, die zwei Generationen zuvor in die USA gekommen war, hat Epstein, der Direktor des Creative Writing Programms an der Boston University war, eine besondere Beziehung zum Film: Sein Vater und Onkel erhielten für das Drehbuch zu *Casablanca* einen Oscar.[4] Diese enge Beziehung zum Film ist für das Verständnis seines Romans *Der Judenkönig* durchaus wichtig; nicht wenige Szenen wirken so, als habe der Autor gleich ein Drehbuch im Kopf gehabt. Dass es von diesem Roman seit kurzem auch eine erfolgreiche Bühnenfassung gibt, mag deshalb ebenso wenig ein Zufall sein.

---

[4] Zu Epstein vgl. seine Webseite: http://www.bu.edu/creativewriting/people/faculty/leslie-epstein-program-director/ (letzter Abruf 30.5.2013).

Epstein verfremdet das Geschehen deutlich, dennoch geben immer wieder Verortungen, wie etwa Straßennamen oder historisch verbürgte Episoden, Hinweise darauf, dass wir uns in Łódź /Litzmannstadt befinden, wenn Epstein auch nie den Namen des Gettos erwähnt, in dem sich sein Roman entfaltet. Auch trägt sein Judenältester einen anderen Namen: Trumpelman nennt ihn Epstein und treibt gleichwohl immer wieder sein literarisches Spiel mit dem historischen Vorbild – so etwa, wenn seine Hauptfigur den zentralen Platz der Industriestadt überquert und dabei nicht wie in Łódź am Denkmal Tadeusz Kościuszkos vorbeifährt, sondern an jenem des erfundenen Freiheitskämpfers Rumkowsky (freilich mit einem -y am Ende). Auch wenn Epstein seinen Trumpelman mit einer etwas anderen Biographie ausstattet als derjenigen Rumkowskis, bleibt dieser doch stets erkennbar – und wurde in der Rezeption des Romans jederzeit identifiziert.

Bemerkenswert an Epsteins Roman ist allerdings nicht so sehr die Nähe zum historischen Geschehen, sondern die Art seiner erzählerischen Vermittlung: Epstein bedient sich der Travestie; immer wieder gleitet sein Roman bei aller Tragik ins Komische ab, entfalten gerade Szenen, die an und für sich von Grauenhaftem handeln, Komik. So etwa wenn Mitglieder des von Trumpelman geführten Judenrates Deportationslisten erstellen sollen – und die Vorschläge, wie man aus dem Dilemma, Menschen wegschicken zu müssen, ohne es zu wollen, herauskommt, sich an Absurdität überbieten. Natürlich bleibt einem als Leser das Lachen im Halse stecken, denn letzten Endes sind diese überzeichneten Figuren in einem tödlichen Konflikt gefangen, der völlig dem historischen entspricht. Man ahnt, dass die verzweifelte Komik dieser Szenen den tatsächlichen Irrsinn der Tätigkeit des Judenrats nur wenig überzeichnet, um ihn noch deutlicher hervortreten zu lassen.

Ganz anders als Leslie Epstein geht Andrzej Bart vor, als er in seinem Roman *Die Fliegenfängerfabrik*, der 2011 erstmals auf Deutsch erschien, einen Prozess gegen Rumkowski inszeniert. Bart, der selbst in Łódź gelebt hat, ist ebenfalls eng mit dem Filmgeschäft verbunden: Als Drehbuchautor hat er in Polen große Erfolge gefeiert, ebenso als Dokumentarfilmer. Auch für seinen Roman spielt das eine gewisse Rolle.

Bart lässt seine Geschichte ihren Ausgang auch in der Gegenwart nehmen. Ein in finanziell prekären Verhältnissen lebender Schriftsteller, unverkennbar Barts *alter ego*, erhält einen merkwürdigen Besuch: Ein Mann will ihm viel Geld dafür bezahlen, dass er in Łódź einem Prozess beiwohnt und für ihn darüber berichtet. Immer wieder gibt der Unbekannte dabei eine andere Identität an. Einmal will er mit Hans Biebow verwandt sein, dann wieder mit einem Opfer verbandelt oder auch gänzlich unbeteiligt. Zunehmend entwickelt die Gestalt teuflische Züge, wenngleich der Ich-Erzähler sofort auch in Betracht zieht, dass er selbst den Verstand verloren hat und an Wahnvorstellungen leidet. Letztlich siegt das Geld über die Zweifel und der Schriftsteller bricht nach Łódź, seiner ehemaligen Heimat, auf und gerät dort tatsächlich in einen aberwitzigen Prozess: Zugegen ist nicht nur Rumkowski selbst, sondern allerhand Tote aus dem Getto, selbst Biebow tritt als Zeuge auf, aber auch Berühmtheiten, die sich zu Rumkowski geäußert haben, wie etwa Hannah Arendt. Ziel des Prozesses ist es zu bewerten, ob Rumkowski richtig gehandelt hat oder ob er Alternativen gehabt hätte. Es ist in doppelter Hinsicht ein historischer Prozess: Nicht nur werden historische Abläufe beurteilt, es geht letzten Endes auch um ein definitives Urteil über das Bild Rumkowskis in der Geschichte. Die ganze Szenerie nimmt trotz ihrer realistischen Grundzüge immer stärker (alp)traumhafte Züge an, und die Assoziation zu Franz Kafkas *Prozess* liegt nahe. Dies nicht zuletzt, weil auch Kafkas Schwestern, die in Łódź zu den Opfern gehörten, ebenso als Nebenfiguren mitwirken.

Auf einer zweiten und dritten Ebene wird das Prozessgeschehen auch aus der Perspektive zweier historischer Figuren vermittelt. Zum einen erzählt der Roman aus der Sicht Regina Rumkowskas, der jungen Ehefrau des Judenältesten, die er erst im Getto ehelichte, die Geschichte und zum anderen schwenkt der Roman immer wieder auch personal auf die Perspektive von deren Adoptivsohn Marek. Rumkowski selbst kommt praktisch kaum zu Wort, auch im Prozess nicht; er muss ertragen zu schweigen und die Zeugen über ihn berichten und letztlich auch richten zu lassen.

Der schwedische Autor Steve Sem-Sandberg geht einen völlig anderen Weg als Epstein und Bart: Weder Travestie noch kafkaeske Groteske sind es, wonach der Autor in seinem über 600seitigen Großwerk strebt, sondern dokumentarische

Treue in hohem Maße. Für *Die Elenden von Łódź*, die ebenso 2011 erstmals auf Deutsch erschienen sind, nutzt Sem-Sandberg zahlreiche historische Quellen, um seine Erzählung so nah wie möglich an die historische Realität heranzubringen. Gleichwohl füllt er die vielen historischen Episoden und das Figurenensemble erheblich fiktional auf. Auch wenn bei ihm ebenso Rumkowski im Mittelpunkt steht und die Erzählung immer wieder – die Chronologie mehrfach umstellend – auf die Deportationen aus dem September 1942 zurückkommt als das zentrale und traumatische Ereignis der Getto-Geschichte, so folgt Sem-Sandbergs konsequent personal vermittelte Erzählung gleich mehreren Protagonisten als Reflektorfiguren durch das Gettoleben und -sterben. Dicht und detailliert zeigt er die Verelendung auf der einen und Rumkowskis Verblendung auf der anderen Seite. Sein Judenältester schwankt zwar auch zwischen Anteilnahme und Machtmissbrauch, ist letztlich aber eine überlebensgroße, monströse Gestalt. Seinen Adoptivsohn sowie andere Figuren in seiner Nähe missbraucht Rumkowski auch sexuell und fügt den Insassen zudem noch die letzte entsetzliche Demütigung zu. Sein Wille zur Macht ist hier das zentrale Movens der Entwicklungen *im* Getto. Um ihn, gegen ihn, mit ihm scheint sich alles zu ereignen; und auch als Rumkowski zeitweise die Kontrolle über das Innere des Gettos an Gertler zu verlieren droht, bleibt er doch die treibende Kraft.

Immer wieder überschreitet aber auch Sem-Sandberg durch Traumsequenzen oder die Darstellung von Hunger-Phantasien die Grenzen zum Surrealen und lässt das Getto so zu einem einzigen Alptraum werden.

### 3. Vom Umgang mit dem Unbehagen

Nach diesen sehr allgemeinen Skizzen der drei Romane möchte ich nun in einem weiteren Schritt noch einmal auf die eingangs benannten drei Ebenen zurückkommen, auf denen sich meines Erachtens das Unbehagen bewegt, das letztlich in der stets wiederholten Frage „darf man das?" seinen summarischen Ausdruck findet. Ich will bei dieser Betrachtung vor allem auch die erwähnten Traditionslinien in den Blick nehmen, die für die Erzählungen jeweils ausschlaggebend waren und ihre Form möglicherweise entscheidend mitprägten.

Ich beginne mit der Fiktionalisierung und komme von dort, gleichsam fließend, auch auf die anderen Befürchtungen zu sprechen: Ich betonte schon, dass es gerade das Erfinden von Zusammenhängen, Personen oder Ereignissen ist, das nicht selten abgelehnt wird. Die Furcht vor einer Überschreibung der tatsächlichen Geschehnisse ist groß, und in nicht wenigen Rezensionen werden die authentischen Erzählungen Überlebender gegen fiktionale Entwürfe Unbeteiligter in Stellung gebracht. So ergibt sich eine (Schein-)Dichotomie zwischen faktualen Opfergeschichten auf der einen und fiktionalen Erzählungen Außenstehender auf der anderen Seite. Doch das ist eben nur ein Schein-Gegensatz. Ich meine damit nicht die unleugbare und nicht zu umgehende Nähe zwischen vermeintlich authentischen Textsorten wie Tagebüchern, Memoiren oder Erinnerungsberichten und fiktionalen Werken, sondern etwas anderes, das gerade für das Getto Łódź /Litzmannstadt eine enorme Bedeutung hat, nämlich die Tatsache, dass bereits im Getto Menschen begannen, ihre Erlebnisse in einem fiktionalen Rahmen literarisch zu verarbeiten oder besser: zu interpretieren. Im Getto hatten sich sogar Dichterkreise gebildet, die sich regelmäßig trafen, um ihre Arbeiten zu diskutieren. Szaja Spiegel gehörte etwa dazu, auch die aus dem hessischen Mücke-Merlau stammende Dichterin Hilda Stern-Cohen war Mitglied eines solchen Kreises, in dem man sich vor allem mit Gedichten auseinandersetzte (vgl. Stern-Cohen 2003).

Dieses Phänomen lässt sich aber auch an der Chronik des Gettos Łódź/Litzmannstadt gut nachvollziehen, die zwischen 1941 und 1944 im ‚Archiv' der Verwaltung des Judenältesten und in dessen Auftrag entstanden ist. Die Chronik ist ein kollektives Tagebuch, das täglich die Ereignisse im Getto festhielt, ein ungeheures Zahlenmaterial anhäufte und sich im Laufe der Zeit zu einer Tageszeitung entwickelte – die freilich keine Leser hatte, denn die Chronik wurde im Verborgenen geführt und konsequent auf eine Perspektive des ‚Danach', an einem ‚Leser der Zukunft', wie er in den Texten angesprochen wird, ausgerichtet. Die Chronik, die zunächst nur auf Polnisch geführt wurde, dann eine Zeitlang auf Deutsch und Polnisch, in den letzten Jahren aber nur noch auf Deutsch entstand, begann außerordentlich nüchtern über die Ereignisse zu berichten. Nach und nach jedoch entwickelte sie sich zu einer Sammlung unterschiedlicher Textsorten, in der die journalistischen – etwa der Bericht, die Meldung oder der (vorsichtige) Kommentar – überwiegen. Hinzu kommen freilich andere, die auch vor der Fiktion nicht halten machen. *Kleiner Gettospiegel* etwa war eine

Rubrik überschrieben, in denen man literarische Miniaturen, Fortsetzungsgeschichten und Skizzen finden kann. Zwischen den beiden Hauptautoren der Chronik, Oskar Singer und Oskar Rosenfeld, lässt sich gar ein Konflikt rekonstruieren, der sich genau um diese Frage nach der Berechtigung literarischer, mithin auch fiktionaler Interpretationen der Getto-Existenz drehte. Während Singer – vor dem Krieg in Prag immerhin auch ein erfolgreicher Dramatiker, der gerade mit seinem Anti-Nazistück *Herren der Welt* 1935 für einiges Aufsehen sorgte – zunehmend deutlich machte, dass er kaum an eine adäquate literarische Darstellung glaubte, nicht zuletzt, weil er fürchtete, man werde einem Schriftsteller selbst eine realistische Darstellung der Verhältnisse nicht abnehmen, geht Rosenfeld in seinem Tagebuch konsequent einen anderen Weg. Er verfasst Kurzgeschichten, die sich gerade auch surrealer Traumsequenzen bedienen, um die Getto-Existenz im Wortsinne ‚zu verdichten' (vgl. Feuchert 2004, v.a. Kap. 3.2). Diese Kurzgeschichten, die im von Hanno Loewy bereits vor einigen Jahren edierten Tagebuch zu finden sind, sind im hohen Maße verstörend, und doch schienen sie Rosenfeld besonders geeignet zu sein, das eigene Erleben zu interpretieren (vgl. Rosenfeld 1994, beispielhaft 233-241).

Fiktion als Form der Interpretation ist freilich nicht auf die eigentliche Gettozeit beschränkt. Gerade auch in späten Erinnerungen wird sie wieder zunehmend wichtiger. Dabei ist es vor allem die Idee, einen fiktiven Prozess gegen Rumkowski zu führen, die ja auch für Andrzej Barts Roman so prägend ist, die in einigen Texten realisiert wird. Die Fiktion bietet hier für Überlebende einen Ersatz für die Wirklichkeit – durch die Ermordung Rumkowskis in Auschwitz entfiel nach dem Krieg die Möglichkeit, sich tatsächlich mit ihm und seinen Motivationen, mit seinem widersprüchlichen Charakter und seinen Taten auseinanderzusetzen.

Hierfür seien zwei prominentere Beispiele angeführt: 1996 hat Ray Eichenbaum, der das Getto und die Deportation nach Auschwitz überlebte, im Rahmen seiner Memoiren auch ein kurzes Drama vorgelegt mit dem programmatischen Titel *Das Verfahren gegen M.H. Rumkowski*. Bereits im Prolog, der den fiktionalen Rahmen überschreitet und auf den tatsächlichen Autor des Stückes verweist, ist die komplexe Ausgangslage dargestellt:

> Mein Stück handelt vom Schicksal eines schon bejahrten Juden, während der Zeit der großen Schrecknisse, im letzten Weltkrieg. Am Anfang bemühte er sich, Gutes zu tun, wie ein Führer eines unterdrückten Volkes es tun sollte, aber irgendwann muß er fehlgegangen sein, genoß er diesen Totentanz, ohne viel zu überlegen, Märtyrertum lag ihm nicht. Deswegen wurde er gehaßt. Unser Tun hat Folgen. Wenn jedoch dieser alte Jude nicht getan hätte, was er tat, wäre der Autor des Stückes nicht mehr da, und sein Stück wäre ungeschrieben geblieben. (Eichenbaum 1996, 117)

Im Stück, das zunächst in Auschwitz mit der Ankunft Rumkowskis und seiner Ermordung beginnt, erhält der Judenälteste vor einem himmlischen Gericht ausführlich Gelegenheit, sich zu rechtfertigen. Doch auch die Anklagen werden vehement vorgetragen. Das Urteil des Höchsten Gerichts fällt salomonisch, wenn in letzter Konsequenz auch etwas merkwürdig aus, denn Rumkowskis weiteres Schicksal wird mit der Entwicklung der Menschheit verbunden. Im Richtspruch heißt es:

> Es wird von den auf den Planeten Erde lebenden Menschen abhängen, wo dein endgültiges Ziel liegen wird. Falls die menschliche Spezies sich friedlichen Tätigkeiten zuwendet und dem Krieg als Mittel der Austragung von Streitigkeiten auf Erden abschwört, sie also den Wert dieses wertvollen, ihr gegebenen Geschenks, des Lebens selbst, hoch hält, dann sollst du – aufgrund deiner Obsession, Leben zu retten – berechtigt sein, dich in einen höheren Zustand zu begeben. Wir hoffen und wünschen inbrünstig, daß dies geschehen wird. Sollte jedoch die Menschheit dort unten darauf bestehen, größere Kriege unter sich auszutragen, und sollte die Menschheit ewig der Meinung sein, sie brauche Ideale wie Tapferkeit, Heroismus und Märtyrertum zu ihrer Existenz – jene Elemente, die du, Mordechai Chaim Rumkowski, in Verfolgung deiner Führerschaft nicht benötigt hast – dann sollst du wieder auf die Ebene deiner früheren Existenz absteigen und dort bleiben, bis zu jenem Zeitpunkt, wo die Veränderung [...] endlich stattfinden wird. (ebd., 168f.)

Eindeutiger ist die Perspektive auf Rumkowski in einem anderen fiktionalen Gerichtsverfahren, in Abraham Cykierts Ein-Personen-Stück *The Emperor of the Ghetto* (als Filmversion 1992), in dem außer Rumkowski niemand sonst auf der Bühne ist. Auch Cykiert ist ein Überlebender und hat sein Prozess-Drama besonders auch für junge Menschen geschrieben.

Gleich zu Anfang fordert sein Rumkowski die Zuschauer auf, am Ende des Dramas über ihn ein Urteil zu sprechen.

Cykierts Stück läuft angesichts der alleinigen Präsenz der Rumkowskischen Argumente auf einen Freispruch durch die Zuschauer hinaus; in anderen Texten von Überlebenden, die fiktional oder authentisch, im übertragenen oder im direkten Sinne einen Prozess gegen Rumkowski führen, ist natürlich häufig auch das genaue Gegenteil der Fall.

Auch Andrzej Barts Prozess gegen Rumkowski, der so kafkaeske Züge trägt und immer begleitet wird vom Zweifel des Ich-Erzählers an seiner geistigen Gesundheit, verläuft anders. Ich erwähnte schon, dass Rumkowski hier fast nicht zu Wort kommt, das Bild seiner Taten und Charakterzüge ergibt sich fast ausnahmslos aus den Zeugenaussagen und durch den nachsichtigeren Blick seiner Frau Regina, der als Kontrastperspektive immer wieder zwischengeschaltet wird. Am Ende jedoch steht ein Urteil, das ausgerechnet von Rumkowskis Verteidiger Bronstein vorgeschlagen und von Ankläger und Richter akzeptiert wird:

> Ich wiederhole die Frage: War es wert, Zeit für meinen Mandanten zu verlieren? Ja, und nochmals ja! Denn die Eitelkeit muss hart bestraft werden, die ihn an die eigene Außergewöhnlichkeit glauben ließ. Es war notwendig, ihm die falsche Überzeugung aus dem Kopf zu schlagen, er sei ein guter, fürsorglicher Jude gewesen, denn tatsächlich war er nur ein aufgeblasener Dummkopf. Ich beantrage deshalb das härteste Urteil... Möge unsere Strafe sein, dass man ihn ewiglich als den in Erinnerung behält, der er war! (Bart 2011, 237)

Das ist freilich nicht das letzte Wort, das im Gerichtssaal gesprochen wird. Noch einmal tritt ein Zeuge auf, es ist dies ein Notar aus Köln, der den Krieg überlebt hat – und zu den Henkern gehörte, die das Getto bewachten. Auch wenn der Mann nur kurz in Litzmannstadt stationiert und eigentlich kein glühender Nationalsozialist war, war er an Ermordungen beteiligt und wurde gar nach einer solchen grinsend fotografiert. Dieses Grinsen verfolgt ihn bis heute, lässt ihn nicht schlafen. Der Richter wertet dies als Reue – wenn auch mit einem ironischen Unterton – und empfiehlt ihm, abends warme Milch zu trinken. Der Notar erwidert darauf, dass er dies schon mehrfach erfolglos versucht habe, doch der Richter versichert ihm, dass es diesmal helfen werde.

Am Ende des Prozesses und fast am Ende des Romans steht also einer der Täter; ein Mörder, der zwar unter seinen Taten leidet, aber eben ein Täter. Ob der Rat des Richters einem Freispruch gleichkommt, bleibt offen – zumal der Richter dem Notar noch ein „Reue, wie rührend sie doch ist" hinterher murmelt. Man mag darin einen spitzen Kommentar zur Vergangenheitsbewältigung der Deutschen sehen, doch geben der Ich-Erzähler und auch die anderen Reflektorfiguren keinen Hinweis darauf.

Wichtig scheint mir zu sein, noch einmal zu betonen, dass das Urteil gegen Rumkowski jedenfalls so eindeutig nicht ist, wie es auf den ersten Blick und durch den Wutausbruch des Verteidigers scheinen mag. Entscheidend ist, dass hier kein auktorialer Erzähler das Urteil fällt oder aber eine personale Erzählinstanz es gleichsam objektiv präsentiert. Mit Bronstein, dem Verteidiger, spricht eines der unzähligen Opfer, das den Holocaust nicht überlebt hat – und Rumkowski kann seine Sicht der Dinge im Gerichtssaal praktisch nicht darlegen. Andrzej Bart und sein *alter ego* im Roman bleiben damit einer Perspektive treu, die Bart von Anfang an auf das Geschehen um Rumkowski hatte. In einem Interview hat er zu seiner Motivation, über den Judenältesten zu schreiben, gesagt:

> Der Name Rumkowski tauchte in meinem Leben zum ersten Mal auf, als ich fünf oder sechs Jahre alt war. Damals erzählten sich die Erwachsenen seine Geschichte beziehungsweise die schwarze Legende, die mit ihm verbunden war, nur im Flüsterton – laut wurde nicht darüber gesprochen. Für ein Kind war diese Legende natürlich faszinierend. Sie besagt nämlich, dass Rumkowski aus dem Ghetto nach Auschwitz kam und dort von jüdischen Häftlingen, die aus Lodz stammten und einem Sonderkommando angehörten, zuerst respektvoll im Lager herumgeführt und dann bei lebendigem Leibe in einen Krematoriumsofen geworfen wurde. Bei einem Kind hinterlässt so etwas eine tiefe Narbe im Gehirn. Denn es kann sich vorstellen, dass eine böse Hexe etwas mit einem Ofen zu tun hat, aber nicht ein echter, lebendiger Mensch. Diese Geschichte hat mich also stark geprägt und all die vielen Jahre begleitet. (Bart 2011 a)

In der schwarzen Legende, die in Barts Hirn eine Narbe hinterlassen hat, sind es ebenfalls die Opfer, die das Urteil sprechen und vollstrecken.

Auch die beiden anderen Romane, über die hier verhandelt wird, sind – allerdings in einem sehr viel weiteren Sinne – Prozesse, die gegen Rumkowski mit den Mitteln der Fiktion geführt werden.

Leslie Epsteins Trumpelman wird durch den gesamten Roman hindurch bei seinen Handlungen gezeigt, die somit die Basis für das ‚Urteil' im übertragenen Sinne darstellen. Er ist ein Hochstapler, dem es dennoch gelingt, die Menschen auf wundersame Weise für sich einzunehmen, seinen Willen meist durchzusetzen, der aber letztlich die ihm anvertrauten Menschen in die Katastrophe führt. Anders als sein historisches Vorbild gibt Trumpelman vor, er sei Arzt. Allerdings scheinen die einzigen medizinischen Eingriffe, die er zu tätigen in der Lage ist, im Einrenken der Halswirbelsäule und im Verteilen von Bonbons zu bestehen. Trumpelman ist durchgehend eine Figur, die mit Sein und Schein spielt, der z.b. an seinen Judenrat angebliche Zyankali-Kapseln für den schlimmsten Fall verteilt, die sich dann aber als Schlaftabletten entpuppen und es Trumpelman ermöglichen, wie ein Messias zu erscheinen, der seine Mitstreiter von den Toten erwecken kann.

Fragt man nach der poetischen Gerechtigkeit, nach dem Urteil, das der Roman mit seinem Schluss fällt, so kommt dieser fast einem Freispruch gleich: Anders als im tatsächlichen Fall Rumkowski lässt der Roman zumindest die Möglichkeit offen, dass der Judenälteste überlebt haben könnte:

> Was Trumpelman betrifft, so hört man gelegentlich irgendeine phantastische Geschichte, daß er hier und dort aufgetaucht sei. Immer noch atmend. Immer noch am Leben. Unmöglich! Nicht wahr! Er müßte ja schon mehr als hundert Jahre alt sein! Meine Damen und Herren, wir brauchen nicht mehr an ihn zu denken. (Epstein 1979, 395)

Ganz so klar, dass es sich dabei nur um Legenden handelt, wie der – im Roman selten so deutlich hervortretende – auktoriale Erzähler es den Lesern hier weismachen will, ist das aber eben nicht: Zu oft hat der Roman gerade völlig unmögliche Dinge im Zusammenhang mit Trumpelman vorgeführt, als dass man hier dem Erzähler so einfach trauen mag.

Epsteins Roman wurde rasch ein Welterfolg und doch wurde er von Rezensenten und gerade von Überlebenden dafür kritisiert, dass er seinen Judenältesten trotz aller Tragik zu gut behandle. Ruth R. Wisse rückte Epsteins Roman in einer sehr ablehnenden Besprechung für *Commentary* sogar in die Nähe einer damals überaus erfolgreichen Fernsehserie: „The book bears the same relation to the Holocaust as M*A*S*H does to the Korean War" (Wisse 1979, 76).

Auch die Łódź-Überlebende Lucille Eichengreen wandte sich an Epstein und erzählte ihm von ihren schlimmen Erfahrungen mit Rumkowski und zu den Gerüchten, die es über ihn im Hinblick auf einen sexuellen Skandal bereits vor dem Krieg im Zusammenhang mit seiner Tätigkeit als Direktor eines Waisenhauses gegeben hätte. In einem Brief an Eichengreen, der sich im Original im Archiv der Arbeitsstelle Holocaustliteratur befindet, schreibt Epstein:

> I suppose the crucial thing is that, as you mention, Trumpelman is not Rumkowski, finally, and has a life of his own. Yet even this Trumpelman I did not mean to excuse or to forgive. It is just that in living with him for a long time, one becomes, as a writer, more merciful than one had originally intended. (Epstein 1979 a, 1)

Und zu den sexuellen Missbrauchs-Vorwürfen gegen Rumkowski, die bis heute zu den am kontroversesten diskutierten Anschuldigungen gehören, schreibt Epstein:

> [...] I had heard about scandals in the orphanages. I attempted to deal with that – inadequately I admit – in the scenes in which he makes Nellie Brilliantstein pregnant. (ebd.)

Die erwähnte Szene ist freilich kein wirklicher sexueller Übergriff, allerdings wird Nelli von Trumpelman anschließend zur Abtreibung gezwungen.

Für Steve Sem-Sandberg ist der sexuelle Missbrauch hingegen ein zentraleres Motiv in seinem Roman *Die Elenden von Łódź*. Zwar sind es letztlich nur wenige Szenen, die sich in dem 600-Seiten-Monumentalwerk damit tatsächlich befassen, doch sind sie von so grausiger Intensität, dass sie für die Bewertung der Figur durchaus zentral werden. Sem-Sandberg stützt sich bei den Schilderungen auf Berichte von Überlebenden, besonders auf jene von Lucille Eichengreen, die in ihrem zweiten Buch von diesen Missbräuchen berichtete. Allerdings gibt es weitere Zeugnisse, die sich auch auf die Vorkriegszeit beziehen, so etwa von Dr. Edward Reicher, der eine Zeit lang Rumkowskis Nachbar in Łódź war und von den Anschuldigungen berichtete. Nachweisbar – etwa durch Aktenfunde – sind diese (Vorkriegs-)Vorwürfe bislang trotz intensiver Recherchen nicht, sodass Sem-Sandberg vollständig auf die wenigen Zeugenberichte vertraut und sie im fiktionalen Rahmen umsetzt. Er nutzt dafür die Figur von Rumkowskis Adoptivsohn, von dem man heute leider so gut wie nichts weiß, nur dass es ihn gegeben hat. In Sem-Sandbergs Roman adoptiert Rumkowskis dieses Kind, weil er es gleichsam als Liebes- wie Lustobjekt benutzen kann. Damit wird Rumkowskis oft – und gerade auch von ihm selbst – thematisierte Liebe zu Kindern ins radikal Negative gewendet. Diese Liebe wird so im Roman nur zum Ausdruck unbändigen, krankhaften Machthungers.

Viele Kritiker – auch Andrea Löw, die beste Kennerin der inneren Geschichte des Gettos, im Newsletter des Fritz-Bauer-Instituts (7/2012) – haben betont, dass es dieser Zuspitzung in Sem-Sandbergs Roman vielleicht nicht bedurft hätte, um das dort vermittelte Bild des Judenältesten deutlich bzw. plausibel zu machen. Sem-Sandberg hat dagegen darauf bestanden, dass es sich bei Rumkowskis sexuellem Verhalten um mehr als nur eine weitere Metapher für den Machtmissbrauch handelt:

> It is [...] more a way of exploring a theme: the anatomy of power, how difficult it is for anyone, especially those who are victimized themselves, to distinguish between the use and the abuse of power. In circumstances like those in the ghetto everything deforms, why would the area of sexuality be excluded...? I make an assumption, a maybe not so educated guess, but I do so with other things too. (Sem-Sandberg 2012)

Sem-Sandbergs Roman, den man in letzter Konsequenz auch als einen Prozess gegen Rumkowski verstehen kann, wurde für diese Sicht kritisiert, vor allem in Polen. Die Basis für diese z.T. harsche Kritik ist die Grundanlage des Romans: Anders als Epstein und Bart setzt Sem-Sandberg darauf, einen dokumentarischen Roman zu entwerfen, der versucht, so nahe wie möglich an die historische Realität in ihrer Einmaligkeit, aber auch in ihrer Beispielhaftigkeit heranzukommen. Wie kein Autor vor ihm nutzt der ehemalige Kulturredakteur dafür die Quellen, setzt aus hunderten Dokumenten und Berichten ein Mosaik zusammen, das eine – im Wortsinne – unheimliche Dichte ermöglicht. Zur Hauptquelle wird Sem-Sandberg die bereits erwähnte Chronik des Gettos Łódź/Litzmannstadt. Ihr folgt er, aus ihr zitiert er ausführlich – und transformiert diese seine wichtigste Vorlage doch nachhaltig. Wo die Chronik ‚kalt', wo sie distanziert bleibt und nur das Gerüst bietet, füllt Sem-Sandberg diesen Rohbau fiktional auf. Aber mehr noch: Sein Roman verwandelt die Chronik nachgerade in ein Palimpsest.

Kritiker aber werfen genau dies dem Roman vor: Durch seine große Nähe zum tatsächlichen Ereignis, durch seine dokumentarischen Qualitäten werde aus dem fiktionalen Erzählen scheinbar faktuales Sprechen: Und mit der Kennzeichnung Rumkowskis als Vergewaltiger und Päderast stigmatisiere der Roman einen Menschen und schreibe diese Vorwürfe nun auf ewig fest. Dies nicht zuletzt auch deshalb, weil der Roman in gleich 27 Sprachen übersetzt wurde und gerade im angloamerikanischen Sprachraum zu einem Bestseller avancierte und damit von mehr Menschen gelesen wird als vermutlich alle Quelleneditionen zusammengenommen.

Diese Bedenken sind nicht ganz von der Hand zu weisen, und doch dringen wir meines Erachtens hier auch zum Kernproblem des Unbehagens an solchen Romanen vor. Denn machen wir uns klar: Fiktionalität ist die einzige Möglichkeit, in Zukunft weiter über den Holocaust zu erzählen (außerhalb von historiographischen Werken natürlich). Mit dem Wegfall der Opfergeneration wird es bald keine neuen authentischen Zeugnisse mehr geben. Geschichte aber braucht die Deutung durch Geschichten, sie braucht die Aktualisierung durch die Fiktion, sie bedarf sogar des behutsam eingesetzten erzählten Anachronismus. Der Mensch, so hat der englische Romancier Graham Swift einmal in seinem Roman *Waterland* formuliert, ist das geschichtenerzählende Tier, „the storytelling animal". Nur mit Geschichten und ihren vielfältigen Sinnangeboten vermögen wir letztlich zu existieren.

Das aber heißt, dass es notwendig Unbeteiligte sind, die über die Ereignisse (literarisch) erzählen werden – und dass ihre neuen Geschichten in gewissem Sinne immer ‚falsch' sein müssen. Das lässt sich nicht vermeiden, unsere Rezeptionshaltung lässt sich dagegen schon beeinflussen: Wir müssen lernen, im Hinblick auf den Holocaust poetische Lizenzen anders zu respektieren, den Als-ob-Charakter dieser Erzählungen zuzulassen, so wie wir es mit anderer Literatur auch tun. Das hat nichts damit zu tun, den Holocaust zu ‚normalisieren', ihn zu einer Epoche unter vielen zu machen. Es bedeutet viel mehr, diese Texte jetzt unter den neuen Gegebenheiten anders wahrzunehmen, als wir dies vor einigen Jahren noch getan haben – und vermutlich zu Recht getan haben. Diese Romane von Bart und Sem-Sandberg sind Debattenbeiträge, sie sind Versuche, mit dem Erbe der Zeugen *deutend* umzugehen. Sie können nicht mehr sein – und doch sind sie notwendig. In einem gewissen Sinne markieren sie als Erbverwalter der Überlebendengeschichten nicht das Ende der Holocaustliteratur, sondern einen neuen Anfang.

Für Epstein war die Ausgangslage im Übrigen noch völlig anders: Als er 1978 mit seinem Roman begann, konnte er nur auf wenige Zeugnisse von Betroffenen zurückgreifen. In seinem Brief an Lucille Eichengreen bedauerte er, nur der englischen Sprache mächtig zu sein und sich deshalb leider nur auf wenige Quellen stützen zu können. Auch die englische Chronik-Ausgabe, die nur wenige Jahre nach dem Erscheinen von *Der Judenkönig* immerhin rund ein Viertel des Gesamttextes zugänglich machte, war noch nicht auf dem Markt. Epsteins Entscheidung, Rumkowskis Geschichte und die des Gettos zu einer Travestie zu transformieren, hat auch da ihren Grund.

Literatur ist keine Manifestation einer Geschichte für die Ewigkeit. Sie ist im besten Sinne etwas, das – um Kants saloppe Formulierung aus der *Kritik der Urteilskraft* einmal zu übernehmen – „viel zu denken veranlasst". Mancher Roman mag da nur ein Meilenstein sein, den man in der Rückschau zur Kenntnis nimmt, der einem aktuell aber wenig bietet. Ich gestehe, dass es mir mit Epsteins Roman so geht: Ich erkenne, warum er in seiner Zeit so notwendig war, wie er ist, und warum er auch für Überlende wie Eichengreen so wichtig wurde. Heute aber vermag ich ihm wenig abzugewinnen – sehr viel mehr dagegen Sem-Sandbergs dichtem, provozierendem Roman. Er schafft es, der Existenz im Getto eine erschreckende Gestalt zu geben. In Großbritannien hat man den schwedischen Autor mit Dickens verglichen. Dies mag im Dickens-Jahr dem einen oder anderen vielleicht etwas zu nahegelegen haben, und doch scheint mir dieser Vergleich nicht unpassend: Der Roman ist eben nicht nur ein Prozess gegen Rumkowski, um dessen historische Verantwortung zu klären (in dieser Hinsicht ist er übrigens paratextuell misslungen: Schon auf dem Klappentext wird Rumkowski als Verräter gebrandmarkt, ein grober Fehler des Verlags), der Roman ist vielmehr eine fordernde, anstrengende Erzählung des Schicksals der vielen sonst namenlosen Opfer. Vor allem aber ist der Roman keine *escape-story*, zu der viele Werke der Holocaustliteratur nachgerade gegen ihren eigenen Willen oft werden, sondern eine konsequente Geschichte des Nicht-Überlebens.

Ich skizzierte eingangs, dass sich in der Frage „darf man das?" gleich mehrere Ebenen des Unbehagens bündeln, die freilich eng miteinander zusammenhängen. Während ich versucht habe zu zeigen, dass Fiktionalität auch bereits von Opfern ein Medium der Interpretation war und dass sie für uns Unbeteiligte heute zur notwendigen Bedingung wird, überhaupt weiter zu erzählen, bleibt noch eine Ebene übrig: Zum einen betrifft sie die Sorge, ob das Schicksal der Opfer nicht zum Material verkommt, das letztlich nur ausgebeutet wird, zum anderen stellt sie die Frage danach, ob es solchen Romanen überhaupt noch um den Holocaust geht oder ob er nicht zur Kulisse verkommt, um andere literarische Ziele zu erreichen.

Schaut man sich Barts und Sem-Sandbergs Romane an – für Epstein galten aufgrund der damaligen Quellenlage andere Maßstäbe – denke ich, muss man diese Ängste aktuell nicht haben. Auch wenn beide Autoren die Lebensläufe tatsächlicher Personen für ihre Figuren nutzen, sie fiktional ausdeuten und fortschreiben, entwerten sie deren Schicksal doch nicht. Eher führen sie mit ihren

Erzählungen auf die zugrundeliegenden Quellen und die Schicksale wieder zurück, Sem-Sandberg mit seinem umfangreichen Personenregister und seinem Nachwort noch mehr als Bart, doch beiden ist das Bemühen nicht abzusprechen, tatsächlich über die Ereignisse selbst und die betroffenen Menschen zu sprechen. Erinnerungs-, Zeugnis- oder Gedenkliteratur sind ihre Romane in einem engeren Sinne hingegen nicht: Ihre Werke gehen über die Frage, was passiert ist, wie alle gute Literatur, letztlich deutlich hinaus.

Ruth Klüger hat diese Zusammenhänge bereits in den 1990er Jahren einmal sehr treffend formuliert:

> Wir lesen nur teilweise, um Fakten zu erfahren, eher um zu klären, wie wir mit den Fakten umgehen wollen, wie wir sie in unseren geistigen Haushalt einordnen oder, falls das nicht geht, wie wir unser geistiges Mobiliar umstellen für etwas, was sich nicht nur als psychopathologische Ausnahme, sondern als immerwährende Möglichkeit erwiesen hat, nämlich den Massenmord. Das ist die Tat, die mehr als jede andere verabscheut und tabuisiert und trotzdem ausgeführt wurde und wird. Shoa, das Fremdwort, das ist die unwiederholbare jüdische Katastrophe in der Mitte unseres ausgehenden Jahrhunderts. Aber Shoa im wörtlichen Sinne bedeutet Unheil schlechthin, also etwas, was immer droht, immer ausbrechen kann. Die oft aufgeworfene Frage, ob man den Holocaust ‚ästhetisieren darf', wird irrelevant vor diesem Sachverhalt. Die Holocaust-Literatur ist im Schnittpunkt zwischen dem einmaligen und dem wiederholbaren Verbrechen angesiedelt. Sie mag Gedicht, Fiktion, Drama, Berichterstattung und was es sonst noch gibt sein. Auch ob sie ‚schön' oder gräßlich ist, ist Nebensache, solange sie uns hilft, die Wahrheit zu verstehen, nämlich wer wir wirklich sind. (Klüger 1997, 64)

## Literaturverzeichnis

PRIMÄRWERKE

*Bart*, Andrzej 2011: Die Fliegenfängerfabrik. Aus d. Polnischen v. Albrecht Lempp. Frankfurt am Main.
*Epstein*, Leslie 1979: Der Judenkönig. Aus d. Amerikanischen v. Maria Poelchau. Hamburg.
*Sem-Sandberg*, Steve 2011: Die Elenden von Łódź. Aus d. Schwedischen v. Gisela Kosubek. Stuttgart.

SEKUNDÄRWERKE

*Bart*, Andrzej 2011 a: Interview mit Marta Kijowska (11.7.2011). http://www.dradio.de/dlf/sendungen/buechermarkt/1502011/ (letzter Abruf 15.5.2013).
*Eichenbaum*, Ray 1996: Romeks Odyssee. Jugend im Holocaust. Wien.
*Epstein*, Leslie 1979 a: Brief an Lucille Eichengreen (27.4.1979). Das Original des zweiseitigen Briefes befindet sich im Archiv der Arbeitsstelle Holocaustliteratur Gießen (Vorlass Lucille Eichengreen).

*Feuchert*, Sascha 2004: Oskar Rosenfeld und Oskar Singer. Zwei Autoren des Łódźer Gettos. Studien zur Holocaustliteratur. Frankfurt am Main.
*ders.* — *Leibfried*, Erwin — *Riecke*, Jörg (Hrsg.) 2007: Die Chronik des Gettos Łódź/Litzmannstadt. 5 Bände. Göttingen.
*Klein*, Peter 2009: Die ‚Gettoverwaltung Litzmannstadt' 1940-1944. Eine Dienststelle im Spannungsfeld von Kommunalbürokratie und staatlicher Verfolgungspolitik. Hamburg.
*Klüger*, Ruth 1997: Was ist wahr? Kann man ‚schöne Literatur' über den Holocaust schreiben? Welchen Anspruch erheben die jüngst erschienen Romane und Erzählungen über KZ und Verfolgung? In: Die Zeit, 12.9.1997, S. 64.
*Löw*, Andrea 2006: Juden im Getto Litzmannstadt. Lebensbedingungen, Selbstwahrnehmung, Verhalten. Göttingen.
*Rosenfeld*, Oskar 1994: Wozu noch Welt. Aufzeichnungen aus dem Getto Lodz. Hrsg. v. Hanno Loewy. Frankfurt am Main.
*Sem-Sandberg*, Steve 2012: Mail an Sascha Feuchert (27.1.2012). Eine Kopie der Mail befindet sich im Archiv der Arbeitsstelle Holocaustliteratur Gießen.
*Stern-Cohen*, Hilda 2003: Genagelt ist meine Zunge. Lyrik und Prosa einer Holocaust-Überlebenden. Hrsg. v. Werner V. Cohen, Sascha Feuchert, William Gilcher u. Erwin Leibfried. Frankfurt am Main.
*Wisse*, Ruth R. 1979: Fairy Tale. In: Commentary. May 1979, S. 76-78.

## Summary

The article explores what literature can achieve in dealing with the Holocaust. Are there general limits or is literature always free to find its own means? By discussing three novels about the Łódź/Litzmannstadt Ghetto (L. Epstein: *The King of the Jews*; A. Bart: *Fabryka muchołapek*; S. Sem-Sandberg: *De fattiga i Łódź*) it is shown that fictional accounts of the Holocaust can succeed on different levels. All three novels mainly explore their theme by developing their narrative around Mordechai Chaim Rumkowski, the much discussed ‚Eldest of the Jews of Litzmannstadt': As travesty (Epstein), absurd tragic-comedy (Bart) and literary documentation (Sem-Sandberg) they try to find their truths.

## Streszczenie

Artykuł jest poświęcony kwestii osiągnięć literatury Holokaustu. Czy literatura podlega ogólnym granicom, czy też może tworzyć swoje własne znaczenia? Uwzględniając trzy powieści o getcie Litzmannstadt (L. Epstein: *The King of the Jews*; A. Bart: *Fabryka muchołapek*; S. Sem-Sandberg: *De fattiga i Łódź*) pokazano, że fikcjonalnym narracjom udaje się odpowiedzieć na to pytanie w rozmaity sposób. Wszystkie powieści owijają swój temat narracji wokół Mordechaja Chaima Rumkowskiego, bardzo kontrowersyjnego prezesa Starzeństwa Żydów w Łodzi: Próbują odnaleźć swoje prawdy w formie trawestacji (Epstein), absurdalnej tragikomedii (Bart) albo literackiej dokumentacji (Sem-Sandberg).

## Das Bild des Łódźer Gettos in der Literatur im 21. Jahrhundert. Rezeption in Polen.

*Krystyna Radziszewska, Łódź*

Das zweitgrößte Getto im besetzten Polen, das Łódźer Getto, fand viele Jahre lang sehr wenig Beachtung unter den Forschern und stand immer im Schatten des Warschauer Gettos. Es fand kaum Eingang in das kollektive und kulturelle Gedächtnis sowohl der Polen als auch anderer Nationen. Das umfangreiche Quellenmaterial, dessen Menge und Qualität mit dem aus anderen Gettos nicht zu vergleichen ist, wurde nur in bescheidenem Umfang der Öffentlichkeit zugänglich gemacht. Einer der Gründe dafür war die Zusammenarbeit des Judenrates mit den deutschen Besatzern. Die Politik des Judenältesten, Mordechai Chaim Rumkowski, der an der Spitze des Judenrates stand, war sehr umstritten und meistens negativ bewertet. Für die Forscher aus den westlichen Ländern gab es eine große Hürde, die einer Untersuchung der Problematik des Łódźer Gettos im Wege stand, nämlich die Sprachbarriere. Die Dokumente und Selbstzeugnisse wurden vorwiegend in polnischer, jiddischer und auch in deutscher Sprache verfasst. Nach der politischen Wende in Polen im Jahre 1989 wurden die Forschungsarbeiten eindeutig intensiviert. Die Ausstellung *Unser einziger Weg ist Arbeit. Das Getto Lodz 1940-1944*, die 1989 in Frankfurt am Main präsentiert wurde, regte einige Wissenschaftler jüngerer Generation außerhalb Polens zu Recherchen und zur Auseinandersetzung mit der Problematik des Łódźer Gettos an. In Deutschland wurde neben einigen Tagebüchern und Erinnerungen eine der wichtigsten Quellen zur Erforschung des Gettos, die fünfbändige *Chronik des Gettos Lodz/Litzmannstadt* herausgegeben.[1] Die Veröffentlichung der Dokumente, Erinnerungstexte und der Chronik hatte zur Folge, dass das Łódźer Getto allmählich Eingang in das kollektive Gedächtnis fand. Es begann auch Künstler zu inspirieren. Sie richteten ihren Fokus vor allem auf die tragische Figur Rumkowskis.

Der erste Versuch, sich mit dem Judenältesten aus dem Łódźer Getto auseinanderzusetzen, wurde bereits 1963 von Adolf Rudnicki unternommen. In seiner

---

[1] *Die Chronik des Gettos Lodz/Litzmannstadt*, 2007. Die polnische Fassung erschien zwei Jahre später: *Kronika getta łódzkiego/Litzmannstadt Getto*, 2009.

Erzählung mit dem Titel *Kupiec łódzki* (*Der Kaufmann von Łódź*), die eher die Form eines Essays hat, wurde Rumkowski als ein primitiver, dummer, lächerlicher Mensch dargestellt, der sich einbildete, die Juden im Getto durch ihre Sklavenarbeit für die Nazis retten zu können. Der Autor, selbst ein Holocaust-Überlebender, bewertet Rumkowskis Strategie der Rettung durch die Arbeit eindeutig negativ und macht sich keine Mühe, die gängigen Meinungen über den Judenältesten zu hinterfragen, obwohl er selbst bedauerte, dass die Literatur einer der buntesten und tragischsten Figuren in der Geschichte des Zweiten Weltkriegs so wenig Aufmerksamkeit widmete (vgl. Rudnicki 1963, 9). Rudnickis *Kupiec łódzki* und *Złote okna* (1963; *Goldene Fenster*) werden von der Yivo-Enzyklopädie als „his best Holocaust works" bezeichnet.[2] Dem Autor wurde in der Volksrepublik Polen für sein Werk ein wichtiger Staatspreis verliehen.

Im 21. Jahrhundert sterben die letzten Überlebenden des Holocausts. Bald wird es keine Zeitzeugen mehr geben, die die Vernichtung gesehen und erlebt haben. Fast alle Archivbestände wurden von den Wissenschaftlern erschlossen und der Öffentlichkeit zugänglich gemacht. Da der Holocaust von Historikern erschlossen wurde, befassen sich heutzutage viele Schriftsteller mit dieser Thematik und arbeiten dabei teils wie Historiker. Sie spielen gewissermaßen mit Literatur, Geschichte und autobiographischen Texten. Viele von ihnen suchen nach neuen, schockierenden Darstellungsformen, um bei den Lesern Empathie zu wecken oder sie zu moralischen Überlegungen zu inspirieren. Zu den bekanntesten Experimenten der Literatur mit der Geschichte gehören die Romane der beiden Franzosen Jonathan Littell, *Die Wohlgesinnten*, und Laurent Binet, *HHhH*, sowie des Schweizers Jürg Amann, *Der Kommandant*, um nur drei Beispiele aus der letzten Zeit zu nennen. Alle riefen heftige Polemiken hervor. Es werden Fragen nach den Grenzen der Darstellung von Nazi-Verbrechen u.a. in Lagern und in Gettos wie auch nach adäquaten Erzählstrategien gestellt.

Viele Forscher vertreten die Auffassung, dass Literatur den moralischen Akt fortsetzen soll, d.h., dass der Autor für sein Kunstwerk eine moralische Verantwortung trägt. Motive sowie literarische Bilder spiegelten den Standpunkt des Autors wider und beeinflussten die Denkweise und das Leben der Leser. Der

---

[2] Vgl. http://www.yivoencyclopedia.org/article.aspx/Rudnicki_Adolf (letzter Abruf 22.3. 2013).

amerikanische Philosoph Berel Lang unterstreicht die untrennbare Verbindung zwischen dem moralischen Inhalt und der literarischen Form. Ihm zufolge muss der Autor sogar dann Verantwortung für seine Vorstellungen übernehmen, wenn diese in eine Richtung geraten, die der Autor nicht beabsichtigt habe. Das Schrifttum über die Nazi-Verbrechen zeichne sich nicht nur durch seine Thematik aus, sondern auch durch seine konzeptuellen, literarischen und moralischen Merkmale (vgl. Lang 2004, 16-19).

Am Beispiel zweier jüngst erschienener Romane über das Łódźer Getto soll im Folgenden gezeigt werden, welches Bild die Autoren vom Getto und der Figur des Judenältesten entwerfen und wie diese Werke in Polen rezipiert wurden. Es handelt sich um den 2010 erschienenen Roman *Fabryka muchołapek* des Polen Andrzej Bart, dessen deutsche Übersetzung 2011 unter dem Titel *Die Fliegenfängerfabrik* publiziert wurde, und um *De fattiga i Łódź* (2009) des schwedischen Autors Steve Sam-Sandberg, 2011 in Deutschland unter dem Titel *Die Elenden von Łódź* herausgekommen. Beide Texte wurden etwa zur gleichen Zeit publiziert, beide erhielten prominente Preise in Polen wie in Schweden und beide erfreuten sich großer Anerkennung unter Publizisten und Kritikern. Unter den Holocaust-Forschern in Polen sind beide Texte sehr umstritten. Weil ihre Rezensionen meistens nur in polnischer Sprache vorliegen und dem deutschen Leser kaum bekannt sind, sollen sie in diesem Beitrag angeführt und kurz besprochen werden. Auf deutsche Kritiken wird nur sporadisch eingegangen.

Andrzej Bart, der Autor der *Fliegenfängerfabrik*, wurde zwar in Wrocław geboren, wohin seine Eltern gleich nach dem Krieg aus Łódź gezogen waren, er kennt aber – wie er selbst sagt – in Łódź „jeden Pflasterstein und kommt hierher immer wieder sehr gern zurück" (vgl. Sobolewska 2009). Die Stadt wird oft zur Kulisse seiner Bücher. Über das Łódźer Getto recherchierte er viel in Bibliotheken und Archiven und hörte Geschichten, die ihm Arnold Mostowicz erzählte. Mostowicz war als junger Arzt viel im Getto unterwegs und hat viel mehr als die anderen gesehen (vgl. Szczęsna 2009).

Zur zentralen Gestalt seines Romans *Die Fliegenfängerfabrik* hat Bart den Judenältesten im Łódźer Getto, Mordechai Chaim Rumkowski, gemacht, der als sog. Präses an der Spitze der jüdischen ‚Selbstverwaltung' stand, die von der deutschen Gettoverwaltung völlig abhängig war. Er befand sich in einer schrecklichen Lage, denn er musste alle Befehle und Anordnungen der Nationalsozialisten erfüllen, die sich gegen seine Mitbrüder richteten. Rumkowski war nur ein Werkzeug in den Händen der Henker und genauso wie andere Juden zum Tode bestimmt. Von der Gettobevölkerung wurde er aber als das größte Übel gesehen. Die Nachwelt bezeichnet ihn, wie bereits erwähnt wurde, als Kollaborateur und Verräter.[3]

Andrzej Bart nähert sich der Figur von Rumkowski, indem er einen Prozess inszeniert. Der Prozess wird einerseits aus der persönlichen Perspektive von Rumkowskis Frau Regina und seinem Adoptivsohn Marek, anderseits aus derjenigen des Erzählers, eines Breslauers Schriftstellers, geschildert. Teilnehmer des Prozesses, der teils realistische, teils traumhafte Züge trägt, sind historische Gestalten, die einander aber nie begegneten und von verschiedenen Orten und aus verschiedenen Zeiten stammen, teils aber auch erfundene Figuren. Die Stimmen der Experten, Zeugen und Opfer kreisen um die Frage, wie weit man gehen darf, um Menschen zu retten. Der Stimmenchor weist auf die Schuld des Judenältesten hin. Selbst sein Anwalt wird schließlich zum Ankläger, um anschließend für seinen Mandanten „das härteste Urteil" zu fordern: „Niechże naszą karą będzie wieczne zapamiętanie go takim, jakim był" (Bart 2010, 251).[4] Bart zeigt Rumkowski als einen geltungssüchtigen Menschen, der sich wie ein absoluter Monarch aufspielte. Der *FAZ*-Rezensentin Marta Kijowska zufolge schenkt Bart den Lesern

> ein Buch, dessen Originalität kaum zu überbieten ist. Die präzise Konstruktion, das eigene, mal dustere, mal frische, unbeschwerte Erzählklima, die Leichtigkeit, mit der hier mit historischen Bezügen, literarischen Zitaten und stilistisch mit epischen, theatralischen und filmischen Mitteln jongliert wird, dazu die flüssigen, oft humorvollen Dialoge: All das macht seine *Fliegenfängerfabrik* zu einem Leseerlebnis besonderer Art. (Kijowska 2011, 28)

Vor Kijowskas Augen entsteht im Gerichtssaal ein traumartiger Mikrokosmos, das Jüngste Gericht, ein literarisches Welttheater, auf dem existentielle Fragen der Moral originell und stilistisch brillant mit humorvollen Dialogen verhandelt

---

[3] Dieser und der nächste Auszug erscheinen 2013 in meinem Artikel *Schreiben über Holocaust. Grenzen der Darstellung* in der Festschrift für Joanna Jabłkowska *Repräsentationen des Ethischen*.

[4] „Möge unsere Strafe sein, dass man ihn ewig als den in Erinnerung behält, der er war!" (Bart 2011, 237):

werden. Für einen anderen Kritiker, Martin Sander (2012), ist Barts Roman „eine der originellsten Auseinandersetzungen mit dem Holocaust".

Monika Polit, Autorin des neuesten Buches über Rumkowski, lobt die Auszüge im Roman, in denen Bart der schönen, rothaarigen Dora, die 1941 mit anderen Prager Juden ins Łódźer Getto deportiert wurde und bald den Tod fand, das alte, polnisch-deutsch-jüdische Łódź sowie dessen heutiges Gesicht zeigt und darüber emotional erzählt (vgl. Polit 2012, 199). Als eine Geschichte über Rumkowski findet sie den Roman aber misslungen. Der Leser erfahre nichts, was er vorher aus den Quellen nicht gewusst hätte. Im Roman lese man nur über Äußerlichkeiten, über die Mienen und Gesten Rumkowskis. Die Zeugen, sogar die Frau von Rumkowski, sagen nichts, was ein neues Licht auf den Judenältesten werfen könnte. Der Angeklagte komme nur einmal zu Wort, indem er vor dem Gericht erklärt, dass er nicht aussagen werde. Der Leser könne die Emotionen des Angeklagten nicht verfolgen, weil der Autor dem Protagonisten die Chance abgesprochen habe, über Ereignisse aus seiner eigenen Perspektive zu berichten. Und gerade diese innere Welt des Protagonisten wäre interessant und ließe vielleicht seine Entscheidungen verstehen. Bart hätte die Chance gehabt, ein neues Gesicht von Rumkowski zu entdecken anstatt gängige Meinungen zu wiederholen und das stereotype Bild von einem dunklen Charakter mit niedrigsten Instinkten und einem Verräter zu festigen, so Polit (vgl. ebd., 202f.).

In einem ähnlichen Tenor ist die Rezension von Justyna Kowalska-Leder in der Jahresschrift *Zagłada Żydów* (*Die Judenvernichtung*), dem Publikationsorgan des Zentrums für Holocaust-Forschung in Warschau, gehalten. Die Rezensentin bewertet die umfangreichen historischen Kenntnisse des Autors über das Łódźer Getto ebenso positiv wie seine Erzählkunst. Bart habe aber nicht den Versuch gewagt, Rumkowskis Handeln zu verstehen. Es sei nicht nötig gewesen, die Argumente für ihn und gegen ihn, die die Leser längst kennen, zu wiederholen (vgl. Kowalska-Leder 2010, 322). Derselben Meinung ist Jacek Leociak. Für den polnischen Holocaust-Forscher ist Barts Roman ein Beispiel für „narzisstischen Kitsch" (Leociak 2010, 14). Er situiert den Text auf halbem Wege zwischen Literatur und Dokument, zwischen Roman und Bericht sowie zwischen Zeugenaussage und Traumerzählung. Der Text stehe zwischen diversen Diskursen und Gattungen, zwischen Wahrheit und Dichtung. Er sei ein Beispiel für eine Postliteratur in postmoderner Zeit. Der Roman überrasche nicht, seine Poetik sei vorhersehbar. Er schmeichle dem Geschmack der Leser und der heutigen Mode. Das Spiel des Autors mit Erzählperspektiven, Ideen für die Handlungsentwicklung sowie mit Zitaten von bekannten Personen führe zu keinen neuen Erkenntnissen und diene im Prinzip lediglich der Befriedigung des eigenen Egos des Autors. Nach der Lektüre der *Fliegenfängerfabrik* wissen wir von Rumkowskis Zwiespalt und von der Vernichtung genauso viel wie vorher (vgl. ebd. 14f.).

Der schwedische Autor Steve Sem-Sandberg begegnete der Thematik des Łódźer Gettos in Prag, wo er eine Zeitlang lebte. Dort ging er den Spuren zweier Kafka-Schwestern nach und erfuhr von der Deportation der Prager Juden, u.a. auch der Schwestern Kafkas ins Łódźer Getto. Der Autor legte mit dem Zug dieselbe Strecke wie die Deportierten vor siebzig Jahren zurück. Im Gegensatz zu Warschau fand er in Łódź ein kaum verändertes Gettogebiet vor (vgl. Smoleński 2011). Sandberg recherchierte in Archiven und Bibliotheken, las Tagebücher, Erinnerungen, Zeugenaussagen sowie *Die Chronik des Gettos Lodz/Litzmannstadt* und die bisher noch nicht veröffentlichte *Enzyklopädie des Gettos Lodz*.[5] Wie Sem-Sandberg im *Nachwort des Autors* betont, folgt der Verlauf des Romans *Die Elenden von Łódź* in groben Zügen und mit einigen Ergänzungen „den Ereignissen im Getto, wie sie in der Gettochronik beschrieben sind" (Sem-Sandberg 2011, 641).

In diesem dokumentarischen Roman wird das Leben der Juden im Łódźer Getto erzählt, aber die zentrale Figur ist dabei, ähnlich wie in Barts Roman, der Judenälteste Rumkowski. Während der sog. ‚Sperre', als die Nazis die Kinder aus dem Getto deportierten und im Vernichtungslager Kulmhof ermordeten, rettete er einen Waisenjungen und adoptierte ihn. Der Junge spielt im Roman als Objekt pädophiler Neigungen Rumkowskis eine bedeutende Rolle. Geschildert wird Rumkowski als ein geltungssüchtiger Mensch, der sich wie ein absoluter

---

[5] Die *Enzyklopädie des Gettos* wurde im Łódźer Getto im Jahre 1944 verfasst. Auf einzelnen Karteikarten wurden Personen, Geschehnisse sowie verschiedene für das Getto typische Phänomene erfasst. Die Karteien befinden sich heute hauptsächlich in zwei Archiven: im Staatsarchiv Łódź (Sygn. APŁ, PSŻ 278/1103) und im Archiv des Jüdischen Historischen Instituts in Warschau (Sygn. AŻIH, 205/311). Die Łódźer Wissenschaftler planen in Kooperation mit ihren Kollegen aus Gießen die Edition des Textes im Jahre 2013.

Herrscher aufspielte, als Kollaborateur, Helfer der Nazis bei der Vernichtung sowie als Schänder von Frauen und Kindern. Der Autor des Romans wechselt oft zwischen Fiktion und Dokumentation. Sein Roman ist eine Montage aus Quellenmaterial und Imaginiertem.

Der Roman wurde von der Kritik weltweit mit wenigen Ausnahmen begeistert aufgenommen. Thomas Urban bezeichnet ihn in der *Süddeutschen Zeitung* als „einen großen Wurf mit den Zügen eines Epos in der reichen Literatur über den Holocaust" (Urban 2011). Der *Zeit*-Rezensent Ijoma Mangold versichert, dass Sem-Sandberg „dank seiner ökonomischen Prosa jeder Gefahr entgeht, künstlerisch oder moralisch mit diesem fiktiven Holocaust-Roman zu scheitern" (Mangold 2012). In der *Neuen Zürcher Zeitung* bemerkt Ulrich M. Schmid aber kritisch, dass die Chronologie, die der Autor der Getto-Chronik entnahm, nicht „das beste Gestaltungsprinzip für sein literarisches Projekt" (Schmid 2012, 69) sei. Sam-Sandberg berichte chronologisch über die Ereignisse und springe zwischen den menschlichen Schicksalen hin und her. Durch diese poetische Unentschiedenheit verlören die Einzelschicksale ihre tragische Würde und würden letztlich zu Anschauungsbeispielen des allgemeinen Horrors degradiert. Zudem drohe der Eindruck des Tragischen in der schieren Masse des Mordes unterzugehen. Der Kritiker betont, dass die literarischen Chancen dieses Romanthemas in der Gestaltung der tragischen Situation der Juden aus dem Łódźer Getto lägen, „die Sem-Sandberg allerdings nicht mit der erforderlichen Radikalität genutzt hat" (ebd.). Die Bedenken des Schweizer Rezensenten teilt die polnische Forscherin Monika Polit in ihrem erwähnten Buch über Rumkowski. Sie wirft Sem-Sandberg vor, dass er bei der Darstellung von Rumkowski – ähnlich wie Bart – die Chance verpasst habe, die Zerrissenheit dieser tragischen Figur zu thematisieren. Der Autor habe verschiedenen Erinnerungstexten Glauben geschenkt, die dem Ältesten der Juden pädophile Neigungen, sexuelle Orgien, Machtmissbrauch sowie ein Leben in Saus und Braus zuschreiben. Laut Polit, die umfangreiche Recherchen in Archiven in Polen und Israel durchgeführt und Dokumente in jiddischer Sprache ausgewertet hat, ist Rumkowski nicht privilegiert gewesen. Aus vielen Zeugnissen gehe hervor, dass er eher bescheiden lebte. Wir dürften heute nicht vergessen, dass er *Opfer* der Nationalsozialisten war und wie die anderen Juden vernichtet werden sollte. Dessen sei er sich vollkommen bewusst gewesen. Mithilfe seiner Strategie *Unser einziger Weg ist Arbeit* habe er die Existenz des Gettos verlängern und nicht für eigene Profite mit den Nazis zusammenarbeiten wollen. Für sein Vorgehen habe er einen hohen emotionalen Preis bezahlt und fand schließlich wie die anderen Juden den Tod. Mit der einseitigen Darstellung des Protagonisten als Monster habe Sem-Sandberg Rumkowski Unrecht getan und sein stereotypes Bild noch verstärkt.

Auch Jacek Leociak reagierte auf Steve Sam-Sandbergs Buch mit einem polemischen Artikel, *Koniec ery pamięci* (*Das Ende der Ära der Erinnerung*), der in der Zeitschrift *Tygodnik Powszechny* (*Allgemeines Wochenblatt*) erschien (vgl. Leociak 2011, 30f.). Der Kritiker fragt nach der Angemessenheit der Darstellungsform in diesem Roman. Er beruft sich dabei auf die Aussage des oben zitierten Philosophen Berel Lang, der betont, dass das moralische Gewicht des Holocaust seine literarische Repräsentation wie auch den Akt des Schreibens beeinflusse (vgl. Lang 1988, 1). Jedes literarische Schreiben müsse sich ethischen Kriterien unterstellen. Die von Lang definierten zwei Typen des Schreibens über den Holocaust – das dokumentarische und das fiktionale – würden von Sem-Sandberg in seinem Roman gemischt. Einmal arbeite er wie ein Schriftsteller, dann wieder als Dokumentarist. Bei der Darstellung von authentischen Figuren und Ereignissen gebe es – so Leociak – viele Ungenauigkeiten und Verdrehungen mit dem Ziel, die Geschichte emotional zu intensivieren und dramatischer zu gestalten. Dies verstärke die Ästhetisierung und Vergeistigung bis an die Grenze zum Kitsch. Um dem Leser zu zeigen, wie schrecklich der Hunger im Getto war, konstruiert Sem-Sandberg folgenden Satz: „Wenn der Hungerengel seine Zähne in dich schlug, war es, als würde einem das Innere nach außen gekrempelt" (Sem-Sandberg 2011, 123). Die Wutausbrüche von Rumkowski werden wie folgt geschildert: „Sein Zorn war wie der dunkle Rand einer himmelhohen Gewitterwolke. Die Augen verengten sich, die Haut unter dem Kinn bebte, Speichel spritzte über die Lippen" (ebd., 176). Für Leociak ist Sem-Sandberg ein Meister des Makabren. Er verweist auf einige Stellen im Roman, in denen es solche Schilderungen gibt, so etwa auf die Darstellung des Selbstgerichtes über einen Dieb und Zuhälter und des Aufhängens seiner Leiche: „In dem Blutstrom schaukelte das ausgestochene Auge an einem Faden, einem Ei gleich, umgeben von einem fetten, bräunlichen Häutchen" (ebd., 422). Rumkowskis pädophiles Verhalten werde, insbesondere in der Szene des sexuellen Missbrauchs seines Adoptivsohns Staszek, sehr präzise geschildert:

> Und der Älteste schlug und schlug, wie er es immer tat; und Staszek schrie und wehrte sich. [...] [die Hosen] waren [...] herabgeglitten und Staszek sah das Glied des Ältesten in den Unterhosen erigieren, und als der Präses die Hand des Jungen dorthin führte, hob er stattdessen den angeschwollenen roten Peniskopf zu seinem Gesicht und fuhr mit der Hand daran auf und ab, wie der Präses es ihn gelehrt hatte. (ebd., 317)

Leociak fragt, ob die Vernichtung der Juden nicht dramatisch genug und vielleicht mit der Zeit verblasst sei, so dass der Schriftsteller die Ereignisse übermäßig vergrößern und noch dramatischer und drastischer darstellen muss (vgl. Leociak 2011, 31). In einer Polemik mit dem Übersetzer der polnischen Fassung des Romans betont Leociak, dass er weniger die Fehler, Abweichungen und Ungenauigkeiten im Roman Sem-Sandbergs beanstande als den Umgang mit Quellen und Zeugnissen. Es gehe vor allem um die Methode, um die Manipulation von Fakten (vgl. Leociak 2012).[6] Piotr Śliwiński (2003) sieht in der verblüffenden Form, im Pathos, in der ausgefallenen Symbolik von Sem-Sandbergs Roman und in anderen Werken über den Holocaust die Gefahr, dass das Böse zu einer Attraktion werde, die nach banalen Mustern definiert und empfunden werde.

Die neuesten Romane über das Łódzer Getto wurden an der Grenze zur Geschichtsschreibung verfasst. Damit schreiben sie sich in die neue Tendenz des Schreibens über den Holocaust ein. Die Grenze zwischen Literatur und Geschichte wird getilgt. Es stellt sich die Frage, ob es sich heute, wenn die letzten Augenzeugen sterben, überhaupt vermeiden lässt, dass die Geschichte nicht literarisiert wird. Eine Grenze dabei sollte die Würde der Opfer bilden. Die Autoren sollten sich die Frage stellen, ob sie mit ihrer Interpretation der Geschichte den realen Figuren, die sich nicht wehren können, möglicherweise Gewalt antun. In *Die Elenden von Łódź* wird das negative Bild von dem Ältesten der Juden Rumkowski gefestigt. Andrzej Bart lässt in seinem Roman mehrere Figuren ihre

---

[6] Monika Polit erwähnt in ihrem Buch die Zeugenaussage von Edward Klein, der während der ‚Sperre' auch von Rumkowski adoptiert wurde und wegen Platzmangel in Rumkowskis Wohnung bei der Leiterin des Sekretariats, Dora Fuchs, im höheren Stockwerk übernachtete. Er verbrachte die Tage mit seinem Adoptivbruder Staszek Klein. Edward Klein äußert sich positiv über Rumkowski und erwähnt an keiner Stelle, dass sich der Judenälteste an den Brüdern vergangen hätte (vgl. Polit 2012, 172).

Meinung über Rumkowski zum Ausdruck bringen, aber auch er festigt die gängigen Meinungen über den Präses.

## Literaturverzeichnis

*Bart*, Andrzej 2010: Fabryka muchołapek. Warszawa.
*ders.* 2011. Die Fliegenfängerfabrik. Aus d. Polnischen v. Albrecht Lempp. Frankfurt am Main.
Die Chronik des Gettos Lodz/Litzmannstadt. 2007. 5 Bde. Hrsg. v. Sascha Feuchert, Erwin Leibfried u. Jörg Riecke. Göttingen.
*Kijowska*, Marta 2011: Anklage des Gettokönigs. In: Frankfurter Allgemeine Zeitung v. 16.2.2011, S. 28.
*Kowalska-Leder*, Justyna 2010: Andrzej Bart. Fabryka muchołapek. In: Zagłada Żydów. Studia i Materiały 6.2010, S. 319-322.
Kronika getta łódzkiego/Litzmannstadt Getto. 2009. Red. Julian Baranowski [u.a.]. Łódź.
*Lang*, Berel 1988: Introduction. In: Writing and the Holocaust. Ed. by Berel Lang. New York – London, S. 1-15.
*ders.* 2004: Przedstawienie zła: etyczna treść a literacka forma. In: Literatura na świecie 2004,1-2, S. 15-63.
*Leociak*, Jacek 2010: O nadużyciach w badaniach nad doświadczeniem Zagłady. In: Zagłada Żydów. Studia i Materiały 6.2010, S. 9-19.
*ders.* 2011. Koniec ery pamięci. In: Tygodnik Powszechny 50, S. 30-31.
*ders.* 2012. Rewiry: In: Tygodnik Powszechny, 3.2.2012. http://tygodnik.onet.pl/89,0,73275,rewiry,artykul.html (letzter Abruf 23.7.2013).
*Mangold*, Ijoma 2012: Der Vollstrecker. In: Die Zeit v. 21.2.2012, S. 58.
*Polit*, Monika 2012. „Moja żydowska dusza nie obawia się dnia sądu". Mordechaj Chaim Rumkowski. Prawda i zmyślenie. Warszawa.
*Rudnicki*, Adolf 1963: Kupiec łódzki. Warszawa.
*Sander*, Martin 2012: Gespinst von Träumen und Albträumen. http://www.dradio.de/kultur/sendung/kritik/1535406/ (letzter Abruf 30.9.2012).
*Schmid*, Ulrich 2012: Die Arithmetik des Grauens. Der Schwede Steve Sem-Sandberg literarisiert die Getto-Chronik von Lodz. In: Neue Zürcher Zeitung v. 28.1.2012, S. 68-69.
*Sem-Sandberg*, Steve 2012: Die Elenden von Łódź. Aus d. Schwedischen v. Gisela Kosubek. Stuttgart.
*Śliwiński*, Piotr 2003: Przeszły nieprzedawniony. In: Tygodnik Powszechny 2003,11. http://www.tygodnik.com.pl/dodatek-ks/06/sliwinski/html (letzter Abruf 2.10.2011).
*Smoleński*, Paweł 2011: Steve Sem-Sandberg. Prawda z perspektywy pustego żołądka. In: Gazeta Wyborcza v. 18.12.2011. www.wzborcza.pl/duzyformat/1,127291,10813948,Steve_Sem_Sandberg_Prawda_z_perspektywy_pustego_zaladka.html (letzter Abruf 23.3.2013).
*Sobolewska*, Justyna 2009: Przeszłość trzyma się mocno. In: Polityka v. 15.6.2009. http://www.polityka.pl/kultura/rozmowy/291986,1,rozmowa-z-andrzejem-bartem.read (letzter Abruf 23.3.2013).

Szczęsna, Joanna 2009: A. Bart: Kafka mógł tam być. In: Gazeta Wyborcza v. 26.9.2009. http://www.wyborcza.pl/1,75475,7080938,Andrzej_Bart_Kafka_mogl_tam_byc.html (letzter Abruf 23.3.2013).

Urban, Thomas 2011: Er hätte auch ein Held werden können. In: Süddeutsche Zeitung v. 11.10.2011, S. 12.

## Summary

The Ghetto in the city of Łódź, occupied and renamed by the Nazis to Litzmannstadt, belonged to the largest ghettos in occupied Poland. It was liquidated in August 1944 when there was no other ghetto anymore. Although almost all of its documents could be preserved, it stayed in the shadow of the Warsaw Ghetto or smaller ones. One of the reasons surely was the undoubtedly controversial person of Mordechai Chaim Rumkowski, the leader of the Council of Elders (Ältestenrat). Historiographic research concerning the ghetto as well as the person of Rumkowski has been intensified during the last years. Literature makes him the hero of its plots, too. That happened for example in the novels of Andrzej Bart *The Flytrap Factory* or Steve Sem-Sandberg's *The Emperor of Lies*. The reception of these novels in Poland is the topic of this paper. Both novels met with criticism among historians who assert an abuse of documents and among literary critics who accuse the authors of connecting elements of fiction and document loosely.

## Streszczenie

Getto w okupowanej przez nazistów Łodzi przemianowanej na Litzmannstadt należało obok Warszawy do największych gett na terenie okupowanej Polski. Zlikwidowane zostało w sierpniu 1944 r. kiedy nie istniało już żadne inne getto. Mimo iż zachowała się niemalże kompletna jego dokumentacja pozostawało przez długie lata w cieniu getta warszawskiego oraz innych mniejszych gett. Jedną z przyczyn takiego stanu rzeczy była niewątpliwie kontrowersyjna postawa Przełożonego Starszeństwa Żydów M. Ch. Rumkowskiego. Badania naukowe zarówno nad samym gettem jak i postacią Rumkowskiego zostały w ostatnich latach bardzo zintensyfikowane. Także literatura uczyniła z tej postaci głównego bohatera swej narracji. Stało się tak m.in. w powieściach A. Barta *Fabryka muchołapek* oraz Steva Sem-Sandberga *Biedni ludzie z miasta Łodzi*. Recepcja tych powieści w Polsce jest przedmiotem powyższego artykułu. Obie powieści spotkały się z bardzo krytyczną oceną ze strony historyków dopatrujących się nadużyć w wykorzystaniu dokumentów, a także literaturoznawców, którzy zarzucają autorom swobodne łączenie elementów fikcji i dokumentu.

# The Holocaust – Postmemory – Postmodern Novel:
## *The Flytrap Factory* by Andrzej Bart, *Tworki* by Marek Bieńczyk and *Skaza*[1] by Magdalena Tulli

*Agnieszka Izdebska – Danuta Szajnert, Łódź*

When Marianne Hirsch in *Family Frames. Photography, Narrative and Postmemory* (1997) analyzed the postmemorial and at the same time posttraumatic experience of 'the second generation', she actually did not evaluate the artistic phenomena related to this experience. In fact, most of the critical judgements referring to those phenomena appeared just after the elaboration of the key notion of Hirsch's work.[2] In its new meaning postmemory is a cultural, political and ethical, not a family category. It is not restricted to the descendants of Shoah victims and the Holocaust Jewish identity. It also concerns those who are haunted by the traumatic events of the others' past. They have learnt this past via material traces, various memoires, photos and – first of all – via texts. Trying to articulate their own experience of being in the throes of knowledge gathered in that way, creating their own texts on the monstrous reality before their births, a reality which is „intelligible and un-reproduced", they substitute for this memory an „investment of imagination, creation" (Hirsch 1997, 22). That is what raises doubts. The same reaction often provokes a strong exposition of the subject's narrative-creative activities in postmemorial texts – especially when this subject is put in an ethically privileged position, previously occupied by a witness-victim. In times following the end of testimony the question about the sense of such textual creations, reproducing or producing some fragments of the Holocaust reality accomplishes a new validation. The disputable issue is still the sense of fictionalization of the Holocaust – and in the case of literary convention such as 'the speech of trauma' which is easy to fake, like in the notorious *Bruchstücke* by Bruno Dösseker – searching for unconventional, different not yet existing forms of its representation. It, therefore, involves the risk of fancy and affected kitsch.

---

[1] Tulli's novel has not been translated into English, so we do not translate the title. But it is meaningful: Polish *skaza* suggests *blemish* in English.
[2] This extension has been accepted by Hirsch herself (see Hirsch 2008).

Kiczem bowiem są nie tylko utwory wykorzystujące schematy i konwencje sztuki popularnej, kiczami są niekiedy utwory manifestacyjnie się od nich dystansujące, takie, które reprezentują to, co można by określić jako współczesny manieryzm, utwory, których bogactwo i wymyślne artystyczne wyposażenie jest niefunkcjonalne i nie służy przekazaniu wizji świata, który był tak straszny. (Głowiński 2005, 15)

Since not only works which use schemes and conventions of popular art are kitsch, kitsch is sometimes a composition which ostentatiously expresses the distance to them, the one which represents something what we could call modern mannerism, a composition whose rich and sophisticated artistic outfit is nonfunctional and does not provide the vision of a world which was a true nightmare.[3]

According to Głowiński the troublesome increase of the Holocaust kitsch, almost absent in the literature of testimony, is connected with this kind of narrative (or other forms of artistic utterances) whose authors belong to the postmemory generation, not to the generation of memory.

The authors of *The Flytrap Factory* and *Tworki* try to face the questions mentioned above each of them in a different way. The author of *Skaza* dismisses and, in a way, defies those questions and at the same time she rejects the accusation of a neutralized universalization (see Langer 2004) and a de-Judaization of the Holocaust. She rather tends to provoke a discussion about cultural clichés on the Holocaust which make a recognition of the universal level of the story she tells difficultly. Something which connects all these very different novels is the fact that their authors not only belong to „the generation of postmemory" (the title of Hirsch's article and her book), but that they also thematize or at least problematize this affiliation in these novels.[4] Secondly, the status of the present-

---

[3] All fragments of Polish texts are quoted here in our translation.
[4] Andrzej Bart (born in 1951) is a novelist, screenwriter and director of documentaries, e.g. *Eve R.* (1999) on Arthur Rubinstein's daughter, *Hiob* (2000) on the Polish painter Marek Rudnicki and *Radegast* (2008) on the Łódź ghetto; he also wrote several novels, e.g. *Rien ne va plus* (1991), *Piąty jeździec Apokalipsy* (1999; *The Fifth Horseman of Apocalypse*) and his most frequently translated work *Fabryka muchołapek* (2008;*The Flytrap Factory*). – Marek Bieńczyk (1956) is a scholar and translator of French works into Polish (e.g. Cioran and Barthes); he is also the author of two novels: *Terminal* (1994) and *Tworki* (1999). He wrote a lot of essays, published in collections: *Melancholia. O tych, którzy nigdy nie odnajdą straty* (1998; *Melancholy. On those who will Never Find a Loss*) and *Oczy Dürera. O melancholii romantycznej* (2002; *Dürer's Eyes. On Romantic Melancholy*); the collection of his essays *Księga twarzy* (2011; *Book of Faces*), awarded with Nike, the most popular and prestigious Polish literary award. – Magdalena Tulli (1955), a writer and translator (e.g. of Calvino's and

ed worlds of these novels is ambiguous, hanging between an ironically manifested textuality and a search for achieving an illusion or effect of reality. Thirdly, in all of these novels you can hear a tone which might be seen as too light, on the brink of appropriateness towards the presented subject. Those are the main connections between the indeed very different novels mentioned here. In order to present these differences, we intend to invoke a notion once fashionable, that is the category of the implicated or intended reader. In each of these novels this is differently projected, thereby involving various conceptions of the real state of culture, within which communication takes place. Bieńczyk apparently assumes that his reader is not only equipped with a second-hand knowledge of Jewish experience, but that his mode reader shares the posttraumatic author's sensibility as well. In contrast Bart unconventionally tries to impart this kind of knowledge to his reader and to awake his/her sensibility. While Tulli who calls into question the depth of that knowledge at the same time tries to arouse the reader's empathy for those who under different cultural and historical circumstances could be blemished.

*The Flytrap Factory*, a novel by Andrzej Bart, published in 2008, is neither the story about Litzmannstadt ghetto nor even about M.Ch. Rumkowski with Łódź ghetto in the background, as we can read in reviews. In the novel we have an apparent, bolstered up by theatralization, repetition of well-known utterances of (sometimes) well-known people, among them analytics of the Holocaust – Hannah Arendt, victims – Janusz Korczak, survivors – Lucille Eichengreen (during the trial called Johanna Horkheimer), executioners – Hans Biebow (the German supervisor of the ghetto). These utterances are connoted as quotations, quasi-quotations, contaminations, paraphrases and presumptions. The theatralization derives from the fact that these quotations and paraphrases fulfill the function of the speeches in this performance which is the lawsuit against Rum-

---

Proust's works); she wrote several novels: *Sny i kamienie* (1995; *Dreams and Stones*), *W czerwieni* (1998; *In Red*), *Tryby* (2003; *The Moving Parts*) and *Skaza* (2007; *Blemish*); her collection of short stories, *Włoskie szpilki* (2011; *Italian High Heels*) was shortlisted to Nike Award; she is also, with Sergiusz Kowalski, the co-author of the work *Zamiast procesu: raport o mowie nienawiści* (2003; *Instead of a Trial: a Report on the Language of Hatred*), on the language used by the Polish right wing press.

kowski, the spectral trial which is under way in a phantasmagoric space. The actors of this performance are witnesses summoned from the beyond[5] or from a paradoxically vague presence – better or worse in their roles –, prosecution, public defender, audience and the silent defendant himself. During the trial, our fictional Chairman behaves – at least in its first part – according to Rumkowski's declarations made in the ghetto. It is well known that he had expected to be taken to court after the war (cf. Polit 2012, 130). In one of his many speeches stenographed by Szmul Rozensztajn he admitted: „I am afraid of attacks on me now and in the future." However, thereupon he arrogantly replied: „My Jewish soul is not afraid of the day of judgment, of what others will say about me after the war" (Rozensztajn 2008, 105). But at the same time he added how much he was curious of what would occur. In another speech he directly declared his readiness to be subjected to „men's or God's judgement" (ibid., 188). The fictional trial which Bart organizes for Rumkowski – as if in response to the Chairman's declarations – has an ambiguous man's – God's status.[6] The author, in response to Rumkowski's real expectations (according to testimonies), confronts Rumkowski with the many opinions about him – mainly incompatible with his own imaginations – at the same time testing his readiness to face the trial.

Subsequently *The Flytrap Factory* is a novel about – among other things – what is said about the ‚Judenältester'. That level of the story reveals in the very first scene a visual representation of the fragment of Rumkowski's legend popularized in the essay *Kupiec łódzki (Merchant of Łódź)* by Adolf Rudnicki. In that scene we can observe a parlour-car – luxurious carriage in which a handsome and dignified old man „clears his way through the night" (Bart 2009, 5). A beau-

---

[5] This procedure could be seen as an unintentional parody. The issue discussed here is the reflection on the real testimony of the Holocaust, the testimony which could be given only by those, who could not do that: „integral witnesses". One of those who – according to Primo Levi's famous expression (Levi 2007, 100) – „had reached the bottom and had not avoided Medusa's gaze, the one who then either did not return at all or the one who returned speechless" (see also Agamben 1998). So the trick of filling in the roles of fictional witnesses or not fictional people who are talking about their own death could be seen as a mockery viewed from this reflection.

[6] The judge has – according to popular imaginations – God's attributes, for example he is omniscient. Modest tailors and typesetters are tremendously touched when it turns out that the judge knows their names and fate.

tiful young woman and an angelic little boy are sleeping next to an old man. That is the same parlour-car, added to the freight train on Biebow's command, in which Rumkowski, according to the legend, presumably traveled to Auschwitz. The image of the travel ends the story in the novel and this image is closer to the truth. And this image is also built upon other people's stories.

Therefore, let us repeat, if *The Flytrap Factory* tells us what was said in the ghetto about the „Judenältester', the novel in itself is „perfectly empty from a cognitive point of view" – a remark made by Jacek Leociak (2010, 14), a distinguished specialist of Holocaust texts . According to Leociak's opinion the novel presents no new knowledge about Rumkowski and the experience of the Shoah. But what is the point in this case? Whose knowledge are we talking about? The novel was written by using the formula of a postmodern novel, as if almost taken from pocket dictionaries and encyclopedias. What is crucial in this case is the double recipient of this form of novel. Bart uses this pattern for didactic reasons. He proposes to those who know little or nothing about the Holocaust, the ghetto or Rumkowski, an attractive („cool", „zappy" – these are quotations from social networks) knowledge in a pill, that is as theatrical and dramatized abstract key-answer. There are suggestions in the novel that he imagines his readers as hoodlums standing in archways of shabby tenements of Łódź Bałuty, boys sometimes met by the narrator – stylized as the writer and director, Andrzej Bart, during his wanders along the traces of the Łódź ghetto (here is an analogy to the fictionalized documentary in 3D *Elimination. 08.1944* by Michał Bukojemski, Marek Miller made for skaters).

The author's *alter ego*, emerged in alcoholic collapse, appears in the novel soon after the scene in the parlour-car. The *alter ego* is visited by a weird, repulsive and his incarnations changing creature. He could be identified as a distant and burlesque echo of Mann's Mephistopheles and Bulgakov's Azazello at the same time. The individual offers the writer (whom he addresses as „Herr Andreas") who is constantly short of money, „a fat envelope" for a report of Rumkowski's trial which would take place in his home city. In one of his incarnations, the newcomer introduces himself as Biebow's grandson. At that moment, he calls that unbelievable trial „the Jewish chutzpah" (Bart 2009, 21). In another incarnation he introduces himself as the nephew of the Tzadik of Bobowa and ironically explains why the trial will happen for sure: „if Jews can do everything, why should they have any troubles in this case?" (ibid., 22). In this way we learn what the source of the story is. Despite any doubts and his lack of faith in his own clear deadness, Herr Andreas, lured with payment, departs for Łódź.

He is not present during the whole trial. He is enchanted with the beauty of Dora, a young Jewish woman from Prague, one of the trial's observers. They slip into town which is an excuse to make a lot of journalistic commentaries on modern Łódź and its citizens which duplicates doubts as far as temporal levels of the novel's plot are concerned. During his absence, we get to know the role of the trial as viewed by Rumkowski's wife. We are watching with her eyes a performance which ends the trial's first day. The entertainment consists of fragments of *Coriolanus, King Lear* and *Richard III* by Shakespeare performed by poor amateur-actors on the stage of a real theatre, played in front of the ghetto's audience. It turns out that the judge was the director and the organizer of the performance. It was he who arranged everything to make clear that all the literary allusions point to Rumkowski – sitting in the box and observing the stage – as the main protagonist in the play. In the process, the performance doubles and extends the trial itself, and confirms hostile reactions of the audience. Another sensitive observer of the trial is Marek whom Bart introduces as Rumkowski's adoptive son. In some parts of the novel, he is in the limelight of the narrative.

This stylization and excess of weird ‚posttraditional' tricks led Leociak – and other custodians of the Holocaust truth and *decorum* – to call *The Flytrap Factory* narcissistic kitsch[7]. This novel is, therefore, also about an author's post-trauma and his postmemorial experience somewhat patronizingly confronted with a posthistorical lack of sensibility, ignorance and amnesia present all around. Bart consistently – not only in the part of the diary notes – implies how many search queries in archives, readings, interviews with survivors, reconsid-

---

[7] A. Kuligowska-Korzeniewska is very skeptical as regards to trick ‚theatre in the theatre', converted in *The Flytrap Factory* in that way that in the outside performance, the trial, we have another one based upon Shakespeare's dramas. She asked: „Was it really necessary to use – in those plurality of literary games which Bart is famous for and from reason of which he wins readers – convention ‚theatre in the novel'? It might be just another embellishment" (Kuligowska-Korzeniewska 2011, 147).

erations and reflections had preceded writing the novel and how little of this personal involvement and extensive knowledge he could accommodate in the text of the novel. He also tries to show with self-irony how imagination, fiction and his own didactic simplifications falsify history. Bart expects more a sophisticated reader to recognize the source and function of this *permanent parabasis* which has been going to make *The Flytrap Factory* something more than only a well written popular novel on a serious subject. To such a reader the author addresses all literary and cultural allusions which have been about to multiply and deepen the novel's sense.

Only such a reader can properly recognize the semantic-pragmatic intention of Marek Bieńczyk as the author of *Tworki*, published in 1999. In order to answer the question what this novel is about the reader should have not only philosophical competence (the novel refers mainly to Lévinas', Lacan's and Derrida's works), literary knowledge (it could be useful if one is familiar with essays by Bieńczyk himself) and historical cognizance. He/she should be also after reading the various Holocaust testimonies – especially those which involve with hiding Jews on the Aryan side. The next context necessary for an understanding of *Tworki* is the debate on the appropriateness and form of the Holocaust story telling. Bieńczyk, entirely aware of the process, treats his novel as a voice in this debate.

Most important here is the place from which he is talking. *Tworki* is his attempt of answering the question how to narrate the Holocaust beyond Hilberg's triangle (perpetrators – victims – bystanders). It is also the answer to the question why we should still tell about the Holocaust, even though we are neither a perpetrator, nor a victim having miraculously survived or a guilty non-Jewish bystander on the one hand, and even despite a proliferation of texts about the Holocaust since the 1980s on the other hand. But in *Tworki* the answer to the question ‚how?' is at the same time the answer to the question ‚why?'. The choice of an ‚inappropriate' form of narrative seems to be the consequence of a breakneck attempt to record the imaginative experience of a witness, who could be himself if not for the privilege of a ‚late birth'. Casting himself in the role of a „witness of the second degree" (Hirsch 2008), „witness by adoption" (Hartmann 1996) or „vicarious witness" (Zeitlin 1998) has a double sense. Bieńczyk, therefore, is telling instead about Polish witnesses/bystanders of the Holocaust, as if it were on behalf of those who have kept silent for years. He speaks, however, also on behalf of himself, because he feels obliged to answer to the farewell letter from some S. to some Jurek and in the end of the novel he exhorts others to attempt answering too, to add their own post-postscript which finishes the novel. This fictional letter is the synecdoche of material consisting of mostly anonymous traces of the exterminated whose fates demand an even imaginative restitution, recording and memorization. In this letter, quoted on the first page of the novel, Bieńczyk adds the whole occupational story about Jurek, Sonia, Olek, Marcel and Janka, bookkeepers employed by the German administration[8] of the insane asylum in Tworki, perhaps the only hospital on Polish territory in which patients were not exterminated during the T4 action.

The main characters of the story are Jurek aged twenty and his peer Sonia – the addressee and the author of the letter. The narrator who tells about them and their friends is aware of his own position as the person who is writing and allegedly reconstructing their fate, who comments on them and is vainly trying to affect their fulfilled long ago decisions, so this story teller uses a language different to the one used by the novel's protagonists. It is the disparity of languages which exposes the extreme dissimilarity and incoherency of the two presented worlds in the two time levels of the novel: those involved in the past time of war and in the present, in which the narrator – the author's *porte-parole* – is situated. Such duplications are typical for many narratives told from a post memorial perspective. However, Bieńczyk uses this trick to show that the school-boy's and childish language of the protagonists – colloquial and poetry like at the same time, full of exaggeration and sometimes ludicrous humour and nursery rhymes – is suitable for conveying the almost Arcadian atmosphere of Tworki, run by decent Germans, especially in contrast to that what happens beyond the asylum's wall. But this language does neither go together with the experiences of those protagonists who are Jews in hiding on Aryan identity cards, nor suits to articulation of shock, pain and inability of understanding which Jurek feels after the suicide – though inflicted by Germans – death of two of them. Bieńczyk

---

[8] In the novel this fictional character has the same name like the real one – Honette.

builds above this almost perfect stylization of spoken language of young people of the 1940s a discourse of the narrator who is trying to cope with the difficult subject of his tale alternately by keeping a distance to the protagonists and by sympathy to them. This illusive closeness is accomplished also on the language level, and once more it uncovers and simply exposes an entire incomprehension of articulation of the Holocaust experience, even though it is the post memorial experience. Awareness of this inadequacy – Bieńczyk seems to say – does not absolve from the obligation of a constant repetition of such articulation trials. In the end of the novel, one of the patients, Antiplato – talking previously by quoting from Derrida's works – forces Jurek, a home-grown poet, to write an elegy for Sonia's recall, Sonia, who „subscribed herself to death", regardless how inappropriate and unsuitable it could be, because „it must be told. By all means" (Bieńczyk 1999, 220).

That is why Bieńczyk, too, wrote his idiomatic, tragicomical and banal elegy – an elegy full of equivocation, ambiguity and concealments, risky metaphors, repetitious rhymes and almost hymnic incantations, hyperliterary and with references to mass culture allusions. *Tworki* is an artificial creation, demonstratively literary and, at the same time – possibly surprisingly – very touching and piercing. In one of his interviews, Bieńczyk defined thoroughly what is going on with the language of his novel:

> [...] jego eksplozje, bufonady itd. można by ewentualnie interpretować jako znaki rozpadu języka wobec katastrofy oznaki jego bezradności wobec niemożności wypowiedzenia Zagłady. [...] Tymczasem moją intencją [...] było zniszczenie pośredniości, dotknięcie tamtego świata, przejście w tamtą rzeczywistość. I paradoks, paradoks tej książki i postawy, która za nią stoi, polega na tym, że im bardziej rozszerzam, wzmacniam tekstowy charakter powieści, tym bardziej czuję się bliski moich bohaterów i ich przeżyć, tym bardziej i tym pokorniej staję przed nimi w mej bezpośredniej obecności, tym bardziej obnażam moje wobec nich uczucia, dobre uczucia. (ibid., 3)
>
> [...] its explosions, clownery and so on, could be interpreted as signs of destruction of language, the signs of its inability to give utterance to the Holocaust. [...] Whereas my intention [...] was to destroy indirectness, touching that world, passing into that reality. And the paradox, the paradox of this book (and the stance which stands behind it) is the fact that the more I extend, amplify the textual features of the novel, the more I feel close to my characters and their emotions. And the more I stand humble in front of them, in my direct presence, the more I reveal my emotions towards them, my good emotions.

Bieńczyk means here, that the two spheres – the textual and the real (historical) one – mutualize in the novel. And undoubtedly he achieved this goal in his book. That is why he protests against putting the ‚postmodern' label on *Tworki*, just like on his previous novel *Terminal*, whenever ‚postmodern' is defined in a false simplification as empty play with conventions and state of ‚exhaustion'.

But it seemed to be too difficult for unprofessional readers. The author's decision – fruitful for interpretative reasons – to show all what is crucial in the novel, that is everything what refers to the Holocaust, only by poetics of allusion and periphrasis, to write about Jews and to use the word ‚jew' only once in the meaning ‚blot in a pupil's notebook' used in archaic Polish vocabulary, causes an absolute misunderstanding of the author's message. This is proven when reading enthusiastic amateur reviews on social networks for readers of literature. Their authors delighted with the language bravado and comicality of *Tworki* do not realize at all what the story is about. On the other hand, professional readers do not recognize the categorical intention[9] which organized the structure of the novel. Aleksandra Ubertowska, for example, blames Bieńczyk for his nihilistic strategy, which sponges on the „cruel reality of the experience of the Holocaust" (Ubertowska 2007, 289). In *Tworki* the entire truth about the Holocaust „is located in a fanciful game of *signifiants*, it flows in the frantic river of words" (ibid., 295) which causes that „the Holocaust […] in the novel" seems to be „an elusive phantom, fiction in fiction, something deprived of the weight" (ibid.). These accusations are close to a statement that in this case, once more, we deal with fancy and affected kitsch.

The third novel mentioned here, *Skaza* by Magdalena Tulli, published in 2007, is – after all – the story about the arrival of refugees on a square of a small town. Their presence seems to be scandalous for the citizens. The newcomers camp on the lawn in the center of the town, they are satisfying their physiological needs around the flowerbed, they demand food and water, a woman starts to deliver a baby. Instantly they make themselves dirty, and their tidy and elegant clothes begin to look like rags – all these factors make the indigenous people to see them as barbarians. What is immediately recognized as a fundamental fea-

---

[9] On the distinction between categorical and semantic intentions – see Szajnert 2011, 95-99.

ture of the newcomers is their strangeness – „strangeness sealed up in itself" (Tulli 2007, 66). With the passage of time this reluctant reaction towards the piercing presence of aliens increases. Above all, around the square with the refugees the whole world, well known for its citizens, collapses: the government falls, stocks decline in value, an overthrow is accomplished, and power is taken by a waiter who timely captured the general uniform. For all the inhabitants of the quiet town all the mess started when those nasty newcomers conquered the central square of the town. Finally, in one version of the ending of the novel, the refugees are brutally locked up in a bunker under the building of a local cinema. The citizens are suddenly confronted with the absence of those strangers, with the emptiness left by them, and unexpectedly with an untouched flowerbed in the centre of the square. Then, upon a secret order of the general-waiter, ventilating escapes from the bunker are sealed and lime founded in the cinema is used for the utilization of the refugees' remains.

In the novel we have consistently exposed the trick of constructing in narrative the ‚small story', „conceived as a light and smooth thing" (ibid., 22). The small tale is a span from various, hypothetically sketched, personal points of view. Moreover, „the things do not happen here or there. The whole tale is located in itself, like in a glass sphere" (ibid., 7).

Therefore, if one treats *Skaza* as a realization of a postmodernistic novel's model, it can be said that it projects an opportunity of various procedures of reading and final interpretation. You could read it as a novel about the inability of a narrative on any outside reality. It could be a playful small tale of almost unlimited references: for example about any historical riots which topple the previous order of the world and enable waiters to capture proper uniforms and to govern countries. Of course, it could be also the history of any refugees residing helplessly on squares. At last, *Skaza* could be regarded as a tale not about the Holocaust itself, but as the story about Polish – or even European in general – awareness and memory of the Holocaust.[10]

The last interpretation mentioned above provokes the question concerning the references of Tulli's novel. How does it happen that such a highly metatextual,

---

[10] Beata Przymuszała (2008) develops this issue distinctly.

ostentatiously devoid of historical signals and even ahistorical story could be treated with relation to such a strongly embedded historical event which thus determines the postmodern experience in such a particular way. In our opinion, Grażyna Borkowska gave the most accurate answer to this question:

> [...] *Skaza* opowiada o świecie, który został naznaczony. To naznaczenie bierze się jednak nie z tego, że opowieść o miasteczku bez nazwy i miejsca na mapie potoczyła się dramatycznie; wynika raczej stąd, że pewnych historii nie da się już opowiedzieć inaczej, bez systemu odesłań i podejrzeń, że pewnych historii nie da się już przeczytać bez pamięci o Zagładzie, że inne – naiwne – pisanie i czytanie może się dokonać tylko za sprawą pominiętej wiedzy i złej wiary (Borkowska 2006, 114).
>
> [...] *Skaza* tells us about the world which has been blemished. This stigma does not come from the fact that the story about a nameless town with no place on the map flows dramatically; it is consistent with the state of our culture which is such that nowadays some kinds of stories cannot be told differently, without a system of references and suspicions. Nowadays, some kinds of stories cannot be read without the memory about the Holocaust, because that different – more naïve – reading and writing could be accomplished only thanks to ignored knowledge and bad faith.

Therefore such an interpretation is forced by the historical context and the paradigmatic power of narrative around the Holocaust which establishes frameworks of the postmodern discourse.[11] The power of this context is so strong that whenever the word ‚solution' appears, readers will have the ominous association *Endlösung* (see Przymuszała 2008, 64).

But in *Skaza* the story about so strongly textual refugees is told in the framework of a narrative different from those prevailing in the 20$^{th}$ century. That is because – as a story teller of that ‚small story' says – there is no other possibility for her: she has to „own up to that crowd" (Tulli 2007, 161), to take responsibility for the refugees. So in the end of the story, we will not be left with such well known and frequently seen sights of remains of cloth and wadding coated with lime. It will be this kind of a tale in which cabs (like those which rescued Paris during the Battle of the Marne) carry would-be victims out of town towards new lives in the New World – America. Parabolic and strongly metanarrative, Tulli's story is built on a substructure of empathy towards orphans and refugees, not on disdain and a sense of strangeness which defines citizens' relationships towards

---

[11] The perception of the Holocaust as *Zivilisationsbruch* (a crack or tear of civilization) is presented in a lot of texts; see for example Milchman/Rosenberg 1998.

newcomers. Finally it becomes a story which brings hope, despite the whole knowledge of all kinds of disability stories inscribed in it.

And that is why Beata Przymuszała's summary of the novel really hits the nail on the head with her statement: „Polish memory is and will be blemished. But this blemish would not have to be lethal [...] we have to learn to live with the blemish, with the emptiness" (Przymuszała 2008, 68).

But Tulli herself depreciated with annoyance the interpretation of her novel as the story about the Holocaust.

> Że nie chodzi o Żydów to oczywistość. Dlaczego niektórym ludziom tak bardzo pasuje, żeby to byli Żydzi, że nawet wbrew tekstowi gotowi są przy tym się upierać? Dopatrywać się ,rekwizytów', jakiegoś dziwnego szyfru, diabli wiedzą czego. Świat zawsze jest pełen uchodźców. I pełen zbiorowych nieszczęść, które wywracają ludziom życie do góry nogami. W tym wpychaniu na siłę Żydów do *Skazy* widzę coś ucieczkowego, jakieś żałosne pragnienie zaprzeczenia naszej kondycji, z której wynika to, że można nas skrzywdzić i poniżyć. Jakby mówili — niech poniżenie dotyczy zawsze tych samych, raz już wytypowanych na ofiarę, bo ja chcę wierzyć, że mnie ta sprawa nie dotyczy osobiście. Ludzie nie chcą identyfikować się z poniżonymi. Szkoda. Może byłoby mniej poniżania, gdyby umieli. (Tulli 2006)
>
> It is absolutely obvious that the story is not about the Jews. Why is it for some readers obvious to see the Jews there, and some readers believe contrary to the text itself that they are ready to insist on their presence? They are looking for ,prompts', weird codes, hell knows what else. The world is always full of refugees. And full of collective unhappiness which topple people's lives over. In the pushing of the Jews to *Skaza* I can see some kind of escape, a kind of pathetic refusal of our condition, the pathetic refusal of the fact that we can be humiliated and hurt so easily. As if they say: „Let this humiliation always concern the same people, those who had already been given parts of victims historically. I want to believe that the issue does not affect me personally." People do not want to identify with the humiliated ones. What a pity! If we could feel this empathy with the victims, there would be fewer humiliated people around us.

For the author, therefore, the novel is a tale showing mechanisms facilitating any final solutions: from fear and overt aggression, through stigmatization, ending on a strategy of justification of stigma and approval of elimination of the strangers, no matter the methods.

It is difficult to say to what extent Tulli's remarks on *Skaza* depend on the fact that she herself really belongs to the authentic ,second generation' and her next book, the collection of short stories entitled *Włoskie szpilki* (*Italian High Heels*), published in 2011, describes directly the experience of being the daughter of a survivor. The post memory narrative in this collection is essentially different from Tulli's typical novels. It is close to an autobiographical model and it reveals not only the feelings of a later ‚child of Holocaust', but it also shows the experience of a permanent refugee, living with the stigma of strangeness which becomes the burden of that swarthy, absent-minded girl dressed always in odd, crumpled clothes.

\*\*\*

The authors of the three compositions use more or less orthodox models of a postmodernistic novel (non-obvious and defined variously), and all of them undertake very clear-cut formulas of narrative. In all of them fictionality and literariness are exposed. Therefore, the narrative procedures themselves become – amongst other things – the subject of narration. *The Flytrap Factory* and *Tworki* directly refer to the Holocaust, in *Skaza* this is only one of the possible references which probably prevented the novel from the accusations Bart and Bieńczyk had to confront. Thanks to displaying the subject of the general narrative outside the Jewish world of the Holocaust, all three authors avoid an ethically suspicious appropriation of the experience of others. However – instead of such a demonstrative exposure of the meta-fictional level in these novels – we have in all of them an attempt to accomplish the effect of reality. Those sometimes desperate attempts of reconciling disproportionate levels – text and historical reality (because of the generation gap accessible only through texts) as well as the reality experienced here and now – reveal a peculiarity of the postmemorial postmodern novel.

Moreover, in *The Flytrap Factory* we have a very typical literary postmodernism trick with a doubled recipient, but in result the novel ‚speaks' to nobody in a way or uses the tricks recognized by well-educated readers as ‚kitsch'. In *Tworki* we have inscribed one mode of reception: this is a reader who is not only able to appreciate the stylization overflow and to recognize quotations, but who can also regard the meta fictional level as crucial, to ‚hear' the novel as an opinion in the debate on possible or impossible modes of articulation of posttraumatic and postmemory experience. This procedure can be regarded as doubtful because ineffective — since categorical intentions of the author are not easy to recognize. This proclaimed ethical aim of this articulation — sustaining the memory of the Shoah while the last witnesses-survivors are passing away — cannot be accomplished. In this way, only the ghetto-like memory of the chosen ones can be sustained, those who remember anyway. Then Tulli in *Skaza* is offering us multiplied — not necessarily incoherent — possibilities of reading the novel. But paradoxically enough the status of Tulli's own second generation experience — as posttraumatic and postmemorial — becomes fuzzy and suspended in a way. We might find here a postmemorial sensitiveness to the fact that the stories described in her novel, the stories analogous to those which the generation of her parents shared still happen, and nothing indicates that they will belong to the past.

So we can say about all the novels mentioned here: all of them — each one in its own manner — reveal not only fundamental troubles with the articulation of experience of the Holocaust second generation, but also problems with the acceptance of new artistic forms of that articulation, forms comprehended by the artists as the consequence of their historical location.

## Bibliography

LITERARY TEXTS

*Bart*, Andrzej 2009: Fabryka muchołapek. Warszawa.
*Bieńczyk*, Marek 2012: Tworki. Warszawa.
*Tulli*, Magdalena 2007: Skaza. Warszawa.

SECONDARY SOURCES

*Agamben*, Giorgio 1998: Homo Sacer: Sovereign Power and Bare Life. Transl. D. Heller-Roazen. Stanford.
*Bieńczyk*, Marek 1999: Imię Soni. Rozmawiał Wojciech Chmielewski. In: Plus — Minus. Dodatek do Rzeczpospolitej, 10-11 lipca, nr 159, p. 3.
*Borkowska*, Grażyna 2006: Idiomy Zagłady. In: Res Publica Nowa, nr 2, pp. 114-115.
*Głowiński*, Michał 2005: Wprowadzenie. In: Stosowność i forma. Jak opowiadać o Zagładzie? Red. Michał Głowiński, Katarzyna Chmielewska, Katarzyna Makaruk, Alina Molisak, Tomasz Żukowski. Kraków, pp. 7-20.
*Hartmann*, Geoffrey H. 1996: The Longest Shadow. In the Aftermath of the Holocaust. Bloomington.

*Hirsch*, Marianne 1997: Family Frames. Photography, Narrative and Postmemory. Cambridge, Mass., and London.
*id.* 2008: Generation of Postmemory. In: Poetics Today, Spring, no 1, pp. 103-128.
*Kuligowska-Korzeniewska*, Anna 2010: Teatralny sąd nad Rumkowskim. In: Dialog, nr 1, pp. 138-147.
*Langer*, Lawrence L. 2004: Neutralizowanie Holokaustu. Przeł. Jarosław Mikos. In: Literatura na Świecie, nr 1-2, pp. 141-161.
*Leociak*, Jacek 2010: O nadużyciach w badaniach nad doświadczeniem Zagłady. In: Zagłada Żydów. Studia i Materiały, nr 6, pp. 9-19.
*Levi*, Primo 2007: Pogrążeni i ocaleni. Przeł. Stanisław Kasprzysiak. Kraków.
*Milchman*, Alan – *Rosenberg*, Alan (eds.) 1998: Postmodernism and the Holocaust. Amsterdam – Atlanta.
*Polit*, Monika 2012: „Moja żydowska dusza nie obawia się dnia sądu". Mordechaj Chaim Rumkowski. Prawda i zmyślenie. Warszawa.
*Przymuszała*, Beata 2008: Pusta pustka? O zanieczyszczonej polskiej pamięci w *Skazie* Magdaleny Tulli. In: Akcent, 4, pp. 64-68.
*Rozensztajn*, Szmul 2008: Notatnik. Przekład, redakcja naukowa i wprowadzenie Monika Polit. Warszawa.
*Szajnert*, Danuta 2011: Intencja autora i interpretacja – między inwencją a atencją. Teksty i parateksty. Łódź.
*Tulli*, Magdalena 2006: Pisanie jako porozumienie. Z Magdaleną Tulli rozmawia Anna Skawińska. http://proarte.net.pl/?action=dynamicEtdzial=43Etid=1189 (accessed 28-2-2009).
*Ubertowska*, Aleksandra 2007: Świadectwo – Trauma – Głos. Literackie reprezentacje Holokaustu. Kraków.
*Zeitlin*, Froma I. 1998: The Vicarious Witness. Belated Memory in Recent Holocaust Literature. In: History & Memory, no 2, pp. 5-42.

## Zusammenfassung

Der Beitrag befasst sich mit drei Romanen, die man unter der breiten Formel der Postmoderne erfassen kann. Mit Hilfe von Verfahren, die als postmodern beschrieben wurden, zeichnen die – zur ‚postmemory generation' gehörenden – Autoren dieser Romane darin ihre posttraumatische, kulturell vermittelte Holocausterfahrung auf. Darüber hinaus thematisieren oder zumindest problematisieren sie die eigene Generationszugehörigkeit, aufgrund derer die von ihnen gewählten unkonventionellen (für einige Kritiker allzu unkonventionellen) Formen der Artikulation eben dieser Erfahrung zugleich als Aussage über das Thema dieser Formen und als unausweichliche Konsequenz der historischen Positionierung der Autoren erscheinen. Keiner dieser Romane ist folglich darum bemüht, die Judenvernichtung im traditionellen Sinne darzustellen. Am deutlichsten ist das in *Skaza* zu erkennen, wo das Thema des Holocaust als ethischer Filter sichtbar wird, durch den die Eigenschaften der gegenwärtigen, posttraumatischen Kultur wahrgenommen werden.

Was alle diese Werke verbindet, ist auch der unsichere Status der in ihnen dargestellten Welten, der gewissermaßen zwischen einer ironisch manifestierten Textualität und dem Streben nach dem Erlangen von Illusionen oder eines Realitätseffektes hängt. Versuche, die nicht miteinander vergleichbaren Ebenen – des Textes und der historischen Realität (die aufgrund der zunehmenden Entfernung der Generationen ausschließlich mittels Texten zugänglich ist) sowie des erfahrenen Hier und Jetzt – miteinander auszusöhnen, geben am besten die Spezifik des postmodernen postmemory-Romans wieder.

## Streszczenie

Artykuł dotyczy trzech powieści, które można objąć szeroką formułą postmodernizmu. Przy pomocy chwytów, opisywanych jako postmodernistyczne, autorzy tych powieści – należący do ‚pokolenia postpamięci'– zapisują w nich swoje posttraumatyczne, kulturowo zapośredniczone doświadczenie Holokaustu. Tematyzują lub co najmniej problematyzują ponadto własną generacyjną przynależność, dzięki czemu wybrane przez nich, niekonwencjonalne (dla niektórych krytyków – nazbyt niekonwencjonalne) formy artykulacji tego właśnie doświadczenia jawią się zarazem jako wypowiedź na temat tychże form i nieunikniona konsekwencja historycznego usytuowania twórców. Żadna z tych powieści zatem nie stanowi próby reprezentacji Zagłady w tradycyjnym rozumieniu. Najwyraźniej jest to widoczne w *Skazie*, gdzie temat Holokaustu odsłania się jako etyczny filtr, przez który postrzegane są właściwości współczesnej, posttraumatycznej kultury.

Tym, co łączy wszystkie te utwory jest też niepewny status ich światów przedstawionych: jakby zawieszony między ironicznie manifestowaną tekstualnością a dążeniem do uzyskania iluzji czy efektu realności. Próby godzenia niewspółmiernych planów – tekstu i rzeczywistości historycznej (dostępnej z racji generacyjnego oddalenia nie inaczej, jak tylko za pośrednictwem tekstów) oraz tej doświadczanej tu i teraz – najlepiej oddają specyfikę postpamięciowej powieści postmodernistycznej.

# Holocaust und KZ im Fokus tschechischer Literatur nach 2000.
## Zu Arnošt Goldflams *Doma u Hitlerů* und Radka Denemarkovás *Peníze od Hitlera*

*Wolfgang F. Schwarz, Leipzig*

Wäre es nach dem oft zitierten Urteil Theodor W. Adornos gegangen, wäre bekanntlich alles Dichten nach Auschwitz ein „barbarischer" Akt (1951; s. Adorno 1976, 26). In der literarischen Praxis waren jedoch schon Möglichkeiten einer Poetik nach dem Holocaust ausgelotet worden – erinnert sei an Paul Celans *Todesfuge* (1945) oder auch an Tadeusz Różewiczs Gedicht *Matka Powieszonych* (1947; *Mutter der Gehenkten*).[1] Nicht zuletzt unter dem Eindruck der „Scham der Kunst angesichts des wie der Erfahrung, so der Sublimierung sich entziehenden Leids" (Adorno 1973, 477) hat sich bis heute eine vielfältige Holocaustliteratur entwickelt. Hinzu kommt, wie Aleida Assmann (2006, 238-242; im Kapitel *Die Zukunft der Erinnerung an den Holocaust*) konstatiert, die „Institutionalisierung"[2] und „Medialisierung" des Themas.[3]

Jedoch: „Die Tatsache, dass sich der Holocaust nach über sechs Jahrzehnten medial etabliert hat, kann nicht bedeuten, dass die Repräsentation damit festgelegt oder gar abgeschlossen sei" (ebd., 237; vgl. auch Hartmann 2012). Dass der Literatur bei der Aufarbeitung des Holocaust-Themas im Hinblick auf das kulturelle Gedächtnis eine gewichtige Rolle zukommt, steht heute außer Frage (vgl. Holý 2007, 12-15; 2011, 137-167). Unterm Strich kann man sagen, dass die Li-

---

[1] Zur ästhetischen Auseinandersetzung Różewiczs mit Celan generell vgl. Ubertowska 2003. *Matka Powieszonych* aus Różewiczs Sammlung *Niepokój* (Kraków 1947; *Unruhe*) ist übersetzt in: Tadeusz Różewicz: Gedichte. Stücke. Hrsg. v. Karl Dedecius. Frankfurt a.M. 1983 (Polnische Bibliothek), S. 17f.

[2] Z.B. Gedenkstätten wie Yad Vashem, das Denkmal für die ermordeten Juden Europas (Stelenfeld) in Berlin, das Holocaust-Memorial in der Kathedrale St. John the Divine in New York.

[3] Bekannte Beispiele sind die US-Fernsehserie *Holocaust* (Ende der 70er Jahre) und so erfolgreiche Filme wie Steven Spielbergs *Schindlers Liste* (1993) oder Roberto Benignis *La Vita è bella* (1997). Eine besondere Medialisierung des Themas, teilweise in *road-movie*-Manier, bietet Paolo Sorrentinos Film *Cheyenne – This Must be the Place* (2011): Der von Weltschmerz geplagte Rockstar Cheyenne (gespielt von Sean Penn) macht sich auf die Suche nach dem KZ-Aufseher Alois Lange, der in Auschwitz Cheyennes Vater erniedrigt und gequält hatte.

teratur zum Thema Holocaust/KZ in einer „posttraumatischen Kultur" (Farell 1998) operiert. Die dichterische Sprache, auch die der Epik oder des Dramas, fungiert als noetisches Instrument, das es erlaubt, sich mit der Täter- und der Opferseite auseinanderzusetzen, mit unterschiedlichen Schreibweisen gegen die Amnesie anzugehen, welche die Konturen von Tätern und Opfern zu verwischen droht. Und wenn „auch Klio dichtet" (White 1986), kommt Fiktionalität ins Spiel, auf einer breiten Skala von *facta* und *ficta*, verstärkt bis hin zu Phantasmen. Dabei treten Interferenzen, Versetzungen zwischen beiden Bereichen auf, wenn etwa Erlebnisse aus dem KZ in surrealistischen Passagen verarbeitet werden, wie es in Radka Denemarkovás Roman *Peníze od Hitlera*[4] (2006; dt. ersch. als *Ein herrlicher Flecken Erde,* 2009) geschieht. Signifikant ist eine Sequenz wie die folgende:

> Po návratu *odtamtud* žiju jako pod tlustou vrstvou ledu, na kterém všichni ostatní dychtivě bruslí [...]. Hluboko pod ledem. Neviditelná. Osamělá. Tušená. Bezmocná. [...] (Denemarková 2006, 19)
>
> Seit der Rückkehr von *dort* [gemeint: KZ Theresienstadt] lebe ich wie unter einer dicken Eisschicht, auf der alle anderen Schlittschuh laufen [...]. Ich aber liege tief unterm Eis. Bin unsichtbar. Einsam. Eine Spur nur von mir. Machtlos. [...] (Denemarková 2009, 19)

Oder solche Versetzungen, die den Rahmen des Historisch-Faktischen auf der Ebene der Fabelkonstruktion überschreiten, wenn z.B. der gescheiterte Nazi-Führer unter verändertem Namen in Südamerika auftaucht, wie in Arnošt Goldflams Theaterstück *Doma u Hitlerů* (2007; *Bei Hitlers zuhause*). Kurz: Es treten „Flexionen"[5] zwischen Dokumentarischem und fiktionaler Verarbeitung auf, mit Versetzungen – *Displacements*, räumlichen und zeitlichen (raumzeitlichen), auch genrespezifischen: Displacements vom Ernsten ins Komische, Groteske oder vom Faktischen ins Surreale.[6]

Mit dieser Gemengelage operieren Denemarkovás *Peníze od Hitlera* und Goldflams *Doma u Hitlerů*. Beide waren fast zeitgleich erschienen. Ersteres

---

[4] Wörtlich übersetzt würde der Titel lauten: *Geld von Hitler.*
[5] Den Begriff „Flexionen" gebrauche ich im Anschluss an Heeg/Denzel 2011, 7f.: „Anders als es die Konzepte von Bruch und Wandel nahelegen, sind kulturelle Flexionen Kommunikationsräume unterschiedlicher Zeitformen und Zeitschichten."
[6] Eine tiefere semantische Schicht erreicht der Begriff, wenn man bedenkt, dass KZ/Holocaust bereits Ergebnisse eines gewaltsamen Displacements sind.

wurde mit dem Magnesia-Litera-Preis ausgezeichnet, ein Werk, das zudem seinen Weg auf die Bühne gefunden hat.[7] Die Werke setzen konzeptionell von diametral entgegengesetzten Enden her an: Der Roman stellt ein Opfer in den Mittelpunkt (Gita Lauschmannová), das Drama nimmt sich den Haupttäter (Adolf Hitler) selbst vor.

Die Texte weisen Strukturen auf, die man als *Rewrite*-Phänomen (im Rahmen der Possible-Worlds-Theorie von Doležel) beschreiben kann. Ein wesentliches strukturelles Element ist dabei, wie bereits angedeutet, die Versetzung, das Displacement:

> Displacement constructs an essentially different version of the protoworld, redesigning its structure and reinventing its story. These most radical postmodernist rewrites create *polemical* antiworlds, which undermine or negate the legitimacy of the canonical protoworld. (Doležel 1998, 207; kursiv im Orig.)

Beide Texte bedienen sich bei „Protowelt"-Clustern, d.h. sie greifen auf im Kollektivbewusstsein gleichsam „schwebende" („floating") Narrative zu: über Hitler und die Nazi-Ideologie, Holocaust und Vertreibung. Sie *re*-inszenieren, *re*-evaluieren Elemente dieser Cluster. Beide Mal erheischen die Titel mit einer Realie Aufmerksamkeit: Der Tätername Hitler legt einen semiotischen Kanal zur Geschichte. Bei Goldflam figurieren auch andere historische Personen: Eva Braun, Iosif Stalin, Goebbels, Himmler u.a.; bei Denemarková sind KZs, politische Dekrete, Gerichtsbeschlüsse usw. genannt.

Beide Werke spekulieren mit einem authentisierenden Gestus, indem sie von quasi dokumentarischen Benennungen Gebrauch machen, im Roman z.B. mit historischer Zeitangabe in den Kapitelüberschriften wie *Návrat první (léto 1945)*, *Návrat druhý (léto 2005)* (in der dt. Ausgabe: *Erste Rückkehr. Sommer 1945*, *Zweite Rückkehr. Sommer 2005*).[8] Mit dem Authentischen spekuliert auch der Untertitel von Goldflams Drama: *Hitlerovic kuchyň* (*Die Küche der Hitlers*). Wir haben aber keine echte dokumentarische Literatur vor uns, sondern klare

---

[7] Die Dramatisierung von Denemarkovás Roman *Peníze od Hitlera* lief ca. zwei Jahre, bis Anfang 2012, im Prager Švandovo divadlo. Goldflams Drama wurde am 10.11.2007 im Brünner HaDivadlo unter dem Titel *Doma u Hitlerů aneb Historky z Hitlerovic kuchyně* uraufgeführt.

[8] Weitere vier „Rückkehren" folgen, bis *Herbst 2005*.

fiktionale Modellbildungen[9], bei Goldflam gestaltet als theatralische Farce, bei Denemarková als tragische Groteske – im ersteren Fall mit Täter-Displacement und im zweiten mit Opfer-Displacement.

## Zu Goldflams Drama: Lächerlichkeit im Größenwahn, schauderhafte Banalität und Selbstentleerung von Sinn

Prägend bei Goldflam ist die Täter-Versetzung ins Private. Der Autor begründet seinen Ansatz, in einem Interview auf Hannah Arendts berühmtes Diktum von der „Banalität des Bösen" (Arendt 2011 [1963]) über Eichmann anspielend, mit der Paradoxie eines „Genius der Durchschnittlichkeit", den er bei Hitler bloßlege (Goldflam/Kubičková 2009).[10] Er versetzt deshalb den „průměrný pantáta" („durchschnittlichen Pantoffelhelden") Hitler erst einmal in einen transitorischen Alltagsraum, den Brünner Bahnhof.[11] Nach einem Zeitsprung von 25 Jahren deplatziert er ihn von der Machtzentrale des Dritten Reiches in die Bunkerküche, hier zusammen mit dem Naivchen Eva Braun (II). In der Folge verdichtet sich dann das Geschehen in *Romance lásky* (III; *Liebesromanze*), in *Obyčejný den* (*Ein gewöhnlicher Tag*) mit Eva im Führerbunker (IV), sodann in *Hra na hru se smrtí* (*Spiel-mit-dem-Tod-Spiel*) ebenfalls im Führerbunker (V). Hier vergiftet er noch heimtückisch seine Nazi-Komplizen Göring, Goebbels und Himmler mit tschechischen Bonbons, bevor er sich in *Ende gut alles gut*[12] nach Südamerika auf und davon macht (VI). – Letzteres ein irreales Displacement auf historischer Folie: Zu Kriegsende hatte sich der KZ-Arzt Josef Mengele nach Brasilien abgesetzt.

Die Vulgarität, Größenwahn und Pseudohumanität (vgl. ebd., 11) entblößende Banalisierung der Täter setzt gleich zu Beginn ein, als die späteren Diktatoren Hitler und Stalin sich „čírou náhodou" („rein zufällig") auf dem Brünner Bahnhof begegnen. Der Möchtegern-Kunststudent Hitler, der ordinäre Probleme mit

---

[9] Nach Lotman 1993, 22: „Sekundär modellbildende Systeme".
[10] Interview mit Goldflam zur Aufführung im Prager Divadlo v Dlouhé (Theater in der Dlouhá-Straße).
[11] Solche Räume gehören zu den „non-lieux" (Augé 1992).
[12] Dt. im Original.

seiner Verdauung hat[13], will die Stadt mit einem Monumentalbau (statt des Špilberk) aufwerten und phantasiert über „Kathedralen eines neuen Zeitalters":

> Kdyby mi vyšla ta architektura, tak bych jim něco postavil, něco pěkného. Monumentálního. Ať mají taky nějakou dominantu města, a ne ten Špilberk. Vězení jako centrální dominanta, to je trochu hloupé. (Goldflam 2007, 7)

> Wenn mir diese Architektur gelingen würde, da würde ich ihnen [den Brünner Bürgern] etwas hinstellen, etwas Schönes. Monumentales. Damit sie auch so was wie eine Stadtdominante habe und nicht diesen Špilberk. Ein Gefängnis als zentrale Dominante, das ist etwas dumm.

Dann im Dialog mit Stalin:

> *Stalin:* [...] postavíme si domy, které budou vysoké...
> *Hitler:* A vzdušné, jako řecké chrámy [...]
> *Stalin:* Budou to paláce nového věku! [...]
> *Stalin:* Budou to domy-bohatýři!
> *Hitler:* Domy-bohové! (ebd., 14)

> *Stalin:* [...] wir bauen uns Häuser, die hoch sein werden...
> *Hitler:* Und luftig, wie griechische Tempel [...]
> *Stalin:* Das werden die Paläste des neuen Zeitalters! [...]
> *Stalin:* Das werden Häuser wie Recken!
> *Hitler:* Häuser wie Götter!

Diese und weitere Phrasen, wie die von „staré germánské pyramídy" (Hitler: ebd., 14; „alte germanische Pyramiden"), weisen die ‚Visionäre' Hitler und seinen Kongenius Stalin als megalomane Ignoranten und Kulturklitterer aus. Derart mit grotesk-komischen Hyperbeln gespickt, entwickelt sich das Stück zusehends als Farce.

„Bei Hitlers zuhause", 25 Jahre später in der Bunkerküche, *privatissime*, fallen schließlich nur Brocken mentalen Bullshits, wie beim Dummchen Eva Braun (ebd., 17-24). Ihr Adolf sei doch etwas „staromódní" („altmodisch") in Familiendingen, er halte sie nämlich immer nur zu Hause. Sie möchte aber, dass er sie einmal auf einen Ausflug an einen so schönen Ort wie „Březinka, Birkenau" (KZ Auschwitz-Birkenau) mitnimmt. Wenn es dort Leichen gebe, störe sie das nicht. Dass die KZ- bzw. Holocaust-Thematik aus der Sicht der Täter marginali-

---

[13] *Hitler:* „[...] Snad nebudu moc prdět, to by bylo hloupé, prdět u přijímacích zkoušek ... [...]" (Goldflam 2007, 5; „[...] Ich werde wohl nicht viel furzen; das wäre dumm, bei den Aufnahmeprüfungen zu furzen ... [...]"). Übersetzung WFS, ebenso alle weiteren Übersetzungen aus Goldflams Drama.

siert wird, hat hier System: In einem Kontext, in dem Vulgarität, Skrupellosigkeit, Gewöhnlichkeit und Größenwahn so ineinander verkeilt sind, sind die Opfer ins Namenlose verdrängt, ist der Ort des Grauens zur Idylle pervertiert.

> *Eva:* Proč bys mě nemohl vzít s sebou, když někam jedeš? Například na nějakou inspekční cestu. Třeba do té... Brzezinky.
> *Hitler:* Do jaké Brzezinky?
> *Eva:* No máš tam přece nějaký tábor nebo lázně nebo co. A přitom tam musí být krásné! Příroda, březové háje, darmo se přece nejmenuje Březinka, Birkenau, ne? Tak proč mě tam nevezmeš?
> *Hitler:* Asi by se ti tam nelíbilo. Jsou tam – nelekni se, prosím – mrtvoly... není tam hezký, jak si myslíš. Ne, to se nehodí, abys jela se mnou zrovna tam.
> *Eva:* A co, ty myslíš, že jsem ještě neviděla mrtvolu? Moje babička třeba, když umřela, tak jsem ji pomáhala oblékat. [...] (ebd., 18)
>
> *Eva:* Warum könntest du mich nicht mitnehmen, wenn du mal wohin fährst? Zum Beispiel auf irgendeine Inspektionsreise. Etwa zu diesem... Birkenau.
> *Hitler:* Zu welchem Birkenau?
> *Eva:* Du hast doch dort so'n Lager oder Bad oder so. Und dabei muss es dort schön sein! Natur, Birkenhaine, umsonst heißt es doch nicht Březinka, Birkenau, nicht? Warum nimmst du mich nicht dorthin mit?
> *Hitler:* Vielleicht würde es dir dort nicht gefallen. Dort gibt es – erschrick bitte nicht – Leichen... dort ist es nicht schön, wie du meinst. Nein, das geht nicht, dass du mit mir ausgerechnet da hinfährst.
> *Eva:* Und was, du meinst, ich hätte noch keine Leiche gesehen? Meine Großmutter zum Beispiel, als sie gestorben ist, habe ich geholfen, sie einzukleiden.

Als Ersatzangebot bringt Hitler zwar kurz Paris ins Spiel, „zvlášť ted', když je naše" (ebd., 19; „besonders jetzt, wo es unser ist"), doch Eva träumt weiter von Birkenau, spinnt ihren BDM[14]-Traum von der Idylle jenseits des Bunkers:

> *Eva:* [...] Ale já jsem chtěla někam ven, do přírody, běhat březovým hájem, v lehkých museliskových šatečkách, dýchat čerstvý vzduch, cítit zem pod bosýma nohama, dívat se listím do slunce... to chci. (ebd.)
>
> *Eva:* [...] Aber ich wollte irgendwohin raus, in die Natur, durch einen Birkenhain laufen in leichten Musselintüchelchen, frische Luft atmen, die Erde unter den bloßen Füßen spüren, durchs Blattwerk in die Sonne schauen... das will ich.

Tangiert wird die Holocaust-/KZ-Thematik auch, als Hitler in *Ein gewöhnlicher Tag* einen Brief von Mengele erhält.

> *Hitler:* [...] jeden profesor mi píše, velký odborník! Vědec! Badatel! [...]
> *Eva:* A jak se ten tvůj profesor jmenuje?
> *Hitler:* Mengele!

---

[14] BDM = Bund deutscher Mädel (Teil der Hitlerjugend).

*Eva:* To je legrační jméno. A jak to, že má takovou židovskou koncovku?
*Hitler:* Prosím tě, nebuď hned tak podezíravá. Jméno je legrační, ale on sám čistá rasa a mimochodem velký fešák!
*Eva:* Mně se libíš jenom ty! [...] (ebd., 33f.)
*Hitler:* [...] ein Professor schreibt mir, ein großer Fachmann! Wissenschaftler! Forscher! [...]
*Eva:* Und wie heißt dieser dein Professor?
*Hitler:* Mengele!
*Eva:* Das ist ein komischer Name. Und wieso hat er so eine jüdische Endung?
*Hitler:* Ich bitte dich, sei nicht gleich so misstrauisch. Der Name ist komisch, aber er selbst ist reine Rasse und außerdem ein fescher Kerl!
*Eva:* Mir gefällst nur du! [...]

Welch abgründige Ironie! Ausgerechnet der KZ-Arzt Dr. Mengele soll einen jüdischen Namen haben. – Die Displacements vom Gewöhnlichen ins Bizarre häufen sich: Auf Evas schamhaften Wunsch nach Sex antwortet Hitler mit einer grotesken Hyperbel, mit Kitsch, der sich aus der Idylle heraus ins Monströse ausdehnt: „Eva začne zběsile plést, [...]. Je ticho, zní Heydrychovi housle" (ebd., 23; „Eva beginnt wie besessen zu stricken [...]. Es ist still, Heydrichs Geige ertönt"), und Hitler phantasiert gegenüber der frustrierten Eva Braun von einer Zeugung bei Wagner-Musik, in einem exzessiven Monolog folgenden Inhalts: Die SS steht Fackel-Spalier, singt im Chor, ebenso singen Chöre deutscher Jungfrauen, die ganze Wehrmachtsgeneralität tritt an, das Paar entschwebt nach der Zeugung mit dem Zeppelin; alles wird von „Leni" [Riefenstahl] gefilmt.[15]

Goldflam reichert die Groteske noch weiter an: Hitler wird im Akt *Romance lásky* zum „byk národů" (ebd., 29; „Zuchtstier der Völker"), der eine Delegation stammbaumgeprüfter tschechischer Jungfrauen, achtundachtzig an der Zahl, befruchten soll. Die Hyperbel mündet in den Gag, dass statt der Mädchenschar eine Kuh mit blau-weiß-roter Schärpe (d.h. in den tschechischen Landesfarben) um den Hals auf der Bühne steht. Hitler tanzt und singt im Bunker (vgl. ebd., 25f.), blödelt und protzt vor seiner Sekretärin als Witzegenie, wobei er eine Parodie auf sich selbst abgibt: „Mein Kampf – nic [nichts], Mein Witz – smích [Lachen]. Rozumíme si? [Verstehen wir uns?] *Sekretářka:* Ano, prosím. Rozkaz. [*Sekretärin:* Ja, bitte. Zu Befehl.]" (ebd., 28).

---

[15] Die Szene erinnert an die Zeugung des debilen Siegfried in Bohumil Hrabals Roman *Obsluhoval jsem anglického krále* (1980; *Ich habe den englischen König bedient*).

Die Welt des Täters entleert ihren Sinn. Die Beispiele setzen das mit ihr verkoppelte Einfältige, Banale, das sich, als Normalität drapiert, ins Monströse auswächst, dem Verlachen aus. Goldflams Poetik der ironisch-sarkastischen Distanz per Groteske und Farce steht in einer langen Tradition von Satire und Parodie, seit Chaplins Film *Der große Diktator*, Voskovec und Werichs ‚Osvobozené divadlo' (Befreites Theater; man denke z.B. an die „Abdera"-Welt im Drama *Osel a Stín* [*Der Esel und der Schatten*]). Doch die Funktion der Displacements ist mit der Sinnentleerung des Nazi-Führer-Narrativs nicht erschöpft. Goldflam lässt den Protagonisten am Ende seine Haut nach Südamerika retten. Der als Biedermann verkappte Hitler taucht dort wieder auf, transformiert zum Volksmaler „Adolfo Esperanza Muñoz" ([sic]; S. 49), der die Kinder mit Bonbons verwöhnt (in der Szene zuvor, vor seiner Flucht, hatte er seine Nazi-Kumpane mit Bonbons vergiftet). Doch die Wandlung zum Maler-Onkel trügt: Adolfo leistet sich einen Exzess, als er einen Skorpion entdeckt:

*(Holí ho zběsile umlátí za hulákání německých nadávek... pak zas klidně.)*
Ich töte dich, du Mist, du verfluchtes Wesen, du Scheißkerl, du Drecksack... weck [sic] mit dir! (ebd., 51; runde Klammern und dt. Replik im Original)

*(Drischt wie besessen auf ihn ein und stammelt dabei deutsche Schimpfwörter ... beruhigt sich dann wieder.)* [...]

Die Hasstirade ruft schlimme Erinnerungen wach. Wie eine Drohung wirkt schließlich auch das „Auf Wiedersehen"[16], mit dem sich Adolfo mit erhobenem Zeigefinger in der Brünner Aufführung verabschiedet. Das Publikum wird mit einem furiosen Tango[17] entlassen, im südamerikanischen Karneval, der „die ganze Bühne überschwemmt" (ebd.)[18]

### Zu Denemarkovás Roman: verlängerte Täterkette

In Goldflams *Doma u Hitlerů* hat sich der Haupttäter aus dem Staub gemacht, in *Peníze od Hitlera* steht dagegen ein Opfer und sein Familienschicksal im Mittelpunkt: Gita Lauschmannová. Der Roman setzt sich mit den traumatischen

---

[16] In der Druckfassung fehlt dieser Satz. – Zur Inszenierung s. Goldflam 2009/2010. TV-Mitschnitt der Inszenierung des HaDivadlo Brno (Theaterregie Luboš Balák 2009, TV-Regie Karel Fuksa 2010).
[17] In der Brünner Inszenierung (Anm. 16) ist es eine Samba.
[18] Laut Regieanweisung wird der Karneval noch überstrahlt von einem Feuerwerk.

Auswirkungen des Holocaust auseinander; der Zeitrahmen reicht über das Ende des Zweiten Weltkriegs hinaus bis ins Jahr 2005. Mit ihrer deutsch-jüdischen Familie ins KZ verschleppt, haben Gita und ihr Bruder den Holocaust überlebt. Beim Rückkehrversuch im Sommer 1945 wird sie jedoch von den neuen tschechischen Besitzern von Puklice, des Guts ihrer Eltern, schroff abgewiesen und misshandelt, ihr Bruder gar umgebracht und seine Leiche verscharrt. Über den Holocaust hinaus hat sich eine Täterkette aufgebaut, eine Art „Holocaust nach dem Holocaust" (Zajac 2010). Ein doppeltes Trauma der Protagonistin, das die Autorin mit raffinierter Erzähltechnik angeht, in der sich die quasi real erlebte Tätersprache und eine surrealistische Darstellung der Traumatisierung des Opfers gegeneinander aufschichten.

In einem paradoxen Verhältnis zum Vorwurf, die Lauschmann-Familie sei deutsch gewesen, da sie zuhause Deutsch gesprochen hätten, steht die mit Germanismen durchsetzte Sprache der tschechischen Besitzer von Puklice:

> [...] Žádnej *haus* už nejni tvuj. [...] Jménem prezidenta propad celý váš majetek státu. [...] Máme jinačí starost než tady *pauzírovat*. A *fůru* práce. Vina tvé *famílije* je nezvratná. Podstatná byla a je vobcovací řeč. A *ausgerechnet* u vás se za zavřenýma dveřma *šprechtilo* vostošest[19]. (Denemarková 2006, 34; kursiv WFS)[20]

Displacement geschieht hier durch Ausgrenzung, Ignoranz, fehlendes Einfühlungsvermögen in die Befindlichkeit des Anderen, durch Skrupellosigkeit, durch den Chauvinismus, der sich hinter einer (von wem auch immer erteilten) Lizenz versteckt, die der Banalität des Bösen (oder dem Bösen im Banalen) die Schranken öffnet. – Monstrosität erscheint verkappt im Gewöhnlichen (vgl. Goldhagen 1997, 27: „Germans were more or less like us").[21]

Der Versuch, mit der Erzählsprache ins Trauma des „Holocausts nach dem Holocaust" vorzudringen, erzeugt surrealistisch anmutende Bildfolgen, wie in Gitas Erinnerung an die Misshandlung, die sie in Puklice bei der Rückkehr aus dem KZ erlitten hat:

---

[19] Wörtliche Übersetzung: Einhundertsechs. Gemeint: 150prozentig, mit voller Überzeugung.
[20] In der deutschsprachigen Ausgabe ist die Sprachhybridität nicht erkennbar. Ich verzichte daher auf die Übersetzung und verweise hier nur auf die entsprechende Textseite bei Denemarková 2009, 38f.
[21] Zit. nach Holý 2011, 162.

Rozevírám ústa, slova nevycházejí. Rozevírám překrvené půlměsíce, jsem němá. Kapr na suchu s odulými, rozpraskanými rty. [...] Zvedají mě do výšky, stoupám v těsné výtahové kabině vlastního oblečení [...]. Jsem ryba chycená do sítě. S klátivými, oteklými ploutvemi a vystouplými žábrami. Ryba podchycená, poponášená a vzápětí vhozena do zrezivělé zpívající kádě. Bez vody. [...] Odhodí němou rybu [...]. (Denemarková 2006, 38f.)

[...] Ich öffne den Mund. Es kommen keine Wörter raus. Ich öffne die blutgefüllten Halbmonde, bin stumm. Ein Karpfen auf dem Trockenen mit aufgedunsenen, gesprungenen Lippen. [...] Dann greifen sie zu. Heben mich hoch, [in der engen Aufzugskabine meiner eigenen Kleidung steige][22] ich nach oben [...] Ich bin ein Fisch im Netz. Mit flattrigen, aufgetriebenen Flossen und hervortretenden Kiemen. Ein Fisch, in einer Reuse gefangen, getragen und schnurstracks in eine singende rostige Tonne geworfen. Ohne Wasser. [...] Der stumme Fisch [...] wird weggeworfen. (Denemarková 2009, 43-45)

Die Gewalt gegen das Opfer erhält ihren Ausdruck im Displacement ins Surreale. Die Erzählpositionen fluktuieren. Bemerkenswert ist die Auffaltung und Ineinanderschichtung der Erzählerinstanz mit einer Stimme, die im 3.-Person-Narrativ spricht und einer, die in der 1. Person (als Ich oder auch Wir) eingeschoben ist (1.-Person-Formen habe ich im folgenden Beispiel kursiv gesetzt):

V dubné almaře [...] natrefili na ženskou [...]. A snásilnili. Kulometem. [...] *Křením* se a před očima se *mi* míhají vyjevy. Frau otěhotní a bobtná a porodí malý kulomet, celou rodinku malých zkřehlých kulometů, derou se z ní jako zmrzlí, kovoví hádci. Roztají až v *našich dlaních* a na jejích prsou, z nichž ukapávají lesklé náboje. Mohla by *nás* ozbrojit svými potomky [...]. (Denemarková 2006, 66)

[...] In einem Eichenschrank [...] fanden sie die Frau [...]. Sie vergewaltigten sie. Mit einem Maschinengewehr. [...] *Ich* grinse. Bilder flimmern *mir* vor den Augen. Die Frau wird schwanger, sie bläht sich auf und gebiert ein winziges Maschinengewehr, eine ganze Familie von kleinen, vor Kälte zitternden Maschinengewehren, wie kleine gefrorene Metallschlangen drängeln sie aus ihr heraus. Erst in *unseren Händen* und an der Brust der Frau tauen sie auf, glänzende Geschosse tropfen von den Brustwarzen herunter. Sie können *uns* mit ihren Nachkommen aufrüsten [...]. (Denemarková 2009, 78)

Das Groteske liegt hier gleichsam auf der Hand – Menschen sind zu Monstern geworden. Die Vision könnte wohl kaum erschütternder und abstoßender sein. Denemarková trifft damit einen vergleichbaren Nerv wie Paolo Sorrentino in einer Szene seines Films *Cheyenne*, wo dem Protagonisten (der seinen einst im KZ gepeinigten Vater rächen will) beim Kauf einer Schusswaffe diese angeprie-

---

[22] Die dt. Ausgabe 2009 weicht an dieser Stelle vom Original ab; in eckiger Klammer habe ich daher eine wortgenaue Übersetzung eingefügt.

sen wird mit den Worten: „If we are licensed to be monsters, we end up with the only desire to truly be monsters."

**Funktionswechsel der literarischen Gattungen, Katharsis?**

Bleibt die Frage nach der Wirkung. Es ist, als ob eine Art Funktionswechsel zwischen den Gattungen stattgefunden hätte. Friedrich Dürrenmatts Diktum hat seine Gültigkeit noch nicht eingebüßt: „Uns kommt nur noch die Komödie bei. Unsere Welt hat [...] zur Groteske geführt [...]" (Dürrenmatt 1965, 165). – Während das Drama seine Kraft und beunruhigende Wirkung aus der Farce zieht, greift der Roman über das Groteske hinaus nach dem Tragischen. Den Tätern fehlt allerdings die Größe zur Schuldfähigkeit, sie erscheinen in ihrer Banalität als nicht satisfaktionsfähig.

Kann in diesem Rahmen noch Katharsis stattfinden? Folgt man der Kunstpsychologie von Lev Vygotskij, ist der affektive Gehalt der Inhaltsstruktur (‚Fabel') künstlerischer Texte einer Transformation durch das Sujet (die ‚Form': hier die Verfahren des Grotesken, des Surrealen) ausgesetzt (vgl. Vygotskij 1968; dt. Wygotski 1974).[23] Mitgefühl mit dem Opfer, Abscheu vor den Tätern kann aufkommen, doch die Reinigung bleibt gezielt in der Schwebe, wird weitergereicht an die Zukunft – bei Goldflam mit warnender Geste, bei Denemarková als schwelende Katastrophe, die in eine Ohnmacht der Sprache mündet. Lauschmannová hat ihr Leben Holocaust und KZ entgegengestellt, sich an den Folgen aufgerieben. Sie hat getan, was in ihrer Kraft stand, um den Konflikt mit den Nachbesitzern des elterlichen Gutes gütlich zu regeln und die Würde ihrer Familie zu retten, doch vergebens: Die Protagonistin stirbt am „Riss im Herzen" („Puklina[24] v srdci"; Denemarková 2006, 228-230; dt. 2009, 280-282). Was bleibt, ist Unaufgearbeitetes, Erblast:

> Ne [...] že by příběh končil, ale [...] končí zásoba použitelných slov. Ano, jistě, slovy se dá hodně napáchat. *Ničemu* se jimi nedá zabránit. (Denemarková 2006, 242)

---

[23] Kritische Diskussion zu Vygotskijs Konzeption aus narratologischer Sicht bei Schmid 2009, 18-21.
[24] Die Ähnlichkeit des Ortsnamens Puklice mit ‚puklina', der Ursache des Todes von Gita Lauschmannnová, scheint nicht zufällig zu sein.

[...] Es ist nicht die Geschichte, die zu Ende geht, sondern unser Vorrat an passenden Wörtern. Sicher, Worte können viel Übles anrichten. Verhindern können sie *nichts*. (Denemarková 2009, 294; kursiv im Orig.)

Sollte ich deshalb nicht besser mit einem Bild enden? – In meiner Rezension zu Gertraude Zands und Jiří Holýs Buch *Vertreibung [...]* habe ich ein Bild Paul Klees, *Angelus Novus* (1920), erwähnt (vgl. Schwarz 2007, 227). Walter Benjamin hat ihm eine berühmt gewordene Interpretation gewidmet:

> [...] Ein Engel ist darauf dargestellt, der aussieht, als wäre er im Begriff, sich von etwas zu entfernen, worauf er starrt. Seine Augen sind aufgerissen, sein Mund steht offen und seine Flügel sind ausgespannt. Der Engel der Geschichte muß so aussehen. Er hat das Antlitz der Vergangenheit zugewendet. Wo eine Kette von Begebenheiten vor uns erscheint, da sieht er eine einzige Katastrophe, die unablässig Trümmer auf Trümmer häuft und sie ihm vor die Füße schleudert. Er möchte wohl verweilen, die Toten wecken und das Zerschlagene zusammenfügen. Aber ein Sturm weht vom Paradiese her, der sich in seinen Flügeln verfangen hat und so stark ist, daß der Engel sie nicht mehr schließen kann. Dieser Sturm treibt ihn unaufhaltsam in die Zukunft, der er den Rücken kehrt, während der Trümmerhaufen vor ihm zum Himmel wächst. Das, was wir den Fortschritt nennen, ist dieser Sturm. (Benjamin 1980, 697f.)

Die Allegorie ist eindrucksvoll und klar. Auf die hier untersuchten Texte bezogen, kann man sie folgendermaßen deuten: Klees Engel graust es, weil ihm die Kraft fehlt, die Opfer vor der Banalität, Ignoranz und Inhumanität der Täter zu schützen. Der wider Willen von der Vergangenheit Abgestoßene und in die Zukunft Gesogene kann für solche literarische Arbeit am kulturellen Gedächtnis Pate stehen, wie sie Denemarkovás Roman und Goldflams Drama leisten.

## Literaturverzeichnis

PRIMÄRTEXTE

*Denemarková*, Radka 2006: Peníze od Hitlera (Letní mozaika). Brno.
*dies.* 2009: Ein herrlicher Flecken Erde. Roman. Stuttgart.
*Goldflam*, Arnošt 2007: Doma u Hitlerů (Hitlerovic kuchyň). Brno.
*ders.* 2009/2010: Doma u Hitlerů. Aneb Historky z Hitlerovic kuchyně (HaDivadlo, Česká televize, televizní Studio Brno). Abrufbar unter: www.youtube.com/watch?v=o1a47orDqyQ (letzter Abruf 26.8.2013).

SEKUNDÄRLITERATUR

*Adorno*, Theodor W. 1976 (1951): Kulturkritik und Gesellschaft. In: ders.: Kulturkritik und Gesellschaft I. Prismen. Frankfurt a.M. (= Gesammelte Schriften in 20 Bänden. 10), S. 7-26.
*ders.* 1973: Ästhetische Theorie. Hrsg. v. Gretel Adorno u. Rolf Tiedemann. Frankfurt a.M.
*Arendt*, Hannah 1963: Eichmann in Jerusalem. A Report of the Banality of the Evil. New York.
*dies.* 2011. Eichmann in Jerusalem. Ein Bericht von der Banalität des Bösen. Aus d. Amerik. v. Brigitte Granzow. Mit einem einleitenden Essay und einem Nachwort zur aktuellen Ausgabe von Hans Mommsen. München – Zürich.
*Assmann*, Aleida 2006: Der lange Schatten der Vergangenheit. Erinnerungskultur und Geschichtspolitik. München.
*Augé*, Marc 1992: Non-lieux. Introduction à une anthropologie de la surmodernité. Paris.
*Benjamin*, Walter 1980: Gesammelte Schriften. I, Teil 2. Frankfurt a.M. 1980.
*Doležel*, Lubomír 1998: Heterocosmica. Fiction and Possible Worlds. Baltimore – London.
*Dürrenmatt*, Friedrich 1965: Theaterprobleme [1955]. In: Deutsche Dramaturgie von Gryphius bis Brecht. Hrsg. v. Margret Dietrich u. Paul Stefanek. München, S. 163-165.
*Farell*, Kirby 1998: Posttraumatic Culture. Baltimore.
*Goldflam*, Arnošt – *Kubičková*, Klára 2009: Arnošt Goldflam představí v Dlouhé průměrného pantátu Hitlera. In: iDnes.cz/Kultura v. 29.11.2009. http://kultura.idnes.cz/arnost-goldflam-predstavi-v-dlouhe-prumerneho-pantatu-hitlera-pv2-/divadlo.aspx?c=A091127_221935_divadlo_jaz (letzter Abruf 30.4. 2013).
*Goldhagen*, Daniel Jonah 1997: Hitler's Willing Executioners. Ordinary Germans and the Holocaust. New York.
*Hartmann*, Geoffrey 2012: Die Zukunft der Erinnerung und der Holocaust. Hrsg. v. Aleida Assmann. Konstanz.
*Heeg*, Günther – *Denzel*, Markus A. (Hrsg.) 2011: Globalizing Areas, kulturelle Flexionen und die Herausforderung der Geisteswissenschaften. Stuttgart.
*Holý*, Jiří 2007: Předmluva. In: ders. (Ed.): Holokaust – Šoa – Zagłada v české, slovenské a polské literatuře. Praha, S. 7-15.
*ders.* 2011: Šoa vnímané očima viníka. In: ders. [u.a.]: Šoa v české literatuře a v kulturní paměti. Praha 2011, S.137-167.
*Lotman*, Jurij M. 1993: Die Struktur literarischer Texte. Aus d. Russ. v. Rolf-Dietrich Keil. 4. Aufl. München.
*Marszałek*, Magdalena – *Molisak*, Alina (Hrsg.) 2010: Nach dem Vergessen. Rekurse auf den Holocaust in Ostmitteleuropa nach 1989. Berlin.
*Schmid*, Wolf (Hrsg.) 2009: Slavische Erzähltheorie. Russische und tschechische Ansätze. Berlin – New York.
*Schwarz*, Wolfgang 2007: (Rezension zu:) Vertreibung/Aussiedlung/Transfer im Kontext der tschechischen Literatur. Hrsg. v. Gertraude Zand und Jiří Holý. Brno 2004. In: Zeitschrift für Slavische Philologie 65.2007/2008,1, S. 222-227.
*Ubertowska*, Aleksandra 2003: Różewiczs Celan. In: Tadeusz Różewicz und die Deutschen. Hrsg. v. Andreas Lawaty und Marek Zybura. Wiesbaden, S. 208-220.

White, Hayden 1986: Auch Klio dichtet oder Die Fiktion des Faktischen. Studien zur Tropologie des historischen Diskurses. Aus d. Amerik. v. Brigitte Brinkmann-Siepmann u. Thomas Siepmann. Stuttgart.
*Vygotskij*, Lev S. 1968: Psichologija iskusstva. Moskva.
*ders.* (= Lew S. Wygotski) 1974: Kunst als Katharsis. In: Ästhetische Erfahrung und literarisches Lernen. Hrsg. von Wilhelm Dehn. Frankfurt a.M., S. 81-89.
*Zajac*, Peter 2010: Der Holocaust nach dem Holocaust. In: Nach dem Vergessen. Rekurse auf den Holocaust in Ostmitteleuropa nach 1989. Hrsg. v. Magdalena Marszałek u. Alina Molisak. Berlin, S. 97-114.
*Zand*, Gertraude – Holý, Jiří (Hrsg.) 2004: Vertreibung/Aussiedlung/Transfer im Kontext der tschechischen Literatur. Vyhnání/Odsun/Transfer v kontextu české literatury. Brno.

## Summary

The contribution analyses two outstanding Czech literary works of the last decade, both facing Holocaust and KZ (concentration camp). Its method is based on the ‚possible-worlds'-theory and the poetics of ‚displacement' (Lubomír Doležel, *Heterocosmica*, 1998). In the given texts, they are associated with grotesque, farce, surrealistic writing and the question of catharsis.

In A. Goldflam's play *Doma u Hitlerů* (2007, *At the Hitlers'*), the main culprit flees from responsibilty and makes off to South America. R. Denemarková's novel *Peníze od Hitlera* (2006, *Money from Hitler*), focusses on an innocent victim of Holocaust.

By using grotesque and farce, Goldflam's poetics of ironic-sarcastic distance to the culprit's world compels it into ‚self-voiding'. Banality, mental bullshit disguised as normality and growing into monstrosity (cf. Hannah Arendt's *Report of the Banality of the Evil*), is exposed to destroying laughter. Opposed to this, the novel deals with the traumatic impact on a victim. Denemarková constructs a kind of ‚holocaust after the Holocaust' reaching up to more recent history (up to 2005). This in mind, violence against the victim finds its expression by displacement into surrealistic visions.

The drama gains its critical power and alarming appeal from proliferating farce. The novel, however, reaches out for tragedy. But the offenders (no matter at what place in their historical row) are lacking of character to feel guilty. Limited by their own banality, they appear to be incapable of giving satisfaction.

Thus, catharsis is kept in suspense, handed over to future – in the play as a warning, in the novel as a smouldering catastrophe, which also affects language. The essay closes with a glance on Paul Klee's allegory *Angelus Novus*, relating W. Benjamin's interpretation of this painting to Goldflam's play and Denemarková's novel.

## Streszczenie

W artykule analizowane są dwa wybitne dzieła literatury czeskiej ostatniego dziesięciolecia, które dotyczą tematyki Holocaustu i obozów koncentracyjnych. Metoda badania opiera się na teorii możliwych światów (‚possible worlds') i poetyce przemieszczenia (‚displacement'; Lubomír Doležel, *Heterocosmica* 1998). W badanych tekstach poetyka wiąże się z groteską, farsą, surrealizmem oraz problemem katharsis.

W dramacie A. Goldflama *Doma u Hitlerů* (2007; *U Hitlerów w domu*) sprawca chcąc uniknąć odpowiedzialności, ucieka do Ameryki Południowej. W powieści R. Denemarkowej *Peníze od Hitlera* (2006; *Pieniądze od Hitlera*) dochodzi do głosu problem niewinnej ofiary Holocaustu. W poetyce ironiczno-sarkastycznego dystansu Goldflama świat sprawcy pozostaje pozwiony sensu (,self-voiding'). Naiwność i banalność, przybierające kostium normalności oraz wzrastające do rozmiarów monstrualności i zła (por. Hannah Arendt, *Report of the Banality of the Evil*), zostają na scenie wystawione na pośmiewisko. Natomiast powieść analizuje traumatyczne skutki przeżyć ofiary Holocaustu. Denemarková szkicuje swojego rodzaju ,Holocaust po Holocauście', którego cały łańcuch sprawców sięga do najnowszej historii (do roku 2005). Na tym tle przemoc przeciw ofierze przybiera wymiar surrealistyczny.

Podczas gdy dramat zyskuje swoją krytyczną moc oraz oddziaływanie pobudzające dzięki narastającej farsie, powieść wznosi się ponad groteskę do tragizmu. U starych i nowych sprawców (wszystko jedno na którym etapie ciągu historycznego) nie występuje jednak poczucie winy; sprawcy wydają się być tak banalni, że nie są zdolni do zadośćuczynienia.

W ten sposób katharsis pozostaje nieosiągalne i nadal zwrócone w przyszłość – w dramacie jako ostrzeżenie, w powieści jako tląca się katastrofa, która popada w bezsilność języka. Rozważania kończy spojrzenie na alegoryczny obraz Paula Klee *Angelus novus* i odniesienie jego interpretacji przez Waltera Benjamina do dramatu Goldflama i powieści Denemarkovej.

**Späte Zeugnisse der Erlebnisgeneration**

**Late Testimonies of the Generation of Eyewitnesses**

# Literature of the Holocaust and Genre Theory
# (on Leon Weliczker's Book *Brygada śmierci*)

*Grzegorz Gazda, Łódź*

In March 2012, Leon Weliczker's book, entitled *Brygada śmierci* (*Death Squad*), published originally in 1946 in Łódź, was reprinted in Lublin. Nowadays, such reprints have become widespread for many reasons. The number of copies of books published soon after the war and now reprinted was usually low, the texts were subjected to numerous restrictions of censorship and the authors themselves, for various reasons, refused to print full versions of their writings from wartime. Today, they are complete and newly edited, accompanied by critical commentaries, and we could say that they reconstruct the space of the literature of the Holocaust. Considering dozens or even hundreds of new and still unknown texts we can assert already now that the dynamic and active process of exposing of this kind of literature will continue for years.

Weliczker's book was reprinted for a special anniversary. Seventy years ago, the Nazis began the so-called Aktion Reinhard (Operation Reinhard) aiming at the final extermination of all the Jews living within the borders of the so-called General Government. The main concentration camp of the Galicia district was the so-called Janowski Camp (Zwangsarbeitslager Lemberg-Janowska) situated on the outskirts of Lviv between 1941 and 1944. At least a few tens of thousands of Jews were murdered there. In the camp, the Nazis formed a special group of prisoners called the ‚death squad' and used them to remove all evidence of their crimes, to burn the corpses dug out on the scene of slaughter, to plant vegetation on firing-squad grounds, and so on.

When he was a junior high school student, Leon (actually Arje Lejb) Weliczker, born in 1925, became a prisoner of the Janowski Camp. He was incorporated into the ‚death squad' and remained its member between June and November 1943. In her foreword to the first edition of the book, Rachela Auerbach writes:

> In the company of the leaders of the squad, professional thieves and crooks […], in the atmosphere of the literal closeness of the grave, with patented villains from the famous Lviv school of camp tormenters for his pedagogues and role models, this young man

tenderly guards in his heart the moral maxims he had learned at home, every word his mother had ever told him. (Weliczker 2012, 15)

In the camp and during the most dramatic time for the ‚death squad', the boy filled more than a dozen thick notebooks „tightly jam-packed with his unskillful handwriting" (ibid., 7), and managed to preserve them since he was allowed to use notebooks and pencils as the calculator of the squad. His evidence was used soon after the war and later in the study and trials of Nazi crimes (for example during the Eichmann Trial in Israel). They were also published as a book, first in Łódź (as I stated at the beginning), and afterwards translated and published in different versions as important documents of the Holocaust abroad.

The reception of Weliczker's text, or rather his publishing and editorial situation, is interesting for a literary scholar, too, not only as a singular case, but also as a characteristic instance of many exemplifications of the ‚literature of testimony' (I will return to this term and its definition at the end).

The first person to read the writings of young Leon was dr Filip Friedman, member of the Komisja Historyczna Akademii Nauk (Historical Commission of the Academy of Sciences) in Lviv, who was ordered, as he says, „to introduce all the necessary editorial changes in order to prepare the text for publication" (ibid., 7-8). Due to technical reasons, the publication date had to be postponed, but Weliczker's manuscript as well as the author in person supported the workings of Nadzwyczajna Radziecka Komisja Śledcza (Extraordinary Soviet Investigation Committee) which analyzed the German crimes in Lviv.

However, let me emphasize that Weliczker's manuscript was finally published, although „it was somewhat adjusted in print and completed by the author after numerous conversations we held with him about what he experienced in the camp" (ibid., 8), Friedman says in his foreword. After the author's repatriation to Poland (when Lviv became part of the Soviet Union), his „memoirs" (ibid.) – as Friedman calls them here for the first time – were delivered to Rachela Auerbach in order to prepare them for the printing press. However, Friedman adds that „literary and stylistic adjustments had to be limited in order to preserve the characteristic features of the manuscript" (ibid., 9). No one can prove though how „limited" the changes were, since the original is not at our disposal.

The editor, Rachela Auerbach, begins her text with numerous comments and remarks of psychological and sociological nature, concerning the young author and the truly dramatic context of his war biography. Let us look at a sample of her observations:

> Formal features of psychological functions counted, like speed of thought and action, swiftness of orientation and decision making, flexibility in *adapting* to new living conditions as well as *resistance* to exhaustion and the overwhelming feeling of tragedy [...]. Morally negative characteristics also helped the prisoners to stay alive. Some people were ready to become spies, informers, instruments of oppression and persecution of their fellow prisoners, while some were ready for yet other forms of collaboration. (ibid., 12; italics in original)

I believe that these remarks are also supposed to justify editorial changes in the text, but at the same time they remind us of the enormous pressure under which the boy lived. Therefore – Rachela Auerbach seems to be saying – let us read his writings bearing in mind his youth, immaturity and the situation into which he was forced. She also calls the book a memoir, and writes:

> I had to cross out many fragments while working on the original manuscript of Weliczker's memoirs [...] and was compelled to make numerous changes. I mainly disposed of repetitions as well as longish, dull and unimportant fragments. I also corrected the language and style of his Jewish-influenced, raw Polish spoken in Lviv, which would be rather obscure for most readers. (ibid., 16)

Later Auerbach speaks openly about her editorial intentions:

> We had to take into account that the value of this manuscript, undoubtedly a priceless piece of evidence of the psychology of youth, lies primarily not in its individual stylistic and linguistic features nor in its specific psychological anecdotes, but in its relation to the times reflected in it, in its relation to the reality created by the Germans in occupied territories, and

– she underlines this thickly in her text –

> in its description of their crimes. Precise, detailed description, impossible to forge. (ibid.)

She sees the main „documentary" value of Weliczker's text, as she says, „in its overall evidence of the extermination of Lviv's Jews and its accounts of the forms of life and work devised by the Germans for Jewish workers" (ibid.).

Not counting the above-mentioned editorial modifications, Rachela Auerbach who consistently calls Weliczker's text „a memoir", „somewhat reshuffled" (without telling us which fragments were rearranged by her and why), divided the text into chapters and provided them with subtitles („each giving an explanatory synopsis of the contents") like in a 19<sup>th</sup> century novel. Auerbach does not justify these changes too clearly:

> These chapters, rather loosely connected with regard to the contents, usually contain merely the chronological stages of the course of events, and only some of them speak of similar matters.

This is obvious since the author was not writing his diary post factum and of course could not know what would happen the next day or week.

> I decided to leave the present tense used by the author in his descriptions, in spite of the fact that they were usually written in retrospect, because it somewhat enlivens his monotonous style (ibid., 21)

– the editor says later. Auerbach treats – calling her observations „the genetics of literary phenomena" – the description of an annoying drizzle in which a group of helpless prisoners stands waiting, or the fragment about the moon reflecting in the puddles on the road on which two homeless fugitives travel, as typical examples of similar descriptions frequently produced by „naïve and often artistically crude" (ibid.) authors of war memoirs.

Arkadiusz Morawiec, the author of the foreword to the reprint of *Brygada śmierci* (Morawiec 2012, vii-xxiv) and of a monograph on concentration camp literature (Morawiec 2009), particularizes his analyses and opinions. He considers the documentary features of Weliczker's book as the most „telling", too. However, Morawiec reflects also upon certain aspects of the poetics of the book, like the functions of indirect speech and the present tense narration. Although he considers them only as „the mark of artistic naivety" (Morawiec 2012, xix), he is quick to add that it is simultaneously a „trick which makes past events seem present [...] and the text more dramatic" (ibid.). He notices the retrospections in the book, the compression of the time horizon and the fact that the author shortens the distance towards the reader, all in spite of the usually chronological order of the narrative which obviously results from the succession of the presented events. Morawiec, unlike Rachela Auerbach, presents some quotations that confirm Weliczker's literary aptitude, partly denying his own earlier opinion of the author's „stylistical naivety" (ibid.).

I must add that *Brygada śmierci* is the third and last part of Leon Weliczker's writings about which the Polish reader, by the way, still does not know in their entirety. Their larger versions were published in the 1960s in Germany under the title *Ein Sohn Hiobs* (*A Son of Hiob*) and in the United States as *The Janowska Road,* while the complete text was translated from English into French as *Pour que la terre se souvienne* (*So the earth will remember*).

Therefore, my essay concerns only this fragment of *Brygada śmierci* which was published in its original language, i.e. Polish. This substantial fragment of Weliczker's work may be justifiably treated as its distinctive, different and integral part from the very first sentence – „The day begins as usual" – up to its final words. And it is neither a diary nor a memoir, although this is how Polish editors and publishers tried to classify it. The dates introduced occasionally into the text, slightly at random and without any rules, mark, in my opinion, the successive interferences and editorial modifications, especially where they begin a new entry. Therefore, the editors impose a chronological order on the book and sometimes make it redundant as the events presented in the text make for such a chronological order anyway.

A diary evidently focuses on a clearly autobiographical record of the writer's emotions, and it is the writer who is situated in the centre of events. On the other hand, a memoir presents them from a certain, sometimes quite long distance, while the author reconstructs the events, builds the chronology of the book, analyzes and rationalizes it, fully aware of all causes and effects. Moreover, both these first-person narrative genres are submerged in the past tense, more or less distant from the present. And both are treated as personal documents in which the narrator occupies the central position, becoming both the subject and object of the story of himself and of reality.

Even such a brief analysis proves that *Brygada śmierci* has not been classified properly in generic terms by its editors and publishers. It is neither a memoir, nor a diary. However, we can say that everything – i.e. the narrator's attitude and his narrative perspectives, conventions of description and story-telling, dialogues presented as indirect speech and tricks that help quote utterances by the characters – seems to suggest that Weliczker's text has been written in the genre that comes closest to the reportage.

According to acknowledged generic definitions (see Maziarski 2012) a reporter's account is characterized by „the here and now, by authenticity, action and the author's personal attitude [...] towards subject matter" (ibid., 634). The „here and now" is included in the events and situations that take place almost in the present or very recent past – hence the tendency to shorten the temporal distance between the given event and its journalistic account, the not infrequently used *praesens historicum*, indirect speech or the seemingly reported speech in the statements of the characters. The visible objectification of such utterances moves the reporter-narrator to the background, and rather rarely reveals and individualizes his point of view. His account contains as much description as it contains storytelling, and it is written using short, simple and grammatically uncomplicated sentences. The informative function dominates over other intentions, hence the unusually detailed data, facts and calculations. Furthermore, the reportage nearly completely lacks persuasion, accusations or journalistic generalizations, typical for column writers.

Thus, we will easily find all the features of the reportage in Weliczker's book, and furthermore, he even adopts the attitude of a reporter who participates in the events and has been situated in the middle of them. He is one of the prisoners, a direct participant and forced performer of the duties of the ‚death squad'. Therefore, the narrative ‚I' is virtually absent and replaced by the ‚we' – the collective subject. Weliczker as narrator tells the story in the name of his fellow prisoners – which evidently augments the factual rank of his account and contributes to its genuineness.

The case of Leon Weliczker's book and its reception is nothing exceptional in the literature of the Holocaust. We have to do here with a phenomenon which could be called a ‚generic transfer'. *Brygada śmierci,* read as a piece of evidence and a document that is half memoir, half diary, deprives Weliczker's work (and its author) of those meanings and values which they deserve rightly. Our young author is not a naïve chronicler or a stylistically unskilled writer who uses, as the editors say, „Jewish-influenced raw Polish spoken in Lviv" (Auerbach in Weliczker 2012,16), his text does not have to be adjusted forcefully to fit the frame of a factual piece of evidence by means of various ‚improvements' and needs not to be advertised to the reader as such. Leon Weliczker, perhaps intuitively, perhaps deliberately (he attended school in Lviv which was one of the cultural capitals of the 2$^{nd}$ Polish Republic), has chosen the best poetics possible to relate his account. Exaggerating a little, I would say – like Tadeusz Borowski for his Auschwitz stories.

And if some publisher intends to publish Weliczker's text in the future in Polish, he should first of all turn to the manuscript, secondly, forget about past editorial procedures, and thirdly, restore its true generic attribution, that is the structure of a reportage. This genre is not too frequent in the literature of the Holocaust, that is true, but it belongs to its most valuable literary attempts. As an example let us mention three well-known reportage specimens: *Kaputt* by Curzio Malaparte, *Im Eilschritt durch den Gettotag. Reportagen und Essays aus dem Getto Lodz* (*At the Double through the Ghetto Day. Reportages and Essays from Lodz Ghetto*) by Oskar Singer and Beniamin Horowitz's *Przesiedlenie w zaświaty* (*Displacement to the World Beyond*), a work that consists of virtually still unpublished notes from the Warsaw Ghetto (see Leociak 1997).

The juxtaposition of two generic attributions of Leon Weliczker's book called *Brygada śmierci* – memoir/diary *versus* reportage – leads to another argument which confirms the need for theoretical reflection in the interpretation of the writings about the Holocaust. I consciously refrain from the term ‚literature of testimony' here, because this now popular critical ellipsis is not only disorienting and constrains the values of this literature inscribing it almost entirely within documentary and factual stereotypes, but it also creates many cognitive barriers for all kinds of historical, interpretative and axiological proceedings. If we imagine an axis between two poles, one labeled fiction and the second one, faction, as the theoreticians of New Journalism have it, we should find the literature of the Holocaust in all its generic diversity everywhere along the axis – not only on the pole that we call faction.

(Translation from Polish: Maciej Świerkocki)

### Bibliography

*Leociak*, Jacek 1997: Tekst wobec Zagłady (o relacjach z getta warszawskiego). Wrocław.
*Maziarski*, Jacek 2012: Reportaż. In: Grzegorz Gazda (ed.): Słownik rodzajów i gatunków literackich. Warszawa, pp. 634-635.

Morawiec, Arkadiusz 2009: Literatura w łagrze, łagier w literaturze. Fakt – temat – metafora. Łódź.
Weliczker, Leon 2012 (first ed. 1946): Brygada śmierci. Pamiętnik. Preface: Filip Friedman. Initial remarks: Rachela Auerbach. Reprint Lublin with a foreword by Arkadiusz Morawiec.
Weliczker Wells, Léon 1962: Pour que la terre se souvienne. Paris.
id. 1963: Ein Sohn Hiobs. München.
id. 1963: The Janowska Road. New York.

## Zusammenfassung

Der Autor des Beitrags zeigt am Beispiel des 2012 herausgegebenen Nachdrucks von Leon Weliczkers 1946 veröffentlichtem Buch *Brygada śmierci* eine Erscheinung auf, die man als ‚Gattungsverschiebung' bezeichnen könnte. Dieses Phänomen tritt gerade in der Rezeption von Holocaustliteratur nicht selten auf. Der jugendliche Autor wurde in die sog. Todesbrigade einberufen, deren Aufgabe es war, die Spuren nach den Verbrechen des Holocaust in Lemberg verschwinden zu lassen. Die Aufzeichnungen Weliczkers sind unmittelbar während der Geschehnisse entstanden. Sie stellen gleichsam eine reportageähnliche Beobachtung des Jungen dar und sind somit eines der wichtigsten Zeugnisse der Kriegsverbrechen der ‚Endlösung' auf polnischem Boden. Deshalb wurde der Text auch – vor allem als Zeugnis und eben dokumentarischer Bericht – in Nachkriegsprozessen gegen die Verbrecher (u.a. im Eichmann-Prozess in Jerusalem) genutzt. Auch die Herausgeber und Redakteure des Nachdrucks entschieden sich, den Text als dokumentarisches Zeugnis zu behandeln, indem sie unterschiedlichste Korrekturen, Verbesserungen sowie andere editorische Eingriffe in ihn einbrachten, was die Aufzeichnungen Weliczkers fast zu einem Tagebuch oder einer Art Erinnerungsbericht werden ließ. Im Grunde bestand die Hauptabsicht des jungen Autors jedoch darin, eine Reportage von literarischem Charakter zu schaffen (was viele seiner strukturellen, sprachlichen und stilistischen Merkmale bezeugen). Somit würde die ausschließliche Einordnung von Weliczkers Bericht (und der darin vorgenommenen Korrekturen) in die Kategorie des Zeugnisses und der protokollarischen Aufzeichnung von Fakten seinen Status als literarisches, sich in die Gattung der Reportage einreihendes Werk für ungültig erklären.

## Streszczenie

Autor referatu na przykładzie dopiero co wydanego reprintu książki, pierwotnie opublikowanej w 1946 roku i zawierającej tekst napisany przez Leona Weliczkera, nastoletniego autora wcielonego przez hitlerowców do tzw. brygady śmierci, której zadaniem było zatarcie śladów po zbrodniach Holokaustu we Lwowie, ukazuje zjawisko, które nazywa „przemieszczeniem genologicznym", a które nierzadko występuje właśnie w recepcji literatury Zagłady. Zapis Weliczkera powstawał na bieżąco, jakby w reporterskiej obserwacji chłopca i stanowi jedno z ważniejszych świadectw zbrodni wojennych „ostatecznego rozwiązania" na ziemiach polskich. Tak więc też był wykorzystywany – przede wszystkim jako świadectwo właśnie i dokumentalna relacja – w procesach powojennych przeciw zbrodniarzom (m. in. w procesie Eichmanna w Jerozolimie). Tak też, jako dokumentalne świadectwo, zdecydowali się potraktować ów tekst jego wydawcy i redaktorzy wprowadzając doń rozmaite korekty i poprawki oraz inne zabiegi edytorskie przekształcając zapisy Weliczkera w niby-dziennik, albo relację quasi-pamiętnikarską. Gdy w istocie rzeczy główną intencją młodego autora było stworzenie tekstu reporterskiego (co poświadcza wiele jego cech strukturalnych, językowych i stylistycznych) o charakterze literackim. Zatem kwalifikowanie relacji Weliczkera (a i jego korygowanie) wyłącznie w kategoriach świadectwa i protokolarnego zapisu faktów unieważnia jej status dzieła literackiego wpisującego się w gatunek reportażu.

## Trauma-Verarbeitung in *Das Mädchen im roten Mantel* und *Dobre dziecko* (*Gutes Kind*) von Roma Ligocka

*Aleksandra Bąk-Zawalski, Gießen*

Myślę, że tak naprawdę chciałabym być drzewem. Drzewo na szczęście nie jest istotą tak kruchą jak człowiek. Niestraszne mu pory roku. Nie lęka się byle wichury. Drzewo istnieje dla siebie samego- nikt nie jest mu potrzebny, za nikim nie tęskni. Chciałabym być pięknym drzewem, mieć długie gałęzie, sięgające do jasnego, czystego nieba. Mieć mnóstwo liści igrających zwiewnie na majowym wietrze. I mieć korzenie. Silne, mocno rozrośnięte korzenie, ukryte głęboko pod ziemią. Być drzewem, którego nie można przesadzić, a które i ściąć niełatwo. (Ligocka 2009, 21f.)[1]

Die Holocaust-Erfahrung war eine „anhaltende traumatische Situation" (Lorenzer 1966, 481, zit. nach Lezzi 2001, 82) und somit ein „kumulative[s] Trauma" (Khan 1963, 286, zit. nach Lezzi 2001, 82). Die posttraumatischen Folgen des Genozids haben das Leben der Überlebenden sowie deren Familien in komplexer Weise negativ und destruktiv beeinflusst. Psychologische Studien belegen, dass das Geschlecht eine relevante Rolle bei der Traumatisierung und Trauma-Verarbeitung spielt, denn Mädchen weisen tendenziell höhere posttraumatische Belastungsstörungs-Raten auf (vgl. Trobisch-Lütge 2010, 39). Personen mit posttraumatischen Belastungsstörungen (PTBS) entwickeln ein „gestörtes emotionales Verhalten und Erleben" (ebd., 50). Die psychologisch orientierte Wissenschaft spricht in Bezug auf die Posttraumatisierung von Holocaust-Überlebenden sowohl von körperlichen als auch psychischen Folgen, die William G. Niederland unter dem Begriff „Überlebenden-Syndrom" (Niederland 1980, 232) zusammenfasst. Als psychologische Konsequenz der Traumatisierung gelten u.a. Angstzustände, ein (unartikuliertes) Gefühl des Andersseins, Apathie, Überlebensschuld, Panikattacken, der ständige Gedanke an den Tod,

---

[1] „Ich glaube, ich wäre gerne ein Baum. Ein Baum ist zum Glück nicht so zerbrechlich wie ein Mensch. Er hat keine Angst vor den Jahreszeiten. Ein Baum lässt den Sturmwind wehen. Ein Baum existiert nur für sich selbst – er braucht niemanden, sehnt sich nach niemandem. Ich wäre gern ein schöner Baum mit ausladenden Zweigen, die bis in den hellen, klaren Himmel reichen. Ich hätte gerne viele Blätter, die im Maiwind tanzen. Ich hätte gern Wurzeln. Starke, weit verzweigte Wurzeln, die tief unter der Erdoberfläche versteckt sind. Ich wäre gerne ein Baum, der sich nicht verpflanzen und sich nur schwer fällen lässt." (Übers. aus d. Poln. hier und i. Folg. Verf.).

Trauer etc. Zu den psychosomatischen Merkmalen des Überlebenden-Syndroms gehören u.a. Herzbeschwerden, Kopfschmerzen, Schwindel und Schlaflosigkeit (vgl. Fischer/Riedesser 1998, 236; dazu auch Lezzi 2001, 81). Jahrzehntelang wurden jedoch solche Aspekte wie Depression und Traumatisierung als Konsequenz der Holocaust-Erfahrung kaum problematisiert. Roma Ligocka erinnert sich diesbezüglich:

> Nie mówiło się o psychoterapii. Jakby człowiek w każdym wieku musiał zachowywać się tak, jak mu otoczenie kazało. Straszny gorset obyczajów, wymagania ze strony rodziny powodowały, że relacje między ludźmi były trudne. [...] W latach 50tych nie istniało pojęcie depresji, a już szczególnie tej związanej z przeżyciami wojennymi. Nie używano również pojęć ‚stres', ‚terapia', ‚mobbing', ‚trauma'. O tzw. Syndromie posttraumatycznym czy o depresji u dzieci zaczęto mówić dopiero od połowy lat 60. Wcześniej, jeżeli dziecko nie jadło lub nie rozmawiało to znaczy, że było niegrzeczne i należało je karać. Tak samo jak dysleksja, czy kłopoty w uczeniu się – wszystko określano jako niesforność, za którą dostawało się ‚po łapach'. Szkoła była jak dom poprawczy, o czym piszą także inni autorzy. To rodzaj obozu dla niesfornych ludzi, których trzeba było uporządkować, uformować, tak, aby byli grzeczni. Wydaje mi się, że współczesne dziecko, gdyby znalazło się w takim domu i szkole jak moja, nie wytrzymałoby. (Ligocka, Kiedy dziewczynka...)[2]

Diese Marginalisierung von „child survivors" dauerte bis in die achtziger Jahre (vgl. Zalashik 2011, S. 120). Kinder galten lange Zeit als nicht traumatisierte Holocaust-Überlebende, und solch absurde Argumentationen wie die der Behörde für die Entschädigung für Opfer der nationalsozialistischen Verfolgung waren weit verbreitet:

---

[2] „Es war keine Rede von der Psychotherapie. Als müsste sich der Mensch in jedem Alter so verhalten, wie seine Umgebung es von ihm erwartet. Ein strenges Sittenkorsett, Anforderungen seitens der Familie verursachten, dass zwischenmenschliche Beziehungen schwierig waren. [...] In den fünfziger Jahren existierte der Begriff der Depression so gut wie nicht, insbesondere in Bezug auf Kriegserlebnisse. Begriffe wie ‚Stress', ‚Therapie', ‚Mobbing', ‚Trauma' wurden auch nicht gebraucht. Über das sog. posttraumatische Syndrom oder die Kinderdepression begann man erst ab Mitte der sechziger Jahre zu sprechen. Früher, wenn ein Kind nicht essen oder reden wollte, bedeutete das, dass es ungezogen ist und eine Strafe verdient. Das Gleiche galt für die Dyslexie oder Lernschwierigkeiten – all das wurde als Widerspenstigkeit eingestuft, für die man zurechtgewiesen wurde. Die Schule war wie eine Erziehungsanstalt, worüber auch andere Autoren schreiben. Sie war eine Art Lager für übermütige Menschen, die man zur Ordnung rufen und formen musste, um ihnen Gehorsam beizubringen. Ich glaube, wenn sich ein Kind von heute in so einem Haus und so einer Schule wie den meinen finden würde, würde es dies nicht aushalten."

Da der/die Patient(in) auf dem Höhepunkt der Verfolgung ein Kleinkind war, konnte er/sie die Vorkommnisse in seinem/ihrem Umfeld nicht bewusst wahrnehmen und somit auch keinen, beziehungsweise keinen dauerhaften psychischen Schaden erleiden. (Wangh 1973, 42, zit. nach Zalashik 2011, 120)

Auch wenn im Laufe der Jahre diese Annahme relativiert und letztendlich als inkorrekt erklärt wurde und wenn immer häufiger von Kindheitstraumata als Folge des Holocaust gesprochen wurde, so wurden immer noch nicht alle überlebenden Kinder für traumatisiert erklärt. Anfangs zählten nur solche Kinder zu dieser Kategorie, die ihre Kindheit in den KZs verbracht hatten (vgl. Zalashik 2011, 118), während man über Kinder, die den Krieg in Verstecken überlebt hatten, sagte,

[...] sie hätten Glück gehabt, Kinder zu sein, weil sie von guten Christen gerettet worden seien („sie hatten Glück im Krieg"), Einsamkeit und Hunger, physische Gewalt und sexueller Missbrauch waren kein Thema. (ebd., 122)

Zudem herrschte die allgemeine Vorstellung, dass „Kinder bis zum Alter von vier Jahren zu jung gewesen [seien], um sich zu erinnern, Kinder zwischen vier und zehn alt genug, um sich zu erinnern, aber zu jung, um etwas zu verstehen [...]" (ebd., 127). Heute stehen derartige Ansichten mit dem Hinweis darauf in der Kritik, dass wenn auch (Klein-)Kinder keine ‚konkrete' Erinnerung an die Zeit der Verfolgung haben, es nicht gleichzeitig heißt, dass ihnen somit das Trauma erspart wurde. Denn konsequenterweise prägte sich die permanente Angst meist für immer in ihr Gedächtnis ein. Viele Forscher vertreten die Meinung, dass die älteren Kinder sich in einer besseren Situation befunden hätten als die Kleinkinder: nicht deshalb, weil sie sich an die Schrecken genau erinnern konnten, sondern weil sie die Alternative, d. h. die Normalität der Vorkriegszeit, erlebt haben. Welche Differenzen in Bezug auf die PTBS die Arten der traumatischen Erfahrung aufweisen, bleibt jedoch bis heute umstritten. Es gibt Studien wie z.B. die von Shalom Robinson, Michal Rapaport-Bar-Sever und Judith Rapaport, denen zufolge Menschen, die den Holocaust im Versteck überdauert haben, weniger traumatisiert gewesen seien als diejenigen, die den Genozid im KZ überlebten. Dagegen haben Untersuchungen zu diesem Thema u.a. von Rachel Yehude ergeben, dass die Verfolgungsarten keine signifikanten Differenzen beim PTBS-Muster aufweisen (vgl. ebd., 127ff.). Die Frage nach einem sog. „Hiding-Syndrome" bei Personen, die den Zweiten Weltkrieg im Versteck überlebten, wurde erst auf einem Symposium in Israel im Jahre 1977 gestellt (vgl. Lezzi 2001, 82f.). Gegenwärtig unterscheidet man in der Psychologie und Psychiatrie auch zwischen den Trauma-Effekten bei Kindern und der Traumatisierung der Erwachsenen. Aus dem Grunde gelten „child survivors" als eine separate Untersuchungskategorie (vgl. Zalashik 2011, 116f.). Die meisten Kinder überlebten den Holocaust nur deshalb, weil sie sich „unauffällig und still" (ebd.) verhalten und diese Strategie auch im Erwachsenenalter meist beibehalten haben (vgl. ebd.). Darüber schreibt Roma Ligocka:

[…] ich kann nicht schreien, ich darf nicht laut sein, ich muss schweigen und wachen und zuhören und brav sein. Für ewig brav sein und schweigen. So kommt es mir vor. (Ligocka 2000 a, 187)

Ligocka zeigt in ihrer literarischen Auseinandersetzung mit dem Holocaust, wie tiefgreifend die Langzeitfolgen der Traumatisierung durch die Genozid-Erfahrung sind.

Roma Ligocka, geboren im Jahr 1938 als Roma Liebling, ist eine aus Krakau stammende jüdische Schriftstellerin, Malerin und Kostümbildnerin. Während des Zweiten Weltkriegs lebte sie im Krakauer Getto, bis ihr und ihrer Mutter 1943 die Flucht gelang. Danach versteckten sie sich unter dem falschen Namen Ligocka bei einer polnischen Familie in Krakau, wo sie den Krieg überlebten (vgl. Światłowska 2008, 386). Małgorzata Baranowska schreibt über *Das Mädchen im roten Mantel*:

Książka Ligockiej nie jest prostym zapisem pamiętnikowym z życia w krakowskim getcie i z ukrywania się poza gettem. To zadziwiający portret dziewczynki tkwiącej w dorastającej Romie i dziewczynki nie opuszczającej Romy – bardzo już dorosłej. (Baranowska 2001)[3]

Roma Ligocka entschloss sich, ihre quälenden Holocaust-Erinnerungen niederzuschreiben, nachdem sie sich 1994 in Spielbergs Film *Schindlers Liste* in dem Mädchen im roten Mantel wiedererkannt hatte (vgl. Pirol 2010, 118). *Das Mädchen im roten Mantel* und *Dobre dziecko* (*Gutes Kind*) stellen ein aufschlussreiches Zeugnis über das traumatisierte Weiterleben nach dem Holocaust dar (vgl.

---

[3] „Ligockas Buch ist kein einfacher Tagebuchbericht über das Leben im Krakauer Ghetto und das Leben im Versteck außerhalb des Ghettos. Es ist ein überraschendes Portrait eines Mädchens, das in der erwachsen werdenden Roma steckt, und eines Mädchens, das die ‚sehr' erwachsene Roma nicht verlässt."

Światłowska 2008, 393). Die Autorin verschweigt ihre schmerzhaften Erinnerungen nicht. Detailliert beschreibt sie den langjährigen Kampf gegen Depression und Tablettensucht, die auf das Kriegstrauma zurückzuführen waren. Ligocka ist als erwachsene Frau in ihren „Ängsten ein Kind geblieben, das die Augen schließt, um die Wirklichkeit auszugrenzen" (Lechler). Die Todesangst, die sie im Zweiten Weltkrieg als junges Mädchen erlebte, sollte sie nie mehr loswerden. Die schmerzhaften Erinnerungen an die Schreckenszeit kommen bei ihr ständig zurück, und trotz Verdrängungsversuchen füllen sie das Leben der Autorin immer wieder aus.

Ligocka assoziiert das Leben in Krakau während der Kriegszeit mit Kälte, permanenter Angst, Hunger, Trennung vom Vater, Abschied von ihren Verwandten, dem Anblick des Todes und Schreien in der „verhassten deutschen Sprache" (Światłowska 2008, 390). Über ihre Holocausterfahrung im Getto schreibt sie: „Die Angst wird jeden Tag schlimmer. Und das Geschrei. Kein Mensch redet mehr normal. Entweder sie schreien, oder sie weinen, oder sie flüstern" (Ligocka 2000 a, 33). Situationen wie die folgende waren signifikant für Romas Kriegserfahrung:

> Wir brauchen neue Kennkarten, unsere sind nicht mehr gut. „Es ist zwecklos", flüstert mein Vater. „Eine arische Kennkarte ist teurer als Gold." Immer dieselben Worte: KENNKARTE. ARISCH. Das ist Deutsch, hat meine Mutter mir erklärt. Die Bedeutung der Worte hat sie mir nicht erklärt, aber ich weiß, dass man diese beiden Dinge braucht, um zu überleben. Und dass wir sie nicht haben. Meine Mutter kann Deutsch verstehen. Ich hasse Deutsch. Man muss es brüllen, und es gibt nur ganz wenige Worte:
> HALT!
> LOS!
> SCHNELL!
> VORWÄRTS!
> KOMM MAL HER!
> AUFSTEHEN!
> AUFMACHEN!
> Sie heißen alle das Gleiche: Angst! (ebd., 24)

Romas Leben im Versteck war ebenfalls von ständiger Angst geprägt, die als zentrales Gefühl ihrer Kinderjahre traumatisierend wirkte und ihr ganzes Dasein enorm beeinflusste:

> Wenn wir auf die Straße müssen, huschen wir nur. Wie graue, dünne Tiere. Wir sitzen in unserem Versteck und sehen zu, was sie mit den anderen Tieren machen. Dauernd

wird jemand geholt und umgebracht. Alle sprechen darüber. Wer geht als Nächster? Jeder von uns kann der Nächste sein. (ebd., 33)

Äußerst negative Folgen auf ihre Psyche hatte auch die ständige Kritik an ihrem Äußeren wegen der Merkmale, die auf ihre jüdische Herkunft deuteten. Diese Diskriminierung, als Jüdin ‚unerwünscht' zu sein, wirkte sich auf die Identitätsentwicklung des Mädchens sehr destruktiv aus:

> „Diese Augen!", sagt meine Mutter. „Wenn sie nur blaue Augen hätte, […]" „Und so dunkle Haare hat sie", sagt eine fremde Frauenstimme. „Das taugt nicht zum Überleben. Aber da kann man vielleicht was machen." – „Gift?", fragt meine Mutter. Entsetzen in der Stimme. „Kommt nicht in Frage", ruft mein Vater laut. Ein dumpfer Schlag lässt mich zusammenzucken, er hat wohl mit der Faust auf den Tisch geschlagen, das tut er manchmal, wenn er sehr wütend ist. Sicher ist er wütend auf mich, weil ich nicht so bin, wie ich sein sollte. Ich bin falsch. (ebd., 13)

Das Mädchen kann nicht erkennen, dass es nicht seine Schuld ist, wenn es sich ständig in lebensbedrohlichen Situationen befindet. Auf diese Weise werden Schuldgefühle erzeugt, die sich oft auf das ganze weitere Leben auswirken:

> Auf einmal habe ich das Gefühl, dass alles, was ich tue, furchtbare Folgen haben kann. Dass alles, was ich mache, jedes Wort, das ich sage, den Tod bedeutet. Dass eigentlich alles unter Todesstrafe gestellt ist. Dass ich mich bei jedem noch so kleinen Vergehen schuldig mache und immer schon an allem schuld gewesen bin. Dass ich schlecht bin, durch und durch schlecht. Und dass es für alle besser wäre, wenn es mich nicht gäbe. (ebd., 136)

In ihrem Buch *Dobre dziecko* beschreibt Ligocka die Leiden des pubertierenden Mädchens, das die Kriegsgeschehnisse nicht vergessen kann. Immer wieder holt die Zeit des Nationalsozialismus Roma ein. Ihre Mutter sagt zu ihr, dass schon so viele Jahre seit dem Krieg vergangen sind und sie endlich versuchen sollte zu vergessen. Aber das Kind, das keiner Therapie unterzogen wurde, kann diese Schrecken nicht vergessen, ist ängstlich. Ligocka konzediert, dass sie diese Angst der Kriegsjahre bis heute in sich trägt. Das von ihr beschriebene Mädchen leidet an Anorexie, es kann nicht essen, kann nicht schlafen. Das Mädchen sehnt sich nach Liebe, will sich in die Gesellschaft integrieren, was sich jedoch schwierig gestaltet. Ihr posttraumatisches Leben ist von zahlreichen Konflikten mit der Mutter gekennzeichnet, weil beide traumatisierte Menschen sind. Die Mutter, die als eine von wenigen Personen sich vorzustellen im Stande war, was ihrer Tochter für das ganze Leben angetan wurde, hätte wissen müssen, wie schwierig es ist, mit so einer Vergangenheit klarzukommen. Die traumatisierte Tochter kann sich mit der traumatisierten Mutter, „der einzigen Person, die ihre Erfahrungen teilt" (Lechler), nicht verständigen. Roma erinnert sich: „Wir tauschen lieber Kochrezepte aus, als über Gefühle zu sprechen. [...] Es war keine Sprache da zwischen uns, nur das liebevolle, qualvolle, enttäuschte Schweigen" (Ligocka 2000 a, 400). Jede verarbeitet die traumatischen Erlebnisse auf ihre eigene Art. Zudem haben sie keine Familie, sind auf sich alleine gestellt, und diese Leere verschärft das Gefühl der Einsamkeit. Das Mädchen rebelliert, sie will geliebt, gelobt und von der Mutter unterstützt werden. Roma findet diese Unterstützung und Liebe bei ihrer Mutter jedoch nicht. Teofilia Ligocka konnte Romas Sicherheits- und Geborgenheitsbedürfnis nicht erfüllen, weil sie selbst unter den Symptomen der posttraumatischen Belastungsstörung litt. Durch die Überlastung mit der eigenen Traumatisierung konnte sie ihrer Tochter keinen schützenden Halt bieten, den diese so sehr für ihre Entwicklung gebraucht hätte. So sind Isolations- und Einsamkeitsgefühle ein zentrales Merkmal ihres Daseins. Roma, die an der Seite ihrer Mutter nie das Gefühl der Geborgenheit und Sicherheit spürte, skizziert dies anhand einer Szene während der Kriegszeit:

> Es ist ein verregneter Sommertag, und wir sind wieder auf der Straße unterwegs. Ich halte die Hand meiner Mutter fest umklammert. Sie ist kalt und feucht und gibt mir kein Gefühl der Sicherheit. Im Gegenteil. Ihre Angst fließt durch die kalte Hand direkt in meinen Körper hinein und nirgends wieder hinaus. (ebd., 154)

Diesen Aspekt thematisiert auch Reinhard Lempp in seiner psychologisch orientierten Studie. Er zeigt, dass Kinder, die zusammen mit ihren Eltern inhaftiert waren, dadurch oft intensiver traumatisiert wurden, weil sie zusätzlich die elterliche Angst miterlebten (vgl. Lempp 1979, 14).

Mit ihrer traumatischen Holocaust-Erfahrung bleibt Roma nach dem Krieg ganz allein:

> Kinder müssen brav sein, Kinder müssen sich benehmen. Für Kinder hat man auch jetzt, nach dem Krieg, keine Zeit. Es ist, als wäre der ganze Krieg für uns nicht passiert. Man kann nicht auf Kindergefühle Rücksicht nehmen. Damit muss jeder selber fertig werden. Es ist schwer genug, alles zu ertragen und alle durchzufüttern, denken sie. (Ligocka 2000 a, 183)

Romas Nachkriegsleben ist zudem von permanenter Angst und Sorgen um die Mutter geprägt. In dieser Mutter-Tochter-Beziehung ist die Umkehrung der Rollen feststellbar, denn schon seit den ersten Lebensjahren musste Roma die Funktion einer Beschützerin ihrer Mutter übernehmen. Stets passte sie auf die Mutter auf, damit diese keinen Selbstmord begeht. Die Selbstmordversuche vertieften in Roma das Gefühl, ihre Mutter enttäuscht zu haben, sie sah dies als Konsequenz ihres eigenen schlechten Verhaltens:

> Boże, ja wiem, że to moja wina, naprawdę wiem. To przez moją krnąbrność, bezczelność... Ty nas uratowałeś z tej strasznej wojny, ja za to teraz powinnam być inna, spokojna i dobra... [...] Kiedy [mama] przychodzi do domu, to musi się martwić, bo nie uczę się i nie jem, a ona się stara, żebym wszystko miała... Tyle na mnie wydaje pieniędzy, stale czegoś chcę, i nigdy mnie jeszcze w szkole nie pochwalili na wywiadówce... [...] Boże! Już będę inna, całkiem inna, będę rozumna, tylko niech ona wróci, nie umiera... Przecież ja tu nie mogę zostać sama... (Ligocka 2012, 239)[4]

Die ambivalente Mutter-Tochter-Dyade ist an diesem gegenseitigen Unverständnis gescheitert. Roma assoziiert den Holocaust mit der Person ihrer Mutter: „Zwischen uns steht eine Mauer des Vorwurfs, und keiner von uns ist fähig sie zu durchbrechen. Ich will fliehen, weg von der Vergangenheit, weg von meiner Mutter" (Ligocka 2000 a, 335). Über *Dobre dziecko* sagte Ligocka hoffnungsvoll:

> Być może ta książka pomoże uporać się z problemami w relacji matka-córka i z problemem „jak żyć po traumie?". Trauma nie jest bowiem rzeczą, która sprowadza się do okresu wojny. Dla niektórych codzienność potrafi być traumą. (Ligocka, Kiedy dziewczynka...)[5]

Romas Selbstwertgefühl wurde durch die Holocaust-Erfahrung extrem zerstört. Für sie, die im Krieg geboren wurde, waren die Deutschen gut, die Juden dagegen böse. Sie wuchs in der Überzeugung auf, dass das jüdische Volk es sich verdient hat, gejagt und getötet zu werden. Die Deutschen waren in ihren Augen

---

[4] „Gott, ich weiß, dass es meine Schuld ist. Es ist wegen meiner Arroganz, Frechheit... Du hast uns von diesem schrecklichen Krieg gerettet, und ich sollte dafür anders sein, ruhig und gut... [...] Wenn [Mutti] nach Hause kommt, muss sie sich meinetwegen Sorgen machen, weil ich nicht lerne und nicht esse, und sie gibt sich Mühe, damit ich alles habe... Sie gibt so viel Geld für mich aus, immer will ich etwas haben, und noch nie wurde ich in der Schule gelobt. [...] Oh Gott! Ich ändere mich, ich werde ganz anders sein, ich werde vernünftig, nur soll sie zurückkommen, nicht sterben... ich kann doch hier nicht alleine bleiben..."

[5] „Vielleicht hilft dieses Buch bei der Lösung von Problemen in der Beziehung Mutter – Tochter und bei der Beantwortung der Frage „wie lebt man nach einem Trauma?". Ein Trauma ist nämlich nicht eine Erscheinung, die sich nur auf die Kriegszeit bezieht. Für manche kann ihr Alltag ein Trauma darstellen."

groß, stark und gerecht. Wenn ein Mensch seine ersten Lebensjahre in so einer pathologischen Situation verbringt, dann wird er nie ein normales Selbstwertgefühl haben. So ein Mensch wird leicht unsicher. Das Gefühl, das sich in den ersten Jahren des Kinderlebens entwickelt, dass ein Kind sich als wertvoll, liebenswert betrachtet, war ihr fremd. Sie befand sich nicht am richtigen Ort, nicht in ihrem Land. Sie empfand sich selbst als einen Menschen, der überhaupt nicht existieren durfte. Und wenn jemand in so einer Überzeugung das Leben beginnt, dann muss er sich sehr bemühen, um ein ‚normaler', selbstsicherer Mensch zu werden. (vgl. Ligocka, Interview mit Aleksandra Stępniewska). In einem Interview mit dem Magazin *Focus* sagte die Schriftstellerin:

> Für mich war es nichts Besonderes, Leichen auf der Straße liegen zu sehen. Das war normal. Man konnte mir nicht einmal erklären, dass das böse war, was sie mit uns machten, denn ich kannte ja die Alternative nicht. Das ist der Unterschied zwischen mir und älteren Holocaust-Überlebenden. (Ligocka 2000 b)

Ihr Selbstwertgefühl war durch den Krieg dermaßen gestört, dass sie sich selbst für den Genozid schuldig fühlte:

> So war es in meiner Kindheit, so ist es heute. Und ich glaube, so muss es sein, es ist gar nicht anders möglich. Auch damals im Ghetto habe ich nie gedacht, dass die anderen, die Deutschen, die Gestapo, an unserem Unglück schuld waren. Sie waren gut, blond, schön, mit geputzten Stiefeln – schuld war eigentlich ich. (Ligocka 2000 a, 344)

Diese traumatische Erfahrung führte bei Roma zum posttraumatischen Stresssyndrom, das sich durch Schwierigkeiten mit der Bestimmung der persönlichen und sozialen Identität und Selbstwertschwankungen äußert. Seit ihrer Kindheit empfand sie sich als minderwertig: „Ich hatte immer das Gefühl, falsch zu sein. Ich dachte, ich verdiene es nicht zu leben, man wird mich irgendwann töten" (Ligocka 2000 b).

Die Traumatisierung der Kinder wurde auch in der Nachkriegszeit fortgesetzt, denn die Kinder wurden von der Erinnerung der Erwachsenen an die vergangenen Kriegsereignisse nicht verschont:

> Auch die Geschichten der Erwachsenen habe ich seither im Ohr und kann sie nie wieder vergessen. Es nützte nichts, dass ich mir die Ohren zuhielt, unter das Bett kroch, mir die Decke über den Kopf zog. Es gab kein Entrinnen, es gab kein Erbarmen für uns Kinder. Wir wurden ungewollt zu Zeugen gemacht von denen, die Zeugnis ablegten. Denn sobald es draußen dunkel wurde, sprachen die Erwachsenen über das Erlebte, über den Tod, über die unvorstellbaren Grausamkeiten, über die unglaublichsten Qualen und

Quälereien, zu denen Menschen fähig sind, die Menschen ertragen können. Dies war die Zeit der Klage, der Trauer, des Zorns und der Bitterkeit. Danach verstummten die Stimmen der Überlebenden, viele von ihnen für immer. Und auch wir, die Generation der Kinder, sprachen nicht darüber. Unauslöschlich brennt sich das Wort „Auschwitz" in diesen endlosen Nächten in meine Seele ein. Ohne uns Kinder zu beachten, erzählen die Erwachsenen aus dem Lager. Es ist fast, als ob sie eine schreckliche, krankhafte Lust dazu verspüren, jedes Detail zu beschreiben. [...] (Ligocka 2000 a, 185f.)

In dem Buch *Dobre dziecko* leidet das Mädchen an Magersucht. Diese Weigerung, Nahrung aufzunehmen, repräsentiert das Nicht-Akzeptieren der Realität, denn sie kann sich in der Welt nicht finden (vgl. Ligocka, Interview mit Aleksandra Stępniewska). Über die Nachwirkungen der Traumatisierung der Kinderjahre sagt sie:

Manchmal, in Situationen, die mich an damals erinnern, springt die Angst plötzlich wieder hervor. Wenn ein Kind angeschrien wird oder wenn Menschen allzu schneidig und laut auftreten. Ich habe sehr lange unter Depressionen gelitten. Ich habe es aber geschafft, mit diesen Traumata fertig zu werden. Man kann seine Ängste überwinden – auch davon handelt mein Buch. (Ligocka 2000 b)

Immer wieder gibt es im Leben von Roma Ligocka Situationen, die sie an die Kriegszeit erinnern. Es genügt schon, dass beispielsweise jemand schreit, und Ligocka assoziiert dies sogleich mit ihren Kriegserfahrungen:

Immer wieder gibt es Momente, in denen meine Ängste plötzlich wach werden – wenn ich Uniformierte sehe, wenn jemand herumbrüllt. „RECHTS STEHEN, LINKS GEHEN!", schreit mich auf der Rolltreppe ein grauhaariger Mann an, und ich antworte prompt: „Sieg Heil!" Der Schauer und das Zittern kommen erst hinterher. (Ligocka 2000 a, 378)

An einer anderen Textstelle beschreibt sie eine ähnliche Situation, die bei ihr Angst auslöste:

Einmal, als wir gerade in eine dunkle, enge Gasse eingebogen sind, sehe ich plötzlich eine tote Taube auf dem Wasser des Kanals schwimmen. Keuchend packe ich Jan am Arm und beginne zu zittern. [...] Aber Jan versteht nicht, was mit mir los ist. Er denkt, ich stelle mich nur wieder an. [...] Er packt mich am Arm und zerrt mich hinter sich her, vorbei an der toten Taube. In mir zerspringt etwas, mit einem leisen Klirren wie Glas. (ebd., 379)

Auch Gerüche erinnern sie an den Genozid, so wird ihr z.B. vom süßlichen Geruch übel, der von einer Brauerei ausgeht: „... Ein süßlicher Geruch ... Damals hingen dunkle Wolken über dem Ghetto. ‚Sie verbrennen Tag und Nacht die

Leichen', sagte mein Vater, als er abends nach Hause kam. ‚Berge von Leichen, in Płaszów...'" (ebd., 381).

Roma hat Probleme mit der eigenen Identität, überall fühlt sie sich fremd, unsicher und empfindet stets eine große Angst, dass ihr etwas Schlimmes passieren könnte. Sie findet keine Ruhe. Dies zeigt, wie die Vergangenheit das ganze Leben determiniert. Die schrecklichen Ereignisse haben eine tiefe, unheilbare Wunde in ihrer Psyche hinterlassen. Die Depression kommt daher, weil sie die Schrecken der Vergangenheit in den hintersten Winkeln des Gedächtnisses nicht so einfach verdrängen kann. Die Erinnerungen kommen ständig zurück, füllen das Leben immer wieder aus, unabhängig davon, wie stark und intensiv sie versucht, zu vergessen und etwas Neues anzufangen.

Nicht nur die Kriegserfahrung und die unmittelbare Nachkriegszeit waren für sie unerträglich, auch das Leben als erwachsene Frau, als Ehefrau und Mutter überwältigte sie. Emotionale Probleme bilden das Wesen der erwachsenen Frau, einer Frau, die durch den Krieg fürs ganze Leben gezeichnet wurde. Sie fühlte sich einsam und von ihrer Umgebung bedroht (vgl. ebd., 415). Die Rollen, die ihr von der Gesellschaft aufgezwungen worden sind, vertiefen ihre Depression, denn sie ist nicht im Stande, all die sozialen Erwartungen zu erfüllen:

> Meine Einsamkeit wird mir immer bewusster. Ich spiele inzwischen nur noch Rollen. Die Rolle der charmanten Ehefrau, die Rolle der guten Mutter, die Rolle der Ottobrunner Hausfrau... [...] die Maske hochzuhalten strengt an. Es strengt sehr an. Und schon wieder ist mein einziger Gedanke: weglaufen, mich verstecken. Einfach weglaufen! (ebd., 412)

Über sich selbst sagt Roma: „[...] ich bin nur ein kleines Bündel Angst, auch wenn es in eine hübsche Haut verpackt ist" (ebd., 420). Oft wird sie als Hysterikerin und Wahnsinnige bezeichnet. Ständig hört sie von ihrem Mann:

> „Du bist hysterisch!", stöhnt Jan. „Kannst du denn niemals deine kranke Phantasie abschalten?" [...] „Wie sieht die Wohnung schon wieder aus!" tadelt Jan. In seiner Familie haben die Frauen die Wohnung immer sauber gehalten. „Wir haben nichts zu essen mehr! Willst du nicht aufstehen und einkaufen gehen? Und was ist mit dem Treffen heute Abend?" Jan will immer tausend Sachen. Aber ich sitze einfach nur da. (ebd., 370 u. 383)

Stets wird sie von dem Gefühl begleitet, dass sie alles falsch macht. Es gibt Tage, an denen sie überhaupt nicht im Stande ist, die Depression in den Griff zu bekommen. Sie fühlt sich physisch wie psychisch schwach: „[...] ich versinke in

Depressionen. Ich bin so müde, so endlos müde" (ebd., 382). Häufig kann sie keinerlei Lebenslust empfinden: „Und da spüre ich wieder meine bleierne Müdigkeit – diesen Nebel, aus dem ich nicht herausfinden kann" (ebd., 417). Wenn sie alleine ist, gibt sie ihrer Depression nach:

> Erst wenn Jakob [ihr Sohn] aus der Schule heimkommt, gelingt es mir, mich aufzurappeln und ihm Essen zu kochen. Wenn er dann weg ist zum Spielen, lasse ich mich wieder in eine Ecke sinken und versteinere. „Was hast du eigentlich den ganzen Tag lang gemacht?" fragt Jan vorwurfsvoll, wenn er am Abend nach Hause kommt. „Es ist nichts zu essen da, es ist nicht sauber gemacht..." Dann schließe ich mich in mein Zimmer ein, nehme eine Tablette, löse mich auf. Die Abstände zwischen den Tabletten werden in letzter Zeit immer kürzer. Aber das ist egal. Es ist bloß ein Medikament, denke ich. Man nimmt es, wenn man es braucht. Mehr nicht. (ebd., 421)

Ihre dissoziale Persönlichkeit ist als Konsequenz der Verfolgungssituation zu betrachten. „Ein sorgloses, angstfreies Leben" (ebd., 419) assoziiert sie mit Luxus, der vor allem Distanzierung zu den Mitmenschen ermöglicht:

> Luxus bedeutet, in großen Autos zu fahren, in denen nicht so viele Leute sitzen wie im überfüllten Bus. In Hotels zu wohnen, wo man den Nachbarn nicht direkt neben sich spürt. In Geschäften zu kaufen, wo man nett behandelt wird. Luxus heißt für mich einfach, vor vielen Verletzungen geschützt zu sein. Er ermöglicht die Flucht, und er ist Schutz gegen die Angst. (ebd.)

Als Folge der Traumatisierung ist auch ihr Ekel- und Furchtempfinden gegenüber körperlicher Nähe zu verstehen, die in ihr die Erinnerung an die Schrecken des Genozids weckt:

> Es sind wieder die Bilder aus dem Ghetto, es ist dieselbe Angst vor Menschen, vor Körpern, davor, festgehalten und angefasst werden. Und dasselbe Gefühl, ich muss mich retten. [...] Ich kann nicht loslassen, nie die Kontrolle über mich verlieren. Ich will nur flirten, mich nicht fallen lassen, mich nicht hingeben, mich auf nichts einlassen. (ebd., 312f)

Paradoxerweise beurteilt sie ihr Selbstwertgefühl danach, wie sie in den Augen der männlichen Betrachter gesehen wird:

> Ich fühle jetzt oft, wie die Blicke der Männer bewundernd auf mir ruhen, und genieße es, schamlos und sündig auszusehen. Das reicht aus, um mein Selbstbewusstsein für einen Augenblick anzuheben. Ich will gar nicht unbedingt näheren Kontakt zu ihnen haben [...]. Ich will nur bewundert werden. Die Bewunderung hilft mir, alles zu vergessen. Ich will alles vergessen... (ebd., 305)

Romas Krankheit verhindert auch eine ‚normale' Erziehung ihres Kindes, das unbewusst ihre unausgesprochene Angst übernimmt. In ihrer Mutter-Sohn-

Relation hat sie sich für das sog. ‚schützende Schweigen' entschieden, das jedoch oft schwerwiegende Folgen auslöst:

> Bisherige Untersuchungen zur transgenerationalen Auswirkung des Holocaust stimmen darin überein, dass ein ‚Pakt des Schweigens' zwischen den Überlebenden des Holocaust und deren sozialer Umgebung besteht und zu weiteren Reinszenierungen des Traumas führt. (Trobisch-Lütge 2010, 30)

Die Kinder, die in solch belasteten Familien aufwachsen, werden zu „Containern" für die unverarbeitete Traumatisierung ihrer Eltern (vgl. ebd., 31). Romas literarische Auseinandersetzung mit dem Holocaust reflektiert diese Erkenntnisse der psychologisch orientierten Wissenschaft, denn der Sohn macht sich stets Sorgen um die traumatisierte Mutter:

> [Jacob] macht sich auch mindestens genauso viel Sorgen um mich wie ich mir um ihn. So wie ich mich damals um meine Mutter gesorgt habe. Natürlich spüre ich, dass ihn meine Überfürsorge belastet. Aber wie erzieht man ein gesundes Kind, wenn man so ist, wie ich? Erst viel später habe ich begriffen, dass die seelischen Verletzungen der Holocaustopfer auch ihren Kindern Wunden zufügen. Damals wollte ich das Vergangene absolut nicht wahrhaben und habe Jacob nur wenig davon erzählt. Meine ganze Kraft floss in die Verdrängung. Ich versuchte, mit Liebe, mit Willenskraft die Erinnerung auszuklammern. Doch es gelang mir nicht. (Ligocka 2000 a, 409f.)

Die Literatur über die psychologische Belastung durch den Holocaust zeigt den langfristigen beträchtlichen Einfluss auf das Weiterleben der Überlebenden. Die Sentenz, dass Zeit alle Wunden heilt, hält Ligocka für unsinnig. Mit der Zeit lernt der Mensch nur, mit dem Trauma irgendwie umzugehen, um relativ ‚normal' zu fungieren, zu arbeiten, zu leben, um nicht den Verstand zu verlieren. Aber das Traumatische sitzt tief im Menschen, und es kommt in verschiedenen Momenten zum Vorschein. Roma Ligocka hatte sich gewünscht, nie über die schreckliche Vergangenheit sprechen zu müssen, was ihr auch sechzig Jahre lang gelungen ist. Sie hält die „Therapie des Schweigens" für eine sinnvolle Therapie. Sie ist der Meinung, dass jemand, der den Holocaust überlebte, es nicht nötig hat, darüber zu sprechen. Es gibt eine Tendenz in der Psychotherapie, dass man über das Trauma sprechen soll, denn „durch die Erzählung entstehe [...] Distanz zum traumatischen Ereignis und Erleben, das so externalisiert werde, ausgelagert aus der eigenen Psyche und damit weniger bedrohlich sei" (Schreiber 2005, 65). Doch Ligocka glaubt nicht an die therapeutische Wirkung des Schreibakts und warnt vor übertriebenen Erwartungen an die erzählerische

Lebensverarbeitung. Die Schriftstellerin negiert die Betrachtungsweise der Psychotherapie, dass die Einbindung des Kriegstraumas in ein Narrativ die Traumatisierung minimiert (vgl. ebd.). Sie hat sich dennoch entschlossen, über ihr Leben im Getto und im Versteck zu erzählen, nicht für sich selbst, sondern für andere. Darüber zu sprechen, sieht sie als Lebensaufgabe und Pflicht. *Das Mädchen im roten Mantel* beginnt mit einem Zitat von Zbigniew Herbert: „Du bist davongekommen, nicht um zu leben. Du hast nur wenig Zeit, um Zeugnis zu geben." Für sie war das Erzählen ihres Lebens nur sehr schwer erträglich:

> Ich habe kaum geschlafen, es ging mir wirklich nicht gut. Alles, was ich geschrieben habe, ist ja nur ein Bruchteil von dem, was ich hätte schreiben können. All die Bilder des Todes, des Blutes, die Geräusche des Schreiens, des Kaputtgehens, das Zittern, das Frieren. Das Gefühl, sich nicht rühren zu dürfen, weil man nicht auffallen darf, sonst wird man vielleicht erschossen oder von der Mutter weggezerrt. Am schlimmsten war wohl die Ungewissheit, die Angst vor dem nächsten Moment, in dem etwas passiert. Das ist noch schlimmer als die Schläge und Schüsse, die schon da sind. (Ligocka 2000 b)

Über den traumatischen Schreibprozess von *Dobre dziecko* konstatierte sie:

> Myślę, że powinnam była od razu napisać tę cześć mojej biografii, ale nie mogłam. Okazało się, że wspomnienia – szczególnie te bolesne – mają swoje warstwy i nie wszystkie można odkryć naraz. To, co piszę w tej książce, było tak głęboko poruszające, wstydliwe i trudne, że potrzebowałam wielu lat, już jako pisarka, wielu konfrontacji – z moimi innymi książkami i z czytelnikami – żeby dojść do momentu, w którym mogę *to* opisać. I może się wydawać, w porównaniu z tym, co przytrafia się dzieciom i młodym ludziom, że nie jest to nic aż tak strasznego – nikt mnie nie mordował i nie katował. Jednak w dzieciństwie i w okresie dojrzewania człowiek jest niesłychanie wrażliwy, bezbronny i upokarzany przez otoczenie. Tutaj znalazłam powód, dla którego warto było odsłonić bardziej bolesne warstwy mojej duszy, [...]. (Ligocka, Kiedy dziewczynka...)[6]

---

[6] „Ich denke, ich hätte diesen Teil meiner Biographie sofort schreiben sollen, aber ich konnte es nicht. Es hat sich herausgestellt, dass Erinnerungen – besonders die schmerzhaften – ihre Schichten haben, die sich nicht alle mit einem Mal aufdecken lassen. Das, worüber ich in diesem Buch schreibe, war so tief berührend, schamhaft und schwer, dass ich, schon als Schriftstellerin, mehrere Jahre und zahlreiche Konfrontationen – mit meinen anderen Büchern und mit meinen Lesern – brauchte, um zu dem Zeitpunkt zu kommen, an dem ich bereit war, darüber zu schreiben. Im Vergleich mit dem, was Kindern und jungen Leuten zustößt, könnte man glauben, dass es nichts Schlimmes ist – ich wurde weder ermordet noch gefoltert. In der Kindheit und Pubertät ist man jedoch äußerst empfindlich, wehrlos und sehr sensibel gegenüber Demütigungen von außen. Damit habe ich einen Grund gefunden, für den es sich lohnte, schmerzhaftere Schichten meiner Seele aufzudecken [...]."

Am Beispiel von Roma Ligocka wird deutlich, dass die „Verletzungen einer werdenden Individualität durch die Werkzeuge einer monströsen Massenvernichtung dem autobiographischen Ich eingebrannt [sind] wie die KZ-Nummer dem Arm" (Hinck 2000, 462).

## Literaturverzeichnis

*Baranowska*, Małgorzata 2001: Dziewczynka w czerwonym płaszczyku. In: Gazeta Wyborcza v. 18.07.2001.
*Fischer*, Gottfried – *Riedesser*, Peter 1998: Lehrbuch der Psychotraumatologie. Stuttgart.
*Hinck*, Walter 2000: Über autobiographisches Schreiben in der Gegenwart (Greve, Klüger, de Bruyn, Harig, Walser). In: Resonanzen. Festschrift für Hans Joachim Kreutzer zum 65. Geburtstag. Hrsg. v. Sabine Doering, Waltrud Maierhofer, Peter Philipp Riedl. Würzburg, S. 457-469.
*Khan*, Mohammed Masud Raza 1963: The Concept of Cumulative Trauma. In: Psychoanaly tical Study of the Child 18, S. 286-306.
*Lechler*, Katrin: Versteckte Kinder – versteckte Wunden. In: http://www.literaria.org/ .deutsch/rezensio/ligocka.htm (letzter Abruf 28.3.2013).
*Lempp*, Reinhard 1979: Extrembelastung im Kindes- und Jugendalter. Über psychosoziale Spätfolgen nach nationalsozialistischer Verfolgung im Kindes- und Jugendalter anhand von Aktengutachten. Bern.
*Lezzi*, Eva 2001: Zerstörte Kindheit. Literarische Autobiographien zur Shoah. Köln – Weimar – Wien.
*Ligocka*, Roma 2000 a: Das Mädchen im roten Mantel. München.
*dies.* 2000 b: Manchmal springt die Angst hervor. In: Focus Magazin v. 4.9.2000. http:// www.focus.de/kultur/medien/kultur-manchmal-springt-die-angst-hervor_aid_184752.html (letzter Abruf 3.9.2013).
*dies.* 2009: Czułość i obojętność. Kraków.
*dies.* 2012: Dobre dziecko. Kraków.
*dies.*: Interview mit Aleksandra Stępniewska. In: http://www.franciszkanska3.pl/Rozmowa-z-Roma-Ligocka,a,15291 (letzter Abruf 28.3.2013).
*dies.*: Kiedy dziewczynka staje się kobietą. In: http://ligocka.wydawnictwoliterackie. pl/ksiazka_dobre_dziecko_wywiad.php (letzter Abruf 28.3.2013).
*Lorenzer*, Alfred 1966: Zum Begriff der „Traumatischen Neurose". In: Psyche 20,7, S. 481-492.
*Niederland,* William G. 1980: Folgen der Verfolgung: Das Überlebenden-Syndrom. Seelenmord. Frankfurt/Main.
*Pirol*, Moritz 2010: Halali. Zehn Porträts. Bd 2. Hamburg.
*Prot*, Katarzyna 2009: Badania nad skutkami Holocaustu. In: Psychoterapia 151,4, S. 65-76.
*Schreiber*, Birgit 2005: Versteckt. Jüdische Kinder im nationalsozialistischen Deutschland und ihr Leben danach. Interpretationen biographischer Interviews. Frankfurt – New York.
*Światłowska*, Irena 2008: Die Literarisierung des Holocaust in den Erinnerungen von Roma Ligocka, Ida Fink, Alina Margolis-Edelman und Joseph Bainvoll. In: Kriegs- und Nach-

kriegskindheiten. Hrsg. v. Gabriele Glasenapp u. Hans-Heino Ewers. Frankfurt/Main, S. 383-397.
Tauber, Yvonne 1996: The Traumatized Child and the Adult. Compound Personality in Child Survivors of the Holocaust. In: The Israel Journal of Psychiatry and Related Sciences 33,4, S. 228-37.
Trobisch-Lütge, Stefan 2010: Überwachte Vergangenheit. Auswirkungen politischer Verfolgung der SED-Diktatur auf die Zweite Generation. Phil. Diss. Berlin.
Wangh, Martin 1973: Psychiatric Misjudgement in German Restitution Proceedings: Blindness or Spite? In: Psychiatry and Law 1, S. 39-48.
Zalashik, Rakefet 2011: Differenziertes Trauma. Die (Wieder)Entdeckung der „Child Survivor"-Kategorie. In: Tel Aviver Jahrbuch für deutsche Geschichte 39, S. 116-137.

## Summary

Roma Ligocka's Holocaust history shows to what extent the childhood trauma influences the person's further life, psyche and perception of the world. A mortal fear she felt during World War II as a small girl will be with her all the time. This traumatic experience results in the development of post-traumatic stress disorder which in Roma's case includes – among other symptoms – anxieties, suicidal thoughts, a need for isolation, inability to socialize, feelings of guilt, difficulties in establishing personal and social identity and self-esteem problems. Because Ligocka was not given professional psychological help, she got depressed and became dependent on drugs. The Holocaust also has an impact on all types of interpersonal relations and is a source of conflicts as well as strong ambivalence. The Holocaust research regarding post-traumatic disorders relating to child survivors suggests the existence of the so-called „compound personality" (Tauber 1996, 85), thereby emphasizing „the presence of a child in the personality of a surviving adult" (Prot 2009, 70).

## Streszczenie

Historia Holocaustu Romy Ligockiej pokazuje, jak znacząco trauma z okresu dzieciństwa rzutuje na dalsze życie człowieka, na jego psychikę i postrzeganie świata. Roma Ligocka pisze: „Holocaust – dziś wiem – to jeszcze naprawdę nie było wszystko. To był worek, który trzeba było wziąć na plecy i z nim dopiero rozpocząć wędrówkę" (Ligocka 2012, 284). Śmiertelny strach, którego doznała podczas drugiej wojny światowej jako kilkuletnia dziewczynka, będzie towarzyszył jej już nieustannie. To traumatyczne doświadczenie powoduje rozwój zespołu stresu pourazowego, który w przypadku Romy cechuje się m. in. stanami lękowymi, myślami samobójczymi, odizolowaniem, niemożnością nawiązywania kontaktów międzyludzkich, poczuciem winy, trudnością w określeniu tożsamości osobistej i społecznej, zaburzeniami poczucia własnej wartości. Z uwagi na brak udzielenia fachowej pomocy psychologicznej Ligocka popada w depresję i lekomanię. Holocaust zaważa również na wszelkiego rodzaju relacjach interpersonalnych, stanowiąc źródło ich konfliktów oraz silnej ambiwalencji.

W kontekście badań nad Holocaustem, dotyczących zaburzeń pourazowych w przypadku child survivors sugeruje się tzw. „osobowość złożoną" (Tauber 1996, 85), podkreślając w ten sposób „obecność dziecka w osobowości dorosłego ocalałego" (Prot 2009, 70). Tak też w przypadku Romy Ligockiej mamy do czynienia z „zadziwiający[m] portret[em] dziewczynki tkwiącej w dorastającej Romie i dziewczynki nie opuszczającej Romy – bardzo już dorosłej" (Baranowska 2001).

# Ota B. Kraus's Life
## and his Novel *Můj bratr dým* (*The Painted Wall*)

*Hana Hříbková, Praha*

> There is not just one Holocaust;
> there are six million individual Holocausts.
> Ota B. Kraus

Ota B. Kraus, a distinguished Czech and Israeli writer, whose work became available to the Czech public shortly after World War II and then not until the 1990s, was born on 1 September 1921 in Prague, as the first of two children (his brother Harry was born seven years later). The Kraus family initially lived in Prague's Vinohrady quarter and then moved to the quiet area of the Strašnice quarter where his father Richard Kraus bought a factory from Odkolek which he turned into a textile plant.

Ota loved books and, as early as his studies at grammar school, he started his own writing – specifically poems. His grandmother strongly encouraged him to read, and kept bringing him more and more new books to read. She was also the first reader of his initial literary attempts. Ota's Czech language and literature teacher at his grammar school also noted the gifted student and began to encourage him to write his own literary essays.

The occupation of Czechoslovakia turned Ota's calm life upside down. Jews were gradually stripped of their rights, and soon also of their living space. They were not allowed to attend public schools and go to public parks. Ota could not continue studying his beloved literature. He was not even allowed to finish his grammar school. In those troubled times, the Czech-Jewish youth became interested in the idea of Zionism. Ota, as an active member of the Zionist movement, started to prepare for his emigration to Israel. He spent the next two years with a group of young people on agricultural farms and took part in Zionist training, including studying Hebrew. He continued to work in agriculture until the entire Kraus family was ordered to join a transport to Terezín. The Kraus family left for Terezín in May 1942.

In the Terezín concentration camp, Ota was added to the group of prisoners who grew vegetables for SS soldiers between the Terezín walls. This job temporarily protected him from being transported to Auschwitz. However, his family was chosen to be transported to the East in December 1943. Ota decided to join them. None of the family had any idea what would happen to them at their destination.

No selection was made for the December transportation to Auschwitz. Just like the prisoners from the previous transport, in September of the same year, these prisoners were also moved from Terezín to what was known as the Terezín Family Camp in Auschwitz-Birkenau, BIIb (cf. Stránský 1999, 26). Ota was initially added to a workgroup that brought stones to build a road. Later he was moved to the children's block, where he became one of the educators. This saved him from an early death from exhaustion through cruel and absurd work.

Dita Polachová, at that time a fourteen-year-old gifted painter, whom Ota married after the war, also worked in the children's block. She was a librarian there – taking care of approximately 12 to 14 books brought to the block by Poles from what was known as 'Canada', a place where all the items brought by people with them in the transports were gathered and sorted. The books were not primarily intended for children; they were accidentally selected, one of them was *A Short History of the World* by H.G. Wells. The books helped teachers teach the alphabet and served as a school aid in their classes.

Ota's childhood friend, Pavel Stránský, who had attended the same grammar school as Ota and, once a week, the religious lessons at Rabbi Dr. Gustav Sicher, also worked in the children's block. Pavel Stránský said about the children's block:

> Tento zcela ojedinělý a málo známý jev v nacistickém systému 'konečného řešení' v něm [O. Krausovi] (stejně jako ve všech opatrovnících – patřím k nim i já) zanechal celoživotní trauma z osudu nejnevinnějších obětí holocaustu. (Stránský 2000, 11)
>
> This completely unprecedented and little-known phenomenon of the Nazi system of the 'final solution' left him [O. Kraus] (just like all the guardians – including me) with a lifetime trauma about the destiny of the most innocent victims of the Holocaust. (Translations from Czech by H.H.)

After the prisoners of the previous Terezín transportation were murdered on 8 March 1944, i.e. half a year after Ota's arrival at Birkenau, the remaining prisoners of what was known as the Terezín Family Camp found that the same period of 6 months had been allocated to all those transported in December 1943 and that then the camp would be liquidated. Some of the camp prisoners started intensely planning a revolt. Ota was also involved in the plans. However, the revolt did not materialise in the end. Josef Mengele selected some of the people; some of them were transported for forced labours in Germany. The others were murdered in an Auschwitz gas chamber on the nights of 10 to 12 July 1944.

Dita Polachová and her mother were transported to Hamburg and, from there, to Bergen-Belsen. After the war, Dita temporarily lived with her non-Jewish relative, and then she and her friend left together to study at a grammar school in Teplice (cf. Lorencová 2011, 8).

Ota B. Kraus and Pavel Stránský were selected to work in the Schwarzheide concentration camp, where they arrived in July 1944. In April 1945, the camp was liquidated and the prisoners were forced on a death march to the Terezín concentration camp (cf. Stránský 1999, 35). Many of the marchers did not survive the exhausting march. After the liberation of Terezín, Ota B. Kraus and Pavel Stránský wanted to go home immediately. However, an epidemic of typhus broke out in the former concentration camp and hence the former prisoners were denied freedom because of quarantine. Thus they were at risk of becoming infected with the fatal disease and dying after the war had ended.

Pavel Stránský remembers that time:

> V našich provizorních osobních průkazech byla poznámka psaná inkoustovou tužkou: „Podezřelý ze skvrnitého tyfu". Jakmile se na ni četník u brány podíval, poslal nás okamžitě zpátky. Co teď? A tu – údajně mně – bleskl hlavou spásný nápad. Stačilo jen nepatrně změnit poznámku na osobních průkazech na „Nepodezřelý ze skvrnitého tyfu" a četník u jiné brány se nad naším přáním odejít z města vůbec nepozastavil. (ibid., 44)

> Our temporary identity cards included a note written in ink: „Suspected of typhus". Once the police officer at the gate looked at it, he sent us back immediately. What could we do now? And then – an idea that could save us occurred – reputedly to me. All we had to do was slightly modify the note on our identity cards to „Unsuspected of typhus", and the police officer at the other gate was not at all surprised at us wanting to leave the town.

After his return from Terezín, Ota spent a few days in Náchod at his mother's relative Valy. Shortly afterwards, he obtained a two-room flat in Prague-Vršovice that had been left by the fleeing Germans. Ota expected his mother and brother to return from Auschwitz.

> Ponořil jsem se zcela do nově nalezené svobody. Chodil jsem ulicemi, hleděl na řeku spěchající pod Karlovým mostem a šplhal po stráni na Petřín. Vzrušoval mě pocit, že jsem naživu a že se smím toulat, kudy a kam chci. (Kraus 1993, 8)
> I completely revelled in my newly found freedom. I walked round the streets, watched the speeding river under Charles Bridge and climbed the hill to Petřín. I was excited by the feeling of being alive and allowed to wander wherever I wished.

However, none of his family returned. The flat was suddenly too spacious and vacant for a single person. Moreover, the local authority would not allow just one person to live in a two-room flat. Thus Ota provided accommodation for his former fellow prisoner Jan Bondy and his wife Ruth who had nowhere to live. Both men enrolled at university and started to study in the autumn of 1945. Ota chose Spanish, English and comparative literature at Charles University in Prague. One of his professors was Jan Patočka. Jan Bondy was finishing his doctoral studies. Ota resumed writing at that time. He wrote a few poems inspired by existentialism and started writing the novel *Země bez Boha* (*Land without God*).

In July 1945, Ota accidentally met Dita in Prague. Their deep post-war friendship soon turned into love and, in 1947, they were married. Dita moved to Ota's flat in Vršovice and, in the same year, their first son Peter-Martin was born.[1]

Ota Kraus did not finish his university studies. After his father's factory was returned to him, he no longer had enough time to spend on his studies. The Kraus family moved from the flat to his father's house next to the factory, and Ota was fully engaged in putting the factory back into service.

In 1948, the communists appropriated all privately owned businesses. Thus the Kraus family lost the factory as well as their newly established home. They returned to Vršovice. Ota again lost all of his security and a job.

However, before this happened, Ota's first novel, *Země bez Boha*, had been published and became one of the most recognised novels about the Holocaust.

The young and promising writer was employed by the Ministry of Culture. His job was to select English-written literature worth translating and publishing.

---

[1] I would like to thank Mrs Dita Krausová, Ota B. Kraus's wife, currently living in Israel, without whom this short conference paper could not have been written. Mrs Dita Krausová spent many hours of her precious time telling me about the life of her husband.

He was the only person employed in the department who was not a member of the Communist Party of Czechoslovakia.

At that time, Ota decided that he and his family would move to the newly formed State of Israel. However, being an employee of the Ministry of Culture, he could not obtain a permit to emigrate. Therefore he stepped down from his post and started to work as an official in the Jewish Community.

In 1949, the entire Kraus family moved safely to Israel. At first, they lived in the village of Beit Yitzhak, waiting for an uncle's loan to buy a house and a plot of farmland. However, the uncle died. Therefore, after living in the village for a year, they moved to the Givat Chaim kibbutz, where they had a few Czech friends.

From 1950 to 1957, the Kraus couple worked in the Givat Chaim kibbutz. Ota initially worked in the kitchen, and later accepted the job of an English teacher at the school. In 1951, their second child, daughter Michaela, was born.

Ota continued writing in Israel. In the evenings, he would write poems as well as texts about the kibbutz and its inhabitants. He abandoned the theme of the Holocaust for more than thirty years.

In 1953, a translation of *Země bez Boha* was published in Hebrew. In 1957, Ota finished his book about the kibbutz *Vítr z hor* (*Mountain Wind*). However, the book was not well received by the kibbutz, as it was critical of the communal upbringing of children. Therefore the kibbutz publishing house refused to publish it. Ota was offered the chance to continue studies at the university for free instead, but he insisted on publishing his book. However, living in the kibbutz and publishing the book elsewhere was not possible. Therefore the Kraus family had no choice. They left the kibbutz after seven years, and Ota had the book published by Hadar.

They moved to Hadasim, one of the largest secondary schools and boarding schools in Israel, where among resident children studied also children who had survived the Holocaust. Ota, and later also Dita, taught English there while Ota also taught literature. Ota was a very good teacher; his students recognised and liked him.

In 1961, a second son Ronny was born to the Kraus family. Dita Krausová remembers that period:

When we were young and our children were small, we would often take trips. We wanted to know our new homeland. We were interested in little birds and learned to recognise them through a book. Having no car, we would hitchhike. [...] We would only go to the north, to Galilee. [...] Ota was always attracted by water, [...] because he was a passionate fisherman. Occasionally he would even catch fish, but he would throw the little fish back into water, telling it: Send your grandpa.[2]

In the 1980s, Ota B. Kraus revived the theme of the Holocaust. He began to lecture about the Holocaust at schools, as did his wife Dita Krausová. In 1986, Ota finished his activities at Hadasim and focused on graphology. He obtained a certificate from a handwriting analysis association in the United States and became a recognised graphologist in Israel.

A few years later, he was diagnosed with stomach cancer, which was followed by successful surgery. But later the cancer attacked him again. Ota died on 5 October 2000 in Israel.

\*\*\*

Ota B. Kraus rose to fame at home as well as abroad with his first novel, a thin book entitled *Země bez Boha*. He started to write the novel once he returned to Prague in 1945, and worked intensely on it during the following months until 1946, when he took it to the publisher Václav Petr for publication. The book of extraordinary poetics indicated that it had been written by an author with an exceptional literary gift. The ability to present his personally experienced dread of the Holocaust to others in a completely unworn literary form, using an abstract depiction, and yet with an immense emotional effort was, in many aspects, ahead of its time and put Ota B. Kraus on a par with the novelist and journalist Jiří Weil and with Arnošt Lustig who started to write his first works several years later, during the first half of the 1950s.

The book *Země bez Boha* was favourably received by the press, and there were great expectations from the author. However, Ota B. Kraus emigrated, and consequently ceased to exist for the Czechoslovak literary public for a long forty years.

---

[2] Dita Krausová's memory of *How Otto wrote the Galilean Stories*. Draft; not published.

Nonetheless, Ota's literary activities continued. He would write in the evenings, after coming home from work. His second novel, the last one he wrote in Czech, was entitled *Vítr z hor*. All of his other works were written in English, which actually became his second native language after the years spent in Israel.

After writing *Země bez Boha*, Ota B. Kraus abandoned the theme of the Holocaust for a thirty years. Wanting to forget the past, his new environment inspired him to write about new themes, and new experiences from his life in Israel became his pivotal topic. *Vítr z hor* draws on the kibbutz environment. He describes the pros and cons of living in a kibbutz, and outlines the common problems and troubles the kibbutz inhabitants faced.

Later, Ota B. Kraus inclined to writing humoristic stories and works spiced with a soft irony. This gave rise to the work entitled *Vepři ve při* (*Tel Kotzim*), again drawing on the kibbutz environment, and *Obchodník se sny a jiné Galilejské povídky* (*The Dream Merchant and Other Galilean Stories*) which combine Kraus's personal memories and experiences with stories from his friends living in the little Israeli village of Rosh Pinna.

In Rosh Pinna, the Kraus family bought a little house. Dita Krausová remembers that period:

> It served us perfectly. We spent any holidays there, first with children, then with grandchildren. Ota could fish and we would go swimming to the nearby lake of Kinneret. However, we would primarily work hard there, painting, trimming the shrubs or repairing the roof. When asked by our friends what we were doing in that Rosh Pinna, Ota would say: „Searching for roots." „And your family comes from that place?" „No, but the roots obstruct our discharge pipe."[3]

Ota B. Kraus fully revisits the theme of the Holocaust in his book *Můj bratr dým* (*The Painted Wall*), which was published firstly in Czech in 1993 in translation by Pavel Stránský. Ota's wife Dita Krausová explains the reasons for his reviving the Auschwitz theme:

> Ota decided to write *The Painted Wall* when his friend Harry, a former fellow prisoner and instructor told him: Don't you think it is time to tell about the Kinderblock in Auschwitz-Birkenau? Ota began interviewing former colleagues who, like himself, had been instructors on the children's block or had themselves been children in Auschwitz. For about ten years he travelled around Israel, took notes and also collected material from those who lived abroad, until he found the strength to start the book.

---

[3] See above footnote 2.

> Since Ota was not a historian but a novelist, he chose to write it in the form of a novel. Yet he did not wish to hurt the real survivors by identifying themselves as characters in the book, so he made them unrecognizable. He used all the factual events as they happened to him, to Dita or to the people he interviewed, but allocated them to someone else. To give the novel an interesting twist, he invented the story of the hidden diary, which is pure fiction.
> It was a harrowing task and sometimes he stopped writing and cried. But he completed the book and saw it published in Czech and in English. Unfortunately he did not live long enough to witness the publication of the German and the Hebrew translations.[4]

It is evident from Dita Krausová's memory that the Shoah was an immensely painful theme for Ota B. Kraus. It took him ten years to write the novel, which is based on thorough retrievals and interviews with witnesses, combined with his own personal experience, a reflection of what he had lived through.

The framework of the book takes us to post-war Prague, where two men, survivors of Auschwitz, meet. One of them, Ota B. Kraus's alter ego, obtains a duplicate of a diary written by one of the prisoners in the Terezín Family Camp. The diary is not complete, as some pages are missing. Using this diary and his memories, the man decides to write what happened in the Family Camp from December 1943 up until July 1944. Of course, the diary is fictitious, as no diary like that has been preserved albeit readers of the novel and journalists alike often speculated about its possible existence. The form of a fictitious diary enabled Ota B. Kraus to set the period of the story clearly.

As if we were uninvolved and watching events at a distance, Ota B. Kraus again lets us follow the survival efforts of Auschwitz prisoners living in the Family Camp, who, unlike those in *Země bez Boha*, are set in a time-space that is described in quite detail.

Just as in *Země bez Boha*, the individual characters step into the story but, in this novel, their positive as well as negative traits are promptly characterised in detail. However, they are not judged for their conduct. The author strictly avoids any moralisation and evaluation of the events or characters described. He does not sit in judgment on any of the characters, and rather presents a reflection on the absurd and inhuman situation in which the individuals found themselves. Hence it is up to the reader to put together the mosaic of scattered destinies into

---

[4] See above footnote 2.

a single comprehensive whole. The individual sub-stories and situations taking place in the novel which are often absurd and incomprehensible, the stories of common people thrown into an absurd, extreme situation that nobody else had ever faced before, eventually result in a single comprehensive whole that reflects suffering and humiliation to the limits, beyond human understanding. We follow the characters as they turn into puppets which are being manipulated, albeit they themselves believe, or try to persuade themselves, that they can control their destinies somewhat (preparations for a resistance movement, efforts to survive at the cost of giving up honour). The people are being manipulated, literally plagued by uncertainty at every step and in each of their actions; they are broken to put up with their destinies and to accept that they have to prefer the natural instinct to survive over the moral issue of humanity.

Like little islets of innocence, islets of morality and humanity, groups of playing or learning children turn up amongst all the dread and moral corruption. The apparent futility in the effort to bring up children in such a way that they become personalities and moral beings despite the awareness of their approaching certain death is crowned with the educators' own ability to keep moral values until the moment when they decide whether to leave the camp or die. The educators are those whom the author lets speak of philosophical reflections, notably those on God.

Ota B. Kraus chose the form of a novel to be able to describe the details of what happened in his presence in that incomprehensible world, where the rules of the ordinary world did not apply. As previously mentioned, most characters in his novel are unrecognisable. The exceptions include the characters of Dr. Mengele, Fredy Hirsch and the Edelstein family.

The other fictitious characters in this work are not only individual characters with their own destinies but, just as in the novel by Jiří Weil where two little children, tormented by their interrogators, become the epitome of all the children who are suffering and the evidence of the crookedness of the wartime world, and just as Sophie in *Sophie's Choice* is an epitome of women who, not only in death camps but also in other places and at other moments, had to decide on the life and death of their children and themselves, also all of Kraus's characters are epitomes speaking for thousands of others who have experienced the same destiny, gone through the same inferno of torment or inferno of decision-making. Because just the possibility of choice, as well as the principle of coincidence, are the driving forces that push the characters down or up the notional scale of values. The book is a warning for future generations not to allow the reoccurrence of moments when an individual is confronted with a situation where morality and conscience become, and mostly had to become, just vain words.

Thus, after years, the mature writer revisited the painful topic and enabled the reader to look into the past, at events in the Terezín Family Camp, from a different perspective than the one he presented in his first work. After years of reflections and life experiences, Ota B. Kraus looked more analytically at the acts and the motives that led individuals to do them and described the details of events that had taken place in the camp in his presence.

With this book, Ota B. Kraus also presents the primary message of a survivor – that the moments of the most inward contradictions, harrowing the soul of everyone who has gone through the Auschwitz inferno, need to be viewed sensitively. They may not be viewed at a distance, from today's perspective, because the world is not black and white and, in the absurd world ‚out there', human beings who were not black and white had to exist and survive under absurd conditions. Kraus's novel does not offer readers intense, engrossing reading which shocks and astounds them; he presents the possibility of thinking more deeply about and understanding the acts and the motives that led to them.

Within a fictional framework, he makes it possible to follow the actual stories of those whose lives stand out owing to the literary skilfulness of the depiction of the characters, the actual stories of people engraved in the destinies of the individual characters, the stories that aim to warn readers and to set them thinking, as is the case of the books by authors such as Jiří Weil, Primo Levi, Viktor Fischl and F.R. Kraus. Just as the works of those literary personalities, the work of Ota B. Kraus is unforgettable, the work of a literary author who is rightly considered to be one of the exceptional writers in the world of literature.

## Bibliography

*Kraus*, Ota B. 1948: Země bez Boha. Praha.
*id.* 1991: Vítr z hor. Praha.
*id.* 1993: Vepři ve při. Praha.
*id.* 1993: Můj bratr dým. Praha.
*id.* 1995: The Painted Wall. Tel Aviv.
*id.* 2002: Die bemalte Wand. Aus d. Englischen v. Jutta R. Witthoefft. Köln.
*id.* 2009: Obchodník se sny a jiné galilejské povídky. Praha.
*Krausová*, Dita: Dita Krausová's memory of How Otto wrote the Galilean Stories. Draft; not published.
*id.*: Dita Krausová's memory of How Otto wrote The Painted Wall. Draft; not published.
*Lorencová*, Anna 2011: Rozhovor Anny Lorencové s Ditou Krausovou o nelehkém životě. In: Terezínská iniciativa, no. 56, pp. 6-9.
*Stránský*, Pavel 1999: Poslové obětí. Praha.
*id.* 2000: Ota B. Kraus. In: Roš chodeš, no. 12, p. 11.

## Zusammenfassung

Der vorliegende Beitrag befasst sich mit Leben und Werk des bedeutenden tschechischen und israelischen Autors Ota B. Kraus. Das tschechische Publikum hatte unmittelbar nach dem Zweiten Weltkrieg die Gelegenheit, die Romane und Erzählungen dieses Schriftstellers kennenzulernen, danach erst wieder in den neunziger Jahren des 20. Jahrhunderts.

Im Roman *Můj bratr dým* (engl. *The Painted Wall*, dt. *Die bemalte Wand*) kehrt Kraus nach Jahren zu den schmerzhaften Erinnerungen an das Theresienstädter Familienlager in Auschwitz zurück, wohin er im Dezember 1943 mit seiner ganzen Familie transportiert worden war. Der Autor schildert in seinem Roman bis ins Detail die Geschehnisse, die sich während seiner Anwesenheit im Lager abspielten. Konsequent vermeidet er moralisierende und wertende Äußerungen über die beschriebenen Ereignisse oder Personen, über keine von ihnen fällt er ein Urteil. Vielmehr bietet er Reflexionen über die absurde und unmenschliche Situation an, in welche die Einzelnen geraten waren. Es ist am Leser, sich selbst das Mosaik der zersplitterten Schicksale zusammenzusetzen. Aus den einzelnen sich im Roman abspielenden Begebenheiten und Situationen, Begebenheiten von gewöhnlichen Menschen, die in absurde und extreme, niemandem vorher bekannte Situationen geworfen wurden, tritt schließlich ein einzelner, vielschichtiger Komplex hervor, der die Leiden und Erniedrigungen in einer extremen, das menschliche Vorstellungsvermögen überschreitenden Weise widerspiegelt.

Wie die Werke Jiří Weils, Viktor Fischls oder Arnošt Lustigs sind auch Kraus' Romane *Země bez Boha* (*Land ohne Gott*) und *Můj bratr dým* unvergessliche Werke, Werke einer schöpferischen Persönlichkeit, der zu Recht ein besonderer Status in der literarischen Welt zugesprochen wird.

## Resumé

Tento příspěvek se zabývá životem a dílem významného českého a izraelského autora Oty B. Krause, s jehož romány a povídkami měla česká veřejnost možnost se seznámit těsně po 2. Světové válce a poté až v 90. letech 20. století.

V románu *Můj bratr dým* (*The Painted Wall*) se Ota B. Kraus po letech vrací k bolestným vzpomínkám na Terezínský rodinný tábor v Osvětimi, kam byl s celou rodinou transportován v prosinci roku 1943. Autor v románu do detailů popisuje události, které se za jeho přítomnosti v táboře odehrály. Důsledně se vyhýbá moralizování a hodnocení popisovaných událostí či postav, nad žádnou z nich nevynáší soud. Nabízí spíše zamyšlení nad absurdní a nelidskou situací, ve které se jedinci ocitli. Je na čtenáři, aby si sám složil mozaiku roztříštěných osudů. Z jednotlivých dílčích příběhů a situací, odehrávajících se v románu, příběhů obyčejných lidí vržených do absurdní, mezní situace, v níž se dosud nikdo neocitl, nakonec vyvstává jediný komplexní celek zrcadlící utrpení a ponížení do krajnosti, přesahující lidské chápání.

Stejně jako díla Jiřího Weila, Viktora Fischla či Arnošta Lustiga, také romány *Země bez Boha* a *Můj bratr dým* Oty B. Krause jsou díly nezapomenutelnými, díly tvůrčí osobnosti, která se právem řadí mezi spisovatele v literárním světě výjimečné.

This article was supported by grant GAČR 13-03627S.

# Family – an Unpredictable Joke: Milan Uhde's Family Plays
*Filip Tomáš, Praha*

Rather paradoxically, I first came across the name of the writer and dramatist Milan Uhde[1] (* 28-7-1936) during the 1990s, when he was playing a role on the political stage. The 1989 revolution had indeed been a crucial, unrepeatable experience in my life, but even as a schoolchild I could hardly have paid the Minister of Culture greater attention if it hadn't been for the protest song by the rock group *Pražský výběr* with the title *Špičková kultura/Cool culture*: *If Uhde rode on a goat*:

| | |
|---|---|
| Posaď žebráka na kůň | Put a beggar on a horse |
| ani čert ho nedožene | not even the devil will catch him |
| toť nevykonstruovatelný žert | an unpredictable joke |
| modrooká | blue-eyed girl |
| u potoka | by the stream |
| sedí. […] | sitting. […] |
| Kam se vytratil ten můj aparát? | Where did I lose my gadget? |
| Měl jsem zrovna jeden kus akorát | I only had the one |
| Vyjetej olej | I have waste oil |
| v hlavě mám! | in my head! |
| Špičková kultura jako řemen | Cool culture below the belt |
| Kdyby Uhde na koze jezdil | If Mr. Uhde rode a goat |
| Špičková kultura jako řemen | Cool culture below the belt |

(M. Kocáb, O. Petr 1991)

It was only with the passage of time that I began to realize how special the 1990s had been for Czechoslovak (as it still was) culture and politics, when for example the Federal Assembly still had deputies like the musician Michael Kocáb or the actor Rudolf Hrušínský, and the Government still had the Culture Minister Milan Uhde, not to mention President Václav Havel. I think that quite a few people might recently have thought back with nostalgia to those years of our ‚amateur‘ politics.

These were also the years when Uhde's perhaps most famous drama finally saw its comeback, the musical of Ivan Olbracht's First Republic novel *Nikola*

---

[1] An abridged version of this article was published in Mladá fronta, 3. 2. 2013 (= Tomáš 2013). Translation of this proceeding: Melvyn Clarke.

*Šuhaj loupežník* (*The Bandit Nikolai Shuhai* – which was published in 1933 and won the State Award for Literature that same year), *Balada pro banditu* (*Ballad for a Bandit*) premiering 7-4-1975 at *Divadlo Husa na provázku* in Brno. Due to the circumstances surrounding its release alone, the ballad was of course published incognito. During the mid-1970s, the writer and dramatist Milan Uhde, like a number of other artists, was exposed to the ‚normalization' processes of our culture, so the successful dramatization was only presented under the name of director Zdeněk Pospíšil. If Uhde had also been named, the inspection and supervision bodies would not have permitted the piece to be produced or presented. The actual authorship quite probably remained concealed for a long time even from those involved, i.e. Iva Bittová and Miroslav Donutil, who was behind the comeback in the mid-1990s with his popular narrated actor's memories (cf. Donutil 1995 a, 1995 b, 1999).

Uhde's slow-motion confrontation with the regime logically resulted in his signature of Charter 77 in December 1976, when he became one of the 242 signatories of the Charter Declaration (cf. Uhde 1977 a). Of course, we can always ask the question to what extent historical and biographical facts determine the semantic aspect of literary works: the answer can only be in the context. Awareness of the historical context weakens over time and the meaning recedes the literary historical reconstruction. In the case of Milan Uhde the creation of Charter 77 is meaningful, not only because it represents a chronological milestone in the history of our literature, which is divided at this point into three streams – a) official, b) exile and c) unedited/samizdat –, but also because the signature of the Charter 77 was an endeavour to live life in truth and with authentic values – authentic in the sense of one's own engagement, the projection of oneself into history as an arbiter, a measure of social values. This involves seeking truth and a willingness to know its price, which under the conditions of a totalitarian regime is obviously higher and more challenging than in free conditions.

The twentieth century brought the experience of two totalitarian regimes whose dominant characteristic were not just external terror and the usurpation of power, but also the ambition to wield the key to the complete interpretation of the universe, and due to its simplification, the interpretational key rather than keys. Hence for regimes of this nature, interpretation of the past is more than merely alluring, for it has a self-confirming function, as it were, *sub specie historiae*. Whether this involves the working class as the outcome of history or victorious vulgar racist Darwinism, such an interpretation of history always brings with it the idea of a remorseless struggle and a defeated enemy. Communist historiography performed a similar trick after the war with its mythology of the political prisoner and Communists as the primary victims of the Nazis – and an equal sign is also placed beside imperialist power. Without wishing in any way to hierarchize the victims of Nazi concentration camps, the manipulation here is obvious, because the suffering and number of victims of Jewish origin above all was immeasurable.

Milan Uhde is of Jewish origin and in view of the date of his birth the question naturally arises if he, like writers such as Ivan Klíma[2], Arnošt Lustig or Jiří Robert Pick, was one of those children who passed through Terezín or Auschwitz. But Uhde's wartime experience of the Shoah more or less coincides with that of the majority of Czech non-Jewish population. He only finds out about his background very gradually, indeed secretly:

> V sedmnácti jsem se hlásil na vysokou školu. Dostal jsem z místa bydliště posudek, který byl tak divný, že se třídní profesor rozhodl dát mi ho přečíst. Psal se rok 1953. V té době každý, kdo se ucházel o přijetí na vysokou školu, musel dostat osobní posudek od školy, do které chodil předtím, a k tomu posudek na svou rodinu, na rodiče, a to z místa bydliště. Většinou posudek sepisovali spolupracovníci tajné státní policie, informátoři, domovníci atd., zkrátka lidé obdaření důvěrou komunistické strany.
>
> Posudek začínal: „Milan Uhde pochází ze smíšeného manželství židovsko-německého." Posudek vyzníval v tom smyslu, že takového člověka na vysokou školu nelze přijmout, neboť jeho rodiče loajalitu jen předstírají a členy komunistické strany se stali z důvodů zištných. (Uhde 2000)
>
> At the age of seventeen I applied for college. From my place of residence I received a reference which was so strange that my form teacher decided to let me read it. This was in 1953. At that time anybody who applied to be accepted at college had to obtain a personal reference from the school previously attended, as well as a reference on his family and parents from the ‚place of residence'. Usually the reference was written by secret state police collaborators, informers, concierges and the like, basically those entrusted by the Communist Party.
>
> The reference began: „Milan Uhde comes from a mixed Jewish-German background." It then continued to the effect that a person of this kind cannot be accepted at

---

[2] Ivan Klíma's wife, Helena Klímová, who survived the war as a hidden child, works as a psychotherapist with similar hidden or lost children with similar fates during the Shoah at the Rafael Foundation and Hidden Child Foundation (cf. Klímová 2012).

college, as his parents only simulate loyalty and only became members of the Communist party for gain.

This recalls Milan Uhde in a documentary series by the USC Shoah Foundation. This series of documentaries was filmed with contemporary witnesses and Shoah participants, thanks to a foundation set up by Steven Spielberg following the worldwide success of his film *Schindler's List*. Milan Uhde continues with characteristic, we might say ‚protectorate' (in the original sense of ‚protective') innocence:

> Maminka udělala poznámku, která mi vyrazila dech: „Měl bys vědět, že jsi opravdu Žid!" [...] Začal jsem se vyptávat, kdo a co je Žid. Jenže maminka řekla, že mi nic dalšího o tom nepoví; prý bych o tom zcela jistě psal, a to že nechce. Já už tehdy spisoval všelijaké literární texty, básně a různá zamyšlení, takže obava byla důvodná. Hru jsem o tom po dlouhých letech skutečně napsal. (ibid.)
>
> Mum made a comment that knocked the wind out of me: „You ought to know, you really are a Jew!" [...] I started to inquire just who and what is a Jew. Only mum said she wouldn't tell me any more, as I would quite definitely write about it and she didn't want that. At that time I was already writing all kinds of literary texts, poems and various meditations, so her fear was well founded and many years later I did actually write a play about it.

Biographical reminiscences that Uhde published in literary form over the last decade and in *Divadelní noviny*, which are to come out as a book in 2013 (published by Torst) are a source of information on his work, but also operate remarkably in the opposite way. By reminiscing about literary texts, Milan Uhde has in mind his debut which unsurprisingly was poetic, a collection with a Kunderesque title *Lidé z přízemí* (1962; *People from the Ground Floor*) – its poetics is also influenced by the journal *Květen* – and plays or productions such as *Komedie s Lotem* (1963; *Comedy with Lot*), *Král Vávra* (1965; *King Vávra*) and *Děvka z města Théby* (1967; *The Whore from the City of Thebes*). It was responses to these works, and let us also mention his radio collaboration, which brought Uhde more biographical surprises.[3] The young dramatist, „a spoilt celebrity writer and editor of the Writers' Union literary monthly", as Milan Uhde assessed himself ironically and self-critically with the passage of time

---

[3] The question „From whom and since when have you known you were a Jew and under which circumstances did you find out?" is by no means unique to Milan Uhde. For a summary of similarly shocking answers including „it was written on the wall of our house" cf. Heitlingerová 2007, 99.

(Uhde 2012 b, 5), was addressed by a dissatisfied listener, who not only disliked the play, but also reproached the author for his insensitivity in the light of his family history. He was called:

> Ferdinand Horák [...] autor začal prohlášením, že sice sdílí Kiplingovo přesvědčení z *Knihy džunglí*, že je zakázáno zapřít svou krev, ale nechce prý nikoho soudit. [...] Jenže z mé hry pochopil, že zřejmě neznám tajemství svých rodičů. Do jejich života prý za nacistické okupace také vstoupil anděl. Byl arci poněkud při těle a do andělského zjevu mu všechno chybělo, ale poněvadž byl důsledný katolík a kromě toho bohatý člověk – dnes prý by se řeklo vykořisťovatel –, zachránil mou židovskou matku před koncentračním táborem. Byla by se tam ocitla, kdyby anděl nebyl před protektorátním soudem dosvědčil, že jde o jeho vlastní dceru, která se narodila z jeho mimomanželského vztahu s provdanou dámou. Oba milenci, naštěstí nežidovského původu, prý si přáli, aby se jejich hřích utajil před jejich rodinami, a proto plod své lásky svěřili do věčného opatrování přátelské manželské dvojici – mému židovskému dědečkovi a židovské babičce. Celou tuto smyšlenou historii podepřenou souhlasem všech zúčastněných vybavil anděl pan Hromádka úplatky na všech stranách... (Uhde 2010).

> Ferdinand Horák [...]. The author began by declaring that he indeed shared Kipling's conviction in *The Jungle Book* that it is forbidden to deny your blood, but he says he does not wish to judge anybody. [...] It's just that he understood from my play that I clearly do not know my parents' secret, i.e. during the Nazi occupation an angel is said to have entered their lives. Admittedly he was rather stout, and he entirely lacked an angel's appearance, but as he was a staunch Catholic and also a rich man – nowadays they would call him an exploiter – he saved my Jewish mother from the concentration camp. She would have ended up there if the angel had not testified before a Protectorate court that she was his daughter born out of wedlock to a married woman. He said both lovers, fortunately of non-Jewish origin, wished to conceal their sin from their families and so entrusted the fruit of their love to the perpetual custody of a friendly married couple – my Jewish grandfather and Jewish grandmother. This entire fictitious story was supported by the agreement of all those involved and bribes on all sides paid by the angel Mr Hromádka...

Let us now leave this family history to one side – the surprised author eventually verified it both with the direct participants and the contemporary witnesses, even after 1989 (cf. http://lekarnauhromadku.cz/historie/hromadkovi-uhde [accessed 16-11-2012]) – and let us have a look at the motif of the Shoah in Uhde's work. This is sometimes designated as „model drama" (see, for example, www.slovnikceskeliteratury.cz). Here I understand that Uhde does not hesitate to develop and humorously highlight the dramatic situation to give it a clear and understandable message. He endeavours to dramatize the ethical and he does not hesitate to use clearly communicated ‚truths', deploying them in an impassioned manner. Hence, for example, the late 1980s play *Pán plamínků* (*Lord of the*

*Little Flames* = Uhde 1977 a) portrays the classic outcome of paranoia triggered by State Security harassment. StB interference indicates how ‚history at large' affects the world of ‚little' people, ordinary human lives, in this case dissidents, i.e. again somebody with a claim to the truth. Truth and madness, two antipodal models. So what is the basic *model* that we come up against as people? The family. However, for the world of Uhde's characters the family model is somewhat unsuccessful and unpredictable, a black-humour joke. Trauma from the unknown and his hidden Jewishness turns into an ironic paradox and a surprise. Let us focus on his loosely autobiographical diptych on this subject.

*Velice tiché Ave* (1981, radio production 1992; *Ave Maria Played Softly*), a play framed by Gounod's *Ave Maria* – as if reminding us of the conflict between the Jewish and the Christian, and a historical paradox such as Verdi's *Requiem*, an unusual version of which was presented by Josef Bor (1963) in his novella *Terezínské rekviem* (*Terezín Requiem*) – transports us into a kind of Čapekesque dialogue between a mother and her son, though with reversed roles (the composition frames the mother's funeral, during which the son analyses the family's history with her). The protagonists reconstruct not only the paternity dispute outlined above, which really did ‚rid' the mother of her Jewish background, but also the specific nature of Czech anti-semitism manifested during the Second World War (anonymous telephone calls and threats, dismissals from work and other ‚minor' injustices over and above the legislative ones). It is noteworthy that the way in which the protagonist found out about these events is described in almost identical words to those used in Uhde's memoirs.

As a politician in the above interview for the USC Shoah Foundation, Uhde refers to his plan to return to the subject of his family in another play which he actually does in 2007 with *Zázrak v černém domě* (*Miracle at the Black House* = Uhde 2012 a). First written for the Vinohradské Theatre, it eventually saw its premiere at Divadlo Na zábradlí, where it is staged to this day. It was printed in a magazine in March 2005, and then in Bulgarian translation, and it was only at the end of 2012 that it came out as a book in Czech. Its transfer to the Na zábradlí context brings with it a polyphony of allusions, from 1960s drama to the controversial production of Chekhov by director Petr Lébl in the 1990s. Many of these allusions were taken up e.g. by Václav Havel in his play *Odcházení* (2008;

*Leaving*), where the relations with *Cherry Orchard* are explained in terms of intertextuality. The concept of the family as a latently selfish conflict of interests, whatever they are, emanating from the (fictional) past in a manner that is incomprehensible to the audience, or a conflict over property, is presented both by Chekhov's *Uncle Vanya* and by the incomprehensible joke of Uhde's model families – including the explicit tragicomic conception and production options (in his time, Chekhov stressed his plan in vain to produce his plays as comedies): Laughter through tears of absurdity. The miracle at the black house. Otherness/strangeness as the modus vivendi of the family, in which we meet the threesome of siblings, their wives, the dominant father, submissive mother and suicidal daughter/sister.

The autobiographically motivated character of Dušan, displaying a number of features shared with his psychophysical author, from dissidence to the post-1989 ministerial seat, is distinguished by his almost obsessive search for ‚truth', truth at any extreme price (even the name of the character might be a symbolic reference to Foglar's Mirek Dušín). With an entirely un-PC generalization he calls his siblings *Sára* and *Josef*, which is of course very symptomatic of his stress on seeking identity or the struggle for or over its acceptance, i.e. coming out. As in *Uncle Vanya* the plot focuses around the house and its possible or unrealized sale (a timely sale would enable the mother's brother to try to emigrate and avoid the Shoah). In both plays and families we meet a despotic, quite impractical and comical husband, who is distinguished by his ambition to manage the lives of the other family members. Dr. Pompe (!) completely ignores the speeches of the other family members, which not only augments the dramatic linguistic level of the play, but also enables him to perform an almost monologic play, oscillating between feigned and real deafness, which is abused in a pragmatic and utilitarian manner. Basically, Dr. Pompe does not hear what he does not want to hear, and there is quite a lot that he refuses to hear, whether it is a look at the family's history, a look at his grown-up daughter with doctorates in philosophy from German universities (Pompe has absolute confidence in all things ‚made in Germany', particularly steel), though suffering from serious depressive tendencies, or a cold breakfast (though the breakfast only went cold because of Pompe's delays). The second brother – Ivan – is the prototype of the Czech who conforms to normalization, surviving as if the present and history did not concern him, which is a tragic mistake not just for characters in dramas.

IVAN: Proč, máti, tajíte, že jsme Židi? Teď se za Židy vydávají i ti, co Židi nejsou.
MATKA: Ještě ty s tím začni.
DUŠAN: Jestli jsme Židi, to je právě otázka.
IVAN: Všichni myslí, že jsme.
DUŠAN: Není vždycky pravda, co si myslí všichni. Důkaz? Máti přečkala celou válku doma.
IVAN: Protože ji táta podržel. Nerozvedl se. Choval se jako chlap.
MATKA: Obraťte list, ano?
IVAN (Matce): Je to pořád tabu? Tak promiň.
DUŠAN: Po matce jsme Židi. Po otci ne. Ale je tu ještě jedna verze. Podle ní nejsme Židi ani po matce. Jsou na to doklady.
IVAN: Jaký? A kde?
DUŠAN: Řekni si o ně. Jenže pozor. Zkusil jsem to. Je to skoro na den dva roky. Vyrazil mne z domu.
MATKA: Jiný otec by tě přizabil.
DUŠAN: A co jsem řekl? Že poslal švagra před popravčí četu. Nebyla to pravda? Byla. (Uhde 2012, 49–50)

IVAN: Ma, why do you keep it secret that we're Jews? Nowadays even people who aren't Jews make out they are.
MOTHER: Now even you're on about it.
DUŠAN: The question is if we are Jews.
IVAN: Everyone thinks we are.
DUŠAN: What everyone thinks isn't always right. Proof? Ma survived the entire war at home.
IVAN: Because Dad stood by her. He didn't divorce her. He acted like a man.
MOTHER: Change the subject, will you?
IVAN (to MOTHER): Is it still taboo? Excuse me then.
DUŠAN: We are Jews after mother. Not after father. But there is one other version that says we're not Jews even after mother. There are documents.
IVAN: What kind? And where?
DUŠAN: Ask about them. Only watch out. I tried to. It's almost two years to the day. He threw me out of the house.
MOTHER: Any other father would have half-killed you.
DUŠAN: And what did I say? That he sent his brother-in-law to the firing squad. Wasn't that right? It was.

We come up against the trauma that has been stigmatizing the entire family for many decades. Otherness and ‚strangeness' become the modus vivendi of the entire family. In addition to the two main plays dealing with this biographical subject, Jewishness also appears in Uhde's work in a unique but important digression in the television drama *Hodina obrany* (1978; *Hour of Defence*) which portrays the reality of civil defence training and the absurd subordination of society to the enthusiastic madmen behind the hidden powers of the Communist regime. The employees at X company, who clearly have little inclination to get involved in any senseless exercises, take part in a bit of a mutiny, which was mostly blamed on one of the participants who was of Jewish origin, which appears a painful brand and provocation. The harrowing questions that we normally come up against among Shoah survivors, raised in a flagellant, metonymic manner: why did 'I' survive? are prolonged and incorporated here into the entire postwar society and its enquiring. History appears here like the family – an unpredictable and absurd joke, which is not a choice. In Czech literature this is a very original way of representing the Shoah both during the postwar and the post-1989 periods. There are always moments when we become intensely aware that the events of the Shoah are not as staggeringly remote as they sometimes seem.

## Bibliography

*Bor*, Josef 1963: Terezínské Rekviem. Praha.
*Donutil*, Miroslav 1995 a: Pořád se něco děje. One Man Show Miroslava Donutila. Praha.
*id.* 1995 b: Furt ve střehu. One Man Show. Praha.
*id.* 1999: Historky z Provázku. Praha.
*Heitlinger*, Alena 2007: Ve stínu holocaustu a komunismu. Čeští a slovenští židé po roce 1945. Praha.
*Klímová*, Helena a centrum (projekt) RAFAEL 2012: The Transgenerational Transfer of Trauma and the Possibility of Recovery. Praha.
*Kocáb*, Michael 1991: Špičková kultura. http://www.myspace.com/prazskyvyberbylsuper/blog/514554786 (accessed 16-11-2012).
*Tomáš*, Filip 2013: Uhdeho černý zázrak. In: MF Dnes 3-2-2013, p. 36.
*Uhde*, Milan 1962: Lidé z přízemí. Praha.
*id.* 1965: Král-Vávra. Nonstop-Nonsens. Praha.
*id.* 1977 a: Pán plamínků. In: Uhde 1995, pp. 139-178.
*id.* 1977 b: http://libpro.cts.cuni.cz/charta/index2.htm#u (accessed 16-11-2012).
*id.* 1978: Hodina obrany. In: Uhde 1995, pp. 179-215.
*id.* 1995: Desítka her. Brno.
*id.* 2000: Interview USC Shoah Foundation – Milan Uhde. ID 26943 (access at the Malach Centre of Visual History, Mathematics and Physics Faculty, Charles University in Prague).
*id.* 2010: http://www.divadelni-noviny.cz/co-na-sebe-vim-xiii (accessed 16-11-2012).
*id.* 2010: http://www.divadelni-noviny.cz/co-na-sebe-vim-xiv (accessed 16-11-2012).
*id.* 2011: Čudo v černata kăšta. Komedija v dve dejstvija. Sofija.

*id.* 2012 a: Zázrak v černém domě. Brno.
*id.* 2012 b: Objevy pozdního čtenáře. ‚Druhé čtení' českých autorů od Máchy k Havlovi. Brno.

OTHER ONLINE RESOURCES

http://lekarnauhromadku.cz/historie/hromadkovi-uhde (accessed 16-11-2012).
www.slovnikceskeliteratury.cz (accessed 16-11-2012).
http://archive.adl.org/hidden/what_we_do.asp (accessed 16-11-2012).

## Zusammenfassung

Der Beitrag beschäftigt sich mit dem biographisch motivierten Teil des Werkes von Milan Uhde (* 28.7.1936 in Brno), einem Schriftsteller und Dramatiker, der in seinem Werk das Motiv des verlängerten jüdischen Traumas aufgreift. Milan Uhde erfuhr von seiner jüdischen Herkunft erst nach und nach seit den fünfziger Jahren. Die Shoah überlebten er und seine Mutter nur dank des Paternitätsgerichts, bei dem sich die Mutter als uneheliches Kind arischer Eltern ausgab. Das Motiv des allmählich aufgedeckten Familiengeheimnisses findet sich bei Uhde in seinen Memoirentexten, im Interview für die USC Shoah Foundation und vor allem in den beiden Dramen *Velice tiché Ave* (1981) und *Zázrak v černém domě* (2007). Der Beitrag zeigt, wie Milan Uhde einen einheitlichen Diskurs bildet, der das Thema des Judentums in der Zeit der tschechoslowakischen Nachkriegsgesellschaft im Spektrum zwischen Tabu und Geheimnis bis hin zu seiner Bewältigung in der Zeit nach 1989 entfaltet.

## Resumé

Příspěvek se zabývá biograficky laděnou částí tvorby spisovatele a dramatika Milana Uhdeho (* 28.7.1936, Brno), který ve svém díle zachycuje motiv prolongovaného židovského traumatu. Milan Uhde se o svém židovském původu dozvídal postupně až od 50. let, události šoa Uhde a jeho matka přežili jen díky paternitnímu soudu, při němž se matka prohlásila za nemanželské dítě árijských rodičů. Motiv postupně odkrývaného rodinného tajemství Uhde zachycuje ve svých memoárových textech, svědeckém interview pro USC Shoah Foundation a především dvou dramatech *Velice tiché Ave* (1981) a *Zázrak v černém domě* (2007). Příspěvek ukazuje, jak Uhde vytváří jednotný diskurs, v němž pojmenovává téma židovství v československé poválečné společnosti od tabu a tajemství, až k vyrovnávání se s novodobou historií po roce 1989.

This article was supported by grant GAČR 13-03627S.

# Die Generation der Kinder und Enkel

# The Children's and Grandchildren's Generation

# Willy Mahler's Theresienstadt Diary and Arnošt Goldflam's Play *Sweet Theresienstadt* (*Sladký Theresienstadt*)

*Jiří Holý, Praha*

**1.**

The play *Sladký Theresienstadt* was premiered in Prague's Theatre Archa in November 1996. The Archa Theatre cooperated over the preparation of the play with the New York non-profit organization En Garde Arts. The project began early in 1993, when a group of American theatre directors, led by Anne Hamburger, the executive producer of En Garde Arts, travelled to Prague in search of an idea for a play (cf. Fuchs 1997, 5). The play was directed by an American, Damien Gray. The composer, set designer and light designer were also Americans, John Hodian (Emmy winner 1992), Richard Dennis and Christian Method. They confessed they had never heard of Theresienstadt before.

The writer of *Sladký Theresienstadt*, the author, playwright and novelist Arnošt Goldflam (1946), has very often used Jewish topics in his works. His father was born in Vienna in an assimilated Jewish family, before World War II he lived in Brno in Czechoslovakia, and soon in the autumn of 1939 was transported to a ‚Judenreservat' (Jewish reservation) in the area east of Nisko on the River San along the frontier of the Polish ‚Generalgouvernement'. The Jews from Nisko were chased over the German-Soviet demarcation line while warning shots were being fired. Most of these deportees asked the Soviets to help them, where upon the NKVD, the Soviet Secret Service, categorised them as ‚unreliable' and sent them to forced labour camps. In Sokal near Lemberg (today Львів in Ukraine) this young man who would one day become Goldflam's father, met a young Orthodox Jewish girl from Poland. Both survived the war, Mr. Goldflam as a soldier in the Czechoslovak army which joined the Red Army in the fight against Nazi Germany, the girl as well as her mother and sister in a secret hiding place with a Polish family. After the war they moved to Brno in Moravia. Arnošt Goldflam was born soon after. Most of their relatives had died under Nazi persecution. Both the cultural habits and languages of Goldflam's parents were different. „My early childhood took place in a multilingual stew", wrote Arnošt Goldflam (2006, 11). The native language of his father was German, his mother and grandmother spoke Yiddish and Polish. The family celebrated both Jewish and Christian holidays but also Communist festivities. One of his uncles was in exile, the other uncle was imprisoned in the fifties, during the time the Communist regime led campaigns against Zionism. Arnošt Goldflam's father was investigated by the State Security (Státní tajná bezpečnost), but remained a member of the Communist Party.

Jewish topics can be found in Goldflam's plays and short stories. In the first part of his play *Písek* (*Sand*), directed by himself (Hadivadlo Theatre, 1987), the characters are suddenly packing their things and boarding the train. Smoke rises over them, they undress and disappear, only their shoes remain. It is an obvious allusion to the Holocaust. Very soon after the premiere of *Sladký Theresienstadt*, the radio play *Budou vyvoláni jménem* (1998; *They Will Be Called by Name*, directed by J. A. Pitínský) was broadcast. It is set in Theresienstadt, too. Most of the motifs are similar to *Sladký Theresienstadt*. In 1999 Goldflam colaborated with the Prague National Theatre for the first time. He wrote the dramatic text *Smlouva* (*The Contract*), which is loosely based on the biblical story of Abraham and Isaac. It is set in present day. The main character Antonín decides to follow the biblical Abraham and sacrifice his son Ignác to test God. Antonín starts the ritual by tying up his son and putting him on top of a pile of broken up furniture, which he has prepared in the middle of his living floor. He is interrupted by a Messenger who denies that the sacrifice is the will of God. Antonín breaks an unwritten contract with God. His wife Stáza and his son leave him. He becomes a lonely and desolate man. Years later his adult son Ignác comes back, but at first they do not recognize each other. Then Ignác accuses his father of wanting to sacrifice him because of his pride. Ignác decides to sacrifice his father in the same way. Antonín accepts it and repents. Eventually, Ignác frees him and begins to take care of his father.

Also in Goldflam's short stories, especially in the Standa-cycle, the main character has Jewish roots and other autobiographical features: *Pořád o jednom a jiné* (2003; *Still about the Same and Others*), *Osudy a jejich pán* (2005; *The Fates and their Master*) and *Tata a jeho syn* (2012; *The Father and his Son*). In these stories, realistic scenes of everyday life are side by side with grotesque scenes as well as dreams. Goldflam was inspired by Jewish authors such as Franz Kafka, Bruno Schulz and Karel Poláček. In his later play *Z Hitlerovy kuchyně* (2007; *From Hitler's Kitchen*), six mini-stories linked by the character Adolf Hitler add up to a slightly unorthodox perspective of Hitler. Goldflam's grotesque reconstructions of Hitler's life and death remove any demonic qualities and present him as a completely private, bookish and slightly bizarre person. In the first scene Hitler and Stalin meet (by coincidence sometime before World War I) at a train station in Brno. They hope the trains will take them off to meet their dreams. At the same station, a little Jewish boy from Hungary is lost; his name is Georg Tabori.

Tabori was a Hungarian-Jewish writer and dramatist who survived World War II in exile and was famous for his provocative plays about the Shoah. So the premiere of Tabori's *Ich wollte meine Tochter läge tot zu meinen Füßen und hätte die Juwelen in den Ohren. Improvisationen über Shylock* (1979; *I Would My Daughter Were Dead at My Foot, and the Jewels in Her Ear. Improvisations about Shylock*), inspired by Shakespeare's *Merchant of Venice*, had been planned to take place in the former concentration camp Dachau near Munich. However, it finally took place in the cellar, in the rehearsal room of the Munich Kammerspiele Theatre. The play was conceived as a jazz-session. Thirteen actors in black hats and caftans played thirteen Shylocks. Small dolls with Jewish stars were hanging on the heating pipes. A silent prelude there was at the beginning of the play. During this prelude the dolls were brutally stripped, torn or stabbed. Arnošt Goldflam did not know this play, but the scene in the prologue in the theatre performance of *Sweet Theresienstadt* is similar (see below).

Goldflam's interest in the life of the Jewish community in Czechoslovakia was expressed in documentary films shot for Czech TV in the mid-nineties: *Ztracený domov* (*Lost Home*) and *Domov nalezený* (*Found Home*). These two documentaries contain Goldflam's interviews with Czech, Slovak and German Jews who emigrated from Czechoslovakia to Israel. Older interviewees recall their lives before World War II and the Nazi persecution. They also describe Czech and especially Slovak antisemitism. Among them are celebrities such as the writers, journalists and researchers Viktor Fischl, Erich Kulka, Ruth Bondy and Joab H. Rektor.

## 2.

The play *Sladký Thesesienstadt* subtitled *Vůdce daroval Židům město* (*The Fuehrer Gave a Town to the Jews*) is based on documents about life in the Theresienstadt ghetto, the biggest Nazi concentration camp in Bohemia. The main inspiration for the play was the Theresienstadt diary of the former journalist and secretary of the football club AFK Německý Brod in the Bohemian-Moravian Highlands, Willy Otto Mahler (1909 – 1945, called Willy Mahner in the play). Willy Mahler was a distant relative of the well-known composer Gustav Mahler (cf. Kamp 2007).

This diary has not been published yet for ethical reasons (cf. Kryl 1994). Mahler had a relatively privileged position among the prisoners in Theresienstadt. He worked at the post office, was a member of the Jewish administration in Theresienstadt, and he was a so-called ‚grupouš' (from ‚Gruppenältester'), the head prisoner of Block B in the Hannover Kaserne (Hannover Barracks). He had a separate room from May 1944, which was a luxury in Theresienstadt, where there were only two square meters per prisoner. He could participate in various cultural events and, in contrast to the other prisoners, he was never hungry. As the excerpts I will quote will make clear, the language of Mahler's diary is somewhat clichéd and self-consciously literary, and Goldflam has reproduced that feature of Mahler's writing style in the script.

> [...] přátelský večírek. Zábava byla velmi příjemná a při harmonice jsme pilně tančili. Že nám potom večeři obzvláště dobře chutnala, je samozřejmé.[1] (13.2.1944)
>
> K večeři jsem jedl bramborovou polévku, jež byla velmi chutná, a trochu opečených brambor [...] byli jsme potom v kavárně. Káva byla teplá, chutná[2] a chléb s povidly k ní donešený dobře chutnal.[3] (5.11.1943)

Most Jews in Theresienstadt were always hungry, some of them died of malnutrition. They were rarely able to visit the café, maybe once every few months.

---

[1] „[...] a friendly party. The entertainment was very pleasant, and we danced a lot accompanied by an accordion. It is obvious that we very much enjoyed our dinner afterwards." – All quotations from the diary translated by Sterling Thompson and Jiří Holý.

[2] Of course, it was just a coffee substitute.

[3] „For dinner I ate potato soup which was very tasty, and some fried potatoes [...] then we were in the café. The coffee was hot and tasty and the bread with jam which was brought to us was good."

Mahler narrates, often sardonically, many events in his diary including his egoistic behavior and his erotic adventures.

> Za svého zdejšího pobytu poznal jsem mnoho žen, nejrůznějších typů a charakterů. Čtyři z nich jsem pak poznal intimněji. [...] K Schuře mě váže vděčnost, koná pro mě neocenitelné služby, jako skutečná moje hospodyně [...]. V Terče nalezl jsem inteligentní ženu a náš styk je skutečně velmi přátelský. [...] Marta upoutala mě svými neřestmi a myslím, že můj styk s ní byl trochu mužská vášeň. A konečně je zde Truda, jejíž poddávání je čistě milenecké, působí rozkoš a dává zapomenout na dny zde ve vyhnanství [...].[4] (2.9.1943)
>
> Truda je roztomilá milenka, která mě dovedla dokonale upoutati [...]. Skutečně v jejím náručí zapomínám na svět, v němž žiji.[5] (1.7.1944)

Girls who fell in love with him had privileged positions in Theresienstadt. However, each acquaintance with a new girl only lasted a few months as they were destined to be transported. Only his last girl remains in Theresienstadt while he leaves on one of the last transports. His last journal entry is on September 26th 1944.

Nevertheless, Mahler stresses that he was mentally faithful to his old love Marie (diminutive forms are Máňa, Mařenka) who as an Aryan remained in Německý Brod.

## 3.

In Goldflam's play Mahner's character is the same. After a moving farewell between Mahner and Mařenka – with an allusion to Bedřich Smetana's famous opera *Prodaná nevěsta* (*The Bartered Bride*) –, we can follow him a year later in Theresienstadt with Schura.

> (Schura [Šura] a Mahner vstávají z postele, oblékají se. [...])
> Schura: Já se pomalu budu muset chystat na cestu.
> Mahner: Vždyť máš čas, stejně o nic nejde.

---

[4] „During my stay here, I met many women, of various types and characters. Four of them I knew intimately. I really have to be grateful to Schura, she performs an invaluable service to me, as a real housekeeper [...]. In Terča I found an intelligent woman, our intercourse is actually very friendly. [...] Marta attracted me with her vices, I think that my contact with her was a bit of masculine passion. Finally, there is Truda, who yields to me like a lover; she gives me great pleasure and makes me forget the days in exile here [...]."

[5] „Truda is an adorable lover who has perfectly captivated me [...]. Really, I forget the world in which I live when I'm in her arms."

Schura: Prosím tě, copak bude transport čekat zrovna na mě? [...]
Já to neznám... Birkenau... Březinka... tam budou lesy, voda... jako na prázdninách...
to vypadá dobře. Pojedeš?[6]
Mahner: Nemůžu přece. [...] A nezlob se, víš přece... Mařenka... při tom všem... moje srdce a moje vnitřní já, zůstalo a zůstává mému... šuntílkovi... nedotčeno. [...] jsem jí věrný [...] Však nemysli si, mně je líto, že jedeš, nikdo se o moje věci nepostará jako ty. [...]
Schura: Všechno jsem ti vyprala, vyžehlila, všechno máš zašité. (Goldflam 2001, 176-177)[7]

Later, the real Willy Mahler participated in Kurt Gerron's filming in Theresienstadt in 1944 (see below), as did Willy Mahner in *Sladký Theresienstadt*. Mahner dances with his new lover Terča (Tercha) and looks at the singing girl, who reminds him of Mařenka (Maria). This vision appears again in the seventh scene of the play. Mahner approaches her in the belief that she is Maria and tries to explain his situation to her using almost the same words as in Willy Mahler's diary.

Mahner: Šestnáct měsíců! Za šestnáct měsíců nenašlas jedinou možnost, abys napsala! Je to možné? [...]
Mařenka: Koliks tam měl ženských, v tom tvém Terezíně?
Mahner: Nemiloval jsem nikdy žádnou, jen tebe!
Mařenka: A co Schura?
(Přivádí Schuru, už nachystanou do transportu.)

---

[6] A similar allusion to the extermination camp Treblinka can be found in the radio play *Budou vyvoláni jménem*. „Rudy: I was assigned to the transport. In the morning I'll go. [...] Eliška: And where to? Rudy: Treblinka... I don't know anything about it. Eliška: That's good, I was scared that it was Auschwitz..." Cf. the manuscript from Arnošt Goldflam's personal archives, p. 20.

[7] „(Schura and Mahner getting out of bed and getting dressed.) [...] Schura: I've got to start getting ready for the trip. Mahner: But there's still time, it doesn't matter anyway. Schura: Think the transport'll wait just for me? [...] I don't know the place... Birkenau... Brezinka... There'll be a forest there... it's by the water... like a holiday... It looks good. Will you come? Mahner: I can't. [...] Don't be angry, you know why... Maria... in spite of everything... my heart, my inner being, is and shall stay intact for my... kiss keeper. [...] I am faithful to her. [...] But don't think, I am really sorry that you're leaving. No one can take care of my things like you do. [...] Schura: I washed and ironed everything, and did the mending for you." Ewan McLaren's translation into English is being used with some corrections here in the preceeding excerpt as well as in the following one. This translation is stored in the archives of the Archa Theatre. Many thanks to Arnošt Goldflam and to the theatre's director Ondřej Hrab for their help and consideration, as well as Sterling Thompson of www.englishintheoffice.cz for his help and proofreading.

Mahner: Schura! K Schuře mě váže vděčnost. Konala pro mě neocenitelné služby, jako skutečná hospodyně. [...]. Náš styk byl hospodářsko-přátelský. [...] I když jsme měli také styk intimního rázu, nestali jsme se milenci v pravém slova smyslu. [...]
(Schura zůstává sedět na zavazadle a Mařenka přivádí nebo vyvolává další ženu. [...])
Mahner: Terča! V Terče jsem nalezl inteligentní ženu a náš styk je... byl... velmi přátelský a srdečný. [...] Však to Mařence řekni. Je to tak?
Terča: Je, opravdu, můžete mu věřit.
Mahner: Ty si totiž vůbec nedovedeš představit, jaké to tady je!
(Mařenka přivádí další.)
Mahner: No jo, Marta...! Jak to říct... zkrátka Marta mě upoutala svými neřestmi. Myslím, že naše styky, hlavně můj s ní, byl veden vášní. Pozor... byl, abychom tomu dobře rozuměli... byl! Ovšem! Někdo by to mohl odsoudit. Ale kdo by nechtěl žít? A když jsme zde zavřeni a plyne den za dnem za stejných, navíc úmorných okolností... [...] Bylo symbolické, že jsme každý dostali transportní číslo. To je teď náš charakteristický rys, to je první a nejdůležitější známka naší existence. Vytlačilo to oficiálně moje jméno a vnitřně to hrozí vytlačit i mě samého jako člověka.To je duševní boj, ve kterém člověk musí pokračovat, aby v sobě samém a ve svém bližním vůbec viděl člověka, a ne transportní číslo. (ibid., 198-200)[8]

Here we come to another component of Goldflam's play: the life of illusions that the protagonists create for themselves.

The last line in the previous quote resembles ambiguities in Václav Havel's plays. On the one hand Mahner describes the situation of Jewish prisoners in Theresienstadt truthfully. On the other hand these general proclamations dis-

---

[8] „Mahner: Sixteen months! In sixteen months you didn't find any opportunity to write to me! How is that possible? [...] Maria: How many women have you had in that Terezín of yours? Mahner: I never loved any of them, only you! Maria: And what about Schura? (She brings Schura who is ready for the transport.) Mahner: Schura! My bond with Schura is gratitude. No amount of money could pay for the services she performed for me, she's a real housekeeper [...]. Our relationship was one of business and friendship. [...] Even though we had a relationship of an intimate nature, we never became lovers in the real sense of the word. [...] (Schura remains seated on her luggage. Maria calls for another woman. [...]) Mahner: Tercha! In Tercha I found an intelligent woman and our relationship is... was... very friendly and warm. [...] Tell Maria! Is it so? Tercha: It is, really, you can believe him. Mahner: You see, you can't imagine at all what it's like here! (Maria brings in another woman.) Mahner: Well, Marta!... how shall I put it... in short, Marta fascinated me with her vices. I think that these meetings, especially mine with her, it was driven by passion. Mind you... it was, to understand it correctly... it was! Of course! Some would condemn it. But who doesn't want to live? And when we're locked up here, and day after day flows by under these same mortifying conditions... [...] It was symbolic that each of us received a transport number. That is our most important characteristic, it is the first and most important sign of our existence. It officially ousted my name and inside, it threatens to oust me as a human. It is a spiritual fight in which a person must continue to see within himself, as well as in those close to him, a human and not a transport number."

guise his own responsibility and his illusions. Both the character of Mahner as well as the real life Willy Mahler show that he believes not only in Maria's love for him but also in an early end to the war and liberation.

It can be seen in another scene, closely inspired by Mahler's diary. This scene was published in the book form of *Sladký Theresienstadt*, but was not staged. It is a further dialogue of Mahner with the vision of Mařenka:

> Mahner: Několik dní po odjezdu Schury do Birkenau jsem se sešel se svojí bývalou přítelkyní Martou. [...] A... a... když jsem pak učinil dotaz, zdali stává zde ještě možnost... intimního styku, překvapila mě Marta návrhem, že mi namluví jednu ze svých známých, jistou Vídeňačku, Trudu, která prý hledá pro Terezín přítele. Tak jsem čekal, že mi v nejbližších dnech předvede svoji vzorkovou nabídku... no a to je tady... Truda (obrací se k Trudě). Tvoje oddání se je čistě milenecké, působí rozkoš a dává zapomnění na dny, prožívané zde, ve vyhnanství. [...] připomínáš mi po této stránce trochu mou Mařenku [...]. (ibid., 208)[9]

Then Mahner sings the aria about Maria from *The Bartered Bride*. He seems to be in great pain, he is „theatrically suffering". In the prompt script written by Arnošt Goldflam and Damien Gray, Maria might be in an SS uniform or similarly unlikely costume. During the song, she disappears flying away into the sky.

At the end of September 1944, Willy Mahler was transported from Theresienstadt to Auschwitz. During the selection in Auschwitz, he was chosen for forced labour and sent to the concentration camp in Dachau where he died in January 1945. In *Sladký Theresienstadt*, after a conflict with Gerroldt (see below), Mahner converses in the sixteenth scene in a dialogue with Eppstern (in real life, head of the Jewish Council in Theresienstadt, Paul Eppstein), the firefighter Holtzner (also a real person in Theresienstadt) and the left-oriented Neumann about the future and the potential for survival. The dialogue is fittingly interspersed with news of a football match between two teams in Theresienstadt – the Cooks versus the Youth Care workers – and questions about Mahner's quali-

---

[9] „Mahner: A few days after the departure of Schura to Birkenau, I met with my former friend Martha. [...] And... and... when I made an inquiry whether there is still the possibility... of intercourse Marta surprised me with her suggestion that she would find me a girlfriend, Truda, a Viennese, one of her acquaintances. Truda was apparently looking for a boyfriend in Theresienstadt. So I expected that she would soon offer me a sample of her wares ... and now is the time ... Truda (he turns to her). Truda, you yield to me like a lover; you give me great pleasure and make me forget the days in exile here [...] you remind me a little of my Maria in this way [...]."

ty shoes. Mahner is proving to be the most optimistic. At the very end of the play Mahner tells Truda that he will be going for transport, while he accepts it as a given fact, his illusions remain.

> Mahner: Jdou dva transporty, po dvou a půl tisících, samí muži od osmnácti do padesáti let. Proč by pro mě měla být výjimka? [...] Cítím, že můj odchod z Terezína je také osudem určen pro náš rozchod. Jestli se ale pak shledáme, ať je to brzy a na svobodě. Já tipuji konec války za tři měsíce. Sedmnáctého prosince 1944. [...]
> Truda: Tak to už není dlouho, ani tři měsíce to nejsou, to je tak dva a půl.
> Mahner: No! Tak vidíš. Nebyl tak špatný ten Terezín. Prožili jsme tady krásné chvíle. [...] Ale proč mě posílají pryč?... Hm, asi potřebují zdravé chlapy... něco repre... Uvidíme. (ibid., 237-239)[10]

## 4.

Goldflam originally wrote the play inspired only by Mahler's diary. In the second version of the play there was also another source of inspiration: the story about the filming of a propaganda documentary in Theresienstadt. The film was prepared after the so-called ‚beautification' (Verschönerungsaktion) of Theresienstadt, which was associated with the visit of a Red Cross delegation in June 1944. Unlike the first attempt to create a film in 1942, called *Theresienstadt Ghetto,* which featured some shocking scenes (therefore it was never completed or shown in cinemas), the 1944 *Theresienstadt* film, also known as *The Fuehrer Gave a Town to the Jews,* completely falsified the situation of Jews in Theresienstadt. Their life was arranged to give the appearance of a happy, idyllic community: work in workshops and gardens, along with concerts, a café, library, bank, football matches and swimming in the river... The famous Jewish German actor Kurt Gerron (Kurt Gerroldt in Goldflam's play), who was also a prisoner in Theresienstadt, was chosen as the film's director. Gerron had been arrested in exile in the Netherlands and deported to Theresienstadt in February 1944. The

---

[10] „Mahner: There are two transports, each with two and a half thousand people, all men between the ages of eighteen and fifty. Why should I be an exception? [...] I've got a feeling that my departure from Theresienstadt is destined to mark the parting of our ways. But if we meet again, let it be soon and when we are free. My guess is that the war will end in three months' time. December 17th, 1944. [...] Truda: So it won't be long, not even three months, just two and half. Mahner: Right! There you go. It wasn't that bad, this Theresienstadt. We've had some good times here. [...] But why did they send me? Maybe they need good men... or repre... We'll see."

Nazis promised him that both he and his family would live. However, shortly after he finished the filming in October 1944, Gerron, his family and the other film actors were transported to Auschwitz and gassed.[11] The film was edited and produced in a Prague studio at the beginning of 1945, but the rapid progress of the war made it impossible to use it for propaganda. It was destroyed. Only about 30 minutes have remained today.

Several quotes from this film appear in Goldflam's play. For example, in the scene where Truda and Mahner are filmed in the café and a voice from the loudspeakers comments:

> Zatímco Židé v Terezíně sedí u kávy s bábovkou a tančí černošský swing pro filmovou kameru, nesou naši vojáci na svých bedrech veškerou tíhu strašlivé války, bídu a odříkání, aby bránili svou vlast, svou domovinu. (ibid., 235)[12]

Kurt Gerroldt and his film crew appear soon in the second scene of the play.

> Gerroldt: [...] No, když mě i dnes potřebují, když se beze mě neobejdou... když po mě toužíte, máte mě mít, já vám to teda udělám. (ibid., 173)[13]

This monologue did not appear in the theatrical production, but it is essential for the illusion in which Gerroldt lives. Later he speaks more eloquently:

> Gerroldt: Člověk je vězeň, jsme vlastně vězni... a přece, když můžu teď dělat svou práci, připadám si jako... stvořitel, nic, nic tu není, a já z toho nic udělám svět, pestrý, barvitý. Lidi tady umírají hladem, a já vykouzlím bohaté hostiny, zábavu, tanec... plný život. Taková je moc umění! (ibid., 182-183)[14]

Gerroldt's quote is an ambiguous monologue, like in Mahner's case. Art can certainly enrich and humanize the world. But Gerroldt does not want to see the fact that his work serves evil and lies. In the same scene, paradoxically, Mahner

---

[11] Kurt Gerron's life and fate inspired two films, *Kurt Gerrons Karussell* (Ilona Ziok, 1999) and *Kurt Gerron – Prisoner of Paradise* (Malcolm Clarke and Stuart Sender, 2003), and also the novel *Gerron* (Charles Lewinsky, 2011).

[12] „While Jews in Theresienstadt sit in the café with their coffees and cakes, dancing the Negro's swing for the film camera, our soldiers carry on their shoulders the entire burden of this terrible war, misery and self-sacrifice to defend their country, their homeland."

[13] „Gerroldt: [...] Yes, today, when they need me, they cannot live without me... when they long for me, they have to have me. I will definitely make it."

[14] „Gerroldt: Man is a prisoner, we'll all prisoners in fact... but now when I can do my own work, I feel like... a creator, there's nothing, nothing here and I made from this nothing a world, bright and colourful. People here are dying of hunger, and I conjure up rich feasts, entertainment, dances... life at its fullest. That's the power of art!"

recalls it: „To, co se tady děje, je lež. Něco si namlouvají, a pak půjdou do transportu nebo kam" (ibid., 183).[15]

The perversity of Gerroldt's filming is even more pronounced in subsequent scenes. In a scene that should be reminiscent of slapstick, the prisoners kick each other on the backside. Gerroldt's assistant is not satisfied with their performance, and he kicks one prisoner so hard, that he stays on the ground. The assistant laughs, while the prisoner is pulled away and replaced by another man. In the seventh scene there are shots of the children's opera *Brundibár*, which was really played in the Theresienstadt ghetto and recorded in Gerron's film. There is a baker and a milkman in the opera. Child actors who are starving become sick to their stomach. Later Gerroldt and his crew film in a hospital ward. Mahner's father is also there. Gerroldt films the „visiting the sick" scene and does not stop, even when Mahner's father dies.[16]

> Gerroldt [...] (zastaví se u Mahnerova otce): Trochu víc barvy mu dejte, aspoň na tváře. Nevypadá to dobře. [...]
> Mahner: Donesl jsem ti trochu omáčky.
> Matka: Pst... Otec odchází.
> [...]
> Mahner: Jak se máš, tatínku?
> (Otec neodpovídá, je náhle mrtev, matka a Mahner mu líbají ruku. Truda upravuje jeho tělo a váže mu ručník kolem skrání.)
> Mahner: Sbohem, tatínku.
> Gerroldt: Umíte se někdo modlit?
> [...]
> Truda: Jenom něco.
> Gerroldt: Zkuste to... a vy říkejte po ní. Stačí jen kousíček, to je krátký záběr. (ibid., 203-204)[17]

---

[15] „What's happening here is a lie. They're fooling themselves, but soon they'll go to the transport, or wherever."

[16] Mahler also mentions his father's death in his diary.

[17] „Gerroldt [...] (he stops at Mahner's father): Give him some more colour, on his face at least. It doesn't look good like that. [...] Mahner: I brought you a bit of sauce. Mother: Shh... Father is leaving us. [...] Mahner: How are you, dad? (Father doesn't answer, presently he is dead. Mother and Mahner kiss his hand. Truda repositions father, binds a towel over his temples.) Mahner: Goodbye, dad. Gerroldt: Does anyone know a prayer? [...] Truda: Just a bit of one. Gerroldt: Try it... and you repeat it after her. A little bit is enough, just a short scene."

Later Gerroldt also expresses doubt about his filming. In a conversation with the fireman Holtzner, he admits that his film might be a lie. But this work has helped him to overcome his plight: he has ceased to be an anonymous number.

> Holtzner: [...] a lidi, jestli nějací zbudou, se budou ptát, až uvidí ten váš film... [...] Kdo to vymyslel, takovou... zrůdnost? No dobře, tak se řekne, Němci... a dál? Kdo to dělal? [...] Slavný Gerroldt? [...]
> Gerroldt: Na to se sám sebe denně ptám. Je to lež, není to lež... [...] Ale pro co chcete žít? Práce dává životu smysl. (ibid., 232)[18]

The fourteenth scene of the play shows a conflict between Gerroldt and Mahner. Gerroldt reproaches Mahner for his fickleness in love. Mahner was filmed two different times with a different woman.

> Gerroldt: [...] Mám vás tam ještě v kavárně, zůstaňme prosím u některé z těch dam. [...]
> Mahner: Ona ta minulá šla do transportu. [...] Tak ji přiveďte a já budu v té kavárně s ní.
> Gerroldt: To nemohu, já jsem jen... také jako vy... terezínský...
> Mahner: Tak co se staráte o morálku? Proč točíte v kavárně? Transport natočte... třeba! To budete mít svědectví!
> Gerroldt: Ale pochopte, pane Mahnere, scénář je dán a schvalován předem [...].
> Mahner: Tak proč to děláte? Tady chcete určovat množství partnerek, na tom vám záleží. A na tom, že lidi odvážejí kdoví kam [...] na tom nezáleží? O tom se může lhát?
> Gerroldt: Ale já jsem prosím jen režisérem toho filmu.
> [...]
> Mahner: Každý nějak přežíváme. Já jenom honím ženský, spím s nima, dávám jim, a sobě taky, pocit, jakože jsme doma, jakože žijeme [...]. Ale nelžu! Víte? Nelžu celému světu.
> Gerroldt: Pane, pane! Víte, jak se ten film má jmenovat!? Vůdce daroval Židům město! [...] Takový významný film točím! Chápete to? [...] Osobní mravnost je něco jiného než, než... veřejná... prezentace! (ibid., 222-224)[19]

---

[18] „Holtzner: [...] and people, if there are any left, when they see your film, they will ask... [...] Whose idea was it, such a monstrosity? All right, they might say... the Germans... and then? Who filmed it? [...] The famous Gerroldt? [...] Gerroldt: I asked myself the same question, everyday. Is it a lie, is it not... [...] but what is life for? Work gives us the semblance of living."

[19] „Gerroldt: [...] I'm filming you once again for the café scene, this time please let's keep the same lady. [...] Mahner: The last one went to the transport. [...] So you bring her back and I'll sit in the café with her. Gerroldt: I can't do that. I'm only... just like you... a Theresienstadt prisoner... Mahner: So why make such a big deal about morality? Why film in the café? Film the transport... for instance! Then you'll have some testimony! Gerroldt: Try to understand, Mr. Mahner, that the script is given to us and pre-approved before we get it [...]. Mahner: So why make it? Here you are, trying to dictate the number of my partners, this is

Paradoxically, the Nazi commander of the ghetto, Ruhm (the real prototype was SS-Sturmbannführer Karl Rahm), also interprets the separation of personal and public morality. He does not argue, however, about the meaning of the artwork, but for the national historical necessity. He had „nothing personally against the Jews".

> Ruhm: Vy si stále myslíte, že my Němci vás nemáme rádi. Ale to vůbec není osobní. [...] Ne, to není nějaké nepřátelství, ale historická nutnost. [...] Tady nejde o mě nebo o něj, ale o poslání, zodpovědnost vůči úkolu, vůči národu! [...] Myslíte si, že to nic není, když na hromadě leží třeba sto, pět set, tisíc mrtvol? [...] To byste se divil... A zůstat přitom slušným člověkem... a řádným člověkem! [...] Těžké je to. A proto já mám rád, když se tady dělají tyhlety kulturní akce, a také se někdy rád podívám a poslechnu si třeba pěknou hudbu. To povznese. A člověk si od té těžké práce odpočine. (ibid., 216-217)[20]

This reference to an allegedly higher moral duty can be understood as the wider and more general sense of Goldflam's play. Impersonal responsibility which refers to „higher interests" – it is a danger that threatens not only the executors of power and violence in a totalitarian society, but to a certain extent, every citizen in every society. According to the U.S. reviewer Elinor Fuchs, Goldflam's play „lacks noble victims and obviously brutal persecutors" (Fuchs 1997, 5).

Goldflam managed to combine the authenticity, the tragic hopelessness and the grotesque. The grotesque often associated with brutality is the third component of the play. The very first scene of Goldflam's text begins with the joyful chorus „Why shouldn't we be happy" (Proč bychom se netěšili) from the famous

---

important for you. But the fact that people are taken away [...] isn't important? It is permitted to lie about these things? Gerroldt: Please, I am only the director of this film. [...] Mahner: All of us are trying to survive. I just pick up women, I sleep with them, give them and myself the feeling, that we're at home, the feeling we're living [...]. But I'm not lying, you know. I'm not lying to the entire world. Gerroldt: Sir. Sir! You know what the title of the film will be? The Fuehrer Gave a Town to the Jews! [...] It's such an important film I'm making! Do you understand this? [...] Personal morality is something completely different from... public... presentation!"

[20] „Ruhm: You still think that we Germans don't like you. But it's nothing personal. [...] No, this is not animosity, this is a historical necessity. [...] ... it's about the mission, responsibility to our duty, to our Nation! [...] Don't think that it's easy when you see a pile of one hundred, one thousand corpses. [...] You'd be surprised ... And to stay an honest man in spite of it... and an upright man! [...] It's hard. And that's why I like it when these cultural events are organised here, and sometimes I also like to come and watch and listen to nice music. It's uplifting. A person can take a rest from his hard work."

Czech opera *The Bartered Bride* (see above). Mahner and Maria dance on the stage in folk costumes. The scene ends with the song from Franz Lehár's operetta *The Land of Smiles*. Later the storyline shows that both funny and carefree songs are cruelly ironic. In the theatre performance directed by Damien Gray, the plot is shown with more brutality. It starts with a scene that is not in Goldflam's text.

> Prologue
> As the audience enters, we see a dead woman on the stage and in the centre is a box with a little girl reciting from the diaries of Theresienstadt children. The character of Hitler as a child enters and puts the dead woman into the box. The girl stops. The young Hitler pushes the box with the girl and dead woman off the stage.

The young boy (Hitler) searches the body, steals her purse and earrings which he puts on his ears. This prologue is followed by a farewell scene between Mahner and Mařenka using different music (that is, without an allusion to Smetana's *The Bartered Bride*). And in the end we can hear the train whistle. Then a large dark gate closes behind Mahner.

This sinister gate appears again at the end of the performance. Both main characters, Mahner and Gerroldt, prepare for the transport to Auschwitz. Mahner undresses, down to his shorts, Truda stands by him, in the background there are also three other girls who repeat Truda's lines in unison. The dark gate opens, Mahner leaves, the half-naked Gerroldt in shorts accompanied by another girl leaves too. Smoke appears and floods the stage.

The figure of the commander of the ghetto, Ruhm, is also associated with terror and the grotesque. A verse by the Czech poet Jiří Orten, which is recited by Maria in Goldflam's text, is sung by Ruhm in Damien Gray's performance.

> [...]
> Jsi ztracen. Nikdo nehledá tě.
> Na hrdle tvém je obojek,
> Chybí však šňůra. Toneš v blátě.
> A to jsi ty. To je tvůj věk. (Goldflam 2001, 182)[21]

The commander becomes a grotesque figure. In the next scene in Gerroldt's filming, he stumbles around the stage blindfolded. In another filming scene, the

---

[21] „[...] You're lost. No one is looking for you. / A collar round your throat, / no leash attached. In mud you drown. / And this is you. These are your times."

head of the Jewish Council, Eppstern, reports on the situation in the ghetto. The commander thinks Eppstern is a little merry and optimistic.

> Ruhm dává někomu pokyn, ten jde ke Gerroldtovi, ten [...] jde před pódium a ukazuje posunky Eppsternovi, že se má tvářit optimisticky. Eppstern zůstává vážný. [...] Je též možné, že uprostřed hovoru bude Eppstern vyměněn na pohyb velitele Ruhma někým, kdo bude totéž říkat optimističtěji. (ibid., 215)[22]

In fact, the elder Paul Eppstein, Eppstern's real prototype, was removed from his office and on September 27th 1944 executed. In another filming scene in the theatre production of Damien Gray, people dance, but fall from exhaustion. They are loaded onto pushcarts, hauled away and replaced by others.

Goldflam's play and its performance in the Archa Theatre combined three components: brutal authenticity of life in Theresienstadt, the topic of life in illusions and tragicomic grotesque.

## Bibliography

*Dudková*, Veronika 1997: O Terezínu bez Terezína. In: Revolver Revue, no 4, pp. 153-156.
*Franěk*, Jiří 1997: Hořké vzpomínky na sladký Terezín. In: Svět literatury, no 14, pp. 84-92.
*Fuchs*, Elinor 1997: A Mordant Tale of the Holocaust. In: New York Times 2.3.1997, p. 5.
*Goldflam*, Arnošt 2001: Divadelní hry III. Modrá tvář, Komplikátor, Smlouva, Sladký Theresienstadt, Já je někdo jiný. Brno.
  *id.* 2006: Několik historek ze života AG. Rozhovor s Petrem Štědroněm a Jiřím Trávníčkem. Brno.
*Kamp*, Michal 2007: Mahlerové v Německém Brodě 1861 – 1948. Bakalářská diplomová práce. Brno, FF MU. https://theses.cz/id/mq670u?info=1;isshlret=Michal% 3Bkamp%3B; zpet=%2Fvyhledavani%2F%3Fsearch%3DMichal%20Kamp%26start%3D1 (accessed 17-3-2013).
*Kryl*, Miroslav 1994: Obraz terezínských deportací na východ v deníku Willyho Mahlera. In: Terezínský rodinný tábor v Osvětimi-Birkenau. Eds. Toman Brod, Miroslav Kárný and Margita Kárná. Praha, pp. 156-175.
*Magry*, Karl 1996: Das Konzentrationslager als Idylle. *Theresienstadt* – ein Dokumentarfilm aus dem jüdischen Siedlungsgebiet. In: Auschwitz. Geschichte, Rezeption und Wirkung. Jahrbuch zur Geschichte und Wirkung des Holocausts. Frankfurt am Main – New York, pp. 319-352.

---

[22] „Ruhm gives a signal to someone, this person comes to Gerroldt, and Gerroldt goes up to the podium at the front of the stage. Gesturing, Gerroldt gives Eppstern various stage directions to be more optimistic. But Eppstern remains very serious. [...] It could be that in the middle of the speech Eppstern is replaced by someone else, at the order of commander Ruhm. The new elder will read out the text more optimistically."

*Mahler*, Willy 1942 – 1944. Deníky Willyho Mahlera. Manuscript saved in the archives of Památník Terezín, box no A–5704/1–6.

*Vinická*, Tereza 2002: Arnošt Goldflam: Sladký Theresienstadt. Postmoderní divadelní zpracování tematiky holocaustu. Magisterská diplomová práce. Ústí n. L., PF UJEP.

## Zusammenfassung

Das Stück *Sladký Theresienstadt* (*Süßes Theresienstadt*) wurde im November 1996 im Prager Theater Archa uraufgeführt. Es entstand in Zusammenarbeit mit amerikanischen Künstlern, die Regie führte Damien Gray. Der Verfasser, Arnošt Goldflam (1946), stammt aus einer jüdischen Familie und benutzt häufig jüdische Motive in seinem Schaffen. Das Drama wurde durch das unveröffentlichte Theresienstädter Tagebuch von Willy Otto Mahler (1909 – 1945, Willy Mahner im Stück) inspiriert. Mahler hatte als Postangestellter und ‚Gruppenältester' eine privilegierte Stellung unter den Häftlingen inne. In seinem (von Juli 1942 bis September 1944 geführten) Tagebuch schildert er zahlreiche Begebenheiten aus dem Theresienstädter Leben, gibt aber auch einen Eindruck von seinem eigenen egozentrischen Verhalten und seinen Liebesabenteuern. Mahners Charakter bei Goldflam trägt dieselben Züge. Das Stück zeigt ihn nach und nach mit verschiedenen Frauen in Theresienstadt. Mahner allerdings betont immer, dass er seiner Liebe Mařenka, die in Německý Brod geblieben ist und seine Briefe nicht beantwortet, „in der Seele treu" bleiben werde. Zuletzt verlässt er Theresienstadt mit dem Transport nach Osten in der falschen Hoffnung, er sei gerettet. Die zweite Inspirationsquelle von Goldflams Stück bilden die Dreharbeiten zu einem Propagandafilm über Theresienstadt im Spätsommer 1944. Regisseur war der Berliner Schauspieler Kurt Gerron (1897 – 1944), der selbst Häftling in Theresienstadt war. Sein Film, der unter der Aufsicht der SS-Lagerkommandantur entstand, schilderte das Getto als einen idyllischen Ort mit Cafés, Gärten, Bibliotheken und Fußballspielen. Ähnlich wie Mahner führt auch Gerroldt (wie Gerron im Stück heißt) ein Leben in Illusionen. Er fühlt sich wieder als Künstler und Schöpfer, obwohl er ahnt, dass sein Film eine große Lüge ist. Er glaubt, dass er für die Nazis unentbehrlich ist. Aber auch er kann sich nicht retten und geht zum Schluss gemeinsam mit Mahner auf den Transport. Goldflams Stück und seine Inszenierung im Theater Archa verbindet drei Komponenten: die brutale Authentizität des Lebens in Theresienstadt, das Thema des Lebens in Illusionen und die tragikomische Groteske.

## Resumé

Hra *Sladký Theresienstadt* byla poprvé uvedena v listopadu 1996 v pražském Divadle Archa. Vznikla za spolupráce s americkými umělci, režíroval ji Damien Gray. Autor Arnošt Goldflam (1946) pochází z židovské rodiny a ve své tvorbě často používá židovské motivy. Hra byla inspirována dosud neuveřejněným deníkem Willy Otto Mahlera (1909–1945, ve hře Willy Mahner) psaným v terezínském ghettu. Mahler měl jako zaměstnanec pošty a ‚grupouš' v Terezíně privilegované postavení. Ve svém deníku (od června 1942 do září 1944) zaznamenal mnohé události v Terezíně, ale také své sebestředné chování a svá milostná dobrodružství. Postava Mahnera v Goldflamově díle ma stejné rysy. Hra ho postupně sleduje v Terezíně s různými ženami. Mahner přitom však stále zdůrazňuje, že zůstává „duševně věrný" své lásce Mařence, která zůstala v Německém Brodu a neodpovídá na jeho dopisy. Nakonec Mahner opouští Terezín s transportem na východ a s iluzivní nadějí, že je zachráněn. Druhým inspiračním zdrojem Goldflamovy hry bylo natáčení propagačního filmu o Terezíně v pozdním létě 1944. Režisérem byl berlínský herec Kurt Gerron (1897–1944), sám terezínský vězeň, a jeho film, jenž vznikal pod dohledem táborové komandatury SS, líčil ghetto jako idylické místo s kavárnami, zahradami, knihovnami a fotbalovými zápasy. Také Gerroldt (jak se jmenuje ve hře Gerron) žije podobně jako Mahner v iluzích. Cítí se být znovu umělcem a tvůrcem, ačkoli tuší, že jeho film je velká lež. Věří, že je pro nacisty nepostradatelný. Ani on se nezachrání a skončí spolu s Mahnerem v transportu. V Goldflamově hře a její inscenaci v Divadle Archa se spojují tři komponenty: brutální autenticita života v Terezíně, téma života v iluzích a tragikomická groteskonost.

This article was supported by grant GAČR 13-03627S.

# Zwischen Traumidylle und realem Horror: Zur Darstellung des Holocaust in Arnošt Goldflams Drama *Sladký Theresienstadt* (1996)

Reinhard Ibler, Gießen

Arnošt Goldflams *Sladký Theresienstadt aneb Vůdce daroval Židům město* (*Süßes Theresienstadt oder Der Führer schenkte den Juden eine Stadt*) ist nicht nur einer der größten tschechischen Bühnenerfolge nach 1989, sondern auch eines der wenigen tschechischen Dramen, die sich speziell der Thematik des Holocaust angenommen haben. Anfang der achtziger Jahre gab es zwar bereits die Theresienstadt-Stücke des Kabarettisten, Schriftstellers und Dramatikers Jiří Robert Pick (1925-1983), *Sen o vzdálených jezerech* (1980; *Der Traum von den fernen Seen*) und *Smolař ve žluté čepici* (1982; *Der Pechvogel in der gelben Mütze*), in denen es vorwiegend um die Transporte in die Vernichtungslager geht (vgl. hierzu Tomáš 2011). Auf Grund der erschwerten Rezeptionsbedingungen wurden diese Stücke seinerzeit allerdings nur in eingeschränktem Maße zur Kenntnis genommen und gerieten später weitgehend in Vergessenheit. Mit Picks Dramen verbinden *Sladký Theresienstadt* u.a. die Verwendung tragikomischgrotesker Verfahren sowie die Verbindung des Stoffes mit existentiellen Fragestellungen. Beide Autoren sind jüdischer Herkunft, was zu einem wesentlichen Impuls für ihr Schaffen werden sollte. Pick war selbst längere Zeit in Theresienstadt interniert, wohingegen der über zwanzig Jahre jüngere Goldflam (Jahrgang 1946) diese bittere Erfahrung nicht mehr machen musste und in seiner Auseinandersetzung mit dem Holocaust auf Informationen u.a. aus Zeitdokumenten angewiesen war. So betrieb er für *Sladký Theresienstadt* eingehende vorbereitende Studien im Archiv von Terezín und wurde dabei mehr oder weniger zufällig mit einer für seine Familie bis dahin unbekannten Tatsache konfrontiert: dass seine Großmutter und weitere Verwandte im polnischen Konzentrationslager Piasky ums Leben gekommen waren (vgl. Kovalčuk/Goldflam 2010, 529).

Der in Brünn geborene Goldflam brach das nach dem Abitur (1963) begonnene Medizinstudium frühzeitig ab und verdiente sich mit diversen Tätigkeiten seinen Lebensunterhalt, wobei er sich nebenher auch der bildenden Kunst widmete. Nach dem Studium der Regie in Brünn ging er als Regisseur und Schauspieler ans Hanakische Theater (Hanácké divadlo) im mährischen Prostějov, das später nach Brünn umzog, wo es zum berühmten HaDivadlo wurde. Dieses Theater war Goldflams zentrale Wirkungsstätte und ist in ganz besonderem Maße mit seinem Namen verbunden. Der Autor trat hier nicht nur mit mehreren eigenen Stücken hervor, sondern auch mit zahlreichen Bühnenadaptionen und Dramatisierungen bekannter Texte der Weltliteratur. Mit besonderer Vorliebe griff er dabei auf Werke von Schriftstellern jüdischer Herkunft zurück, so u.a. Franz Kafka, Richard Weiner, Karel Poláček, Joseph Roth und Franz Werfel. Ihre Verankerung in der jüdischen Tradition verraten aber auch die mythisch-rituellen Muster, die Goldflams eigenes Bühnenschaffen kennzeichnen, das 1981 mit dem Stück *Horror* begann. In den achtziger Jahren entwickelte der Autor sein unverkennbares dramatisches Profil, das Zdeněk Hořínek folgendermaßen charakterisiert:

> V Goldflamových klíčových dramatických textech se pojí latentní vypravěčství se zjevným jevištním vizionářstvím [...]. Autor doslova myslí a cítí v divadelních obrazech. Tím je míněno vnitřně složitě strukturované uchopení dramatické látky, názorná konkretizace tématu ve scénických souřadnicích. Rezignuje se při tom na konvenční uspořádání událostí v souvislou fabuli, na iluzivní vnější napodobení životní reality i na vyústění děje do teze nebo morální naučení.
> 
> V rámci základní situace s určitým významovým zaměřením se uplatňují volné, asociativní vazby, časové návraty i výhledy, prolínání časových rovin i virtuální bezčasí. Jevištní děje a úkazy se stávají znaky stavů a pocitů, niterných lidských realit a nabývají často podoby každodenních moderních rituálů. Přesná hranice mezi konkréty a abstrakty, mezi vnějškem a vnitrem mizí. (Hořínek 2010, 506)
> 
> In Goldflams dramatischen Schlüsseltexten verbindet sich ein latenter Hang zum Erzählen mit klar erkennbaren szenischen Visionen [...]. Der Autor denkt und fühlt buchstäblich in theatralen Bildern. Damit ist das nach innen komplex strukturierte Erfassen des dramatischen Stoffes gemeint, die anschauliche Konkretisierung des Themas in szenischen Koordinaten. Dabei wird auf die konventionelle Organisation der Ereignisse in einer zusammenhängenden Fabel, die illusionserzeugende äußere Nachahmung der Lebensrealität sowie das Einmünden der Handlung in eine These oder moralische Belehrung verzichtet.
> 
> Im Rahmen der grundlegenden Situation mit einer bestimmten semantischen Ausrichtung kommen freie, assoziative Verknüpfungen, Rückblenden und Ausblicke, das Verschmelzen der Zeitebenen wie auch virtuelle Zeitlosigkeit zur Geltung. Die szenischen Handlungen und Phänomene werden zu Zeichen von Zuständen und Gefühlen, der inneren Realität des Menschen, und erlangen häufig die Gestalt moderner Alltagsrituale. Eine genaue Grenze zwischen Konkreta und Abstrakta, zwischen Außen und Innen fehlt. (Übers. aus d. Tschech. hier u. i. Folg. R.I.)

Diesem Muster folgt auch Goldflams erster Bühnenerfolg, das Drama *Písek (Tak dávno…)* (1988; *Sand (Lang ist es her…)*), in dem es, wie in vielen anderen seiner Stücke dieser Zeit, um das Problem der Entwicklung des Menschen geht, dargestellt als schwieriger Prozess, der verschiedene Phasen durchläuft, so u.a. Unterdrückung, Desillusionierung und schließlich Selbstbefreiung. Dieses Drama, auf dessen partielle autobiographische Inspiration Goldflam selbst hingewiesen hat (vgl. Kovalčuk/Goldflam 2010, 526), enthält viele komplexe Bilder und Symbole, die im jüdischen Denken wurzeln.

> Tím, že autor vyvolává ze skutečných i pomyslných vzpomínek z nejniternějších a nejosobnějších hlubin duše, stávají se takto vytvořené scény v díle obrazem nadosobním, jsou součástí a výrazem rodové a národní židovské paměti. Mají zobecňující charakter, neboť základ autorova světa vyrůstá z archetypů a mýtů a osudu židovského národa. (Augustová 2010, 490)

> Indem der Autor aus realen und imaginären Erinnerungen aus den innersten und persönlichsten Tiefen der Seele ruft, werden die auf diese Weise geschaffenen Szenen im Werk zu einem überindividuellen Bild und sind Bestandteil und Ausdruck des familiären wie nationalen jüdischen Gedächtnisses. Sie haben einen verallgemeinernden Charakter, denn das Fundament der auktorialen Welt erwächst aus den Archetypen und Mythen sowie dem Schicksal des jüdischen Volkes.

Zu diesen Bildern in *Písek* gehört am Ende des ersten von drei Teilen, als der Vater des zentralen Helden Ríša vor dem Eintritt ins Erwachsenenalter steht und in einem Monolog die Vergangenheit einschließlich der, teils imaginären, Erinnerungen an die Vorfahren hinter sich lässt, die Evokation des Holocaust als fester und dunkelster Bestandteil der jüdischen Geschichte. Auch dies vollzieht sich auf eher assoziative Weise im Nebentext, wo das Eintreffen eines Zuges und die überstürzten Vorbereitungen der Menschen zur Abreise geschildert werden.

> Ozve se zvuk vlaku, který přijíždí a zastavuje. Všichni přítomní, kteří si během Synovy promluvy sbalili věci, to znamená náhodně vzali do ruky to, co překáželo na scéně, se postaví do řady […]. (Goldflam 2010, 140)
> Es ertönt der Klang eines Zuges, der einfährt und hält. Alle Anwesenden, die während der Rede des Sohns ihre Sachen zusammengepackt, d.h. zufällig das ergriffen haben, was auf der Bühne im Wege war, stellen sich in eine Reihe […].

Freilich entbehrt auch diese Szene, wie Vieles in *Písek*, nicht einer gewissen Mehrdeutigkeit, was aber dem Bestreben des Autors entspricht, die Dinge in ihren breiten Zusammenhängen und in ihrer inneren Gesetzmäßigkeit zu erfassen.

První část hry končí naplněním předtuchy smrti. Spolu s postavami odcházejí staré časy, jejich atmosféra i hodnoty. První část *Písku* patří k nejkrásnějším momentům Goldflamovy tvorby. Obraznou scénu smrti lze chápat zcela doslovně historicky (odchod Židů do plynových komor) i metaforický, jako obraz odvěkého osudu a utrpení židovského národa. (Augustová 2010, 491)

Der erste Teil des Stücks endet mit der Erfüllung der Todesahnung. Mit den Figuren gehen auch die alten Zeiten, ihre Atmosphäre und ihre Werte. Der erste Teil von *Písek* gehört zu den schönsten Momenten von Goldflams Schaffen. Die symbolische Szene des Todes kann man ganz wörtlich historisch verstehen (der Abtransport der Juden in die Gaskammern) wie auch metaphorisch als Bild vom ewigen Schicksal und Leiden des jüdischen Volkes.

Das Bild vom bevorstehenden Transport wird in *Písek* also als Teil der Familiengeschichte des Helden generiert, innerhalb derer auch das Problem des Umgangs mit den Juden in der Tschechoslowakei der Nachkriegszeit berührt wird. Goldflam, der sich dezidiert als „mitteleuropäischen Juden" fern jeglicher Orthodoxie betrachtet (vgl. ebd., 476), weist auf die Brisanz einer solchen literarischen Thematisierung in der kommunistischen Zeit hin:

Chtěl jsem, mimo jiné, vyjádřit osud židovské rodiny v padesátých letech, i s pronásledováním a procesy. To bylo, myslím, tehdy určité novum, protože mluvit takto o židovství nebylo asi běžné. (Kovalčuk/Goldflam 2010, 526)

Ich wollte u.a. das Schicksal einer jüdischen Familie in den fünfziger Jahren zum Ausdruck bringen, auch mit der Verfolgung und den Prozessen. Das war, glaube ich, damals ein gewisses Novum, denn so über das Judentum zu sprechen, war wohl nicht üblich.

Anders stellt sich die Sache in Goldflams acht Jahre nach *Písek* auf die Bühne gebrachtem Erfolgsstück *Sladký Theresienstadt* dar, als auf politische Vorbehalte nicht mehr Rücksicht genommen werden musste. Auch hier erscheint das Motiv des bevorstehenden Transports. Dieses bildet allerdings den Schlusspunkt in einem Drama, in dem der Holocaust die dominierende thematische Komponente bildet, auch wenn dieses Werk keineswegs nur eine literarische Aufarbeitung des historischen Verbrechens und der damit verbundenen menschlichen Leiden darstellt, sondern sich nahtlos in die zentralen Anliegen von Goldflams künstlerischer Tätigkeit einfügt, die sich auf folgenden Nenner bringen lassen:

Člověk se ocítá v mezních situacích a kromě vnějšího tlaku je rovněž vystaven nejistotě z ambivalence věcí a jevů, jež ho obklopují. Goldflam si často všímá rozpolcenosti světa, nejasných hranic mezi tak zvanou objektivní skutečností a jejím zobrazením (představami, fabulacemi, sny, stylizací). (Vodička/Viceníková 2008, 636)

Der Mensch gerät in Grenzsituationen und ist neben dem äußeren Druck einer Unsicherheit hinsichtlich der Ambivalenz der Dinge und Erscheinungen ausgesetzt, die ihn umgeben. Goldflam nimmt oft Notiz von der Gespaltenheit der Welt, von den unklaren Grenzen zwischen der sog. objektiven Realität und ihrer Darstellung (den Vorstellungen, Erzählungen, Träumen, Stilisierungen).

*Sladký Theresienstadt* nimmt im Schaffen des Dramatikers schon deswegen einen besonderen Platz ein, weil es sich hier um eine Auftragsarbeit handelt, die er auf Betreiben Ondřej Hrabs für das von diesem geleitete Divadlo Archa (Theater Archa) erledigte, eine der damals am stärksten experimentell orientierten Prager Kleinbühnen. Regie führte, im Gegensatz zu seinen bis dahin inszenierten Stücken, nicht Goldflam selbst, sondern der junge New Yorker Regisseur Damien Gray.

Es waren zwei reale mit dem Getto bzw. Konzentrationslager Theresienstadt verknüpfte persönliche Schicksale, die den Autor für seinen Text inspirierten und die er in nur leicht verfremdeter Weise in der Handlung zum Tragen kommen ließ. Auf der einen Seite waren dies die Aufnahmen zu dem tatsächlich gedrehten, aber nur fragmentarisch erhalten gebliebenen nationalsozialistischen Propagandafilm *Theresienstadt* oder *Der Führer schenkt den Juden eine Stadt*, der darauf angelegt war, der im Juni 1944 entsandten Kommission des Internationalen Roten Kreuzes vorzugaukeln, dass das Leben im Getto – entgegen den verbreiteten Informationen – völlig normal verlief. Deshalb bildete dieser Film im Wesentlichen eine Aneinanderreihung von Motiven aus dem familiären und gesellschaftlichen Theresienstädter Alltag mit harmlosen, unverfänglichen Szenen aus Sport, Kultur und sonstigem öffentlichen Leben. Mit der Aufgabe, in diesem Film eine Art Potemkinscher Fassade von Normalität und idyllischer Alltäglichkeit zu errichten und somit von den Holocaust-Verdächtigungen abzulenken, wurde der u.a. aus dem *Blauen Engel* (1930) bekannte deutsch-jüdische Schauspieler, Sänger und Regisseur Kurt Gerron beauftragt, der in Theresienstadt interniert war. Obwohl er seinen Auftrag gewissenhaft ausführte, entging er der Deportation nach Auschwitz nicht, wo er in der Gaskammer ermordet wurde.[1]

---

[1] Nähere Informationen zu diesem Filmprojekt s.u. http://www.cine-holocaust.de (letzter Abruf 7.12.2013)

Das andere stoffliche Fundament, auf dem das Drama gründet, sind die in Terezín aufgetauchten Tagebücher des – von Goldflam so bezeichneten – „eigenartigen Menschen" (vgl. Kovalčuk/Goldflam 2010, 529) Willy Mahler, eines tschechisch-jüdischen Journalisten, der in Theresienstadt in der KZ-Verwaltung eingesetzt war. Diese Tagebücher, die Goldflam selbst im Archiv von Terezín einsehen konnte, sind ein wertvolles Dokument über das dortige Leben in der Zeit des Nationalsozialismus. Sie enthalten ausführliche Informationen u.a. über den Alltag von Theresienstadt, über kulturelle Veranstaltungen, aber auch über Deportationen (vgl. Ghetto-Theresienstadt.Info). Dass dieses Dokument bislang nicht veröffentlicht wurde, liegt an einer Reihe sensibler Passagen, über deren Beurteilung heftige Kontroversen geführt wurden.

> ‚Kontroverznost' deníku spočívá ve dvou tabuizovaných tematických okruzích: v údajích o korupci, protekci a černém obchodu – a ve věcném popisu hrdinových milostných avantýr, prozrazujících značně egoistický až cynický vztah k ženám. (Just 1996, 14)

> Die ‚Kontroversität' des Tagebuchs besteht in zwei tabuisierten Themenkreisen: in den Angaben über Korruption, Protektion und Schwarzhandel – und in der sachlichen Beschreibung der Liebesabenteuer des Helden, die eine ziemlich egoistische bis zynische Beziehung zu Frauen verraten.

Theresienstadt war bekanntlich einer der zentralen Schauplätze im System des Holocaust, dem nicht nur in der tschechischen Holocaustliteratur eine wichtige Rolle zukommt. Dabei ist immer der besondere Status dieses Konzentrationslagers mitzudenken.

> Terezín není konečnou, ale přestupní stanicí, kde lze za více nebo méně trýznivých podmínek přežít, ale odkud se též odjíždí do vyhlazovacích táborů. V tomto smyslu je to místo dramatické, místo pokušení, křižovatka osudů. (Hořínek 2010, 509)

> Theresienstadt ist keine End-, sondern eine Übergangsstation, wo man unter mehr oder weniger quälerischen Bedingungen überleben kann, aber von wo aus man auch in die Vernichtungslager fährt. In diesem Sinne ist es ein dramatischer Ort, ein Ort der Versuchung, ein Kreuzungspunkt der Schicksale.

Eines war Theresienstadt aber bestimmt nicht: ein „süßer" Ort. Mit seinem Titel *Sladký Theresienstadt* hat der Autor von vornherein ein auf Provokation und Verstörung angelegtes Signal geschaffen, ist doch die Verbindung eines Ortes, der das Brandmal von Hitlers mörderischer und menschenverachtender Rassenpolitik trägt, mit einem auf Harmonie, Glück und Idylle verweisenden Attribut etwas an und für sich Unmögliches, ja Unerhörtes. „Město, kde se umírá, kde se trpí, město kde i vzduch je nakažen. Může být větší ironie, než je nazvat sladkým Terezínem?" (Franěk 1997, 89; „Eine Stadt, wo gestorben wird, wo gelitten wird, eine Stadt, wo auch die Luft verseucht ist. Kann es eine größere Ironie geben, als sie süßes Theresienstadt zu nennen?").

Goldflam betreibt seine Strategie der Verunsicherung des Lesers bzw. Zuschauers auch am Beginn des Stücks selbst, indem er es mit einer Szene eröffnet, die alle Merkmale einer Idylle aufweist. Ein Paar in einer stilisierten Tracht tanzt unter den Klängen des Chors „Proč bychom se netěšili" (Warum sollten wir uns nicht freuen) aus Smetanas berühmter *Prodaná nevěsta* (*Die verkaufte Braut*). Damit wird ein klares Zeichen gesetzt, ist diese 1866 uraufgeführte Oper doch ein typisches Werk der tschechischen Idyllenkultur des 19. Jahrhunderts, deren Hauptmerkmal in harmlosen, glücklich endenden und die Vorzüge des Tschechentums betonenden Motiven oder Handlungen bestand. Bei dem Paar handelt es sich um Mahner, einen der beiden Protagonisten des Stücks, und seine Geliebte Marie (Mařenka). Mahner ist der literarische Reflex jenes Tagebuchschreibers Mahler, von dem oben die Rede war und dessen Name vom Autor geringfügig geändert wurde, offensichtlich auf Druck einer Initiative ehemaliger Theresienstädter Häftlinge (vgl. Skoumal 1996). Künstlerisch wird durch diese Modifikation erreicht, dass einerseits der Bezug zur Vorlage sichtbar bleibt, andererseits der Status des Protagonisten als fiktionale Instanz in einem fiktiven Handlungskontinuum betont wird. Zu Mahners und Mařenkas Idyllenwelt, die sich bald als reine Traumwelt herausstellen wird, passen ferner ihre innigen Liebesschwüre sowie die Tatsache, dass die junge Frau denselben Vor- und Kosenamen trägt wie die Haupt- und Titelfigur von Smetanas Oper. Das fröhliche Wortgeplänkel der beiden mündet am Schluss der kurzen Szene in die schockierenden Worte Mařenkas: „Jak já tě miluju... Teda, že ty musíš do toho blbýho Terezína..." (Goldflam 2010, 262; „Wie ich dich liebe… Also, dass du in dieses blöde Theresienstadt musst…"). Die unmittelbare Verknüpfung von heiter-zänkischem Zwiegespräch zweier Verliebter mit einem Ort, der das Kainsmal des entsetzlichen Verbrechens trägt, ist für den Rezipienten ebenfalls ein höchst verstörendes Moment. Dieser schockierende Effekt wird zudem dadurch verstärkt, dass der Abschied der beiden Personen kitschig-emotional inszeniert wird, indem das Lied „Du bist mein ganzes Herz" aus Franz Lehárs Operette *Das Land des Lächelns* erklingt.

Die 2. Szene führt uns direkt nach Theresienstadt, wo Gerroldt, die literarische Entsprechung des genannten Kurt Gerron, gerade mit den Dreharbeiten zu dem Propagandafilm der Nazis beschäftigt ist. Dabei fällt vor allem die Akribie auf, mit der er sich den Filmaufnahmen widmet. Besonders frappiert die Eigenliebe Gerroldts, der sich ganz offensichtlich geschmeichelt fühlt, dass man ihn mit den Dreharbeiten betraut hat: „[...] tak to znamená, že mě v Německu znají, dodnes na mě nezapomněli, jsem vlastně něco jako... symbol... potřebují mě" (ebd., 263f.; „[...] so heißt das, dass man mich in Deutschland kennt, mich bis heute nicht vergessen hat, ich eigentlich etwas wie ein... Symbol... bin, man mich braucht").

Mit der 3. Szene geht ein erneuter Wechsel im Schauplatz einher. Mahner steigt gerade mit einer Frau namens Schura aus dem Bett. Sie war ein Jahr lang seine Geliebte in Theresienstadt, geht aber nun auf den Transport nach Auschwitz-Birkenau. Ihre Vorstellung von diesem Ort ist eine sehr naive: „[...] tam budou lesy... voda... jako na prázdninách... to vypadá dobře" (ebd., 267; „[...] dort wird es Wälder geben... Wasser... wie in den Ferien"). Deshalb versucht sie, Mahner zu überreden, mit ihr zu kommen. Dieser hat aber sehr wohl eine Ahnung vom Zweck der Transporte und redet sich damit heraus, dass er sich um seine ebenfalls in Theresienstadt internierten Eltern kümmern muss. Außerdem gehöre sein Herz weiterhin Mařenka, zu der er nach dem Krieg zurückkehren wolle, auch wenn diese weit über ein Jahr nichts von sich habe hören lassen.

> Mařenka je ideální žena... pro mě. Známe se dlouho a jsme pro sebe vlastně stvořeni. Já... víš, tady to je provizorium, to není nadlouho, ale přece jen, i když vlastně je tohle přerušení umělé a zvenku, i když je tohle provizorium zatím naším domovem, já nemohu Mařenku zklamat. (ebd., 269)

> Mařenka ist die ideale Frau... für mich. Wir kennen uns lange und sind eigentlich füreinander geschaffen. Ich... weißt du, hier das ist ein Provisorium, das ist nicht für lange, aber dennoch, auch wenn diese Unterbrechung eigentlich künstlich und von außen gemacht ist, auch wenn dieses Provisorium einstweilen unser Zuhause ist, kann ich Mařenka nicht enttäuschen.

Die folgenden drei Szenen handeln wieder primär von Gerroldt und den Filmaufnahmen. Dabei kommt es in Szene 4 erstmals zu einer der wenigen direkten Verflechtungen mit der Mahner-Handlung. Auf die Ansprache des nationalsozialistischen Lagerleiters Ruhm hin, der den geplanten Film als Dokumentation „jüdischer Selbstverwaltung" bezeichnet, vom ruhigen, fast luxuriösen Leben der Juden inmitten des Kriegs spricht und die jüdische Bevölkerung Theresienstadts zur vollen Unterstützung von Gerroldts Dreharbeiten auffordert (vgl. ebd., 270), wird eine Musik- und Tanzszene aufgenommen. Zu den Tanzpaaren gehören auch Mahner und Terča, eine seiner weiteren Freundinnen. Während Gerroldt die schöpferische Macht der Kunst gegenüber der bedrückenden Realität betont und nicht darüber nachdenken möchte, was nach Abschluss der Filmarbeiten passieren wird, prangert Mahner den illusorischen Charakter des ganzen Unternehmens an: „To, co se tady děje, je lež. Něco si namlouvají, a pak půjdou do transportu nebo kam" (ebd., 272; „Das, was hier geschieht, ist eine Lüge. Sie reden sich etwas ein, und dann gehen sie auf den Transport oder sonst wohin"). Da eine der Tänzerinnen ihn an Mařenka erinnert, hat Mahner eine Traumvision, in der er mit seiner Geliebten spricht. In Szene 5 geht es um die Aufnahmen zu einem Fußballspiel, und in Szene 6 werden Ausschnitte aus der Kinderoper *Brundibár* des Komponisten Hans Krása präsentiert, die bekanntlich in Theresienstadt viele Male mit großem Erfolg aufgeführt wurde und von der ein Ausschnitt auch in Gerrons Propagandafilm zu sehen war.

Szene 7 zeigt erneut eine Traumvision Mahners, in der ihm Mařenka seine vielen Liebschaften in Theresienstadt vorhält und er versucht, sich zu verteidigen. Die Szenen 8 und 9 drehen sich wieder um die Filmaufnahmen. So stellt Szene 8 das Gespräch Gerroldts mit dem (unwilligen) Leiter der Theresienstädter Feuerwehr nach einer gestellten Löschaktion dar, und Szene 9 spielt im Krankenhaus, wo genau zu dem Zeitpunkt gedreht wird, als Mahners Vater stirbt. Dies ist die zweite Szene, in der die Gerroldt- und die Mahner-Handlung unmittelbar aufeinandertreffen. In der Traumszene 10 erhebt Mařenka weitere Vorwürfe gegen Mahner wegen dessen Liebschaften und seiner Untreue ihr gegenüber. Eine erotische Begegnung mit seiner neuen Geliebten Truda steht im Zentrum von Szene 11, wohingegen die folgende Szene 12 wieder auf die Gerroldt-Handlung umschwenkt. Lagerleiter Ruhm, dem aus den bevorstehenden Aufnahmen zum Lied- und Kabarettprogramm des Films einige Nummern vorgeführt werden sollen, äußert sich lobend über die Arbeit Gerroldts und seines Produktionsleiters. In diesem Zusammenhang schlägt er einen beinahe versöhnlichen Ton an und versucht dabei, den Holocaust nicht als prinzipiell menschenfeindlichen Akt, sondern als historische Notwendigkeit zu begründen.

Vy si stále myslíte, že my, Němci, vás nemáme rádi. Ale to vůbec není osobní. To není já a ty. Celá ta věc stojí historicky, a kdybyste vy jako rasa nepřišli sem, do Evropy, kdo ví, jestli bychom nyní stáli, abych tak řekl, proti sobě... [...] Ne, to není nějaké nepřátelství, ale historická nutnost. Podívejte se, to je úkol daný nám národem, naším národem. A my jej plníme z lásky k tomuto národu. [...] Myslíte, že to nic není, když na hromadě leží třeba sto, pět set, tisíc mrtvol? Já jsem to viděl. To byste se divil... A zůstat přitom slušným člověkem... a řádným člověkem! ... když samozřejmě nepočítám výjimečné případy lidské slabosti... to není lehké. [...] A proto já mám rád, když se tady dělají tyhlety kulturní akce, a také se někdy rád podívám a poslechnu si třeba pěknou hudbu. (ebd., 301)

Ihr meint immer, dass wir, die Deutschen, euch nicht mögen. Aber das ist überhaupt nicht persönlich gemeint. Das ist nicht ich und du. Die ganze Sache steht historisch, und wenn ihr als Rasse nicht hierher, nach Europa, gekommen wärt, wer weiß, ob wir jetzt, wenn ich das so sagen darf, gegeneinander stehen würden... [...] Nein, das ist nicht irgendeine Feindschaft, sondern eine historische Notwendigkeit. Schauen Sie, das ist eine uns vom Volk, unserem Volk, auferlegte Aufgabe. Und wir erfüllen sie aus Liebe zu diesem Volk. [...] Meinen Sie, das ist nichts, wenn, sagen wir, hundert, fünfhundert, tausend Leichen auf einem Haufen liegen? Ich habe das gesehen. Da würden Sie sich wundern... Und dabei eine anständiger Mensch zu bleiben... und ein ordentlicher Mensch! ... wenn ich selbstverständlich die Ausnahmefälle menschlicher Schwäche nicht hinzuzähle... das ist nicht leicht. [...] Und daher mag ich es, wenn hier diese kulturellen Aktionen gemacht werden, und manchmal schaue ich auch gerne zu und höre mir etwa schöne Musik an.

Diese Aussage zeigt, dass der Zynismus der Nazis keine Grenzen kannte. Ruhm stilisiert sich kurzer Hand selbst zum Opfer (des Kriegs und der Grausamkeiten des Holocaust), wohingegen er die Juden in Theresienstadt als Nutznießer darstellt, die sich mit den schönen Dingen des Lebens befassen dürfen.

Szene 13 zeigt Mahner und Truda im Bett. Er gesteht ihr seine tiefe Zuneigung und bekennt, dass er von Mařenka enttäuscht ist. Dies werde ihn, sollte der Krieg bald enden, vor eine schwierige Wahl stellen. Erstmals gerät hier das Idealbild Mařenkas ins Wanken. Mahners Liebesleben ist auch Gegenstand der 14. Szene, in der er von Gerroldt darauf hingewiesen wird, dass er in zwei Filmausschnitten jeweils mit einer anderen Frau zu sehen ist und dass er für eine bevorstehende Szene in einem Café bei einer der beiden bleiben soll, damit im Film nicht der Eindruck entsteht, in Theresienstadt herrsche keine Moral. Darauf setzt ein Disput zwischen Mahner und Gerroldt über Moral im Angesicht des Holocaust ein, wobei ersterer letzterem eine vollkommene Verwischung der Dimensionen vorwirft: „Tak co se staráte o morálku? Proč točíte v kavárně? Transport natočte... třeba! To budete mít svědectví" (ebd., 306; „Was kümmern Sie sich um die Moral? Warum drehen Sie im Café? Drehen Sie einen Transport... beispielsweise! Dann haben Sie ein Zeugnis"). In der Antwort auf Mahners klare Aussage kommt Gerroldts ganzes Dilemma zum Ausdruck, das er mit der Übernahme der Verantwortung für den Film eingegangen ist. Mahners Vorschlag, einen Transport zu filmen, kommentiert er wie folgt:

> Ale pochopte, pane Mahnere, scénář je dán a schvalován předem, záměr filmu je již jaksi určen, některé scény se pro film prostě nehodí... myslím pro tento dokumentární film, a ani by to nešlo... neprošlo... (ebd.)
>
> Aber begreifen Sie, Herr Mahner, das Drehbuch ist vorgegeben und wurde vorher genehmigt, die Absicht des Films ist schon irgendwie bestimmt, einige Szenen sind für den Film... ich meine für diesen Dokumentarfilm... einfach nicht geeignet, und überhaupt würde das nicht gehen... das würde nicht durchgehen...

Nach einem improvisierten jüdischen Neujahrs-Gottesdienst (Szene 15), an dem auch Mahner mit seiner Geliebten Truda teilnimmt, kommt es in Szene 16 zu einem Gespräch Mahners mit anderen jüdischen Ghettobewohnern über die Hoffnungen auf ein baldiges Ende des Kriegs und das, was die Nachkriegszeit mit sich bringen wird.

Diese vorsichtig optimistischen Gespräche bilden wiederum einen scharfen Kontrast zur totalen Desillusionierung, die in der Abschlussszene 17 eintritt und mit der noch einmal auf eine schockierende Wirkung gesetzt wird. In dieser Abschlussszene sehen wir Gerroldt zunächst in gewohnt egozentrischer Pose. Er lässt keinerlei Kritik an der moralischen Tragweite seines Vorgehens zu und ist voller Zuversicht, dass seine Gründlichkeit und Zuverlässigkeit von denen ‚oben' belohnt werden. Voller Tatendrang stürzt er sich in die Arbeit an den Aufnahmen für die nächsten Filmszenen, wobei die ganze Tragik Gerroldts in der nunmehr eingespielten, von ihm mit zu verantwortenden böswilligen Aussage des Kommentators gipfelt (die es im realen Film tatsächlich gab):

> Zatímco Židé v Terezíně sedí u kávy s bábovkou a tančí černošský swing pro filmovou kameru, nesou naši vojáci na svých bedrech veškerou tíhu strašlivé války, bídu a odříkání, aby bránili svoji vlast, svou domovinu. (ebd., 316)
>
> Während die Juden in Theresienstadt bei Kaffee und Gugelhupf sitzen und für die Filmkamera Negerswing tanzen, tragen unsere Soldaten die ganze Last des schrecklichen

Kriegs, Not und Entsagung auf ihren Schultern, um unser Vaterland, unsere Heimat zu verteidigen.

In dieser Phase, die einen emotionalen Höhepunkt des ganzen Dramas bildet, übergibt ein Assistent Gerroldt ein Schreiben mit der Verfügung, dass dieser auf den nächsten Transport gehen muss. Hier wird besonders deutlich, wie falsch er selbst die Angelegenheit von vornherein eingeschätzt hat:

> Ale kdo to dokončí? Copak se to má, odcházet od rozdělané práce, copak se to smí? Já jsem přece... to musí být omyl. Já teď nemůžu do transportu, nemám čas! (ebd.)
> Aber wer bringt das zu Ende? Geht das denn, von der angefangenen Arbeit wegzugehen, darf man denn das? Ich bin schließlich... das muss ein Irrtum sein. Ich kann jetzt nicht auf den Transport, ich habe keine Zeit!

Das letzte Bild zeigt Gerroldt und parallel dazu auch den vom selben Schicksal betroffenen Mahner, bei der Vorbereitung auf den Transport. Unter den Klängen einer Arie aus Puccinis *Tosca* legen beide ihre Kleider ab, und das Licht erlischt.

Auch wenn die Lebensentwürfe und Handlungsweisen der beiden im Zentrum des Geschehens stehenden Männer sehr unterschiedlich sind und diese bis auf punktuelle Berührungen sowie das gemeinsame Schicksal am Ende des Stücks wenig miteinander zu tun haben, beruht der entscheidende Effekt des Dramas gerade auf der Parallelisierung und Konfrontation der beiden Daseinsmodelle und der daraus resultierenden Überlebensstrategien. Beide von realen Vorlagen ausgehenden Schicksale verbindet zunächst einmal das, was für so viele jüdische Biographien der damaligen Zeit gilt: dass die ursprünglichen Lebensziele von heute auf morgen über den Haufen geworfen wurden und man im KZ versuchen musste, mit dieser neuen, bedrückenden und entwürdigenden Situation klarzukommen. Insofern kann man die Schicksale Gerroldts und Mahners als exemplarische Fälle begreifen, diesen totalen Richtungswechsel und die damit verbundenen Versuche begreiflich zu machen, dem Leben in dieser extremen Situation wieder ein Stück ‚Normalität' einzuverleiben, um die äußeren Umstände mental zu bewältigen und sie einigermaßen erträglich zu machen. Allerdings geht es dem Autor dabei ganz offensichtlich nicht darum, das Leben im Holocaust als persönlichkeitsverändernden Prozess zu präsentieren, sondern, im Gegenteil, um die Demonstration der Tatsache, dass die Art und Weise, wie die Betroffenen mit der Situation umgingen, auch von ihren vormaligen Lebenskonzepten beeinflusst wurde. Im vorliegenden Fall haben wir zwei einander praktisch diametral gegenüberstehende Charaktere, die freilich ihr Wille und ihre Hoffnung auf Überleben eint und die – jeder auf seine Weise – besondere Strategien zur Bewältigung der extremen Lage entwickelt haben. Diese Strategien ihrerseits gründen wiederum auf völlig unterschiedlichen Illusionen, die im Leben der beiden Protagonisten in gewisser Weise bereits vor dem Krieg in Erscheinung traten.

Der extrovertierte Gerroldt ist durch und durch eine Person der Öffentlichkeit. Als Schauspieler hat er sich vor allem in Deutschland eine gewisse Bekanntheit erworben, indem er auch in Kassenschlagern bedeutsame Rollen spielte. Seine Neigung zu Selbstinszenierung und Arroganz hat sicher auch mit seinem Beruf zu tun. So ist es für den egozentrischen Gerroldt unverständlich, ja sogar verletzend, als Mahner ihm mitteilt, dass er ihn schon einmal in einem Film gesehen hat, sich aber nicht mehr an den Titel erinnern kann (vgl. ebd., 305f.). Dass er mit der Übernahme des Projekts *Der Führer schenkt den Juden eine Stadt* einen Kontrakt mit dem Teufel eingegangen ist, ist Gerroldt klar, auch wenn der innere Konflikt, in dem er sich befindet, im Drama nicht voll zum Tragen kommt, sondern auf einige kurze Andeutungen beschränkt bleibt. Ein Beispiel hierfür wäre in der letzten Szene sein Gespräch mit Holtzer, dem ebenfalls am Film beteiligten Leiter der Theresienstädter Feuerwehr, der die Degeneriertheit und Verlogenheit des ganzen Unternehmens beklagt und dem Gerroldt daraufhin antwortet:

> Na to se sám sebe denně ptám. Je to lež, není to lež... je to – mezi námi řečeno – polopravda, spíš lež než pravda. To, co se ukazuje, není radostné, ale úmorné. To, co se tam jí, jsme my sami už léta neokusili..." (ebd., 314)
>
> Das frage ich mich selbst täglich. Ist es eine Lüge, ist es keine Lüge... es ist – unter uns gesagt – eine Halbwahrheit, eher Lüge als Wahrheit. Das, was gezeigt wird, ist nicht freudvoll, sondern bedrückend. Das, was dort gegessen wird, haben wir selbst schon seit Jahren nicht mehr gekostet...

Dass er den Auftrag angenommen hat, ihn mit großer Gründlichkeit erfüllt und sich dabei auch bei der deutschen Obrigkeit anbiedert, dürfte mit einer Mischung aus dreierlei Ursachen zu tun haben: Erstens fühlt er sich geschmeichelt, dass man sich ganz offensichtlich seiner erinnert hat, dass er, der vorher zu einer bloßen Nummer im Theresienstädter Getto verkommen war, wieder zu Kurt Gerroldt wurde. Ob man dabei so weit gehen muss wie Zdeněk Hořínek (2010,

510), der generell unterstellt, dass „herectví je příznivou půdou pro zrod a růst sebeklamu" („die Schauspielerei ein günstiger Nährboden für die Entstehung und Entwicklung von Selbsttäuschung ist"), sei jedoch dahingestellt. Zweitens ist es die Arbeit – und hier bei allen Einschränkungen sogar eine Art kreativer Arbeit –, die das Lagerleben und die Unsicherheit hinsichtlich der Zukunft vergessen lässt. Und drittens spekuliert Gerroldt ganz konkret darauf, dass die besonders gewissenhafte Umsetzung des Auftrags ihn vor dem Transport retten könnte. All dies trägt seinen Teil dazu bei, dass er sich immer stärker mit seiner Aufgabe identifiziert und sie trotz massiver Einwände seiner jüdischen Mitgefangenen verteidigt, dabei mitunter die Rhetorik der Mörder übernehmend, etwa wenn er Holtzer ein Anerkennungsschreiben für dessen Leistung beim Zustandekommen des Films übergibt:

> A zde máte ještě ode mě písemné potvrzení toho všeho, slovo od slova. Ode mne jakožto režiséra filmu propagujícího náš život zde v Terezíně. (Goldflam 2010, 313)
> Und hier haben Sie von mir eine schriftliche Bestätigung von alledem, Wort für Wort. Von mir als Regisseur des Films, der unser Leben hier in Theresienstadt propagiert.

Freilich wird Gerroldts komplexe und fatale Begründungslogik von niemandem der sonstigen Getto-Mitbewohner geteilt, von denen viele zu Rollen im Film genötigt werden. Sie konfrontieren ihn wiederholt mit der Verlogenheit des ganzen Projekts und zwingen ihn dadurch zu immer neuen und immer abenteuerlicheren Rechtfertigungen, mit denen er sein mühsam errichtetes argumentatives Gebäude aufrechtzuerhalten sucht. Dennoch nützen ihm sein ganzes Engagement und seine Anbiederung an die Nazis am Ende überhaupt nichts. Die Logik der Vernichtungsmaschinerie dominiert über alle noch so einleuchtend erscheinenden Begründungsstrategien. Diese Logik ist ganz einfach: Kurt Gerroldt ist an der Reihe. Der Transport und der damit erwartbare Tod in der Gaskammer dulden keinen Aufschub.

Mahner ist im deutlichen Gegensatz zu Gerroldt eine fast ausschließlich im kleinen, anonymen Kontext agierende Persönlichkeit. Selbst dort, wo er – wie bei seiner Beteiligung am Film – zu einer gewissen Öffentlichkeit gezwungen wird, ist er nichts weiter als ein Statist. Aber auch Mahner hat seine Strategie, im Getto zu überleben und die grausame Realität auszublenden. Diese Strategie besteht im Bemühen, ein Leben zu führen, das so nah wie möglich an der Normalität einer gewöhnlichen Alltagsexistenz ist. Dies umfasst sowohl die berufliche Dimension, indem er sich in der Gettoverwaltung engagiert und hier auch einen Posten erhält, der ihm einen gewissen Handlungsspielraum und sogar Einflussmöglichkeiten eröffnet. Dies gilt aber auch für den privaten Bereich, wo er sehr um die Aufrechterhaltung regelmäßiger erotischer Kontakte bemüht ist. Dass er sich immer wieder neue Partnerinnen suchen muss, liegt nicht zuletzt daran, dass die Frauen eine nach der anderen auf den Transport ins Todeslager gehen. Auch wird Mahner – in gewissem Kontrast zu dem sich aus Mahlers Tagebüchern ergebenden Bild – im Drama nicht als egoistischer, nur seinen Trieben folgender Mensch dargestellt, sondern als zärtlicher, mit seinen Sexualpartnerinnen respektvoll umgehender Mann, dem diese ihr volles Vertrauen schenken und ihm deshalb z.B. auch bei der Bewältigung des Alltags (Haushalt, Wäsche u.dgl.) helfen. Mahners Ehrlichkeit erweist sich zudem darin, dass er keiner seiner Freundinnen vorenthält, glücklich mit einem christlichen Mädchen (Mařenka) verlobt zu sein und nach dem Krieg zu ihr zurückkehren zu wollen, auch wenn sie ihm nie ins Getto geschrieben hat. Dieses Versprechen stellt er erst bei Truda, seiner letzten Theresienstädter Geliebten, in Frage, der er kurz vor dem eigenen Abtransport gesteht: „Ale... tebe mám vlastně radši, teď to vím. Ne, ne, jenom tebe mám rád. Teď to vím" (ebd., 318; „Aber... dich habe ich eigentlich lieber, jetzt weiß ich das. Nein, nein, nur dich habe ich gern. Jetzt weiß ich das"). Erst der Transport bringt Mahner die Befreiung von jener Illusion, an der er hartnäckig festgehalten hat: der Liebe zu Mařenka. Das Mařenka-Sujet bringt in das Drama neben der ‚realen' Ebene (Ausschnitte aus dem Theresienstädter Leben mit Fokus auf das Geschehen um die Filmaufnahmen und um Mahners wechselnde Beziehungen) eine traumhafte Dimension. Es sind die Dialoge mit Mařenka, die sich in Mahners Träumen und Phantasien abspielen, in die er seine Wünsche an die Geliebte, aber auch die Vorwürfe, die er ihr macht, projiziert. Neben der Illusion, den Holocaust durch die Simulation von Normalität irgendwie verdrängen zu können, baut sich Mahner also eine zweite Illusion auf: den Glauben an die Kraft der reinen Liebe, die auch in der Lage ist, eine lange Trennung zu überdauern. Ob es sich hierbei um eine naive Hoffnung oder gar Selbstbetrug handelt, können wir als Rezipienten nicht beurteilen, weil wir die idealisierte Mařenka nur als Traumgestalt erleben und nicht einmal mit Gewissheit sagen können, ob es sie überhaupt gibt oder ob sie einfach nur die fiktive Projektion von Mahners Sehnsucht nach einem festen Halt im Leben ist. Die Verdrängung der Realität und die wiederholt geäußerte Überzeugung, dass das Ende des Kriegs und damit die Befreiung des Lagers bevorstehen, nutzen aber auch ihm in letzter Konsequenz nichts. Wie Gerroldt steht er auf dem Plan für den nächsten Transport.

Der Holocaust erscheint in *Sladký Theresienstadt* also auf der einen Seite in seiner unerbittlichen Realität und auch Konkretheit, was nicht zuletzt durch die künstlerische Verwertung authentischen Materials noch verstärkt wird. Auf der anderen Seite handelt es sich um ein Werk, welches das Holocaust-Geschehen in einen Komplex sehr viel breiterer Fragestellungen einbindet und es damit letztlich transzendiert. Anders ausgedrückt: Es werden Probleme aufgeworfen, die an und für sich nichts mit dem Holocaust zu tun haben, durch diesen aber in ein neues Licht gerückt und in ihrer ganzen Tragweite zum Vorschein gebracht werden. So hat die auf Illusionen gründende Lebenseinstellung der beiden Protagonisten, d.h. die Illusion von Ruhm und Ehre in der Öffentlichkeit bzw. die Illusion von der heilen privaten Welt und der durch nichts zu trübenden Idylle, ihre Wurzeln lange vor Theresienstadt. Der Holocaust als Extrempunkt menschlicher Degeneration führt die Illusion aber nicht kritisch-satirisch als der Lebensrealität widersprechend vor Augen, sondern eher als eine Art legitimen Selbstbetrug, der in dieser extremen Situation grotesker Weise zu einer Überlebensstrategie wird, zu einem Mechanismus, die Brutalität und Ausweglosigkeit der Situation zu überdecken und die Hoffnung aufrechtzuerhalten.

Die Groteske als Verfahren der Zusammenführung von eigentlich Unvereinbarem gehört überhaupt zu den prägenden künstlerischen Verfahren des Dramas. Sie ist bereits im ‚unmöglichen' Titel *Sladký Theresienstadt* präsent, begegnet uns am Beginn des Stücks in der unmittelbaren Konfrontation von Idyllenwelt und Holocaust, kennzeichnet das Verhalten der beiden Helden im gesamten Verlauf der Handlung, um am Schluss in der bitteren Realität des Holocaust aufgelöst zu werden. In der sicheren Todeserwartung, für die der Transport steht, wird die Groteske von Desillusionierung und Tragik abgelöst.

Die Groteske hat in *Sladký Theresienstadt* also vor allem die Funktion, eine gewisse Aufmerksamkeitssteigerung beim Rezipienten zu bewirken, wobei hier immer wieder die Grenzen von Entsetzen und Schock berührt werden. Solche auf intensive Emotionalisierung und Affektbildung setzenden Verfahren haben in der Holocaustliteratur und -kultur der letzten Jahre generell zugenommen, was insofern einer gewissen Logik folgt, als authentische Zeugenberichte (und mit ihnen die Nachdrücklichkeit der Wirkung unmittelbarer Erinnerung) mit dem Aussterben der Generation der Überlebenden zwangsläufig im Schwinden begriffen ist. Hier ist die Macht von Literatur, Theater, Film und anderen Medien dringend gefragt, weiterhin mit Intensität auf unseren Intellekt wie auch auf unsere Emotionen einzuwirken. Wenn es um das Ziel geht, den jüngeren und zukünftigen Generationen die Schrecken des Holocaust bewusst zu machen, sollte es dabei auch keine Tabus oder moralischen Grenzen geben.

## Literaturverzeichnis

*Augustová*, Zuzana 2010: Arnošt Goldflam (hry z 80. let). In: Goldflam 2010, S. 473-496.
*Franěk*, Jiří 1997: Hořké vzpomínky na sladký Terezín. In: Svět literatury, č. 14, S. 84-92.
*Ghetto-Theresienstadt.Info*: Stichwort „Mahler, Willy". In: http://www.ghetto-theresienstadt.info (letzter Abruf 1.5.2013).
*Goldflam*, Arnošt 2010: Písek a jiné kousky. Brno.
*Hořínek*, Zdeněk 2010: Arnošt Goldflam od grotesky k mýtu. In: Goldflam 2010, S. 499-514.
*Just*, Vladimír 1996: Až příliš sladký Theresienstadt. In: Literární noviny 7,47 (20.11.1996), S. 14.
*Kovalčuk*, Josef – *Goldflam*, Arnošt 2010: Opojení fabulováním. Rozhovor Josefa Kovalčuka s Arnoštem Goldflamem o jeho hrách. In: Goldflam 2010, S. 517-532.
*Skoumal*, David 1996: Vůle k životu v krajině zoufalství. In: Lidové noviny v. 1.11.1996.
*Tomáš*, Filip 2011: Humoristická – pokud je to možné – reprezentace holokaustu. In: Jiří Holý [u.a.]: Šoa v české literární a v kulturní paměti. Praha, S. 255-278.
*Vodička*, Libor – *Viceníková*, Dora 2008: Arnošt Goldflam: Sladký Theresienstadt aneb Vůdce daroval Židům město. In: Petr Hruška [u.a.] (red.): V souřadnicích volnosti. Česká literatura devadesátých let dvacátého století v interpretacích. Praha, S. 636-642.

## Summary

Arnošt Goldflam (born in 1946) is one of the most important representatives of contemporary Czech dramatic art. His best known play is *Sweet Theresienstadt* which is also one of the few contributions of Czech drama to Holocaust literature. It was first performed in 1996 at the Prague Archa Theatre. In this drama which – not least because of its title – provoked a lot of controversy the author refers to the fate of two actual detainees at Theresienstadt: to that of Kurt Gerron (Gerroldt in the drama), a well-known German-Jewish actor and director who was given the task of shooting the propaganda film *The Fuehrer Gives a City to the Jews* by which the Nazis wanted to show to the world that life in the ghetto was absolutely normal, and thus distract attention from all the suspicions concerning the Holocaust; and to Willy Mahler (Mahner in the drama), a Czech-Jewish journalist who was employed in the ghetto administration and whose diaries about everyday life at Theresienstadt as well as about his changing sexual relationships were found in the Terezín archive after the war. Both storylines unfold within the drama mainly independently, getting into direct contact only in a few scenes. The prime concern of the play is to show how the two completely different characters – both in their own way – develop strategies of facing the horrible reality by giving their lives a veneer of normality thus maintaining their hopes for survival. The drama, however, which is based on grotesque devices and repeatedly brings into contrast idyllic and shocking scenes, makes it clear that there is no place for normality within the Holocaust. Although Gerroldt had not finished the film yet and although there were growing hopes for a defeat of the Nazi system the extermination programme was unabatedly going on. Gerroldt and Mahner were the next in line to go onto the fatal transport.

## Resumé

Arnošt Goldflam (nar. 1946) je jeden z nejvýznamnějších reprezentantů současné české dramatiky. Jeho nejznámější divadelní hra je *Sladký Theresienstadt*, která je také jeden z mála příspěvků českého dramatu k literatuře o holokaustu. Premiéra hry byla 1996 v pražském Divadle Archa. V tomto dramatu, jež – v neposlední řadě kvůli svému názvu – vyprovokovalo mnoho kontroverzí, se autor zabývá osudy dvou skutečných terezínských vězňů: Kurta Gerrona (v dramatu Gerroldt), známého německo-židovského herce a režiséra, který byl pověřen natáčením propagandistického filmu *Vůdce daroval Židům město*, kterým chtěli nacisté ukázat světu, že život v ghettu byl docela normální, a tím odvést pozornost od všech podezření týkajících se holokaustu; a Willyho Mahlera (v dramatu Mahner), česko-židovského novináře, který byl zaměstnán v administraci ghetta a jehož deníky o každodenním životě v Terezíně a mj. i jeho sexuálním životě byly objeveny v Terezínském archivu po válce. Obě linie děje se v dramatu rozvíjejí v podstatě nezávisle na sobě a dotývají se pouze v několika málo scénách. Hlavním cílem hry je ukázat, jak oba docela rozličné charaktery – každý svým způsobem – vyvíjejí strategie setkávat se se strašnou realitou a dávat svým životům aspoň určitou míru normality a tím i naděje na přežití. Drama, které se zakládá na groteskních postupech a opakovaně konfrontuje idylické a šokující scény, konečkonců však ukazuje, že v holokaustu není místo pro normalitu. Ačkoli Gerroldt ještě nedokončil film a naděje na porážku nacistického systému narůstaly, vyhlazovací program se stejnou intenzitou pokračoval. Gerroldt a Mahner nastupují do transportu, jehož cílem je vyhlazovací tábor.

# Another Way to Remember:
# Jáchym Topol's Works *Sestra* (1994) and *Chladnou zemí* (2009) in the Context of Czech Cultural Memory of the Holocaust

*Valentina Kaptayn, Gießen/Zürich*

**Introduction**

As said by the Holocaust researcher James Edward Young, the process of remembering the Holocaust has changed for the post-war generation that cannot remember the past as it actually was: „What is remembered of the Holocaust depends on how it is remembered, and how events are remembered depends in turn on the texts now giving them form" (Young 1990, 1). Indeed, this focus on the text as a subject matter of the Holocaust studies represents a very important point because often only the literary text helps the generations born after the war to understand the Holocaust. Moreover, the analysis of such texts further helps to figure out the canons of the cultural memory of the Holocaust.

In this paper, I will examine two texts of Czech Holocaust literature written by Jáchym Topol. In order to determine the place of Topol's work in the history of Czech Holocaust literature, the first part of this paper will provide a brief survey of the development of Holocaust literature in Czechoslovakia respectively the Czech Republic. Subsequently, I will analyze the thematic and narrative perspectives of both works.

**Czech Holocaust literature and the memory of the Holocaust**

During the communist regime in Czechoslovakia, writing about the Holocaust and the relationship between Jews and Czech people was – due to political reasons – almost impossible. The aggressive anti-Semitic rhetoric during the Stalinist regime in the 1940s and 1950s did not allow the spreading of this theme (cf. Holý 2011, 18). This taboo gradually decreased since the late 1950s. A relatively large number of literary works and films with Holocaust topics appeared during this time. After 1968 the subject, however, again lost its meaning in public debates and hence in literary and cultural production (ibid., 44).

The fall of communism marked the beginning of a gradual process combining demands for re-thinking the Czechoslovakian past and searching for a new historical narrative. After 1989, the Holocaust topic became an important point in historiography, education and in the media of the Czech Republic. It was, however, a long and demanding process until the public became interested in this specific topic:

> Immediately after the ‚velvet revolution' of 1989, the Holocaust was not widely discussed at all. It has only been since the mid-1990s – also under the influence of worldwide restitution campaigns – that this topic has become a more popular issue. (Frankl 2010, 180)

In the 1990s, there was a „dramatic upsurge of interest in Judaism, Jewish history and culture" (Crhová 2011, 135), thus claiming a re-orientation in the field of the Holocaust memory. Art, theatre and film reacted to this development, and at the same time they contributed to the formation of this process. This issue also concerns modern Czech literature, which on the one hand uncovers the readiness of the third writer-generation to reappraise the past, and on the other shows how complex and provocative devices of Holocaust literature can be. After 1989, some books such as Arnošt Goldflam's play *Sladký Theresienstadt* (1996; *Sweet Theresienstadt*; published as a book in 2001) or Radka Denemarková's *Peníze od Hitlera* (2006; *Money from Hitler*) that deal with the Holocaust memory were published in the Czech Republic.

From these and other examples we learn that the third generation of writers in the development of Holocaust literature in Eastern and Central Europe is confronted with significant challenges and difficult questions regarding the culture of remembrance and the collective memory of the Holocaust. On the one hand, there are numerous archives, books and documentaries about the Holocaust, and there are no longer censure and other barriers in literature and cinema, as this was the case in the past. On the other hand, two important questions are becoming increasingly evident: How can we write about the Holocaust, when so much has already been written about it? How should we remember the Holocaust considering the long time that has passed since then?

We should bear in mind that there is not *one* cultural memory of the Holocaust which has existed in Czechoslovakia and the Czech Republic. The memory of the Holocaust has been and remains different in the various historical periods and their diverse perspectives. The first generation of authors dealing with the topic of the Holocaust was still suffering from the shock of the horrible events during World War II, and had, first of all, to find a language for these unspeakable incidents. The second generation disputed about Adorno's famous statement that „to write a poetry after Auschwitz is barbaric" (Adorno 1983, 34), and now, the third generation of Holocaust authors intensively thinks about „how to write about it", as opposed to „why to write about it".

Jiří Holý underlines the key aspect of current Czech Holocaust literature, namely that many younger poets and novelists write about the Holocaust without often having a biographical connection to it:

> Generace, která už nezažila šoa, vnímala toto téma převážně v podobě ustálených obrazů, strnulé ikonografie. Někteří autoři se je snaží různým způsobem narušovat. (Holý 2011, 57)
>
> The generation that has not experienced the Shoah has perceived this theme mainly in the form of standard images and a rigid iconography. Some authors try to break out of them in various ways. (my translation)

Therefore, the writers of this generation try to revive and to rethink the past – not only the Czech past. What should after the fall of the communist regime with its official lies and its falsification of history be taken into the future? Which memories and whose memories?

Accordingly, it is not the question whether the Holocaust should be remembered, but rather in what way this memory should be presented. Each of the Czech authors has approached the topic of the Holocaust in a different manner, yet they share one thing in common: with the growing distance to the events writing about the Holocaust has become more imaginative and often more provocative.

## Jáchym Topol

One of the younger authors who try to answer those questions is the well-known Czech poet, novelist, publicist and media activist Jáchym Topol. Born in Prague in 1962, Topol comes from a family of writers. His father, Josef Topol, is a famous Czech playwright and poet, who had also been active in the dissident movement, while his grandfather, Karel Schulz, was a prominent Catholic writer best known for his works of the life of Michelangelo.

Jáchym Topol started his literary career with poetry. His typical manner of writing can already be noted in his first poems: „The world here is seen as chaotic, almost apocalyptic. The author portrays it piecemeal, using spoken and vulgar language " (Holý 2008, 279). Topol's novels and poems are always very original, and he is never afraid of questioning the historical problems as a narrative construction, destabilizing the collective myths and motifs as well as the ‚truth' about the past. In the recent years, Topol's literary work has therefore become „a remarkable illustration of the transition between generations and cultural paradigms" (Cornis-Pope 2004, 579).

I would like to examine two texts written by Topol, *Sestra* and *Chladnou zemí*, which represent two examples for showing the different ways of dealing with the Holocaust theme in current Czech literature.

## *Sestra*[1]: The chaos of the narrative, the chaos of memory

*Sestra* is the first novel written by Topol, published in 1994 in the Czech Republic, and winner of the Egon Hostovský Prize for the best book of the year. As one of the most powerful works after 1989, the novel appeared like an explosion in the Czech literary scene; its reception was extremely favorable, and it is considered to be the most important book of younger Czech literature to this day (cf. Wachtel 2006, 182).

It is quite impossible to describe the main topic of *Sestra*. What may be a serious problem when analyzing the work, is, on the other hand, the main factor of its esthetic appeal: „Much is made of the fragmentation, chaos, violence, and hallucinatory quality of his [Topol's – V.K.] vision" (Howell 2002, 47). *Sestra* is written in a highly complex way, which is, among others, due to the variation of *spisovná čeština* (the written Czech) and the *obecná čeština* (the common Czech, a spoken variety of the language), to unclear narrative frames, and to its partly cryptical content. There is no clear structure in this novel, there is, first of all, chaos – chaos of its language and its subject. At the same time, the novel is

---

[1] The novel was translated into English by Alex Zucker in 2000 under the title *City Sestra Silver*.

very lyrical, or as the critic Robert Porter said, *Sestra* is „poetry in prose, in the manner of, but not as lyrical as, Hrabal and Hodrová [...]" (Porter 2001, 180). In the midst of this chaos of words and of the plot is the novel's main protagonist, a young man, actor and artist by profession, with the ‚speaking‘ name Potok which means ‚stream‘ in Czech.[2] Surrounded by criminals, prostitutes, businessmen and illegal foreigners, he tries to do his best in the crazy time after the Velvet Revolution. As previously mentioned, the novel is a puzzle, a kaleidoscope, representing the moods and doubts in Czech society after 1989. Thus, it can be understood as an encyclopedia of post-communist life, written in a very unconventional epic manner. Furthermore, it also includes many topics of the past and collective memory of the Czechs: their relationship with the Germans or Russians, World War II, and also the Holocaust. In the so-called ‚Auschwitz-chapter‘, named *Měl jsem sen* (*I had a dream*), we see the protagonist and his clique visiting Auschwitz in a dream. While the critic Alfrun Kliems compares this visit with a school excursion (cf. Kliems 2010, 209), it might – in my opinion – also remind the reader of a typical tourist visitation of a concentration camp. A talking skeleton named Josef Novák becomes the tour guide for the group, leading them through an endless sea of human bones and the horrors of the KZ. This figure is a „little Czech man" who represents in many ways the attitude of the Czech people towards the Holocaust as a part of the cultural memory in the Czech Republic (cf. Holý 2011, 60).

Here, dream and reality are mixed. In addition to the evident symbols of the Holocaust – for example, ashes of cremated Jews, the train tracks, the ramp – and such conventional metaphors like „the endless sea of bones" and „black hole" for Auschwitz, Topol also uses a lot of black humour for this most macabre scene of his work, and also gallows humour such as the skeleton speaking the Prague dialect and telling some jokes. Furthermore, it is very interesting how Topol plays with time and space in his novel. In his typical narrative manner, Topol switches from past to present several times in this chapter, with Auschwitz thus becoming a metaphor for a ‚hole‘ without space and time:

---

[2] The critic Gertraude Zand recognizes in the protagonist's name a conscious parallel to Topol's name and thus in the hero an alter ego of Topol (cf. Zand 2001, 794).

> Byl to popel ze spálenejch lidí, bratři moji, ze židů. Poslední naděje, že snad došlo k mýlce a že sme aspoň, dyž už, tak v ňákým lehce kosmopolitním starým zlým gulagu, vzala za svý. A ten popel, kterej sme svým dopadem zvířili, se nám začal lepit na boty a šaty a těžce se nám šlo. A tam, kde nebyl popel, byly kostry, lidský kostry, moře, nekonečný příšerný moře kostí, bratří. Šli jsme všichni, celá patrička, k nějakýmu městu, jehož věže sme zahlídli v dálce... jedna byla vysoká a sloužila nám jako orientační bod... a báli sme se, protože ty lebky naší cestu sledovali, dívaly se na nás a my byli plný hrůzy a říkali jsme si: Proč jsme tady? Proč my? Proč se to stalo zrovna mně? A některý ty lebky jako by odpovídaly: A proč ne? (Topol 1994, 86)
>
> It was the ashes of cremated people, my brothers, the ashes of cremated Jews. Any last hope we had that maybe there'd been a mixup, an at least we were in some slightly cosmopolitan wicked old gulag, was lost. An the ashes stirred up by our landing stuck to our shoes an clothes, an made it hard for us to walk. An where there weren't ashes, brothers, there were bones, human bones, an endless ghastly sea of bones. Then we saw towers in the distance an so we started walkin ... usin one of the taller towers as our point of orientation ... an we were afraid cause the skulls were watchin us, lookin at us, an we asked ourselves: Why are we here? Why us? Why did it happen for me? And some of the skulls seemed to answer: Why not? (Topol 2000, 98)

This extract shows the disturbing narrative of Topol's fiction. We can also see here the complexity of the topics the author deals with. Topol brings many cultural references to the text, among them various images of the Holocaust:

> Elsewhere, the various legends, Biblical and otherwise, that are recounted become a curious amalgam of continents and epochs, as Zulus and Bedouins, Spartacus and Merlin are juxtaposed, with the computer playing its part. (Porter 2001, 181)

Along the same lines, Jiří Holý particularly accents the Biblical motifs in the novel (cf. Holý 2011, 60). He conceives the „Auschwitz-chapter' „nejen jako evokaci hrůz šoa, ale i jako připomenutí spoluodpovědnosti Čechů za vyhlazování Židů" (ibid.; „not only as an evocation of the direness of the Shoah, but also as a reminder of the co-responsibility of the Czech people for the extermination of the Jews"; my translation). These aesthetic strategies and concepts used by Topol in his text also include the critical points regarding the Czech collective memory of the Holocaust, especially breaking historical and cultural taboos by underlining the self-identification of the Czech people only as victims of the Nazi regime, and the indifference of the Czech people towards their Jewish fellow citizens in particular.

The next important motif comes at the end of the „Auschwitz-chapter', namely the image of God. Initially, the protagonist and his clique see a big face, before realizing that this is God. It is interesting that the skeleton of Josef Novák has already spoken about God and Heaven, albeit in a strange and extraordinary manner. God's decisions about who should stay in Heaven and who should go to Hell remind us of the selection process at the ramp in the death camps: „[...] a ten hodnej starej pán, to byl pan Bůh, hoši moji, a jak ty zástupy šly v řadách, tak von se jen usmíval a dělal takovou bílou hůlkou Rechts! Und Links!" (Topol 1994, 102; „[....] an that kind ole gentleman, that was Mr. God, my boys, an as the lines went past he'd jus smile an go Rechts! und Links!" [Topol 2000, 116]).

The reader of Topol's text is persistently confronted with the horrors of the narrative, whereby it remains undecided what is more terrible: the language of the narrative or the constant change between the ‚standard' Holocaust iconography and vulgar jokes with even God speaking the hooligans' language. Worst of all, however, is the fact that there is no hope for salvation, not even at the end of the Holocaust chapter. The dream trip ends with a kind of prophecy, whereby the protagonists learn from God that the new Messiah was murdered in the ovens of Auschwitz, so that people have to give up all the hope of the Messiah's advent.

Such motifs and narrative strategies clearly show the provocative way in which Topol illustrates the remembrance of the Holocaust in Czech society.

## *Chladnou zemí*[3]: Breaking all taboos

*Chladnou zemí* was published in 2009 quickly becoming as popular as Topol's first novel and receiving, among others, the Jaroslav Seifert prize.

In contrast to his novel *Sestra*, Topol in *Chladnou zemí* entirely concentrates on the topic of the Holocaust. The story can be divided into two parts. The first one takes place in the Czech Republic. The nameless protagonist, the narrator of the story, grew up at Terezín in the ruins and catacombs of the Jewish ghetto, a place that is simultaneously both with and without history. With uncle Lebo, a Jew who was born at Terezín shortly before the liberation of the camp the protagonist tries to revitalize the area of Terezín and the memory of the Holocaust. The project becomes reality with the help of the internet and the grandchildren of rich Holocaust survivors. They mostly are young people who are trying to

---

[3] The English translation by Alex Zucker will be published in 2013 under the title *The Devil's Workshop*.

understand what happened to their grandparents. Every day, more and more young people come from all across the world, seeking information about the past. These concentration camp tourists, who go to Terezín „s batohem a kreditkou od rodičů v kapse" (Topol 2009, 33; „with rucksacks and a credit card from their parents in the pocket"; my translation), support Lebo in his project. They quickly create a kind of commune, a common place to think about the Holocaust and to lose the painful pressure points of history. Thus, more new projects and activities can be launched, like the very successful idea of Kafka T-shirts with slogans like „Kdyby Franz Kafka přežil svou smrt, zabili by ho tady..." (Topol 2009, 37; „If Franz Kafka had survived his own death, they would have killed him here..."; my translation) or „ghetto-pizza", common meditation exercises as a kind of therapy etc. The young people traumatized by the stories of the past of their grandparents can better imagine the world of the Holocaust victims when they sleep in the concentration camp's rooms and listen to the stories told by charismatic witnesses of the older generation. Accordingly, in this way the new generation learns to face up to the horrors of the past.

Of course, this business and the big profit of the organization can no longer be allowed by the state, and consequently one day bulldozers come to destroy the institution and the project.

In the second part of the novel, the protagonist flees to Minsk with the help of Alex and Maruška, two Belarusian visitors of Terezín. This is a journey through the imagined space of fictive „Eastern Europe", from Terezín and Prague via Minsk, into the Belarusian forests, and at the same time through the myths and stories that represent the elements of this area's cultural memory (cf. Goelz 2011, 68).

Alex and Maruška want to realize a similar Holocaust project in Belarus that should be even more successful than the Terezín project. The members of the organization that deals with this project want the narrator and his know-how to assist them in building a unique memorial in the Belarusian woods. This memorial, called „The Devil's Workshop", should remind of the victims in Belarus, in Chatyn, the place where the Nazi army on the one side and the NKWD on the other killed people. The organization, however, needs the money and therefore the contacts of the rich sponsors among the Holocaust survivors. The narrator who has such contacts on a flash memory card suddenly understands that it is all about the money, rather than about the memory. Consequently, he no longer wants to assist in the building of a memorial of unbelievable dimensions in Belarus.

The end of this work can be understood in a metaphoric way: the narrator sets fire in Chatyn, for he wants to prevent the commercial deal with history: he has to stop the new devil's workshop.

Topol here no longer focuses on the specific experience of the Holocaust victims or the description of their fates. Indeed, by including other historical questions, he questions the meaning and relevance of the Holocaust for every single person and every single nation. We can see examples of this in the protagonists' dialogues in *Chladnou zemí*:

> Je na čase to změnit, říká Artur. Víš, kde bylo nejvíc padlých za válku? Tady. Víš, kde bylo nejvíc zavražděných za komunismu? Tady. A kde pořád mizej lidi, he? No tady! Je tahle zem unikátní, nebo není? Je! Globalizovanej svět už je takhle rozdělenej, hergot! Thajsko sex, Itálie moře a obrazy, Holandsko dřeváky a sýry, no a Bělorusko, horror trip, no ne? (Topol 2009, 102)

> It's time to change it, Artur says. Do you know where there were most war victims? Here. Do you know where there were most people who were murdered during communism? Here. And where people are still disappearing, hey? Yes, here! This is a unique country, isn't it? It is! The globalised world is already divided, my God! Thailand is sex, Italy is the sea and pictures, Holland is clogs and cheese, and Belarus is a horror trip, isn't it? (my translation)

Here, Topol presents the various perspectives of the common past of Eastern and Central Europe by different nations, illustrating how history has been written and can be re-written all the time, and, moreover, how the past respectively various versions of the past still dominate the present.[4] This key aspect of the novel is shown by the different perceptions and interpretations of the Holocaust

---

[4] In his interview with Stephan Delbos, Jáchym Topol stresses this omnipresence of the past: „I envy Norwegian or American or Dutch authors because when they write, say, a story from a village today or when they wrote one in 1950, they could just concentrate on the life of their people. Here in [...] Central Europe I cannot run away from politics. I cannot write a village story from the 1950s, 1960s, 1970s or 1980s without communists or Nazis in it. It would be unrealistic. Here in Central Europe or in Bohemia if you talk to someone you know that he, his father or his grandfather was in a camp, wearing convict's clothes. Or he, his father, or grandfather stood on the watchtower holding a gun" (http://www.praguepost.com/blogs/books/2010/10/17/interview-with-jachym-topol-part-12/ – accessed 10-3-2013).

by Czech and Belarusian people. One further, more abstract aspect of the novel is the critique of the collective memory – an aspect already mentioned in *Sestra*:

> The world called into being in the text and into which the reader is drawn does not, however, merely present versions of the history of East Central Europe underrepresented in the European collective memory. Through the use of Memoria strategies and discourses of recollection, translated into the plot, the novel also offers a commentary on contemporary engagement with history and remembrance. (Goelz 2011, 66)

Topol thus uses two different strategies in *Chladnou zemí*, two types of writing: the topics of the book are very serious, important and topical, yet the manner of writing, the language and plot are very unconventional. This is the way by which Topol again destroys the whole traditional iconography of the Holocaust: the use of humour, cliché and vulgarity.

## Conclusion

Both novels can be understood as significant works of Czech Holocaust literature after 1989. In summary, it can be stated that Topol uses various strategies to write about the Holocaust in these texts: he simplifies difficult theoretical questions, uses black humour and a naive language, plays with terms like collective memory or gives up the orientation and clarity of space and time. Topol, a master of the surreal grotesque, here creates a grotesqueness based upon a horrible reality.

Czech literature dealing with the Holocaust has always reflected complex topics such as the existence in extremis, being human in an inhuman time, the role of God, and the relationships between Czechs and Jews during the Holocaust. Topol's works have another background: they show the problems of the collective memory and the whole culture of remembering of the Holocaust from a new perspective. As other writers of the third generation who deal with the Holocaust in their books, Topol is always rewriting the memory. The readers of his books not only have to know much about the historical past, such as the Holocaust, but they also have to be ready to gain full insight into a fictional universe based upon that past. In this sense, the reader is often in the same position as the writer: both not only want a further story about the facts, but also about the rendering of these facts. Topol not only uses the mythological elements and elements of the cultural memory in his works; he also plays with them.

In both works, Topol criticizes how historical myths are instrumentalized according to different purposes and needs. He writes about this in a special manner, with both texts dramatizing the problems of memory and post-memory with the help of atypical and even uncanny strategies for Holocaust literature, including black humour, a very specific language and a web of deconstruction, intertextuality and a perfectly organized narrative chaos.

## Bibliography

PRIMARY WORKS

*Topol*, Jáchym 1994: Sestra. Praha.
*ders.* 2000: City Sister Silver. Translated from Czech by Alex Zucker. North Haven.
*ders.* 2009: Chladnou zemí. Praha.

SECONDARY WORKS

*Adorno*, Theodor W. 1983: Prisms. Translated from German by Samuel and Shierry Weber. Cambridge.
*Cornis-Pope*, Marcel (et al.) 2004: Epilogue. Eastern-Central European Literature after 1989. In: The History of the Literary Cultures of East-Central Europe. Junctures and Disjunctures in the 19th and 20th Centuries. Types and Stereotypes. Ed. by Marcel Cornis-Pope and John Neubauer. Amsterdam, pp. 561-629.
*Crhová*, Marie 2011: Jewish Studies in the Czech Republic. In: Journal of Modern Jewish Studies 10,1, pp. 135-143.
*Frankl*, Michal 2003: Holocaust Education in the Czech Republic, 1989-2002. In: Intercultural Education 14,2, pp. 177-189.
*Goelz*, Christine 2011: Through a Chilly Land – between First-Person Shoot-Em-Up and Tourist Blockbuster. Jáchym Topol's Fictional Statement on the Possibility of Immersive Remembrance. In: Digital Icons. Studies in Russian, Eurasian and Central European New Media 6, pp. 63-79.
*Holý*, Jiří 2008: Writers under Siege. Czech Literature since 1945. Translated from Czech by Elizabeth S. Morrison. Brighton.
*ders.* 2011: Židé a šoa v české a slovenské literatuře po druhé světové válce. In: Jiří Holý, Petr Málek, Michael Špirit, Filip Tomáš: Šoa v české literatuře a v kulturní paměti. Praha, pp. 7-65.
*Howell*, Yvonne 2002: „Where's the Velvet?" Jáchym Topol's *Sestra* and the Reception of Alex Zucker's Translation of *City, Sister, Silver*. In: Translation Review 63, pp. 45-51.
*Kliems*, Alfrun 2010: Wenn die Reise über Leichen geht (und zu Tarantino führt). Jáchym Topols *Die Schwester* und der Holocaust. In: Geschlechtergedächtnisse. Gender-Konstella-

tionen und Erinnerungsmuster in Literatur und Film der Gegenwart. Hrsg. v. Ilse Nagelschmidt, Inga Probst und Torsten Erdbrügger. Berlin, pp. 209-224.

Porter, Robert 2001: An Introduction to Twentieth-Century Czech Fiction. Comedies of Defiance. Brighton.

Wachtel, Andrew Baruch 2006: Remaining Relevant after Communism. The Role of the Writer in Eastern Europe. Chicago.

Zand, Gertraude 2001: „Výbuch času" 1989. Jáchym Topol a staronový svět jeho románu Sestra. In: Česká literatura na konci tisíciletí II. Příspěvky z 2. kongresu světové literárněvědné bohemistiky. Red. Daniel Vojtěch. Praha, pp. 793-800.

Young, James E. 1990: Writing and Rewriting the Holocaust. Narrative and the Consequences of Interpretation. Bloomington.

## Zusammenfassung

Der Beitrag beschäftigt sich mit der Darstellung des Holocaust in den Werken *Sestra* (1994; dt. *Die Schwester*) und *Chladnou zemí* (2009; dt. *Die Teufelswerkstatt*) des tschechischen Autors Jáchym Topol. Topol gehört zur jungen Generation in der tschechischen Gegenwartsliteratur, die immer häufiger auf das Thema des Holocaust zurückgreift und sich dabei oft unkonventioneller literarischer Mittel bedient. Auch für die hier analysierten Werke sind ungewöhnliche narrative Strategien charakteristisch. So vermischen sich in *Sestra*, dem ersten Roman Topols, nicht nur Realität und Phantasie, sondern auch bittere Ironie, Galgenhumor, intertextuelle Referenzen und die traditionelle Symbolik der Holocaust-Ikonographie. Auch in *Chladnou zemí* lassen sich ähnliche narrative Elemente feststellen. Außerdem kommt es hier zur ausführlichen Diskussion darüber, was unterschiedliche Konzeptionen der Holocaustgeschichte und die damit verbundenen kulturellen Erinnerungen bewirken können. Die Untersuchung dieser und weiterer Aspekte soll dazu beitragen, den besonderen Stellenwert beider Werke Topols im Kontext der tschechischen Holocaustliteratur aufzuzeigen.

## Resumé

Příspěvek se zabývá reprezentací holocaustu v dílech Jáchyma Topola *Sestra* (1994) a *Chladnou zemí* (2009). Topol patří k autorům mladší generace české literatury, kteří se stále více věnují tématu holocaustu a přitom často používají netradiční literární prostředky. Prozkoumaná díla Jáchyma Topola také ukazují neobvyklé narativní strategie. Například *Sestra*, první Topolův román, kombinuje nejen realitu a fantazii, ale také i trpkou ironii, šibeniční humor, intertextualní narážky a tradiční symboliku holocaustové ikonografie. V novele *Chladnou zemí* se objevují podobné narativní prvky, kromě toho se zde diskutuje o různých historických koncepcích s ohledem na holocaust a o souvisejících kulturních vzpomínkách. Příspěvek analyzuje tyto a další aspekty Topolových próz a určuje jejich místo v celém kontextu české literatury o holocaustu.

# Biological and Other Ways of Surviving the Shoah in Irena Dousková's Work

*Štěpán Balík, Praha/České Budějovice*

Thanks to several translations, Irena Dousková has recently also become recognized as a writer abroad. In the Czech Republic, she is regarded as a very popular author. Most of her books have been reprinted or republished. Each of the books has been reviewed several times. Above all, her second prose work *Hrdý Budžes* (1998, 2002; *B. Proudew*) is considered a bestseller at home.

Significantly, *Hrdý Budžes* has been compared to Šabach's *Babičky* (*Grannies*) and Viewegh's *Báječná léta pod psa* (*The Wonderful Years of Lousy Living*), both well-known bestsellers (cf. Přibáňová 2010). One of the reasons for the success of the novel, rendered from a child's perspective of Czechoslovakian normalization reality during the 1970s, is probably a one-person show that has been subsequently staged. Barbora Hrzánová, who created the only character in this piece, made the story very famous. The actress received the Cena Thálie award (2003) for her role as little Helena Součková. The play has been performed right down to the present day.[1]

In 2006, a sequel *Oněgin byl Rusák* (*Onegin was a Rusky*) was published and subsequently, in 2011, her book *Darda* appeared, completing the trilogy. In the first book Helena Součková is presented as a teenager in the communist 1980s, while in the latter book she finds herself in her midlife crisis in the years of rapacious Czech capitalism during the early 1990s.

As autobiographical moments arise in this trilogy, it is relevant to mention basic information about the author. Irena Dousková was born in Příbram near Prague in 1964 as Irena Freistadtová. Her biological father Petr Freistadt – a theatre director – left for Israel shortly after her birth. Since her contact with her father was limited, she decided to change her surname to Dousková. Her mother and step-father were actors in Příbram. Dousková graduated from the Faculty of

---

[1] Dramatisations of the novel have also been shown on television, and a reading of *Hrdý Budžes* has been broadcast on the radio. There are already five foreign editions of the book: Bulgarian (2005), German (2006), Hungarian (2006), Polish (2007) and Slovenian (2009). More information is available at http://www.douskova.cz/english/ (accessed 2-4-2013).

Law in Prague, but she ended up working primarily as a journalist. She has been a professional writer since 2005. She presents her Jewish identity, and she is a member of the Bejt Simcha Jewish liberal community, with its magazine *Maskil* (http://www.maskil.cz/; cf. Pribáňová 2010).

Although Dousková's works meet with great interest among readers and critics, only a few of them are aware of the Jewish motifs or more specific motifs of the Shoah appearing in each of her books (cf. Exner 2008, 10; Exner 2009, 12; Holý 2011 a, 57; Holý 2011 b, 196-197; Pynsent 2008, 545-553, 606-608). One of the reasons for this is the fact that they are very often present as hints and seldom appear as leitmotifs. A suitable example is Dousková's collection of poems *Bez Karkulky* (2009; *Without the Riding Hood*). Here just one poem involves such a motif, mentioned only implicitly.

| *Vypravuj* | *Tell the story* |
|---|---|
| Pořád se vracím do bodu nula | I keep coming back to zero point |
| Bod nula | Zero point |
| je mínus šest milionů | is minus six million |
| No dobře | Well, okay |
| Tak zas budu | So I |
| vypravovat já | shall tell the story again |

(Translated by Alexandra Šípová and Štěpán Balík)

In *Doktor Kott přemítá* (2002; *Doctor Kott Wonders*), Robert B. Pynsent observes an implicit Jewish motif as well. He assumes the exile Robert Neumann, the hero of the short story *Boban se vrací* (*Bob is coming back*), might be a Jew, especially when he has a heart attack while looking at a Jewish cemetery in the Prague quarter Žižkov (cf. Dousková 2010, 133-134; Pynsent 2008, 546). However, in this book a rather peculiar occurrence at a concentration camp is also worth mentioning. In another text called *Francouzská ryba* (*A French Fish*), one of the characters remarks that the family needs to spend some days in a concentration camp to lose weight (cf. Dousková 2010, 86).

A similar case is present in *Někdo s nožem* (2000; *Someone with a Knife*). The narrator's father in-law, who is a minor character, finally reveals the traumatic history of his Jewish family. Further on, having written a letter to the narrator in a very friendly and open manner, he suddenly commits suicide during his holidays in the United States (cf. Dousková 2000, 88-89; Pynsent 2008, 548-451). Soon after this event, the narrator dreams about the slaughter of ducks which reminds the reader of similar dreams about tsunami waves in *Darda* (see below; cf. Dousková 2000, 91).

Aside from the Jewish topics Dousková often mentions other minorities in a rather positive way (cf. Pynsent 2008, 552, 606). The reader is taught political correctness towards national (Jewish, Romany and Vietnamese), sexual (homosexual) and other minorities (e.g. blind people) many times. Such an attitude is apparent e.g. in Dousková's *Někdo s nožem* or in her last book *Darda* (2011).

In the first novel, living side by side with Romany families the narrator makes allusions to the minority throughout the whole book (cf. Dousková 2000, 25, 27, 38, 53,61, 76, 77, 82-83, 91). Panic fear of anything that is foreign is represented by the character of the narrator's intolerant father. His anxiety culminates in killing his daughter (one of the narrators) accidentally (cf. Dousková 2000, 115; Pynsent 2008, 548).

Moreover, the second work could almost be seen as a textbook of political correctness. Dousková shows all the minorities referred to above. Paradoxically, there are so many of them in the novel that they virtually overcrowd the text. A recurrent motif of a Vietnamese corner shop keeper and his wife, especially his perspective of the world and the specific form of their Czech (cf. Dousková 2011, 73-75, 107-108, 114-117, 139, 149, 192-193) is worth noticing. Dousková also stresses another kind of minority – incurably or long-term ill people struggling with Alzheimer's disease (ibid., 70-71, 104-105, 123, 136, 150-151) or cancer (ibid., 62, 64-72, 79-82, 103-104, 110-117, 133-134, 138-139).

I daresay that Dousková impacts on Czech literature showing minorities' differences and positive models of behaviour towards them. Dousková reveals Czech ethnocentrism brilliantly, and Jewish motifs must be seen in this context.

As I have already stated, motifs of the Shoah in Dousková's work usually appear very rarely in an outright way. They never represent the main topic – even in *Darda*, where there are more of them. They are even mentioned in an implicit manner sometimes as is the case with the motto from Karel Poláček's *Deník z roku 1943* (*Diary from 1943*) which concerns Poláček's sympathy for the passive suffering of saints (cf. Dousková 2011, 9). The author refers to Karel Poláček and his work in other parts of *Darda*, too (ibid., 45, 161, 170). References to

Poláček and Kafka (ibid., 11, 152, 170) form an implicit connection to the narrator's affiliation with Jewry.

Consequently, I understand the motifs of the Shoah in Dousková's work to be a part of the narrator's modern Jewish identity (ibid., 152, 163-165). In *Darda*, the motif is depicted by a metaphorical story about monsters, which once killed most of the family (ibid., 140), or by the picture of a tsunami covered by the news from Japan or by repetitive dreams (ibid., 113, 116, 135). This motif has already been explained in an explicit manner:

> Vůbec mívám dost hrozný sny. Už od dětství se mi třeba zdává o vlně tsunami. Jen jsem tehdy nevěděla, že se obří vlny jmenujou právě takhle. Začíná to pokaždý jinak a vždycky moc pěkně. Jdu po pláži, brouzdám se bosejma nohama v moři, plavu v průzračný vodě nebo stojím někde v přístavu starýho, rybářskýho městečka. Pak se najednou, bez jakýhokoli varování objeví na obzoru hrůzostrašná vodní stěna a šílenou rychlostí se řítí proti mně. Zoufale a neobratně se snažím uniknout. Marně. Smete všechny a všechno. [...] Terapeut [...] ho jednoznačně vysvětloval jako otisk šoa. Vlna, která všechny a všechno smetla a před níž od určitého momentu už nebylo úniku. Kdoví, zní to celkem logicky. (ibid., 107)

> Actually, I do get terrible dreams. Since I was a kid, I have been getting dreams about the tsunami. I just didn't know these giant waves are called that. It always starts different and always so nicely. I'm walking along a beach, wading barefoot in the sea, swimming in the crystal clear water or standing somewhere in a port of an old fishing town. Then, all at once, out of the blue, there's this horrifying wall of water rising on the horizon and hurtling at a crazy speed towards me. I'm trying to escape desperately and ineptly. In vain. It washes everybody and everything away. [...] The therapist explained this unambiguously as a print of the Shoah. A wave that swept everybody and everything away and that there was no way out of from a certain moment. Who knows? It sounds quite logical. (Translated by Alexandra Šípová)

The narrator confesses that she is seized by unpleasant dreams or, sometimes, even by a kind of inner irrational power. Talking about her fear of people who shout at her, she ponders whether she has not obtained some concentration camp genes (ibid., 41).

Another motif of the Shoah is represented by the narrator's biological father. Freistein appears in the form of a dwarflike apparition just in time when the narrators need to rethink something or to make a serious life decision (ibid., 24-25, 63-65, 146-147). This character is also present in both previous books *Hrdý Budžes* (cf. Dousková 2002, 17, 84-87) and *Oněgin je Rusák* (cf. Dousková

2006, 20-21, 257).[2] However, in *Darda*, Dousková unintentionally calls him Karel once and Josef Freistein another time (cf. Dousková 2011, 24, 163).[3]

Dousková's first prose work *Goldstein píše dceři* (1997, 2006; *Goldstein Writes to his Daughter*) contains motifs of Jewish identity as well. Her father Petr Freistadt is depicted with another surname here. In this epistolary novel, she concentrates on the relationship between a daughter and her biological father who left the family just after her birth. The motif of the Shoah which is connected with this figure, is not the main one. The family situation plays the key-role above all, disclosing personal and national identity. Moreover, the victim of the Shoah is represented as a selfish and egocentric man (cf. Bednaříková Procházková 2009, 350; Holý 2011, 196-197; Pynsent 2008, 545-553).

In Exner's review of Dousková's book *Čím se liší tato noc* (2004; *What Makes This Night Different*), in the part concerning the short story *Štěstí* (*Luck*), it is the biological, not the personal survival of the Shoah which is stressed (see below). Exner shows an attitude typical not just for the Shoah victims, but for mankind in general – an attempt to overcome one's death by the existence of one's descendants. Thus, this behavior is present in an implicit manner in the book *Goldstein píše dceři*. At the beginning, Goldstein addresses his letters to Klára's mother (Anička), in the main part to Kláře, whereas, at the end, he suddenly switches to Klára's granddaughter (Valentýna) (cf. Dousková 1997, 108-109; Exner 2008, 11; Exner 2009, 12).

Suitable examples of the phenomenon of biological and other kinds of survival of the Shoah can be found in Dousková's prose works *Čím se liší tato noc* and *O bílých slonech* (2008; *White Elephants*). The collection of nine short stories

---

[2] In *Hrdý Budžes* and *Oněgin je Rusák*, there are some other Jewish motifs and motifs of the Shoah, which are mostly connected to the narrator's identity. Since they are used in a very similar manner to that of Darda, I do not analyse them here.

[3] There are some other rather confusing moments in this work which decrease the quality of the book. *Darda* has not been revised by a lector properly (e.g. Dousková 2011, 180, 181). Some of the literary names which are similar to their images in reality (e.g. *Člověk v nouzi* instead of *Člověk v tísni* or the theatre group *Dřep* instead of *Sklep*) were intended to sound comic, but they look rather like a silly joke (cf. Dousková 2011, 167, 175). In addition, there are so many up-to-date topics related to minorities, feminism, domestic violence etc. that the novel gives the impression of a textbook of political correctness. On the whole, reading *Darda*, one cannot help thinking Dousková hurried too much writing her book and she overloaded it with current Czech issues.

which is framed by the title *Čím se liší tato noc* [4] is arranged in chronological order from the very beginning of Christianity in Palestine to the so-called normalization period of the 20th century in Czechoslovakia.

Petr Hrtánek supposes the foremost tie of the book is

> [...] leitmotiv odlišnosti a jinakosti, a to v různých obměnách a variacích. Může jít o jinakost ve smyslu fyzickém, rasovém, národnostním, jazykovém, sociálním nebo náboženském, přičemž se téma odlišnosti většinou spojuje s židovstvím hrdinů. Jejich střet s lidskou omezeností, demagogií a předsudky, odehrávající se na pozadí různých dějinných konfliktů, končí většinou tragicky. Celkovému baladickému tónu se částečně vymykají dvě povídky, počáteční a poslední, které paralelně rozvíjejí archetypální motiv vztahu mezi starým moudrým učitelem a jeho mladým žákem až k pointě, otevírající směrem do budoucna přeci jen jakousi naději. (Hrtánek 2007, 33)

> [...] the leitmotif of otherness and differentness, namely in miscellaneous modifications and variations. It may be interpreted in the sense of physical, racial, national, language, social or religious differentness, the motif of otherness being connected with the Jewishness of the heroes. Their conflicts with human rigidity, demagogy and prejudice, which are set in the background of various historical conflicts, end tragically in most cases. Two short stories, the first and the last, go beyond the overall balladic tone, parallelly unfolding archetypal motifs of the relationship between an old wise teacher and his young student to the climax, which after all shows some hope for the future. (Translated by Alexandra Šípová)

Only four of the short stories introduce a Jewish topic. The first short story called *Evangelista* (*The Evangelist*) presents the peculiar circumstances behind the creation of one of the gospels. The fifth short story *Hauzírník* (*The Bagman*) – set in the Czech Lands at the end of the 18th century – describes the difficult position of a lonely Jewish widower and his violent death after having been seduced by a Christian woman.

The other two short stories, the last but one *Štěstí* and the last one *Chuligán* (*The Hooligan*) apart from depicting the relationship between Jewish and non-Jewish people in the 20th century also involve motifs of the Shoah. The narrator in *Štěstí* describes the difficult mission of two inhabitants of the small partly-Jewish village Berezovka somewhere in the western part of the USSR during the Nazi invasion to the East in the early 1940s. Abram Abramovič and Ivan Ivanovič complete their task and get some food for the starving neighbours.

---

[4] The question „What makes this night different from all other nights?" or „Why is this night different from all other nights?" is a part of the Seder ceremony during Passover (cf. Newman 1992, 29, 167-168).

Nevertheless, on reaching their home successfully they are stricken by the sight of their village which has meanwhile been destroyed and burnt down. They both think about the horrible fate of their beloved ones and neighbours. The Jew prays, and they both fall asleep. In the morning they are woken up by German soldiers who are beating them, and they get to know that their neighbours managed to escape. They both are aware of great luck or even a miracle, even though they both are standing in front of a burnt wall and their fate is very uncertain. As a result of such a drastic event they – besides all misunderstanding and prejudice – get closer emotionally: Ivan Ivanovič starts to call his fellow Abram (cf. Dousková 2004, 93; Exner 2008, 10-11; Holý 2011 b, 196).

The last short story, *Chuligán*, demonstrates Czech national stereotypes of Jews using the examples of utterances and thinking of three generations of the Beran family in a Czech village, where an old Jewish woman also lives. In this rather tragicomic text, the Shoah motifs arise in a stormy family discussion, in which the grandmother represents an anti-Jewish element. She even denies the extermination (cf. Dousková 2004, 102-103). On the other hand, her son-in-law is offended by such a conclusion and defends the old Jewish lady. His wife does not support such anti-Jewish thinking either. Their young son Jirka tries to cope with the conflict of opinion between his parents on the one hand and his grandmother and fellows on the other. Further on, the negative appearance of a Jew with the stereotypical big nose etc. is mentioned not only in connection with anti-Jewish caricatures, but also with a depiction of devils and witches in Czech fairy tales (cf. Dousková 2004, 97-98; Pynsent 2008, 606-607).

Jirka's friend makes him engrave a slogan JEWESS!!! FAK YU! on the wall opposite her house. However, the old Jewish woman solves this embarrassing situation wisely. She corrects the FAK YOU! with chalk. Moreover, she goes to his father and asks him to repair a broken chair for her. When the boy brings the fixed chair back, she suggests that she could teach him English. One would like to say: What a beautiful friendship it is going to become!

„Bylo to špatně," řekla. „Víš, co je to fuck you?"
„No, jo, totiž, ano... to je, to je něco jako... sereš mě nebo tak. Já totiž, promiňte, já..."
„Může to mít ten význam, ale doslova to znamená – mrdám tě."
Poklesla mu čelist.
[...]

„Mrzí mě to," řekl.
[...]
„Tak, hele, Jirko, já jsem o tom trochu přemýšlela a něco mě napadlo. Co budeš dělat, myslím jako, až vychodíš školu?"
Znovu v něm trošičku hrklo.
„Já ještě nevím."
„No, to nevadí, tohle se ti může hodit vždycky. Napadlo mě, nechceš, abych tě učila anglicky? Nebo třeba německy, jak chceš."
„Německy ne, to bych nechtěl, protože Němci... No to je jedno. Ale anglicky to jo, to možná jo. To by bylo dobrý. Fakt docela dobrý. Kvůli hudbě a tak, víte."

(Dousková 2004, 105-106)

„There was a mistake," she said. „Do you know what fuck you means?"
„Well, yap, I'm sorry, yes ... it is something like ... bugger off. Actually, I, I'm sorry, I..."
„It can have this kind of meaning, but literally it means – I screw you."
His jaw dropped.
[...]
„I'm sorry about that," he said.
[...]
„Well, look, Jirka, I was thinking about it a bit and I got this idea. What are you going to do, I mean, after you leave school?"
He was startled again.
„I don't know yet."
„OK, doesn't matter, you can always use this. I've been thinking, would you like me to teach you English? Or German, whatever, if you want."
„No, not German, I wouldn't like that, because Germans ... Well, doesn't matter. But English, yeah, maybe yes. That would be cool. Really cool. Because of music and that, you know."

(Translated by Alexandra Šípová)

Nevertheless, three times in this very short text, the implicit motif of the Shoah appears. Firstly, when the narrator mentions the old Jewish woman's loneliness in her big house, in comparison with the big family she once had, her parents, her husband and children and some other relatives (ibid., 95-96). Secondly, she does not want to install a gas line into the house, as she prefers electricity (ibid., 96). Thirdly, her fear of dogs, especially big ones, has been appearing since a certain point in her life (ibid., 100).

Whereas the story *Štěstí* represents the biological survival of the Shoah (cf. Exner 2008, 11), *Chuligán*, culminating in a happy ending, is free from such a notion of survival. The old lady is the last woman of Jewish descent in the village. Her entire family is gone, they were probably exterminated. On the other hand, Dousková highlights a positive memory of Jews among local Czechs and a change from Czech ethnocentrism. Thus the last short story of the book shows a survival in the memory of the others (in this case Czech neighbours) even after the old Jewish woman passes away.

Another work by Dousková, *O bílých slonech*, is also worth analysing. The plot is set in a village near Beroun in Central Bohemia in August 1975. The normalisation reality is underlined by Lomová's[5] illustrations. The title comes from a local legend about white elephants, which is connected with a nearby geological formation. A foreign princess who was forced to accept baptism was turned into stone.

The chapters are written in the structure of a folk counting rhyme: *Štěstí* (*Fortune*); *Neštěstí* (*Misfortune*); *Láska* (*Love*); *Manželství* (*Marriage*); *Panenka* (*Doll*); *Kolébka* (*Cradle*); *Hraběnka* (*Countess*) and *Smrt* (*Death*).[6] Each chapter is dedicated to the perspective of a certain character. Thus, in this prose work, Dousková introduces an issue of local memory.

*O bílých slonech* is Dousková's only work to contain the leitmotif of the Shoah. However, it is present rather in an implicit manner. At least, none of the reviewers considered the story of a Jewish woman who was hidden, revealed and then killed to be a leitmotif. The character of her husband (Schwarz) who tried to help her and who survived both a Nazi camp and then a communist prison can be understood as the living bad conscience of the local habitants. A local ‚Jewish' legend swirls in each character's mind.

For the first time, Schwarz appears from the little girl's perspective. Kamila bumps into him at the railway station in Zdice (cf. Dousková 2008, 40), and then again on her way home. Here he is already depicted as a stranger, someone who stands outside the rest of society (ibid., 49).

---

[5] Lucie Lomová, Irena Dousková and some other authors formed an artistic group *LiDi* in the late 1980s (cf. Přibáňová 2010). Dousková's collection of poems *Já si něco udělám* (*I Will Do Something to Myself*) – published as a part of the common book with Lomová and some other authors *Pražský zázrak* (1992; *A Prague Miracle*) – is her only text without any occurrence of a Jewish topic (Dousková 1992).

[6] In contrast to the semantically more accurate version, there is another more poetic counting rhyme: Joy, Sorrow, Love, Marriage, Fable, Cradle, Sable, Death on the author's website. Another version can also be found on the Literary Agency website. See http://www.douskova.cz/english/ (accessed 2-4-2013).

Another point of view is represented by Podzimek, a chairman of the local committee. He reluctantly explains the local context to Jarda Fabián, a young intern.

„Ale já na něj seru, na magora," předseda mnul mezi palci novou cigaretu. „Nemá to v hlavě v pořádku, tak co s nim? Už od třiačtyřicátýho. Už když mi bylo deset, stal se z něj magor."
„Jak to?"
„To máš jedno. A příště se do ničeho neplet', jasný?"
Podzimek zamáčknul sotva zapálenou cigaretu a zamknul kancelář.

(ibid., 61)

„I don't give a shit about him, dumbo," the chairman of the committee was rubbing a new cigarette in his fingers. „He is out of his mind, so what's the point? Since 1943. I was only ten, when he already went mad."
„How come?"
„Makes no difference. And next time you better stay away from this kind of shit, ok?"
Podzimek put out his unfinished cigarette and he locked the office.

(Translated by Alexandra Šípová)

Significantly, none of the local adult characters is willing to talk about the malodorous drinker Schwarz and his tragic life story openly. It's a kind of village taboo topic and both Jarda Fabián and little Kamila Papadoulisová together with the reader get to know the story gradually.

Jarda hears more details about the story for the first time from the chimney sweep Kynštekr and his wife, who represent non-communist residents in the village. Inviting him to drink a beer in their house, they tell him the story of the former forester Schwarz and his wife. Both are very sympathetic to Schwarz's fate, help him and critically comment on the plans to demolish his house because of a new road. In addition, Kynštekr laughs at his wife's naive positive stereotype (a beautiful Jewess) and shows mythological understanding of the Jewess's story, comparing it explicitly to another local legend about white elephants (ibid., 63-65, 85-93).

Moreover, the nearby rocks connected with the two stories attract Jarda and Kamila[7], and at last each of them comes to the cave, where the Jewess had been hidden. Even though Jarda is aware of the mental scar in the minds of the villag-

---

[7] The two characters are also connected by their ugliness and otherness (cf. Dousková 2008, 12, 61-62).

ers, he suddenly loses courage and fails to stay in the cave (ibid., 63-65, 85-93), thus he fails to become the chosen one. His failure may be caused by the fact that he is going to pursue a rather earthly or even conformist career as a lawyer (ibid., 92, 125). However, he is touched by the atmosphere and makes up two poems which concern the frequent issue of memory and fear.

> Hlubina paměti
> Kamenný práh
> Kolébka času
> jenž se nenarodil
> (ibid., 92)

> Depth of memory
> Stone threshold
> Cradle of time
> which was not born
> (Translated by Lisa Peschel and Štěpán Balík)

> Projdi tím lesem
> Strachuj se kde jsem
> I když mě najdeš
> Budu ztracený
> U cesty střípek bez ceny
> (ibid., 93)

> Go through the forest
> Be afraid of where I am
> When you find me
> I'll be lost
> Little worthless shard beside the path
> (Translated by Lisa Peschel and Štěpán Balík)

On the other hand, thoughtful Kamila Papadoulisová, called Papundeklová by young Podzimek and other boys (ibid., 12, 61), is a typical case of an outsider. Her Greek father, who left the family, reminds the reader of Freistein, Součková's biological father from the aforementioned books. She embodies the unprejudiced perspective of a child (ibid., 48, 109).

Kamila enters the cave accidentally and unlike Jarda (ibid., 92) she feels comfortable there. Suddenly, the reader witnesses a mystical moment. In the metaphysical atmosphere, a miracle happens to the little girl. Kamila sees the apparition of the Jewess and talks to her. She becomes the chosen one.

Chtěla se posadit, ale najednou si všimla, že už tam někdo sedí. Nějaká paní. Taková malá, hodná. Kamila hned viděla, že je hodná, i když ji neznala. Byla bledá, měla tmavé šaty a tmavé vlasy, a když uviděla Kamilu, všechno se to nějak zachvělo. Kamila chvilku myslela, že zmizí nebo co.
„Prosím Vás, promiňte," řekla to první, co ji napadlo. Nezmizela.
„To nic. Já už jsem tu neměla být." Vstala a vztáhla ke Kamile ruku. Takovou malou, maličkou, pihovatou ruku. To bylo trochu legrační. Nějaké světlo, jiné, větší a jasnější, než by tu mělo být, vstoupilo Kamile do očí a už tam zůstalo. Když je otevřela, byla sama a dostala strach. Strach z babičky, která má strach. Jako obyčejně. (ibid., 111-112)

She wanted to sit down, but suddenly she noticed someone was already sitting there. A woman. Such a small, kind woman. Kamila could immediately see she was kind, even though she didn't know her. She was pale, she was wearing a dark dress and she had dark hair, and when she saw Kamila everything around somehow shivered. Kamila thought for a while she was going to disappear.
„Please, I'm sorry." She said the first thing that came into her mind. She didn't disappear.
„That's alright. I shouldn't have been here any longer."
She got up and held out her hand to Kamila. Such a small, tiny, freckled hand. It was quite funny. Some light, different, bigger and brighter than it should be here, got into Kamila's eyes and stayed there. When she opened them, she was alone and became afraid. Afraid of grandma being afraid. As usual. (Translated by Alexandra Šípová)

At the end of the book, when Schwarz dies, the chairman of the committee Podzimek comes to his house and comes across a diary. He reads through a fragment called *Miracle*. It looks as if it was written by a woman's hand, that of Schwarz's wife probably, and it ends in 1940. After reading the part about the unsuccessful attempt to escape from the Nazis, Podzimek throws the diary into a stove (ibid., 120-125).

On the whole, the story develops into a legend similar to the one about the white elephants. The oral narration and the survival in collective memory are accentuated by a sequence of accidents: the diary, the only historical document of those sad times, is destroyed, Schwarz dies and their house is bound to be demolished. The only ‚witness' is little Kamila.

Generally, in Irena Dousková's work, the motif of the Shoah varies to a large extent. It can be traced very often just as a hint or in the form of an implicit motif (*Bez Karkulky, Někdo s nožem, Doktor Kott přemítá*). In Dousková's last prose work *Darda*, it appears in a repetitive way in the form of a dream about a tsunami. Sometimes the motif of the Shoah emerges together with Goldstein/Freistein as the biological father (*Goldstein píše dceři, Hrdý Budžes*,

*Oněgin je Rusák, Darda*). Significantly, Dousková does not concentrate on the description of extermination from the witnesses's point of view, but she stresses the state of mind of the so-called ‚second generation' or ‚children of the Holocaust'.

Thus, instead of a narration about the personal survival, the reader encounters the aforementioned biological survival (*Goldstein píše dceři; Čím se liší tato noc* – short story *Štěstí*). Moreover, the survival in the memory of the others is also present, e.g. the Czech neighbours of the old Jewish lady continue to make an effort not to forget the inconvenient part of our – sometimes only local – history (*Čím se liší tato noc* – short story *Chuligán*). In addition, Dousková shows another survival of this kind. However, it goes beyond the previous one, i.e. a survival of the Shoah in the collective memory in the form of a legend (*O bílých slonech*).

It is necessary to add that the inconspicuous way the author fabricates such types of surviving the Shoa is only reflected in the reader's mind subliminally. This reflection is intensified by the readers incorrectly stereotyping Dousková as a humouristic and simple writer.

## Bibliography

*Bednaříková Procházková*, Ivana 2009: „Straší holokaust i nejmladší generaci?" Mezigenerační přenos traumatu šoa a jeho odraz v literatuře českých židovských autorů po roce 1945. In: Židé a Morava. Sborník z konference konané v Muzeu Kroměřížska 5. listopadu 2008. Vyd. Muzeum Kroměřížska. Kroměříž, pp. 344-351.
*Dousková*, Irena 1992: Já si něco udělám. In: id. [et al.] Pražský zázrak. Praha, pp. 7-38.
 *id.* 1997: Goldstein píše dceři. Praha.
 *id.* 2000: Někdo s nožem. Praha.
 *id.* 2002: Hrdý Budžes. Praha.
 *id.* 2004: Čím se liší tato noc. Brno.
 *id.* 2006: Oněgin byl Rusák. Brno.
 *id.* 2008: O bílých slonech. Brno.
 *id.* 2009: Bez Karkulky. Brno.
 *id.* 2010: Doktor Kott přemítá. Brno.
 *id.* 2011: Darda. Brno.
*Exner*, Milan 2008: Čím se liší tato noc. Čtvrtý pokus o interpretaci prózy Ireny Douskové. In: Tvar 19,21, pp. 10-11.
 *id.* 2009: Goldstein píše dceři. Pátý (Převážně hlubinný) pokus o interpretaci prózy Ireny Douskové. In: Tvar 20,3, p. 12.

*Holý*, Jiří 2011 a: Židé a šoa v české a slovenské literatuře po druhé světové válce. In: id. [et al.]: Šoa v české literatuře a v kulturní paměti. Praha, pp. 7-65.
*id.* 2011 b: Trauma návratu a šoa v literatuře ‚druhé generace'. In: id. [et al.]: Šoa v české literatuře a v kulturní paměti. Praha, pp. 169-201.
*Hrtánek*, Petr 2007: Kacíři, rouhači, ironikové (v současné české próze). Brno.
*Newman*, Ja'akov [et al.] 1992: Judaismus od A do Z. Slovník pojmů a termínů. Praha.
*Přibáňová*, Alena 2010: Irena Dousková. In: Michal Přibáň [et al.]: Slovník české literatury po roce 1945. http://www.slovnikceskeliteratury.cz/showContent.jsp?docId=1637 (accessed 2-4-2013).
*Pynsent*, Robert B. 2008: Ďáblové, ženy a národ. Výbor z úvah o české kultuře. Praha.

## Zusammenfassung

Im Werk Irena Douskovás findet sich das Motiv der Shoah in unterschiedlicher Form. Sehr oft handelt es sich nur um implizite Andeutungen (*Bez Karkulky*, *Někdo s nožem*). In ihrem letzten Prosawerk *Darda* wird die Shoah u.a. mit Hilfe eines Traumes thematisiert. In einer Art Wachtraum spricht der verstorbene Vater der Erzählerin, Freistein, der die Shoah überlebt hat, zu ihr. Ebenfalls verweist der Traum über den plötzlichen Untergang in Form einer Tsunamiwelle, der sie seit ihrer Kindheit verfolgt und den sie in einer Therapie loszuwerden versucht, auf die traumatischen Erlebnisse der sog. zweiten Generation der Opfer des Holocaust. Einer direkten Beschreibung der nationalsozialistischen Willkür gegenüber der jüdischen Bevölkerung aus der Perspektive eines Opfers weicht die Autorin aus, stattdessen konzentriert sie sich auf die Auswirkungen eines derartigen unmenschlichen Verhaltens. Anstatt ihre Figuren vom eigenen Überleben in den Konzentrationslagern erzählen zu lassen, macht sie den Leser zum Zeugen einer Erzählung über das biologische Überleben, das einer biologischen Art im Allgemeinen als Versuch, das Geschlecht zu erhalten, zu eigen ist (*Goldstein píše dceři; Čím se liší tato noc* – Erzählung *Štěstí*).
In Irena Douskovás Werken sind jedoch auch ganz andere Zugänge auszumachen. Die Autorin ist in ihren Texten darum bemüht, das Gewirr an Beispielen tschechischer Heterostereotype zu entflechten, und akzentuiert auch – teils ganz offen, manchmal hingegen nur implizit – die jüdische Identität ihrer Figuren oder des Erzählers bzw. der Erzählerin. Gerade in einem solchen Kontext muss das Thema der tschechischen Erinnerung an die Vernichtung der jüdischen Mitbürgerinnen und Mitbürger betrachtet werden. Sogar nach dem Tode direkter Zeugen dieses Kataklysmus bleibt die Erinnerung der nichtjüdischen Nachbarn als eine gewisse Spur erhalten, dies in der Form entweder direkten Erzählens einer gegebenen lokalen Gesellschaft (*Čím se liší tato noc* – Erzählung *Chuligán*) oder bereits einer örtlichen ‚versteinerten' mythischen Legende, die sich in einer bestimmten Gesellschaft abspielt (*O bílých slonech*). Wichtig ist auch der Hinweis darauf, dass die unauffällige Art, in der die Autorin solche Typen des Überlebens der Shoah konstruiert, beim Leser bisweilen nur unterschwellig wahrgenommen wird.

## Resumé

V díle Ireny Douskové se objevuje motiv šoa v několika různých podobách. Velmi často se jedná o pouhý implicitní náznak (*Bez Karkulky*, *Někdo s nožem*). V poslední její próze *Darda* je šoa mj. tematizováno prostřednictvím snu. V jakémsi bdělém snění k ní promlouvá její zemřelý otec Freistein, který šoa přežil. Rovněž sen o náhlé zkáze v podobě vlny tsunami, jenž se vypravěčce zdá od dětství a který se pokouší rozkrýt během terapie, odkazuje na traumatické prožitky tzv. "druhé generace" obětí exterminace. Přímému popisu nacistické zvůle na židovském obyvatelstvu z perspektivy oběti se autorka vyhýbá, zato se soustředí na důsledky takového nelidského chování. Místo vyprávění postav o vlastním přežití koncentračních táborů je čtenář svědkem narace o přežití biologickém, které je vlastní pro biologický druh obecně jako snaha zachovat rod (*Goldstein píše dceři; Čím se liší tato noc* – povídka Štěstí). U Douskové je však možné vysledovat i další přístupy.

Autorka ve svých textech rozehrává celou spleť příkladů českých heterosterotypů a také akcentuje – někde otevřeně, leckde však pouze implicitně – židovskou identitu postav či vypravěče, resp. vypravěčky. Právě v takovém kontextu je třeba nahlížet na téma české paměti o vyhlazení židovských spoluobčanů. Dokonce po smrti přímých svědků tohoto kataklysmatu nežidovských sousedů zůstane určitá stopa v paměti, a to buď ve formě přímého vyprávění dané lokální společnosti (*Čím se liší tato noc* – povídka Chuligán), nebo již v podobě petrifikované místní mytické legendy, která obíhá v daném společenství (*O bílých slonech*). Důležité je rovněž poznamenat, že nenápadný způsob, jakým autorka takové typy přežití šoa konstruuje, leckdy čtenáři přináší otisk pouze podprahový.

This article was supported partly by grant GAČR 13-03627S and partly by Rozvoj postdoktorandských pozic na JU, No. CZ.1.07/2.3.00/30.0049.

# Trauma in Denemarkovás Buch *Peníze od Hitlera*

*Tereza Tomášová, Praha*

Die Schriftstellerin Radka Denemarková ist eine der bedeutendsten Repräsentantinnen der tschechischen Gegenwartsliteratur. Ihre Bücher wurden in viele Sprachen übersetzt und fanden im In- und Ausland großes Interesse. Der vorliegende Beitrag beschäftigt sich mit Denemarkovás wohl bekanntestem Buch, *Peníze od Hitlera. Letní mozaika* (die deutsche Übersetzung erschien 2009 u.d.T. *Ein herrlicher Flecken Erde*; wörtl. eigentlich *Geld von Hitler. Ein Sommermosaik*), u.zw. hauptsächlich unter dem Gesichtspunkt des Traumas und seiner Erfassung bzw. Verarbeitung im literarischen Werk. Mit dem Begriff Trauma geraten wir in den Bereich von Psychologie und Psychotherapie, und man könnte fragen, was dies eigentlich mit Literaturwissenschaft zu tun hat. Wie aber Sigrid Weigel in einem einschlägigen Artikel schreibt, „hat sich das Trauma [in den letzten Jahrzenten] von einem klinischen Problem in ein kulturelles Phänomen verwandelt" (Weigel 1999, 51). Mit dieser Behauptung hängen komplexe Fragestellungen zusammen, die einer gründlichen Erörterung bedürfen. Deshalb möchten wir uns, nach einer kurzen Vorstellung des Lebens und Schaffens der Autorin, im zweiten und dritten Teil unseres Beitrags dem Begriff Trauma sowohl vom psychiatrischen als auch vom kulturwissenschaftlichen Standpunkt her nähern. Im letzten Teil soll die eigentliche Interpretation von *Peníze od Hitlera* folgen und gezeigt werden, wie die traumatischen Erfahrungen und Ereignisse darin zur Entfaltung gelangen. Dabei wollen wir uns auf ausgewählte Motive und Merkmale konzentrieren, da eine erschöpfende Behandlung der Problematik im Rahmen dieses Artikels nicht möglich ist.

## 1. Radka Denemarková

Wie schon angedeutet, hängt die Bekanntheit Radka Denemarkovás heute hauptsächlich mit ihrem Buch *Peníze od Hitlera* zusammen. Die Spanne ihrer Tätigkeiten ist aber viel breiter. Nach dem Studium der Bohemistik und Germanistik arbeitete sie am Institut für tschechische Literatur der Akademie der Wissenschaften, wo sie sich vor allem dem tschechischen Drama unter theoretischem

Blickwinkel widmete. Aus dieser Zeit stammt ihr erstes Buch *Evald Schorm. Sám sobě nepřítelem* (1998; *Evald Schorm. Sich selbst ein Feind*), eine Biographie des berühmten tschechischen Film- und Theaterregisseurs. Zur selben Zeit war sie auch am Prager Theater Na Zábradlí (Am Geländer) als Dramaturgin tätig. Dort lernte sie den jungen Regisseur Petr Lébl kennen, über den sie nach dessen Tod das Buch *Smrt, nebudeš se báti aneb Příběh Petra Lébla* (2008; *Tod, du wirst keine Angst haben oder Die Geschichte des Petr Lébl*) schrieb, das man als eine literarische Biographie bezeichnen kann.

Nach einiger Zeit entschied sich Denemarková jedoch, die Literaturwissenschaft zu verlassen, um sich vollständig ihrer Karriere als Schriftstellerin zu widmen. Sie selbst begründet diese Entscheidung in einem Interview für die Literární noviny (Literaturzeitung) folgendermaßen: „Já jsem si psaní nevybrala, psaní si vybralo mě"[1] (Denemarková 2011). Ihr Verhältnis zum Schreiben verkörpert sich in der Figur von Virgina Woolf, die in Denemarkovás bislang letztem Werk, dem Theaterstück *Spací vady* (2012; *Schlafstörungen*) auftritt. Für Woolf ist das Schreiben wie Atmen, es ist etwas höchst Innerliches und Unausweichliches. „Meine Bücher, das bin ich. Mein Fleisch und Blut", sagt die britische Schriftstellerin an einer Stelle (Denemarková 2012, 170). Das Buch, das geschrieben wurde, ist das Buch, das geschrieben werden musste.

Vor *Peníze od Hitlera* schrieb Denemarková den Roman *A já pořád kdo to tluče* (2005; dt. Arbeitstitel *Dreht euch nicht um...*), eine Detektiverzählung, die sie selbst als ihr bestes Buch bezeichnete (vgl. Denemarková 2011). Ein Jahr später erschien *Peníze pro Hitlera*, wofür sie den literarischen Preis Magnesia Litera für das beste Prosawerk des Jahres erhielt. Ihr vorletztes Buch heißt *Kobold* und ist (in gewisser Weise nach dem Beispiel von Milorad Pavić[2]) ein von zwei Seiten her lesbarer Doppelroman, d.h. der Leser kann selbst entscheiden, wo er anfängt zu lesen. Das erwähnte letzte Werk Denemarkovás, das Theater-

---

[1] „Nicht ich habe das Schreiben, sondern das Schreiben hat mich ausgewählt" (Übersetzung aus d. Tschech. hier und wo nicht anders angegegeben, T.T.).

[2] Der serbische Schriftsteller konzipierte bekanntlich einige seiner Bücher so, dass man sie entweder von beiden Seiten her (*Die inwendige Seite des Windes oder Der Roman von Hero und Leander*, 1991) oder gar von jedem beliebigen Ort im Buch (*Das Chasarische Wörterbuch*, 1984) lesen kann, womit natürlich die Art und Weise des Rezipierens beeinflusst werden soll.

stück *Spací vady*, wurde im Heimattheater der Schriftstellerin Na Zábradlí erfolgreich inszeniert.

Neben ihrem eigenen Schaffen ist Denemarková auch als anerkannte Übersetzerin aus dem Deutschen bekannt. Es überrascht nicht, dass sie Autoren auswählt, die dem Charakter ihres Schreibens nahestehen. Es handelt sich hierbei hauptsächlich um die Romane der Nobelpreisträgerin Herta Müller (*Atemschaukel*, *Der Mensch ist ein großer Fasan auf der Welt* und *Herztier*) und des österreichischen Schriftstellers Michael Stavarič (*stillborn*).

## 2. Trauma

Der Begriff Trauma wird heute im Übermaß benutzt und ist deswegen auch in gewisser Weise seiner Bedeutung entleert. Wir sprechen von traumatischen Erinnerungen und bezeichnen unangenehme Dinge, die uns im alltäglichen Leben passieren, oft als Trauma. Was aber ist eigentlich ein Trauma? Wenn man in der Fachliteratur nachschlägt, stößt man auf unterschiedliche Definitionen. Ganz allgemein könnte man sagen, dass ein Trauma ein starkes und überwältigendes Ereignis ist, das die psychische Integrität des Menschen stört, so dass er nicht fähig ist, dieses Ereignis innerlich zu verarbeiten. Clemens Hausmann führt drei mögliche Definitionen an. Die engste sieht im Trauma das, was „außerhalb der normalen menschlichen Erfahrung" liegt, was Hausmann jedoch als „zu eng" bewertet, weil das z.B. Autounfälle ausschließen würde. Die zweite klassifiziert Trauma als „Konfrontation mit Ereignissen, die Tod, Lebensgefahr oder starke Körperverletzung enthielten oder durch welche die eigene körperliche Unversehrtheit [...] bedroht war." Die dritte und breiteste Definition besagt, dass es sich um „ein belastendes Ereignis oder eine Situation außergewöhnlicher Bedrohung oder katastrophalen Ausmaßes [...] die bei fast jedem eine tiefe Verzweiflung hervorrufen würde", handelt (Hausmann 2006, 41).

Was aber ist der Grund dafür, dass man ein traumatisches Ereignis psychisch nicht verarbeiten kann? Martina Kopf bezeichnet die Gewalt (die allgemein als Urheber des Traumas verstanden werden kann) als etwas, was den Sinn zerstört (vgl. Kopf 2005, 43). So werden wir im alltäglichen Leben mit den verschiedensten Dingen, Erscheinungen und Ereignissen konfrontiert. Diese nehmen wir wahr, und anhand unserer Erfahrungen und Kenntnisse integrieren wir sie in unser Denken. Wir schreiben ihnen einen Sinn zu. Beim Trauma funktioniert das aber anders. Weil es ein so einzigartiges und ungeheuerliches Ereignis ist, steht es jenseits der Sinnzuschreibung und kann so nicht in das persönliche Denken integriert werden. Einfach gesagt, wir verstehen nicht, was passiert ist.

Mit dem Trauma ist zudem das Problem verbunden, dass es unserem Bewusstsein nicht zugänglich ist. Wir haben keine bewusste Erinnerung an das traumatische Ereignis. Das Trauma ist ein so großer Eingriff in die Psyche des Menschen, dass es verdrängt werden muss. Cathy Caruth schreibt hierzu:

> Beginning with the earliest work on trauma, a perplexing contradiction has formed the basis of its many definitions and descriptions: while the images of traumatic reenactment remain absolutely accurate and precise, they are largely inaccessible to conscious recall and control. (zit. nach Weinberg 2006, 36)

Der Widerspruch liegt darin, dass das Trauma mit dem Gedächtnis verbunden, von ihm gleichzeitig aber nicht erreichbar ist. Das heißt, wir haben ein unverändertes Bild von dem, was geschehen ist, das wir aber nicht bewusst wiederaufrufen können. Wie legitim ist es also, von traumatischen Erinnerungen zu sprechen?

Die Erinnerung hat einen narrativen Charakter. Wir erinnern uns, indem wir Erzählungen bilden. Keine Erinnerung ist jedoch eine absolute Repräsentation des Ereignisses, denn das menschliche Gedächtnis hat einen selektiven Charakter, es kann nicht alles speichern. Und das, was und wie erinnert wird, hängt von vielen subjektiven Merkmalen ab:

> Zusammenfassend lässt sich also sagen: in der ‚normalen' Erinnerung ist das zu erinnernde Ereignis einem bewussten Rückruf zugänglich, dafür aber entstellt. Die traumatische Rückführung ist dagegen unentstellt, aber weder bewusst herbeizuführen noch dem Bewusstsein zu integrieren. Noch kürzer: im alltäglichen Erinnern ist das zu erinnernde Ereignis verfügbar, aber inadäquat repräsentiert; in der traumatischen Rückführung ist das Ereignis unverfügbar, aber adäquat repräsentiert. (Weinberg 1999, 175)

Es bleibt die Frage, woher der Mensch weiß, dass er ein Trauma durchgemacht hat, wenn es dem Bewusstsein nicht zugänglich ist? In der Wissenschaft bezeichnet man dies als Intrusionen, d.h. „unerwünschte und sich eindrängende […] Eindrücke" (Hausmann 2006, 47), die den Menschen belasten und mit denen es zu einem ungewollten Wiedererleben der traumatischen Ereignisse kommt. Das psychische Trauma äußert sich nach außen hin durch somatische Symptome wie Weinen, Zittern, Ticks, vorübergehende Lähmung usw.

## 3. Trauma und Literatur

Mit diesem Thema bewegen wir uns in einem für uns spannenden Feld, erzählt bzw. beschreibt doch auch Literatur immer etwas. Sie benutzt Sprache, um eine Situation, ein Gefühl, ein Ereignis auszudrücken. Das Trauma entzieht sich, wie gezeigt wurde, der Sinnzuschreibung und damit auch dem Verstehen sowie der Beschreibung durch Sprache. Martina Kopf, die sich in ihrem Buch *Trauma und Literatur* genau diesem Problem widmet, schreibt: „Von einem Trauma zu erzählen ist nicht gleichbedeutend damit, von einer Erinnerung zu erzählen. Vielmehr handelt es sich dabei um eine Übersetzung in eine fundamental andere Form" (Kopf 2005, 44). Mit Judith Hermann, die den Begriff prägte, bezeichnet sie das Problem als „Dialektik des Traumas" (ebd., 27). Was mit dieser Bezeichnung gemeint ist, sehen wir schon deutlich im Untertitel des Buchs, *Das Nicht-Erzählbare erzählen*, der den Kern des Problems anspricht. Wenn man sich die Wortverbindung ansieht, zeigt sich der große Widerspruch, den sie beinhaltet. Denn das, was negiert wird, wird zugleich als Unausweichlichkeit verstanden. Mit anderen Worten: Wir wollen oder müssen sogar darüber sprechen, können es aber nicht. Das Unbehagen bezüglich des Schreibens ist für die Literatur, die von einem Trauma handelt, maßgebend. So scheint es, dass die literarischen Texte nicht vom Trauma selbst erzählen, sondern dass sie sich auf einer Metaebene befinden, dass es sich also um ein Erzählen von der Nicht-Erzählbarkeit des Traumas handelt. Ein anschauliches Beispiel für dieses Unbehagen an der Sprache finden wir in einem Interview, das im Rahmen des Projekts *Paměť národa* (*Das Gedächtnis der Nation*) entstanden ist[3] (vgl. „Lidská paměť je zrádná" 2007, 46), mit einer Frau, die Auschwitz erlebt hat. Diese Frau hat alles gründlich beschrieben, bis sie bei dem Augenblick angelangt war, da sie ihre Ankunft in Auschwitz schildern sollte. In diesem Moment wurde sie stumm und

---

[3] Das Projekt *Paměť národa* hat ein digitales Archiv von Erinnerungen derjenigen Menschen zum Ziel, deren Schicksal in signifikanter Weise durch die Geschichte des 20. Jahrhunderts beeinflusst worden ist. Es handelt sich hauptsächlich um Opfer der nationalsozialistischen oder kommunistischen Diktatur.

bat darum, ihre Erzählung von dem Punkt weiterführen zu dürfen, als Auschwitz befreit war. Sie konnte über das, was dazwischen geschah, einfach nicht sprechen. Etwas Ähnliches lesen wir bei Günter Grass in seinem autobiographischen Buch *Beim Häuten der Zwiebel* (2006). Grass beschreibt darin die Situation, als er nach dem Krieg seine Familie wiederfand. Seine Mutter erschien ihm nunmehr als eine ganz andere Person, als er sie von früher her kannte. Er hatte von ihr nie erfahren, was passiert war und warum sie so erschöpft und traurig war. Erst viel später, nach ihrem Tod, erfährt er, dass sie am Ende des Krieges mehrmals von sowjetischen Soldaten vergewaltigt wurde und dass sie sich sogar als Ersatz für ihre Tochter, Grass' Schwester, angeboten hatte, damit dem Mädchen nichts passiere. Die Mutter war, ähnlich wie die Frau in dem erwähnten Interview, nicht fähig, jemals darüber zu sprechen.

Wovon erzählen also die zahllosen Bücher, die über den Holocaust geschrieben wurden? Kann man in der Literatur überhaupt über Traumata schreiben? David Roskies, ein amerikanischer Literaturwissenschaftler und Kulturhistoriker, meint hierzu: „Was erinnert und berichtet wurde, waren nicht die Fakten und Daten, sondern die Bedeutung der Schändung" (zit. nach Young 1997, 40). Und Ähnliches lesen wir bei Martina Kopf:

> Anders hingegen die Traumatheorie, die nicht am Ereignis, sondern an den Dauerspuren ansetzt, die Gewalt im Leben von Betroffenen hinterlässt. Sie geht demnach nicht von dem aus, was *nach dem Schmerz* ist. Sie geht also von der Gegenwart eines Leidens aus, in dem der ursprüngliche Schmerz sich verändert hat und in Fragmenten, Symptomen, somatischen Erkrankungen fortbesteht, in denen er nicht, in denen er nicht mehr von vornherein erkennbar ist. (Kopf 2005, 41)

Wie schon erwähnt, erzählt die sog. Traumaliteratur nicht über das Trauma selbst, sondern über das, was geblieben ist. Man schreibt nicht über das, was war, sondern darüber, welche Spuren es im Menschen hinterlassen hat.

Radka Denemarková (Jahrgang 1968) gehört nicht zur Generation der Überlebenden, die über ihre eigenen Erfahrungen schrieben. Damit man ihre Position besser verstehen kann, möchte ich an dieser Stelle noch einmal Martina Kopf zitieren. Ich beziehe mich auf ihren Text *The Ethics of Fiction*, in dem sie sich mit afrikanischen Schriftstellern befasst, die über den in den neunziger Jahren stattgefundenen Genozid in Ruanda schreiben. Es sind Schriftsteller, die den Genozid nicht am eigenen Leib erlebt haben:

They wrote from a belated position trying to understand, to comprehend and to mediate. The literary texts that arose from that encounter are in a way less about the genocide itself then about humanity's attempt to comprehend genocide: they are less an attempt to comprehend genocide than an attempt to explore and comprehend humanity's attempts to comprehend. (Kopf 2012, 65)

Das ganze Projekt heißt *Rwanda – Writing in Duty of Memory* (*Ruanda – Schreiben im Dienste des Gedächtnisses*). Mit Radka Denemarková ist es ähnlich. Sie schreibt nicht direkt über das Trauma selbst. Ihr Schreiben ist mehr das Schreiben im Dienste des Verstehens und der Auseinandersetzung mit der Vergangenheit.

### 4. *Peníze od Hitlera* – Einführung

Eine in Österreich erschienene Rezension zu diesem Buch ist überschrieben mit: *Nichts für schwache Nerven* (Schandor 2009). Zugespitzt könnte man sagen, dass Denemarkovás Buch dort anfängt, wo andere Bücher über den Holocaust enden: Die junge Gita Lauschmann, die Hauptheldin des Buchs, kehrt von „dort" (erst später erfahren wir, dass es sich um ein Konzentrationslager handelt) zurück nach Hause. Denemarková selbst sagte über dieses Buch, dass es kein Nachtisch sein sollte, sondern eher ein Fischknochen im Hals (vgl. Denemarková 2009 b). Wenn man die Rezensionen zu diesem Buch durchgeht, stößt man immer wieder auf Aussagen über Leichen im Keller, über Skelette im Kasten, über den Mut, von der eigenen unangenehmen Vergangenheit zu schreiben.

Das Buch erzählt von dem jungen jüdischen Mädchen Gita Lauschmann, das nach dem Krieg aus dem Konzentrationslager zurück nach Hause kommt. Dort erfährt sie aber, dass in dem Haus ihrer Familie nunmehr andere wohnen, die sich zudem von ihrer Anwesenheit belästigt fühlen. Für die Dorfbewohner kehrt sie nämlich nicht als Opfer zurück, sondern als Täterin. Diese Menschen sehen in ihr nicht die Jüdin, welche die nationalsozialistische Okkupation und den Holocaust überlebt hat, sondern die Deutsche. Der Hass und die Wut der Menschen richten sich gegen sie, verkörpert Gita für sie doch nicht nur die Macht, die Europa sechs Jahre lang unterdrückt hat, sondern man befürchtet, dass sie ihren Besitz zurückhaben und ihnen deswegen womöglich das Dach über dem

Kopf wegnehmen will. Mit Hilfe einer Frau, von deren grausamer Rolle innerhalb der ganzen Geschichte wir erst am Ende des Buchs erfahren, flieht sie und rettet so ihr Leben. Nach fünfzig Jahren kehrt sie als alte Dame zurück in das Dorf, weil sie ein Denkmal für ihren Vater bauen lassen möchte. Bei ihrer Rückkehr stößt sie auf die Welt der Vergangenheit, die sich als grauenvoller Albtraum erweist, und auf die Welt der Gegenwart. Das ständige Aufeinanderprallen dieser beiden Welten bildet das Hauptmotiv des Werks. Der Untertitel des Buchs, *Letní mozaika* (*Ein Sommermosaik*), verweist auf etwas Fragmentarisches, aus mehreren unterschiedlichen Teilen Gebildetes. Dieser Fragmentcharakter wird auch in der Struktur des Buchs sichtbar, das aus sechs Teilen sowie einem Prolog und einem Epilog besteht. Die Teile sind als die *Erste* bis *Sechste Rückkehr* übertitelt, wobei man neben dem wortwörtlichen (Gita kehrt tatsächlich von einem Ort an einen anderen zurück) auch den übertragenen Sinn in Betracht ziehen muss. Gita kehrt nicht nur im räumlichen Sinne zurück, sondern auch im zeitlichen, indem sie ständig in ihre Erinnerungen an die Vergangenheit flieht. Sie konfrontiert sich selbst und die anderen damit, was passiert ist, und durch diese Interaktion bildet sie eine neue Realität, die auch auf neue Weise erlebt werden muss. Auch das Motto, welches das Buch einführt, weist auf das Gedächtnis hin. Es lautet: „Žádná podobnost není náhodná. Všechny ty příběhy se staly. Pořád nevím proč" (Denemarková 2006, 9).[4] Dieses Motto ist im Hinblick auf die Gedächtnisproblematik ziemlich interessant. Als ob die Autorin damit sagen wollte: Ich schreibe eine Geschichte, die ihr alle kennt, die vielleicht auch euch passiert ist. Der Plural („All diese Geschichten") verweist auf die Verallgemeinerung und den Appell an das kollektive Gedächtnis. Die Autorin selbst sagt in einem Interview, dass ihr Buch eine Geschichte des Gedächtnisses ist (vgl. Denemarková 2009b). Es entsteht der Eindruck, als ob das Trauma der Träger des Gedächtnisses wäre.

---

[4] „Keine Ähnlichkeit ist zufällig. All diese Geschichten sind passiert. Ich weiß immer noch nicht, warum" (Denemarková 2009 a, 7).

## 5. Trauma und Sprache in *Peníze od Hitlera*

Wir möchten der These folgen, dass sich das Trauma in *Peníze od Hitlera* auf der sprachlichen, stilistischen und motivischen Ebene äußert, und uns im Folgenden hauptsächlich der Sprache widmen.

Denemarková selbst bezeichnete die Sprache als den wahren Helden des Buchs (vgl. Denemarková 2009 b). In einer Rezension lesen wir: „Denemarková představuje autorský typ, pro něhož je dominantní jazykový výraz. Značná expresivita jejího vyjadřování živená naturalistickými pudovými obrazy přitom nemá daleko k estetice hnusu" (Gilk 2010, 166).[5]

Radka Denemarková wurde im Zusammenhang mit dem Buch vorgeworfen, dass ihre Sprache zu gekünstelt sei, zu gewaltsam. Wenn wir aber davon ausgehen, dass ein Trauma ein unnatürlicher Eingriff in die Psyche und den Körper des Menschen ist, und wenn wir die These von der Unaussprechlichkeit in Betracht ziehen, müssen wir uns tiefer mit der Frage beschäftigen, was für eine Sprache solche traumatischen Erlebnisse überhaupt auszudrücken vermag. Denemarkovás Sprache entspricht dem Charakter des Traumas, indem sie höchst kunstvoll ist, indem sie unnatürlich und schwer zu lesen, bildhaft und metaphorisch ist. Man könnte ihre Sprache als ‚traumatisierte Sprache' bezeichnen. In diesem Punkt sehe ich den Zusammenhang zwischen der Literatur und dem Trauma bzw. die Antwort auf die Frage, wie man ein Trauma in einem literarischen Werk darstellen kann. Wobei wir uns hier wieder auf der Metaebene befinden, denn die Sprache ist ‚nur' ein Mittel, mit dem etwas beschrieben wird, und nicht das Geschehen selbst.

Die Sprache von Radka Denemarková ist sehr körperlich. Sie verwendet den menschlichen Körper als Metapher des Ekels, was sehr effektiv ist. Die Menschen verlieren ihre menschlichen Züge, und durch diese radikal enthüllte Nacktheit werden sie zu Objekten gemacht. Am deutlichsten ist dies an Gita zu sehen. Sie charakterisiert sich als eine leere Schale, durch die sie von der Umgebung geschützt ist. Ihr Körper ist nicht mehr der ihre, er gehört ihr nicht.

---

[5] „Denemarková verkörpert einen Autorentyp, für den der sprachliche Ausdruck dominant ist. Die von elementaren naturalistischen Bildern genährte beträchtliche Expressivität ihres Ausdrucks ist dabei nicht mehr weit von der Ästhetik des Ekels entfernt."

Je vedro. Bzučivé mouchy se ke mně slétávají, usedají na ruce. Já je neodháním. Modřinové flekance se slily. Já jsem celá černá. Od hlavy po paty posetá mouchami, kovově lesklými masařkami, které zlověstně bzučí a usedají na víčka. Na rty. Vlétávají do uší a nosních dírek. Prolétávají celým tělem. Vyžírají mršinu, jsem přece mršina, dutá mršina [...]. (Denemarková 2006, 35)

Es ist schwül. Summende Fliegen schwirren um mich, setzen sich auf meine Arme. Ich scheuche sie nicht weg. Meine blauen Flecken fließen zusammen. Ich bin ganz schwarz. Von Kopf bis Fuß mit Fliegen übersät, mit metallisch glänzenden Schmeißfliegen, die sich mit Unheil verkündendem Summen auf meinen Augenlidern niederlassen. Auf meinen Lippen. In meine Ohren und Nasenlöcher kriechen. Durch meinen ganzen Körper fliegen. Das Aas leer fressen, ich bin doch ein Aas, ein hohles [...]. (Denemarková 2009 a, 40).

Der emotionale Höhepunkt des Buchs kommt in der Szene, als Gita von ihrer Vergewaltigung und der Ermordung ihres Kindes erzählt. In dieser Szene konzentrieren sich nämlich die ganze Hilflosigkeit Gitas und die Tragik ihres Schicksals. Die Grausamkeit, die sie in ihrem Leben erlitten hat, äußert sich in ihrer Weltanschauung. Sie sieht sich den Sohn des Mannes an, der sie nach ihrer Rückkehr aus dem Konzentrationslager quälte, und denkt dabei:

Žiletkou, tupou žiletkou mu rozvážně odřezávat, upižlávat horní ret. Potom dolní. Dvě jemně vrásčité, růžové žížaly semlít do karbanátků. Zbyl by gumový paňácovitý obličej s rudým otvorem. Pouťová atrakce, *uvidíte, co jste ještě neviděli* [...] (Denemarková 2006, 108)

Ihm bedächtig, langsam, ganz langsam mit einer Rasierklinge die Oberlippe abschneiden. Dann die Unterlippe. Die beiden rosigen Regenwürmer mit den feinen Hautfalten durch den Fleischwolf drehen. Hackfleisch für Buletten. Übrig bleibt nur ein gummiartiges Gesicht mit einem roten runden Loch. Eine Kirmesattraktion. *Noch nie gesehen, noch nie da gewesen, treten Sie näher* [...] (Denemarková 2009 a, 130).

Ähnliches zeigt sich an einer anderen Stelle:

Tupým kapesním nožíkem [...] Stolařovi nejprve u kořene nosu naříznout rýhu. Pak dvě podélné čáry. Širší obdélníkovitý proužek. A kůži stáhnout. [...] Slouplou kůži nechat vysušit na slunci. Černou tuší ji ozdobit obrazci písmen G a I a T a A. (Denemarková 2006, 113)

Mit dem stumpfen Taschenmesser [...] an Stolařs Nasenwurzel einen tiefen Schnitt setzen. Dann zwei längliche Rinnen in die Stirn ritzen. Einen breiten waagrechten Streifen. Die Haut abziehen. [...] Die abgezogene Haut in der Sonne trocknen lassen. Mit schwarzer Tusche die Buchstaben G und I und T und A darauf malen. (Denemarková 2009 a, 136)

Die Expressivität des Ausdruckes wird noch durch die Tatsache betont, dass Gitas Lebensgeschichte aus zwei Perspektiven erzählt wird. Erstens ist es der allwissende Erzähler, der objektiv von außen erzählt, und zweitens sind es die reflexiven Passagen, die Gita selbst erzählt. Dieser Wechsel in der Perspektive steigert die Spannung zwischen der Zerbrechlichkeit des Menschen und der Grausamkeit des menschlichen Lebens.

Radka Denemarková sagt über ihr Buch: „Ale tam nešlo o dějinné téma. Šlo mi o příběh ženy v mužském světě a o situace, které se opakují neustále: lidé se vymlouvají na dobu, jenomže vinni jsou lidé, nikoliv doba" (Denemarková 2009).[6] Die Figuren des Romans sind symbolische Figuren, sie sind Träger von unterschiedlichen historisch bedingten Rollen, die ihnen die Zeit und die Menschen gegeben haben. Laut Radka Denemarková kann nur die Belletristik die Wahrheit über das Leben sagen. Keine Memoiren, keine Fachliteratur, keine Aufsätze der Historiker. Nur die Belletristik, weil sie es wagen darf.

**Literatur**

Denemarková, Radka 2006: Peníze od Hitlera. Letní mozaika. Brno.
dies. 2009 a: Ein herrlicher Flecken Erde. Aus d. Tschech. von Eva Profousová. Stuttgart.
dies. 2009 b: Jako bych tu knihu psala s pistolí namířenou mezi oči. In: Host 2009,2. http://www.casopis.hostbrno.cz/cs/archiv/2009/2-2009/vyber-z-cisla/jako-bych-tu-knihu-psala-s-pistoli-namirenou-mezi-oci (letzter Abruf 24.3.2013).
dies. 2011: Žijeme ve zfalšovaných dějinách. In: Literární noviny v. 2.5.2011. http://literarky.cz/politika/rozhovory/3459-radka-denemarkova-ijeme-ve-zfalovanych-djinach (letzter Abruf 23.3.2013).
dies. 2012: Spací vady. Praha.
Gilk, Erik 2010: Právo na lidskou nenávist?! In: Prozaická zastavení: první dekáda recenzentova. Praha, S. 166-169.
Hausmann, Clemens 2006: Einführung in die Psychotraumatologie. Wien.
Kopf, Martina 2005: Trauma und Literatur. Das Nicht-Erzählbare erzählen – Assia Djebar und Yvonne Vera. Frankfurt am Main.
dies. 2012: The Ethics of Fiction. In: Journal of Literary Theory 6,1, S. 65-82.
„Lidská paměť je zrádná" (s Adamem Drdou o Příbězích 20. století; paměti a nepaměti, Českém deníku, BBC, parlamentním kutlochu a králi blogerů) (připravil Martin Valášek). In: Souvislosti 2007,4. http://www.souvislosti.cz/clanek.php?id=662 (letzter Abruf 3.8.2013).

---

[6] „Aber dort ging es nicht um das historische Thema. Es ging mir um die Geschichte einer Frau in der Männerwelt und um Situationen, die sich ständig wiederholen: die Menschen reden sich auf die Zeit heraus, aber es sind die Menschen, die schuldig sind, nicht die Zeit."

*Schandor*, Werner 2009: Nichts für schwache Nerven. Denemarková, Radka: Ein herrlicher Flecken Erde. In: Wiener Zeitung v. 20.11.2009. http://www.czechlit.cz/res/data/024/005134.jpg (letzter Abruf 23.3.2013).

*Weigel*, Sigrid 1999: Télescopage im Unbewußten. Zum Verhältnis von Trauma, Geschichtsbegriff und Literatur. In: Trauma. Zwischen Psychoanalyse und kulturellem Deutungsmuster. Hrsg. V. Elisabeth Bronfen, Birgit R. Erdle, Sigrid Weigel. Köln, S. 51-77.

*Weinberg*, Manfred 1999: Trauma – Geschichte, Gespenst, Literatur – und Gedächtnis. In: Trauma. Zwischen Psychoanalyse und kulturellem Deutungsmuster. Hrsg. v. Elisabeth Bronfen, Birgit R. Erdle, Sigrid Weigel. Köln, S. 173-206.

*ders.* 2006: Das ‚unendliche Thema'. Erinnerung und Gedächtnis in der Literatur-Theorie. Tübingen.

*Young*, James E. 1997. Beschreiben des Holocaust. Aus d. Amerik. v. Christa Schuenke. Frankfurt am Main.

## Summary

The paper is about trauma and the way how it is described in literature. The term trauma falls into the field of psychiatry and psychology, but in the last few years it has also been discussed in the field of cultural studies. The paper is focusing on the theoretical description of the term namely from the perspective of psychology. It also seeks to describe the relation between trauma and literature: What kind of instruments has literature for the expression of trauma? The author has chosen the novel *Peníze od Hitlera* by Radka Denemarková, because it is considered to be a typical example of trauma literature. In the analysis the author focuses mainly on language where the literary representation of trauma is most obvious.

## Resumé

Článek se zaměřuje na pojem trauma a to jakým způsobem je možné zachytit jej v krásné literatuře. Pojem trauma je pojem spadající do oblasti psychiatrie a psychologie, v poslední době se o něm však hovoří i v souvislosti s kulturologií. Článek se zaměřuje jednak na teoretické vymezení pojmu trauma, a sice z psychologického hlediska a jednak na jeho vztah k literatuře. Autorka si klade otázku, jakými prostředky popisu traumatu, jako specifického způsobu vnímání reality, literatura disponuje. Autorka pro tuto analýzu zvolila knihu Radky Denemarkové *Peníze od Hitlera*, kterou považuje za typický příklad literatury zpracovávající trauma. Při své analýze se zaměří převážně na jazyk, který Denemarková používá, neboť vychází z teze, že právě na rovině jazyka se trauma v literatuře projevuje nejlépe.

This article was supported by grant GAČR 13-03627S.

# Holocaust und Indien:
## Zu Hana Andronikovas Roman *Zvuk slunečních hodin*

*Olga Zitová, Praha*

Die tschechische Schriftstellerin Hana Andronikova (1967 – 2011) gehört zu den Autoren, die den Holocaust persönlich nicht mehr erlebt haben und auch von keiner jüdischen Familie abstammen. Dennoch widmete sie diesem Thema ihren Debütroman *Zvuk slunečních hodin* (2001, überarbeitete und im Aufsatz zitierte Auflage 2008; *Der Klang der Sonnenuhr*). Auf die – wohl nicht nur literarisch gesehen – zweifelhafte Frage, ob man über etwas schreiben kann, was man nicht erlebt hat, antwortete sie mit der Gegenfrage:

> Jistě. Spousta lidí může mít pocit, že když člověk něco nezažil, tak by o tom neměl psát. Ale zase na druhou stranu – kdo určuje, o čem máte nebo nemáte psát? (Andronikova 2002 b, 8)[1]

**Die Autorin und ihr Interesse am Holocaust**

Das innere Bedürfnis, sich mit dem Holocaust beschäftigen zu müssen, kommentierte Andronikova wiederholt in zahlreichen Interviews. Ihre Argumentation läuft in mehrere Richtungen. Sie ist sich bewusst, dass das historische Gedächtnis allmählich verlorengeht und dass viele KZ-Überlebende geschwiegen haben. Sie will die Geschichte dieser Zeit deshalb mit modernen Mitteln erzählen, um zeitgenössische, vor allem auch junge Leser zu erreichen. Den Holocaust versteht Andronikova als ein Ereignis, das sich wiederholen kann. Seine literarische Verarbeitung hält sie für einen Versuch, in diesem Ereignis ein Modell zu erkennen, das es erlaubt, diesen Kreislauf in der Zukunft möglichst zu durchbrechen. Das Thema ist für Andronikova gesellschaftlich aktuell, weil ähnliche Ereignisse nicht weit entfernt von uns weiterhin passieren – während der Arbeit am Text (1998/99) hatte sie die Situation in Jugoslawien beobachtet:

---

[1] „Gewiss. Viele Leute können den Eindruck haben, dass, wenn man etwas nicht erlebt hat, man nicht darüber schreiben sollte. Aber wer bestimmt andererseits eigentlich, worüber Sie schreiben sollen oder nicht?" (Übersetzung aus d. Tschech. hier u. i. Folg. OZ).

Viděla jsem, že nezáleží na tom, jestli se [podobné události] dějí před desetiletími v Osvětimi, nebo dnes několik stovek kilometrů od nás v Jugoslávii" (Andronikova 2002 a, 11).[2] Auch wenn man etwas Vergleichbares nicht erlebt hat, weshalb das Begreifen der Angst schwerfällt, kann man sie und auch das damit verbundene Trauma „[...] mít někde uvnitř, jako dědictví" (Andronikova 2002 b, 8).[3] Den Holocaust nimmt die Schriftstellerin als Phänomen wahr, „[...] se kterým se nevyrovnáte v jedné generaci, je jako neodbytná vzpomínka, znovu a znovu se vrací" (Andronikova 2002 c, 31).[4]

Wenngleich von einer autobiographisch motivierten Vergangenheitsbewältigung keine Rede sein kann, versteht Andronikova den Holocaust trotzdem als etwas, das sie persönlich und ihr Innerstes betrifft. Zur Illustration sei der Ausschnitt aus einem Interview zitiert (Andronikova 2009, 4f.), in dem die Autorin zunächst gefragt wird:

> Pocházíte ze Zlína, takže tam jste inspiraci k jedné z dějových linií románu mohla získat, ale vzhledem k roku vašeho narození jste koncentrační tábor zažít nemohla. Jeho atmosféru se vám však podařilo vystihnout tak přesvědčivě, jako byste to skutečně prožila. Přenos myšlenek v čase, dokonalé vcítění se nebo jak vás vlastně napadlo zasadit děj svého románu právě tam?

Andronikova antwortet darauf:

> Nemám pro to žádné logické vysvětlení, tak jako nedokážu dost dobře definovat, z čeho vyvěrá inspirace. Věřím, že pokud vypneme v našem světě tolik přeceňovanou levou hemisféru, tedy analytické myšlení a logiku, získáme přístup k informacím, vhledům a zážitkům, které patří ke kolektivnímu dědictví. Jung tomu říká kolektivní nevědomí. Spousta věcí z románu ke mně přišla ve formě jakýchsi vnuknutí nebo snů, hodně se mi tehdy zdály nejrůznější příběhy, které jsem neprožila. Bylo to jako vzpomínky na něco, co jsem de facto zažít nemohla. Pokud věříte v reinkarnaci, tak se nabízí snadné vysvětlení.[5]

---

[2] „Ich habe gesehen, dass es gar nicht darauf ankommt, ob [solche Ereignisse] vor Jahrzehnten in Auschwitz geschehen sind oder heute einige hundert Kilometer von uns in Jugoslawien passieren."
[3] „[...] irgendwo in sich tragen, als Erbe."
[4] „[...] mit dem Sie sich nicht innerhalb einer Generation abfinden können, es ist wie eine aufdringliche Erinnerung und kehrt immer wieder zurück."
[5] [Frage:] „Sie kommen aus Zlín, sodass Sie dort die Inspiration zu einer der Handlungslinien des Romans bekommen konnten, aber mit Blick auf Ihr Geburtsdatum konnten Sie kein KZ erleben. Dennoch ist es Ihnen gelungen, die Atmosphäre so überzeugend zu erfassen, als wenn Sie das wirklich erlebt hätten. Eine Gedankenübertragung in der Zeit, ein perfektes

Die Beschäftigung mit dem Holocaust-Thema ist aus Andronikovas Sicht also rational unergründbar. Sie fühlt sich zum Schreiben berufen. Das Thema begreift sie als Teil des Kulturerbes, des kulturellen Gedächtnisses der Gesellschaft, zu der sie gehört. Insofern versteht sie sich in gewisser Weise als kulturelle Nachkommin derjenigen, die den Holocaust erlebten. Die Autorin spricht von Reinkarnation, und ihr Roman könnte deshalb zugespitzt als eine Art fiktives Holocaust-Zeugnis betrachtet werden. Das Thema hat sie für sich gefunden und es war,

> [...] jako by chtěl promluvit někdo jiný skrz moje psaní. Neumím to vysvětlit, ale bylo to tak, jako když se vám někdo pověsí na krk, a dokud se s ním nezačnete pořádně bavit, tak se ho nezbavíte. Zároveň jsem se tím asi sama s něčím vyrovnávala. (Andronikova 2002 d, 48; siehe auch Andronikova 2011, 4)[6]

Die Tatsache, dass die Autorin den Holocaust nicht miterlebt hat, kommt im Buch auch explizit zum Ausdruck. Die eigentliche Romangeschichte wird von mehreren Paratexten eingerahmt. Unmittelbar vor dem ersten Kapitel äußert Andronikova ihre Einstellung zum Charakter des Textes:

> Tento román je fikce. Pracuje s historickým materiálem (archivní záznamy, dobové noviny a dokumenty, paměti svědků) a skutečnými postavami, které jsou modifikovány a prolínají se s postavami fiktivními. (Andronikova 2008, 4)[7]

---

Sich-Einfühlen oder wie ist es Ihnen eingefallen, die Handlung Ihres Romans gerade dort anzusiedeln?"
[Antwort:] „Ich habe dafür keine logische Erklärung, genauso wie ich auch nicht recht definieren kann, woraus die Inspiration entspringt. Ich glaube, dass wenn wir die in unserer Welt so überschätzte linke Hemisphäre des Gehirns, also das analytische Denken und die Logik, ausschalten, wir Zugang zu Informationen, Einsichten und Erlebnissen bekommen, die zum kollektiven Erbe gehören. Jung nennt dies das Kollektive Unbewusste. Etliche Dinge im Roman sind mir in der Form bestimmter Eingebungen oder Träume gekommen, ich habe damals viel die unterschiedlichsten Geschichten geträumt, die ich nicht erlebt hatte. Es war wie Erinnerungen an etwas, was ich de facto gar nicht erlebt haben konnte. Wenn Sie an Reinkarnation glauben, bietet sich eine einfache Erklärung an."
[6] „[...] als ob jemand anderer durch mein Schreiben sprechen möchte. Ich kann das nicht erklären, aber es war so, als ob sich Ihnen jemand an den Hals hängt, und bevor Sie nicht anfangen, sich ordentlich mit ihm abzugeben, werden Sie ihn nicht los. Zugleich habe ich auf diese Weise wohl selber mit etwas abgerechnet."
[7] „Dieser Roman ist eine Fiktion. Er arbeitet mit historischem Material (Archivalien, Zeitungen und Dokumenten von damals, Erinnerungen von Zeitzeugen) und realen Personen, die modifiziert wurden und mit fiktiven Gestalten verschmelzen."

Und zum Schluss des Buches findet der Leser noch die Anmerkung: „Závěrem bych se chtěla zmínit o knihách, které mi byly hlavním zdrojem informací a inspirace" (ebd., 301).[8] Danach folgt ein umfangreiches Literaturverzeichnis zu Holocaust und Krieg sowie zur Mythologie, die sich wie ein roter Faden durch den Roman zieht. Die Autorin beschäftigt sich mit dem Thema aus einem inneren Bedürfnis heraus. Die mangelnde persönliche Erfahrung gleicht sie dadurch aus, dass die Fiktionalität des Textes ausdrücklich betont und bestätigt wird. Sie will den Leser nicht täuschen und bietet ihm die Möglichkeit, relevante Literatur zum Thema selbst zu studieren. Die Literaturliste hat somit einerseits eine didaktische Funktion, andererseits signalisiert die Autorin damit, dass sie sich dem Thema trotz mangelnder persönlicher Erfahrung verantwortungsvoll genähert hat, was auch an akademische Verfahren (Lektüre und Studium anstatt persönlicher Erfahrungen und Erinnerungen) denken lässt.

**Eine Ansichtskarte aus dem vorigen Jahrhundert**

*Zvuk slunečních hodin* wurde einmal als „Ansichtskarte aus dem vorigen Jahrhundert" bezeichnet, weil darin zahlreiche bedeutende Ereignisse des 20. Jahrhunderts thematisiert werden: der Erste Weltkrieg, die Expansion der europäischen Industrie (Baťa) und die damit verbundenen Reisen durch die weite Welt (Indien), der Zweite Weltkrieg, der Holocaust, das Leben im Exil usw.

Obwohl der Roman als postmoderne Montage bzw. Collage konzipiert ist, verzichtet die Autorin auf die traditionelle (Liebes-)Handlung nicht.[9] Die Familie Keppler – die Jüdin Rachel, ihr nichtjüdischer Ehemann Tomáš und ihr gemeinsames Kind Daniel – wohnt in den dreißiger Jahren in Indien, wo Tomáš für die expandierende Schuhfirma Baťa arbeitet. Die drei kehren kurz vor Ausbruch des Kriegs nach Europa zurück und schaffen es nicht, wieder auszureisen. Rachel kommt nach Theresienstadt, Auschwitz, Hamburg und Bergen-Belsen. Nach Kriegsende stirbt sie während der Rückkehr nach Hause. Tomáš Keppler geht danach mit seinem Sohn nach Kanada. Auch nach dem Tod seines Vaters bleibt Daniel in Amerika, wo er mit seiner kanadischen Frau ein neues Leben

---

[8] „Zum Abschluss möchte ich die Bücher erwähnen, die für mich die Hauptquelle der Informationen und der Inspiration waren."
[9] Zum Problem der Postmodernität des Romans vgl. Novotný 2008.

beginnt und dann selbst zum Vater und Großvater wird. Er interessiert sich nicht dafür, was einst mit seiner Mutter geschah: Diese Hälfte seines Lebens lässt er gewissermaßen in Europa, wohin er nie zurückkehrt. Die Lücke in seiner Vergangenheit schließt sich erst dank dem zufälligen Zusammentreffen mit der tschechischen Exilantin Anne, die Rachel aus Theresienstadt kannte. Sie erzählt Daniel im Verlauf einer einzigen Nacht die Geschichte seiner Mutter bis zu ihrem Tod.[10]

Innerhalb des Romans wechseln mehrere Zeitebenen, Erzählperspektiven und Genrebezüge einander ab. Der Leser kann sich innerhalb eines einzigen Kapitels bald in den USA am Ende des 20. Jahrhunderts befinden, bald im Indien der dreißiger Jahre, dann wiederum in der Tschechoslowakei während des Krieges, in Auschwitz oder Theresienstadt, und schließlich sogar kurz in der Zeit des Ersten Weltkriegs. Anne erinnert sich an die Kriegsjahre, die sie mit Rachel verbrachte, es werden aber auch Einträge aus dem Tagebuch ihres Ehemanns von der Front zitiert. Daniel erinnert sich an seine Kindheit in Indien und in der Tschechoslowakei, auch seine Träume und Visionen werden in die Geschichte einbezogen. Der Rahmen des privaten Gesprächs zwischen Anne und Daniel, in das die Geschichte eingeklammert ist, wird überschritten. Es finden sich die private Korrespondenz von Daniels Eltern, Ausschnitte aus Zeitungen und Zeitdokumente, ein paar Gedichte, Märchen und Mythen. Verschiedene Perspektiven wechseln einander ab: die eines Zeugen, eines Kindes, eines Soldaten usw.

Trotz aller Auflösungstendenzen (multiperspektivische Erzählweise, zeitliche Ausdehnung über ein ganzes Jahrhundert, collagenartige Gestaltung) weist der literarische Text einen deutlichen Drang zur Einheitlichkeit auf. Neben der traditionellen Handlung ist es gerade das Indien-Motiv, das mit dem Holocaust-Thema in besondere semantische Beziehungen tritt. Im Hinblick auf den Stellenwert des Holocaust in *Zvuk slunečních hodin* ist vor allem dieser Kontext entscheidend.

---

[10] Die zeitliche Situierung der Rahmenerzählung in der Silvesternacht könnte auf eine Symbolik des Übergangs, Neuanfangs und der Überwindung des Vergangenen hindeuten. Für eine solche Auslegung gibt es im Roman jedoch keinen Hinweis. Alles wird als reiner Zufall präsentiert, wodurch die Grenze zum Kitsch berührt wird.

## Die Mutter Indien

Mehr als ein Fünftel des Romans spielt sich anfangs fast durchgehend in Indien ab. Indien taucht auch später im Roman sehr häufig auf – in Träumen, Erinnerungen aus der Kindheit, Briefen, Mythen und alten Geschichten. Im Folgenden soll gezeigt werden, wie das Land Indien und alle damit verbundenen Motive im Roman dargestellt werden und inwieweit sich diese exotische Kontextualisierung auf die Darstellung des Holocaust-Themas auswirkt.

Indien wird als ein Land geschildert, das einem Europäer sowohl in geographischer als auch zeitlicher Hinsicht sehr fern ist:

> Večer ležela v posteli a listovala ilustrovaným kalendářem, který jí přivezl z Indie. Tam se psal rok 1854. Rozdíl osmasedmdesáti let. V jedné chvíli tam člověk žije ve dvou stoletích najednou. Ukázal jí úřední lejstra s dvojitým datem předtištěným v záhlaví. Datum kalendáře gregoriánského i datum kalendáře národního. 1932. 1854. Neuvěřitelné. Absurdní. Fantastické. (Andronikova 2008, 37)[11]

Trotz dieser kulturellen und im genannten Sinne auch zeitlichen Entfernung, wird das Land „die Mutter Indien" genannt. Es ist das „Land der uralten Kultur" (ebd., 44), voll von alten Mythen und Geschichten, auf denen die Menschheit ihre moderne Kultur gründet. Indien wird als ein exotisches, volles, buntes, an Sinneswahrnehmungen und Mythen reiches, geheimnisvolles und sonniges Land geschildert. Europa ist sein verdorbenes Kind, dessen Schicksal zumindest das halbe 20. Jahrhundert über tragisch und hoffnungslos aussieht. Europas aufklärerisch-rationale und, etwas vereinfacht ausgedrückt, maskuline Tradition steht im starken Kontrast zum ewigen mütterlichen Prinzip Indiens.

Durch die Mutter-Metapher ist Indien eng mit der jüdischen Figur der Rachel verbunden: Rachel als Mutter eines Kindes, das wiederum seine ersten Lebensjahre in Indien verbringt, d.h. gewissermaßen an der eigentlichen, im Kontrast zum Europa der dreißiger Jahre unverdorbenen Quelle aufwächst. Rachel verfügt über eine gute Ausbildung, sie hat Geschichte studiert wie ihr Vater und interessiert sich für dieses Land, seine Kultur und Tradition. Zuerst versucht sie,

---

[11] „Am Abend lag sie [Rachel] im Bett und blätterte einen illustrierten Kalender durch, den er [Tomáš] ihr aus Indien mitgebracht hatte. Dort schrieb man das Jahr 1854. Ein Unterschied von 78 Jahren. In einem Moment lebt man dort in zwei Jahrhunderten gleichzeitig. Er zeigte ihr amtliche Schriftstücke mit zweierlei Datum, das im Briefkopf vorgedruckt war. Das Datum des gregorianischen und das Datum des nationalen Kalenders. 1932. 1854. Unglaublich. Absurd. Phantastisch."

Indien mit ihrer Ratio zu begreifen, später erkennt sie darin jedoch den falschen Weg. Rachel hört auf, nachzudenken, sie akzeptiert die Lebens- und Denkweise des Landes und lässt sich dadurch verzaubern. „Indie se kvůli ní nezměnila [...] to Ráchel se změnila" (ebd.).[12]

Später in Auschwitz erlebt Rachel eine parallele Situation. Sie versucht zuerst Antworten auf ihre Fragen zu finden. Anne erzählt Daniel davon: „Postupem času přišla na to, že odpovědi nic neřeší. Být intelektuálem v Osvětimi, to byla vražedná kombinace." Und Anne fährt fort, indem sie erzählt, wie ihr Rachel im KZ geholfen hat: [Rachel an Anne:] „Musíš přestat." [Anne:] „Přestat s čím? Přestat se ptát?" [Rachel:] „Přestat myslet" (ebd., 191).[13]

Mit Vernunft und rationalem Denken lässt sich bei weitem nicht alles bewältigen und verstehen. In einer fremden Umgebung, die man erst kennenlernen muss, ist man gezwungen, das bisher Erlernte zumindest teilweise ad acta zu legen, sich neue Regeln anzueignen und sich dadurch eben auch in gewisser Weise zu verändern. Das gilt im Roman für Indien genauso wie für ein KZ. Nur wenn man das exotische, unbekannte Land in seiner Unterschiedlichkeit akzeptiert, kann man dort leben und es lieben. Und im KZ kann man nur weiter- und vielleicht auch überleben, wenn man aufhört, nachzudenken und sich Fragen zu stellen. In beiden Fällen wird das Nicht-Rationale im Menschen betont.

Rachel erkennt, wie sie Indien lieben kann. Sie nimmt alles an, was ihr das Land bietet und vermittelt es weiter. Sie studiert seine Kultur und entdeckt seine Schätze. Sie interessiert sich für seine Mythen, überliefert sie ihrem Sohn Daniel und dieser später seinen Enkelkindern. Das schriftliche Wort und die mündliche Überlieferung sind Medien des Erinnerns, der Tradition, des Lebens im zeitlichen Kontinuum. Im schriftlichen und mündlichen Wort verbergen sich sowohl die ganze menschliche Kultur als auch die Geschichte einer einzigen Familie.

Die meisten Geschichten, die Rachel ihrem Sohn erzählt und die aus Indien stammen, sind Sonnenmythen. Die Sonne hat in allen ihren Gestalten eine symbolische und leitmotivische Funktion. Nicht zufällig trägt die Familie den sprechenden Namen „Keppler". Rachel Keppler erzählt Daniel von Sonne und Mond

---

[12] „Indien hat sich ihretwegen nicht verändert [...] da hat sich Rachel verändert."
[13] „Im Laufe der Zeit erkannte sie, dass die Antworten zu nichts führen. In Auschwitz ein Intellektueller zu sein, war eine mörderische Kombination." – „Du musst aufhören." – „Womit aufhören? Aufhören zu fragen?" – „Aufhören nachzudenken."

auch in so angespannten Lebenssituationen wie zum Beispiel beim Aufbruch zum Transport. Die Mutter versucht, ihren Sohn zu überzeugen, „[...] že sluneční paprsky jsou poslové slunečního boha a že si po nich budeme posílat vzkazy" (ebd., 141).[14] Tomáš konstruiert in Indien eine Sonnenuhr, deren Tierkreiszeichen einzelne Mitglieder der Familie Keppler symbolisieren: „Můj Rak na hyperbole letního slunovratu, mámin Beran na rovníku jarní rovnodennosti a na vrchní hyperbole tátův Kozoroh. Zimní slunovrat" (ebd., 125).[15] Am Ende der Geschichte bestätigt Anne diesen Zusammenhang, die ihre Erzählung mit den Worten abschließt: „Byl její sluneční orloj, řekla. [...] A Ráchel byla slunce" (ebd., 299).[16]

Die Sonnensymbolik ist sowohl eng mit Indien – das Kapitel über die Reise nach Indien heißt *Cesta za sluncem* (*Die Reise zur Sonne*) – als auch mit der persönlichen Geschichte der Familie Keppler verbunden, deren Kern jedoch im Krieg zerstört wird. Ihre mütterliche, erzählende Stimme verstummt. Daniel lebt mit seiner eigenen Familie im Exil in Kanada weiter und kümmert sich kaum um das Schicksal der Mutter – die Geschichte kann, wie erwähnt, nur dank eines großen Zufalls erzählt werden. Wohl auch deshalb ist der Titel des Romans *Zvuk slunečních hodin* als Oxymoron gestaltet und bringt damit die Paradoxie der damaligen Zeit zum Ausdruck. Er birgt zugleich die Hoffnung in sich, dass die Geschichte der Familie Keppler nicht ganz verloren geht, dass ihre traurigsten Lücken geschlossen werden, indem sie bis zum bitterem Ende erzählt wird.

Das Erzählen verleiht dem Menschen in Bedrohung eine seltsame Kraft. Die Geschichten sind „[...] spojením se životem, s minulostí" (ebd., 201).[17] „Ráchel měla svoje příběhy", die ihr besonders in Theresienstadt eine wertvolle Hilfe waren: „Ty příběhy osvobozovaly" (ebd.).[18] Im Roman wird das rege kulturelle Leben im Getto geschildert. Rachel erzählt hier und später auch in Auschwitz anderen viele alte Geschichten und hält mehrere Vorträge: Solange man nicht

---

[14] „[...] dass die Sonnenstrahlen Boten des Sonnengottes sind und wir uns darüber Botschaften schicken werden."
[15] „Mein Krebs an der Hyperbel der Sommersonnenwende, Mamas Widder am Äquator der Tagundnachtgleiche des Frühlings und an der oberen Hyperbel Papas Steinbock. Die Wintersonnenwende."
[16] „Er war ihre Sonnenuhr, sagte sie. [...] Und Rachel war die Sonne."
[17] „[...] eine Verbindung mit dem Leben, mit der Vergangenheit."
[18] „Rachel hatte ihre Geschichten. [...] Diese Geschichten waren eine Befreiung."

vergisst, solange man erzählen und sich erinnern kann, gibt es Hoffnung. Rachels Märchen und Mythen stellen den Ausweg in eine andere und sicherere Welt der Erinnerung dar. Was man erlebt, was zu jemandes persönlicher Geschichte gehört, lässt sich nicht vergessen. Dasselbe gilt auch für die Geschichte ganzer Völker und Nationen. Manchmal muss neben den schönen Kindermärchen aber leider auch Grausames erzählt werden. Im Roman findet dies seinen metaphorischen Ausdruck:

> My jsme příběhy. My jsme mýty a pohádky. Jsme poezie. Naše životy jsou knihy. Knihy plné listů popsaných rukopisem vlastního štěstí a smutku, vlastních úspěchů a porážek. Jsme stránky popsané lidmi a událostmi, které nás potkaly. [...] Jenže naše knihy skrývají v nitru i listy temnější než tiskařská čerň. [...] Jsme knihy plné otřesných věcí, o kterých jsme nikdy nechtěly psát. Kruté mýty a krvavé balady. Můžete je zkusit vymazat. Vymazat tiskařskou čerň. Můžete je zkusit vytrhnout. Vytrhnout si srdce z těla. Můžete je zkusit upálit. Ale je ten, kdo hází knihy do ohně, ještě člověkem? (ebd., 281)[19]

Mutter und Familie, die Sonne, das Erzählen, Mythen, Erinnerung und Gedächtnis, Ratio versus Gefühl, Kultur und Tradition – das alles konzentriert sich in *Zvuk slunečních hodin* im Begriff Indien. Dieses ferne, exotische Land spielt im Roman die Rolle eines semantisch aufgeladenen Nests, einer an Bedeutungen reichen Quelle, die innerhalb des Erzählmosaiks als wesentliches Verbindungselement wirkt.

Daneben wird Indien im Roman natürlich als spezifischer Lebens- und Kulturraum dargestellt, der durch große Unterschiede, Extreme und Paradoxa gekennzeichnet ist. Menschen leben hier in voneinander abgegrenzten und hierarchisch angeordneten gesellschaftlichen Gruppen. Lebenslang sehnen sie sich danach, aus dem ewigen Kreislauf von Leben und Tod heraustreten zu können. Die Inder sehnen sich nach dem Tod:

---

[19] „Wir sind Geschichten. Wir sind Mythen und Märchen. Wir sind Poesie. Unsere Leben sind Bücher. Bücher voll von Blättern, die mit der Handschrift des eigenen Glücks und der eigenen Trauer, der eigenen Erfolge und Niederlagen beschrieben wurden. Wir sind Seiten, beschrieben von Menschen und Ereignissen, die uns begegnet sind. [...] Nur dass unsere Bücher in ihrem Innern auch Blätter verbergen, die dunkler als Druckerschwärze sind. [...] Wir sind Bücher voll von erschütternden Dingen, von denen wir nie schreiben wollten. Grausame Mythen und blutige Balladen. Ihr könnt versuchen, sie auszuradieren. Die Druckerschwärze auszuradieren. Ihr könnt versuchen, sie herauszureißen. Euch das Herz aus dem Leib zu reißen. Ihr könnt versuchen, sie zu verbrennen. Aber ist derjenige, der Bücher ins Feuer wirft, noch ein Mensch?"

Indie nemiluje nesmrtelnost. Naopak. Vytouženým cílem každého hinduisty je dosažení mókši, vysvobození z nekonečného řetězce zrození a smrtí, ze samsáry. (ebd., 53)[20] Man kann hier jeden Tag Tausende von Menschen auf der Straße in Elend und Leiden leben und sterben sehen. Leichen werden auf Scheiterhaufen verbrannt, trauernde Witwen lassen sich mit ihren verstorbenen Ehemännern verbrennen. Man kann hier wohl von einer anderen Qualität des Todes sprechen. Moksha ist im Hinduismus das letzte der vier Lebensziele. Der Hindu muss nach gewissen Regeln leben, um Moksha erreichen zu können. Leben und Sterben richten sich in Indien nach religiös und kulturell gegebenen Regeln.

Im Roman findet man eine für die Frage nach Leben und/oder Tod zentrale Stelle. Es handelt sich um den Moment, als Rachel und Anne zum ersten Mal auf dem Appellplatz in Auschwitz stehen. Sie sehen sich um, wollen sich schnell in der neuen, unbekannten und wenig freundlichen Umgebung orientieren. Und Rachel bemerkt in dieser Situation: „Vypadáme jako duchovní. Tibetští lamové. Mají taky vyholené hlavy a prostý šat. Střídmá strava a meditace. Máme tak blíž k osvícení" (ebd., 183).[21]

Rachel und Anne stehen unbeweglich auf dem Appellplatz, und etwas kommt ihnen unter all den neuen Eindrücken bekannt vor. Eine starke Geruchswahrnehmung wird geschildert. Den Geruch kennt Rachel aus Indien. Anne erzählt:

> Štiplavý, nakyslý pach spáleného masa. Znala ten ulpívavý zápach, kouř s příchutí tekutin lidského těla. Hořící hranice na ghátech, rituál na břehu svatých vod, konec jednoho článku v řetězci životů. Po zádech mi běžel mráz jako dým. Z nedalekých komínů stoupal k nebi hustý kouř. Tím směrem vezli ty staré a nemocné. Tam odváželi – děti. (ebd., 183f.)[22]

---

[20] „Indien liebt die Unsterblichkeit nicht. Im Gegenteil. Das ersehnte Ziel eines jeden Hindu ist das Erreichen von Moksha, der Befreiung aus der unendlichen Kette von Geburten und Toden, von Samsara."
[21] „Wir sehen wie Geistliche aus. Wie tibetische Lamas. Die haben auch rasierte Köpfe und ein einfaches Gewand. Mäßiges Essen und Meditation. Wir haben es so näher zur Erleuchtung."
[22] „Der beißende, säuerliche Geruch von verbranntem Fleisch. Sie kannte diesen haftenden Geruch, den Rauch mit einem Beigeschmack von Körperflüssigkeiten. Brennende Scheiterhaufen auf den Ghats, das Ritual am Ufer der heiligen Gewässer, das Ende eines Glieds in der Lebenskette. Mir lief ein kalter Schauer wie Rauch über den Rücken. Aus den nahegelegenen Schornsteinen stieg dichter Rauch zum Himmel. In diese Richtung führten sie die Alten und Kranken. Dorthin brachten sie auch – die Kinder."

Es ist dies die einzige Stelle im Roman, wo Indien und der Holocaust innerhalb einer Szene direkt nebeneinandergestellt und miteinander konfrontiert werden. Dabei werden beide Motive weder explizit miteinander verglichen noch eines von ihnen besonders hervorgehoben. Der Vergleich wird auf einer impliziten Ebene durchgeführt. Zwischen dem Tod in Indien und dem in Auschwitz gibt es aber einen markanten qualitativen Unterschied. In Indien lebt und stirbt man als Glied in einer unendlichen Kette menschlicher Geschichte und Tradition. Dieses Sterben verfügt über eine metaphysische Dimension: Man verliert die Hoffnung nicht, dass am Ende die Befreiung kommt. In Auschwitz wird man dagegen mit einem Sterben konfrontiert, das beispiellos, massenhaft, gewaltsam, nicht gewollt und deswegen auch von keiner Hoffnung begleitet ist. Im Roman wird dies alles nur geahnt, Andronikova beschreibt keine Grausamkeiten und verlässt sich auf das Vorwissen des Lesers. Dies erlaubt ihr, stets auf der Ebene der literarischen Sprache zu verharren.

**Zusammenfassung**

In *Zvuk slunečních hodin* haben die Passagen, die sich in Indien abspielen oder auf sonstige Weise mit dem Land in Zusammenhang stehen, mehrere Funktionen. Indien steht als Land der Sonne in einem starken Kontrast zu Europa und kann in diesem Sinne dem Leser gewissermaßen zur Erheiterung und Erholung dienen.

Die Beschreibung eines exotischen Landes stellt aus der Sicht des Lesers immer ein anziehendes und dankbares Thema dar. In Andronikovas Roman ist Indien aber keine bloße effektvolle Kulisse. Die Autorin stützt sich auf Realien der damaligen Zeit, denn gerade in den dreißiger Jahren schickte Baťa junge Angestellte nach Indien, um dort Fabriken zu bauen und so die Expansion des Unternehmens voranzubringen. Das exotische Indien wird dabei von anderen Themen und Motiven nicht abgekapselt, wie die Szene auf dem Appellplatz in Auschwitz beispielhaft bestätigt.

Die spätere Erzählung konzentriert sich auf die Schilderung von Rachels Geschichte. Diese Geschichte wird durch Daniels exotische Träume, Erinnerungen an die Kindheit usw. unterbrochen. Die Exotik nimmt dann mehr und mehr an der Zersplitterung der Einheitlichkeit des Textes teil, der als Collage oder Montage konzipiert ist. Dennoch hat sie auch eine andere, umgekehrte Funktion, was dadurch bewirkt wird, dass Indien semantisch mit anderen Themenkomplexen, die über die Komposition des Romans operieren, in Zusammenhang gebracht oder, besser gesagt, als ihre Quelle dargestellt wird. Indien als Mutter und danach Rachel als Mutter, Indien als Land der Sonne und des Erzählens, Rachel als Erzählerin der Sonnenmythen und von Anne auch direkt zur Sonne erklärt, Ehemann Tomáš als Rachels Sonnenuhr und die ganze Familie mit dem sprechenden Namen Keppler auf der von Tomáš konstruierten Sonnenuhr mit den Tierkreiszeichen dargestellt.

Indien ist unveränderbar und ewig. Es ist das Land der Kindheit, die Mutter der europäischen Kultur. Das Land der Poesie, Märchen und Mythen, welche die eigentliche Quelle der menschlichen Erkenntnis darstellen. Menschen sind Andronikova zufolge ebenfalls Poesie und Bücher. Indien steht in diesem Sinne als Symbol der Menschheit, der Hoffnung, der Heimat, dessen, wonach man sich sehnt, wovon man träumt.

Der Holocaust und der Krieg werden im Roman vor dem Hintergrund Indiens und Amerikas in einem weiteren, sozusagen weltweiten Horizont beschrieben. Es ist fraglich, inwieweit man von einer Globalisierung des Themas sprechen kann, die zeitliche und räumliche Perspektive sind aber gewiss breiter geworden, und der Holocaust wird als Bestandteil sowohl der europäischen als auch der Weltgeschichte verstanden. Andronikova wollte ursprünglich eigentlich nicht über Holocaust und Krieg schreiben (vgl. Andronikova 2002 d, 48). Aber wie sich herausstellt, ist es wohl unmöglich, die Geschichte des 20. Jahrhunderts zu erzählen, ohne den Holocaust einzubeziehen.

**Literaturverzeichnis**

*Andronikova*, Hana 2002 a: Nejvíc mi vadí faleš a násilí. In: Právo 12,95, S. 11.
*dies.* 2002 b: Román je jako jezero v horách. In: Tvar 13,16, S. 1 und 8-9.
*dies.* 2002 c: Ženy by neměly lyžovat. In: Host 18,10, S. 30-32.
*dies.* 2002 d: Hra na Gideona. In: Reflex 13,33, S. 48.
*dies.* 2008 (2001): Zvuk slunečních hodin. Praha.
*dies.* 2009: Žiju tady a teď. In: Grand Biblio 3,3, S. 4-5.
*dies.* 2011: Ujasnila jsem si, proč žiju. In: Literární noviny 22,1, S. 4-5.
*Novotný*, Vladimír 2008: Ó, té všehochuti: holocaust, Baťa, sex, nostalgie a tak dál... In: ders.: Ta naše postmoderna česká. Kritické vizitky literární současnosti. Praha, S. 9-12.

## Summary

The study focuses on the literary debut of Czech woman writer Hana Andronikova (1967 – 2011) *Zvuk slunečních hodin* (2001, modified edition 2008) where the Holocaust and India are presented and related to each other. Although the novel is considered to be a postmodern montage or collage, it is characterized by aiming at unity. Apart from a traditional (love) story India participates in this aiming, too. India becomes a concentrate of various motifs and meanings (sun, myths, narration, mother and others) which form a relationship to the subjects Holocaust and war. India as a sunny exotic land functions as a varied background to show despaired Europe in the time of war. Although individual scenes and motifs are arranged next to each other by almost a film technique there appears one central scene in the novel where India (exotic) and the Holocaust are immediately connected to each other, confronting the motif of death which has undoubtedly another quality in India than in Auschwitz.

## Resumé

Studie je věnována debutu české spisovatelky Hany Andronikové (1967 – 2011) *Zvuk slunečních hodin* (2001, pozměněné vydání 2008) z pohledu tematizace holokaustu a Indie. Přestože je román postmoderní montáží či koláží, charakterizuje ho směřování k jednotnosti. Na tom se podílí vedle přítomnosti tradičního (milostného) příběhu také Indie, která se stává koncentrátem četných motivů a významů (slunce, mýty, vyprávění, matka) vstupujících do vztahu s tématem holokaustu a války. Indie jako prosluněná exotická země plní úlohu pestrého pozadí, na němž ostře vyniká beznaděj válkou zmítané Evropy. Přestože jsou jednotlivé scény a motivy řazeny vedle sebe takřka filmovou technikou, objevuje se v románu jedno místo, kde se Indie (exotika) a holokaust ocitají ve scéně jediné, a to v souvislosti s motivem smrti, která má v Indii bezesporu jinou kvalitu než v Osvětimi.

This article was supported by grant GAČR 13-03627S.

# Outrageous Taboo Breaking or Ingenious Narrative Strategy? About Zyta Rudzka's *Ślicznotka doktora Josefa* and its Perception in German and Polish Reviews

*Elisa-Maria Hiemer, Gießen*

Looking at the latest Polish literature about the Holocaust after 1989 one can assert two developments: In the middle of the 1990s a high volume of late testimonies (either prosaic or autobiographical) of Holocaust survivors is noticeable. The period we were focusing on during the workshop is inasmuch interesting as especially the 2000s mark a new era: For the first time, three writers' generations are coexisting and producing in parallel. Besides the survivors' testimonies one is also confronted with the works of the second, respectively third generation which tend to abstract, to reinterpret or even to criticize the aftermath of the war experience. This article presents the author Zyta Rudzka and her prosaic work *Ślicznotka doktora Josefa* (*Doctor Josef's Little Beauty*). The novel was published in 2006, and it is her first work translated into several languages.[1] Ensuing from a text analysis focusing on the question how differently the experience of the Holocaust influenced the survivors' lives, an overview of German and Polish reviews is provided. Thereby one can see how the allegedly risky comparison of these experiences to contemporary problems is perceived there.

## About the author and her novel

Zyta Rudzka was born in 1964 in Warsaw and holds a degree in psychology. She started her career as a poet in 1989 and three years later, she débuted as a prose writer with her novel *Białe Klisze* (*White Clichés*; cf. Kotowska-Kachel 2001, 21). One of the characteristics of her narrative prose is the extraordinary placement of action and that the topics are often related to psychological aspects.

---

[1] This article and especially the analysis of the narrative structure are mainly based on my publication *Generationenkonflikt und Gedächtnistradierung. Die Aufarbeitung des Holocaust in der polnischen Erzählprosa des 21. Jahrhunderts* (= Hiemer 2012), esp. pp. 67-99.

*Ślicznotka doktora Josefa* seems to be a thematic synthesis of her work. It brings up mental disorders, the analysis of pathological behavior patterns, Jewry, body modification as well as the still marginalized subject of love at an old age. The focus of interest is put on two sisters, Leokadia and Czechna, who live together in a retirement home not far away from Warsaw. The main storyline is short on action: The first narrative level describes an extraordinary hot summer and sketches the lives and destinies of the residents. The second storyline consists of flashbacks to the time of the Second World War. The sisters survived the concentration camp Auschwitz due to the fact that they served as test subjects for doctor Josef's inhuman experiments. (Only later in the book there is a direct hint to the real Josef Mengele, the Nazi medical scientist, who became known for his tests in Auschwitz.) To increase their chance to survive, their parents convinced him that their children were twins. The resulting trauma has been confirmed by different pathological behavior patterns, which are brought up in the first narrative level.

**Narrative characteristics**

The composition of the first two chapters proves how these two storylines are interwoven in an unexpected manner and suddenly change. Right at the beginning the reader is confronted with an atrocious setting.

> Kiedy po raz pierwszy stanęła przed doktorem Josefem, dwunastoletnia i naga, wyczuła jego zachwyt. [...] Stała w gromadzie bliźniąt, garbatych, chromych i karłów. Pomiędzy dziećmi o zdeformowanych kończynach, które już za kilka tygodni wystawią w muzeum biologicznym. [...] Pokazali mu również cygańskie maleństwa o pięknych zębach i doskonale wysklepionych czaszkach, które po wygotowaniu ozdobią wiele biurek.[2]
> (Rudzka 2006, 7)

Thereby, the first chapter already builds the atmosphere of disgust and loathing. Compared to this, the author creates a contrast with the second chapter in which the scenery changes and focuses now upon everyday life at the retirement home.

---

[2] „When she stood in front of doctor Josef for the first time, 12 years old and naked, she felt his enthusiasm. [...] She stood amongst twins, humpbacks, limpers and little growns. Among children, whose malformed extremities would be exposed in the Biological Museum in a few weeks. [...] They also showed him little gypsy children with pretty teeth and immaculately shaped skulls that – after dissection – will decorate lots of desks" (Translations from Polish by E.-M.H.).

Both sceneries are linked by the detailed description of physicality and carnality (that is to say the beauty that is also obvious in both cases). The narrator looks from a similar point of view on the persons: Despite the inhuman atmosphere or problems of ageing, the narrator always sees a certain kind of beauty of the bodies he describes.

> Policzki w sińcach, ranach, ropnych zadrapaniach. Bibułkowe powieki. Wzdęte chorobą brzuchy. Pobrużdżone dłonie. Sękate palce. [...] Przysiadła na moment. Wyjęła puderniczkę. Poprawiła pukiel włosów nad uchem. Długo oglądała się w małym, owalnym lusterku. Była dumna ze swojej gładki cery.[3] (ibid., 9f.)

This strange and unusual depiction of the semantic field ‚body/physicality' (test subject, decoration subject, physical decline, beauty) is programmatic for the novel's whole development. One of the main isotopes becomes obvious already on the first three pages of the book. Looking at the brought up semantic fields ‚youth' and ‚old age', one can explain the reader's uncertainty.

A semantic field describes a set of words grouped by meaning referring to a specific subject. These meanings are based on culturally grown definitions of the way things have to be, but in this case, the semantic fields are extended by contrary endorsements which make the reading difficult right from the beginning. On the one hand, the reader is confronted with the setting where Czechna is still a girl and is solely surrounded by younger children. The usual picture of childhood is linked to terms like innocence, health and lightheartedness. But in the first chapter, the focus is put on her premature attractiveness and the crippled, malformed children instead. They all are facing a violent death soon and are at doctor Josef's mercy without any protection. Only a few pages later, the setting changed to a retirement home. The popular idea of how life at an old age looks like is rich in contrast, but Rudzka depicts it in a pretty negative manner. The seniors are deprived of dignity, vitality and are eking out a normal existence in the home where they seem to be forgotten by their relatives. In contrast, the unusual attractiveness of Czechna is even more remarkable. In this extremely sad daily life, the character of Czechna seems to be pretty displaced.

---

[3] „Cheeks with bruises, wounds, ulcerating scratches. Eyelids like blotting-paper. Morbidly bloated bellies. Furrowed hands. Knotty fingers. [...] She sat down for a while. Took out her powder box. Straightened a tuft of hair above her ear. Gazed at herself in a small, oval mirror. She was proud of her smooth skin."

Not only the narrator puts his focus on the detailed description of the bodies, it is also Czechna herself who always emphasizes her beauty and the description of how she could survive the concentration camp thanks to her look for which she was named „Miss Auschwitz" (ibid., 67). One can observe that the passages where she mentions her traumatic experience are shortened extraordinarily compared to the passages focused on her beauty, which almost verge on self-glorification. Compared to that, the extra diegetic narrator seems to be the link between the two storylines and the matter-of-fact opposite of the personal narration of Czechna. On the one hand, he depicts the people in the retirement home in a distanced and less emphatic way. As one could see in the above mentioned quote, his description of the daily life is pretty detailed and focuses on the diseases the usage of parataxis supporting the impression of monotony and hopelessness. On the other hand, he is able to describe the emotional life of the two sisters and to put their often confused acts and speeches in order. He is also responsible for the protagonist's introspection, that is to say the self-examination of thoughts and feelings – an ability that Czechna as well as Leokadia lack.

The two storylines are also clearly defined by the use of tenses: In the main storyline the past tense is applied to describe the experience in the concentration camp. But in the flashbacks, the narrator uses the present tense to report about the destiny. This role of witness supports the immediateness between the reader and the story, which makes the narrator more reliable.

> Znowu się do niej zbliża. Doktor Josef. Smagły. Równy niebu. Nieobecny. [...] Śmieje się. Głośno. Hałaśliwie. Chłopieco. Śmieje się ustami. Żarłocznymi. Ssącymi [...] Pokazuje, że ma się wyciągnąć. Nagimi plecami warować na metalowym blacie pokrytym strupami obcych wydzielin.[4] (ibid., 204f.)

As one can see, the external narrator determines the novel's development and the composition in an extensive way.

One can oppose this direct representation of the past to the indirect way of remembering by quoting a part where the immediate changes between the storylines can be shown. For a better understanding one has to add that this is a scene

---

[4] „He is approaching her again. Doctor Josef. Slim. Heavenly. Not present. [...] Laughing. Loudly. Vociferously. Like a boy. Laughing with his mouth. With the greedy one. The sucking one. [...] He wants her to stretch out. To lay down the naked shoulders on the metal bar that is covered with the excretions of strangers."

where the age-related diseases and physical dysfunctions of Mister Henoch – Czechna's neighbor – raise a feeling of pity and compassion at the first instance:

> Wyciągnęła do niego rękę. Uszczypnęła go przyjaźnie w łokieć. Do jej nosa doszedł bijący od poety odór kału. Odsunęła się. Doktor Josef. Taki ładny pan. Czysty. Pachniał pięknie. Mocno. Chciała być bliżej niego, bo wtedy nie czuła odoru spalonego ludziego mięsa, którym przesiąkła.[5] (ibid., 90)

### The role of allegories

Another characteristic on the microstylistical level becomes obvious in this quote and that is the formation of allegories. An allegory consists of a network of single metaphors that suggests reading parts of the text, or even the whole text in a double interpretation (cf. Meyer 2007, 105). In the first chapters, the author established a fundamental conflict by the opposition of concentration camp and retirement home. The conflict experiences intensification: The above mentioned odors awake the memory of the unbearable smell of crematories. Thereby an analogy between age-related, physical decline and the intentionally caused death is evoked. Also the choice of places and persons refers to a conscious use of analogy to evoke provocation and irritation: The head of the retirement home is illustrated with an unusual strictness and without feelings of compassion or indulgence, which one would expect in such a work environment.

> Można nie zdążyć do toalety, obsikać pantofle czy spodnie, a popuszczania w majtki to już na pewno nie da się ukryć. Tylko w zeszłym tygodniu dwóch panów zostało z tego powodu oddelegowanych do domu nad jeziorem. Dyrektor wyławiał chorych w czasie posiłków. Krążył, krążył pomiędzy stolikami, aż wreszcie z szerokim uśmiechem na twarzy zatrzymywał się przed któryms z delikwentów.[6] (Rudzka 2006, 43f.)

This selection procedure is very similar to the one of doctor Josef who looks for his next victim unhurriedly. Additionally, another malicious feature of the direc-

---

[5] „She gave him her hand. Hugged his elbow in a friendly manner. The poet's smell of excrement wafted up her nose and she moved back. Doctor Josef. Such a good looking man. Clean. Smelled good. Strong. She wanted to be near him. So she couldn't smell the malodor of burned flesh she was surrounded by."

[6] „Sometimes someone couldn't reach the toilet, peed on his slippers or into his pants. And if somebody peed into the panties you couldn't hide it anymore. Just a week ago, two men were sent to the House by the Sea due to this reason. The director was picking the invalids during the meals. He rotated between the tables, went here and there and stopped finally in front of the delinquent with a big grin on his face."

tor gets obvious. The ‚chosen' older people are forced to leave the home even during the common meal, which is the only element that structures the monotone day and assures a certain degree of variety and distraction for the seniors. Moreover, the term „delikwent" seems inappropriate compared to the misdeed that the person is blamed for. Bed-wetting as well as bad breath legitimate the transfer to the House by the Sea. The punishment of misdeeds, which actually aren't misdeeds at all, makes it easy to compare this situation to the arbitrariness in the concentration camps that made the people live in anxiety.

The mentioned House by the Sea signifies for the people a place of fear, nobody ever sent to this house came back to the community in the retirement home. The fact that everyone in the retirement home is convinced that the House by The Sea is a secure way to death reinforces and legitimates such an interpretation. Besides, other absurd acts are for example the cutting of water supply for austerity reasons, although the retired persons are in agony due to the unbearable summer heat. In consequence, they have to take their shower together getting washed with a hosepipe. Some residents are even forced to wear a brassard.

**Posttraumatic narration strategies**

*Ślicznotka doktora Josefa* provides a special way of dealing with the Holocaust trauma not only by the outrageous comparison of daily life in a retirement home and life in a concentration camp but also by the testimony on a double spatial and temporal background. The leaps in time and place are markers for the so-called post traumatic narrative style (cf. Ubertowska 2007, 258).

To the reader of this novel, the description's intensity is difficult to adjust to. The fact that people have been reduced to test subjects is actually less shocking than the fact that Czechna develops a strong emotional attachment to her tormentor doctor Josef. Furthermore, the clearly sexually connoted experiences which Czechna does not perceive as such, become manifest in phobias and compulsory behavior later on.

As a 12-year-old girl she is in the process of becoming a woman. Hence an infantile sense of shame is mixed with the (un)consciousness of her maturing body in the flashback sequences. It is a difficult task for the reader to decide whether doctor Josef is interested in the girl only in a scientific manner. Some quotes indicate an additional private interest in the girl. The sexual connotation expressed in the following passage seems even more drastic.

> Podziw doktora Josefa powinien być niemy. Może tylko mościć się w niej. Skalpelem. Strzykawką. Igłą. Bakteriami. Sondą. Wić się w niej. Dosięgać. Nacinać. Rozcinać. Plądrować. Wycinać. Prowokować obrzęki. Ropnie. Dobrze, że krwawi. Ciężką, ciemną krwią, jakby wątrobianą. Niech leży w kałuży ze swojego ciała. […]. Obserwowanie jej bólu jest piękniejsze niż rzucenie jej ścierwa na taczkę.[7] (Rudzka 2006, 206f.)

The penetration with different medical tools evokes the impression of assisting at a defloration. The sadistic pleasure which doctor Josef gains by watching the heavy reactions of his test subject is a very arbitrary and inconstant way of enthusiasm. If her reactions were less spectacular, the „cadaver" would be immediately removed. The use of this word indicates the dehumanization because the still living body is synonymous with carrion. Through the demonstration of the unimaginable, the author tries to explain the following: The mixture of concentration camp experience with sexuality and masochism causes an atmosphere of disgust, which provokes a lot of questions and leaves the reader helpless. At the same time, the recipient becomes conscious of something fundamental, that is to say of the incapacity to tell on the level of feelings what happened at that time – translated into a contemporary emotional level (cf. Jamrozek-Sowa 2002, 98).

Besides this field of sexual connotation, one can notice a high degree of trust and familiarity between the tormentor and the young girl. The use of his first name and the loving description still depict the portrait of a friendly man.

> Wyglądał jak magik. W białych rękawiczkach, z elegancką szpicrutą, którą smagał cholewę. Lubiła przed nim stawać. Podnosić do góry ramiona. Obracać się w koło. Jeszcze raz i jeszcze raz.[8] (Rudzka 2006, 90)

The identification with the torturer and the attempt to create the appearance of a game as well as the open-minded naïve children's behavior are even more un-

---

[7] „Doctor Josef's enthusiasm has to be silent. Maybe just nest in her. With the scalpel. With the needle. With the syringe. With bacteria. Boring into her. Puncturing. Cutting. Cutting into pieces. Provoke swellings. She is ulcerating. It's good that she is bleeding. Heavy, thick blood, like from the liver […]. May she lay in the puddle of her own body. Observing her pain is better than throwing her cadaver on the barrow."

[8] „He looked like a magician. With white gloves, a long whip, which he lapped against his bootlegs. She liked standing in front of him. Raising her arms. Spinning around. Again and again."

bearable than the above mentioned scenery on the dissecting table. Furthermore, the description of doctor Josef adds a fatherly element to this picture. To come to terms with trauma mental and psychological fundament is needed, but this fundament fell victim to the experienced psychological and physical abuse (cf. Assmann 1998, 147). Additionally, the traumatic experience of their childhood was aggravated and pursued them in their married lives. Leokadia's husband wants her to put on the prisoner's uniform and she even tries to justify this behavior: „Przestań już, przecież miał chorobę alkoholową"[9] (Rudzka 2006, 108). Paradoxically, the neighbor's echo sounds as follows: „A, jak miał chorobę, to co innego"[10] (ibid.). But also the behavior of the society and its lack of compassion become obvious for example one day at the central station in Wrocław, where Czechna is convinced to have recognized one of doctor Josef's employees. In consequence of that, she had a nervous breakdown. The policeman appeases the situation by saying: „Zaopiekujemy się panią. To chora osoba. Pan doktor musi to rozumieć. Wielu obywatelom wydaje się, że widzieli gdzieś esesmanów"[11] (ibid., 220f.). As the quotes could show, suffering from a disease is a popular way to explain behavior patterns without questioning the reasons.

Neither in private nor in public life, neither at a young nor at an old age, the sisters can expect help, hence they got traumatized twice. To sum up, the longing for shelter and comprehension could never be satisfied. The missing attachment persons, so to say the parents, were replaced at an early stage by the attachment to the tormentor. This may serve as an explication why the sisters prefer to look at the world through the eyes of a child:

> Nigdy bym nie przypuszczała... Tęsknię za obozem. [...] Tam moje dzieciństwo. [...] Tam byłam dzieckiem, bo byłam z tatą. Przyrzekł mi, że wszędzie będziemy chodzić za rękę. Nawet do pieca. A kiedy wyzwolili obóz, byłam już bez taty. I nie byłam już dzieckiem. Nic nie pamiętałam. Mamusi. Babci. Naszego domu. Tak jakby cała przeszłość poszła do gazu.[12] (ibid., 162)

---

[9] „Stop that, he was ill, he was alcoholic."
[10] „Well, if he was ill, then it's something different."
[11] „We will take care of the lady. She is ill, please understand that. [...] Many people think that they saw SS men somewhere."
[12] „I would've never been expected that... But I am longing for the camp. [...] There is my childhood. [...] There I was a child, because I was there with daddy. He swore to me that we

## Reactions in German and Polish book reviews

The way Holocaust trauma is presented in this book is surely not easy to adjust to. Hence one can suppose the book to cause manifold reactions. German and Polish reactions of literary critics depict very well how differently the main focus can be put in the reviews.

The novel, translated into German by Esther Kinsky, was published in 2009 by the Zurich publishing house Ammann, and quickly caused an echo in the newspaper reviews. German speaking critics mainly evaluate the book in terms of moral questions and often do not end up with a positive summary: „Schockierend, weil die Grenzen der Ethik verschwimmen. Verstörend, weil die Autorin Tabubruch begeht – sie nimmt das angeblich Unvergleichbare, den Holocaust, zum Massstab für einen Schrecken unserer Zeit" (Stolzmann 2009).

Especially the novel's double setting in spatial and temporal terms seems for most of the critics to be an offence towards popular narrative strategies. Oliver Pfohlmann even accuses the narrator for her cynical point of view:

> Fiktive Shoah-Literatur steht stets unter einem besonderen Legitimationsdruck. [...] Die Problematik des Romans liegt nicht in seinen um ihre Erinnerungen und um Gehör kämpfenden Protagonistinnen. Sondern in seiner Obsession für Krankheit und körperlichen Verfall. [...] Oder ist es nicht gerade der böse Blick der Erzählerin, der die Figuren ihrer Würde beraubt und sie regelrecht vorführt? [...] Mindestens Unbehagen löst nicht zuletzt die Parallelisierung zwischen Leben im Heim und Leben im KZ aus. (Pfohlmann 2010, 26)

These two examples stand for other similar reactions that consider *Ślicznotka doktora Josefa* to be voyeuristic, flat and erotic-sadistic and full of crude analogies (see e.g. Plath 2009).

But the questionable allegories and comparisons between the concentration camp and the retirement home can also be interpreted differently. The narrator is looking for a way to ‚translate' the inhuman living conditions at that time into a level that can be understood by the reader nowadays as well.

Besides, one can put the question if it is not the most inherent characteristic of literature that it ought to move, to provoke, to dismay and even to outrage the

---

will go together everywhere, even to the oven. But when the camp was liberated I had no daddy anymore. And I was no longer a child. I don't remember anything. Mum. Grandma. Our house. Like all our past went into the gas."

reader? The comparison of Polish and German reviews seems to be interesting inasmuch as the Polish critics do not even mention negatively the allegedly outrageous comparisons and focus more on the single characters. „[...] jest to jedna z najbardziej przejmujących, apelujących do sumień i zarazem ujmujących swym stylem relacji o życiu starszych ludzi izolowanych w przytułkach"[13] (Orski 2007, 114). Orski reads the novel as a story about lonesomeness and human helplessness. Besides the characters, he also takes into consideration the depiction of the nature which plays an important role: The summer heat unveils its whole life-threatening impact at the end of the book. „Pensjonariusze psuli się szybko. Pokancerowani. W plamach. W liszajach. Strupach. Wyżłobieniach. [...] Obślinieni. Spoceni. Dyszeli. Dygotali. Kwilili"[14] (Rudzka 2006, 200).

Orski sums up his impressions calling the book a „spectacle of life" (Orski 2007, 115), and maybe this is where the difference between German and Polish reviews becomes the most obvious. Zyta Rudzka does not use symbols describing the daily life in the concentration camp and the retirement home. The detailed and embarrassing descriptions do not leave space to interpret neither the past nor the present. Hence German critics understand the novel to be indexical: This documentary presentation evokes a kind of an impossible nearness (cf. Dawidowski 2009, 609) and provokes such reactions as presented in the above mentioned quotes. With this attitude, German critics would deny the novel the interplay of several narrative strategies. There is the more descriptive level of narration, but if one looks at the whole construction, one can find scenic or even lyrical narrative forms which provide a perspective that is not primarily focused on the Holocaust. The manifold narrative strategies put the focus on the retirees and the atmosphere, what makes the reader understand that this book is not about the representation of sadistic pseudo-medical experiments committed in the name of the Nazi ideology. It is instead about coming to terms and working through the traumatic destiny that all retirees have in common. Paweł Smoleński interprets the representation of the past as follows:

---

[13] „It is one of the most moving books that appeals to conscience and captivates by its narrative style about the live of elder, isolated people in a shelter."
[14] „The retirees were degenerating quickly. They had cancer. Rashes. Abscesses. Ulcers. [...] Drooled. Sweaty. They wheezed. Trembled. Whined."

Opowieść Zyty Rudzkiej zachowuje antyczną jedność miejsca, czasu i akcji. Jeśli nie liczyć podróży w odległą przeszłość: ważną, kolorową, choć najczęściej tragiczną i bolesną, wypełnioną bestiami, niezrealizowanym prośbami, zapomnianymi obowiązkami, utraconymi szansami. Dlaczego ważną? Bo rozgrywa się między ludźmi, choćby nawet byli potworami jak dr Josef Mengele.[15] (Smoleński 2006)

The longing for a life in dignity and the sisters' inability to start living after the traumatization are also the main topics in the opinion of Maria Jentys' review. She considers the scenic and reportage-like style as the only possibility to portray the lives in the most literal, hence original way (cf. Jentys 2006, 124).

In the context of this article, one cannot evaluate the history and development of Polish and German literary criticism, but especially in the context of the Holocaust, one can expect that to be a fruitful research area. The impact of the Holocaust seems to be the dominant in German reviews that look at the book mainly in this respect. Due to this status of a „supersign" (Dawidowski 2009, 592), every other topic in this novel is subordinated to it. This ascendance seems not always appropriate as Polish critics show that other ways of interpreting are possible and seem reasonable.

**Conclusion**

This book brings up many interesting and problematic aspects at the same time. On the narrative level it is important to look at the different ways of interpreting the past. Czechna's statements are often clouded and contradictory; in consequence, they require an extra diegetic narrator to establish a certain degree of reliability. The narrator suggests to read the book from a psychological point of view. The experience cannot be explained directly to the reader, so it is subsequently adapted by an outstanding person – which does not mean that the narrator's interpretation is the right one. At the end of the book, he loses this ability completely, and the reader is left with Czechna's point of view and is forced to arrange them with the rest of the work. Hence, the degree of reliability between reader and narrator cannot be defined clearly. In this respect, one has to raise the

---

[15] „Zyta Rudzka's novel keeps the antique unity of place, time and action. Not counting the voyages to the distant past. Important, colorful, though mostly tragic and painful, filled with beasts, not realized demands, forgotten duties, lost chances. Why important? Because it takes place between the people, though they even were monsters like doctor Josef Mengele."

question how we are going to rate and to deal with testimonies in general when the number of witnesses decreases rapidly.

But this work can also be interpreted as a provoking way of presenting Holocaust survivors' destinies because it seems like an offense in a double sense: It criticizes not only the people around the survivors which – due to an emotional, spatial and temporal distance – are unable to put themselves in the survivors' position. Additionally, one cannot find any sense of community among the survivors either. The sketch-like depiction of the older people makes the reader feel like watching a panopticon consisting of physical decline and age related stubbornness, where all live together but apart and a dialogue between generations is impossible – this would result in a pretty negative attitude towards every commemoration attempt.

## Bibliography

*Assmann*, Aleida 1998: Stabilisatoren der Erinnerung – Affekt, Symbol, Trauma. In: Die dunkle Spur der Vergangenheit. Psychoanalytische Zugänge zum Geschichtsbewusstsein. Hrsg. v. Jörn Rüsen u. Jürgen Straub. Frankfurt am Main, pp. 131-152.

*Dawidowski*, Christian 2009: Die literarische Darstellung des Holocaust. Ein semiologisches Modell zum Beschreiben und Erfassen von Typologien. In: Zeitschrift für deutsche Philologie 128,4, pp. 591-613.

*Hiemer*, Elisa-Maria 2012: Generationenkonflikt und Gedächtnistradierung. Die Aufarbeitung des Holocaust in der polnischen Erzählprosa des 21. Jahrhunderts. Stuttgart (= Literatur und Kultur im mittleren und östlichen Europa. 1).

*Jamrozek-Sowa*, Anna 2002: Wojna raz jeszcze. Obrazy II wojny światowej w prozie lat dziewięćdziesiątych. In: Literatura polska 1990-2000. Tom II. Red. Tomasz Cieślak i Krystyna Pietrych. Kraków, pp. 88-110.

*Jentys*, Maria 2006: Nietykalni. Niewidzialni. In: Twórczość 62,10, pp. 124-126.

*Kotowska-Kachel*, Maria 2011: Zyta Rudzka. In: Polscy pisarzy i badaczy literatury przełomu XX i XXI wieku. Słownik biobibliograficzny. Red. Alicja Szałagan. Warszawa, pp. 219-222.

*Meyer*, Urs 2007: Stilistische Textmerkmale. In: Handbuch Literaturwissenschaft. Hrsg. v. Thomas Anz. Bd. 1. Stuttgart, pp. 81-110.

*Orski*, Mieczysław 2007: Dryfując w gorączce powietrza. In: Odra. 47,1, pp. 114-115.

*Pfohlmann*, Oliver 2010: Doktor Josefs Schönste und die Schrecken von Auschwitz. In: Frankfurter Allgemeine Zeitung v. 13.12.2010, p. 26.

*Plath*, Jörg 2009: Krude Analogien. http://www.dradio.de/dlf/sendungen/buechermarkt/1034944/ (accessed 17-3-2013).

*Rudzka*, Zyta 2006: Ślicznotka doktora Josefa. Warszawa.

*Smoleński*, Paweł 2006: Ślicznotka doktora Josefa. In: Gazeta Wyborcza v. 3.7.2006. http://wyborcza.pl/2029020,75517,3460002.html (accessed 2-7-2011).

Stolzmann, Uwe 2009: Miss Auschwitz, nackt, vor Doktor Mengele. In: Neue Zürcher Zeitung v 23.5.2009. http://www.nzz.ch/aktuell/feuilleton/buchrezensionen/miss-auschwitz-nackt-vor-doktor-mengele-1.2609722 (accessed: 17-3-2013).

Ubertowska, Aleksandra 2007: Świadecto – trauma – głos. Literackie reprezentacje Holokaustu. Kraków.

## Zusammenfassung

Zyta Rudzkas Werk *Ślicznotka doktora Josefa* (dt. *Doktor Josefs Schönste*) wurde 2006 veröffentlicht und ist das bisher einzige Buch der Autorin, das außerhalb Polens wahrgenommen wurde. Die Schilderungen des lähmenden Alltags zweier jüdischer Schwestern in einem Altenheim bei Warschau bilden den Ausgangspunkt der Erzählung. Rückblenden in die Zeit des Zweiten Weltkrieges führen auf drastische Weise die Erfahrungen der Schwestern als Versuchsobjekte im KZ Auschwitz vor Augen. Paradoxerweise beurteilen die Schwestern diese Erfahrungen positiver als das Leben im Altenheim, in dem sie sich erneut unwürdiger Behandlung ausgesetzt sehen. Der Artikel widmet sich der Analyse der Erzählstrategien und der Rolle des Erzählers, der es als einziger vermag, die Aussagen der Senioren zu ordnen und dem Leser die Traumatisierung der Schwestern zu verdeutlichen. Im Hinblick auf den zunächst gewagt anmutenden Vergleich zwischen Konzentrationslager und Altenheim werden polnische und deutsche Rezensionen vorgestellt, die einen interessanten Unterschied in der Rezeption deutlich werden lassen.

## Streszczenie

Powieść *Ślicznotka doktora Josefa* Zyty Rudzkiej, opublikowana w 2006 r., jest pierwszym utworem autorki cieszącym się zainteresowaniem poza granicami Polski. Punkt wyjścia stanowi paraliżujący opis życia codziennego dwóch żydowskich sióstr w podwarszawskim domu starców. Liczne retrospekcje do czasów Drugiej Wojny Światowej uprzytomniają czytelnikowi w dosadny sposób ich doświadczenia w obozie koncentracyjnym Auschwitz, gdzie służyły jako obiekty doświadczalne. Paradoksalnie, obie siostry oceniają tamto życie pozytywniej niż obecną sytuację w domu starców, w którym ponownie podlegają niegodnemu traktowaniu. Artykuł jest poświęcony analizie strategii narracyjnej jak również roli narratora, który potrafi, układając wypowiedzi emerytek, wyjaśniać ich traumatyzację. Porównanie obozowego życia i pobytu w domu starców spotkało się ze skrajnie różnymi reakcjami. Podana w tym artykule analiza recenzji wskazuje na odmienny obiór i interpretację dzieła w obu krajach.

# The Tale of Sir Nicholas Winton in Matej Mináč's Movies *Nicky's Family* and *The Power of Good*

Šárka Vlasáková, Praha

> *There is nothing that can't be done if it's fundamentally reasonable.*[1]
> Sir Nicholas Winton

Capturing the theme of the Holocaust on screen is both an easy and difficult task. In the words of James Monaco „a movie doesn't indicate […], [a] movie proclaims" (Monaco 2004, 155). Therefore, it is very difficult to explain the techniques used in movies, since, as Christian Metz claims, „a film is so difficult to explain because it is so easy to understand" (ibid., 152).

Movies based on the theme of the Holocaust can be based both on reality and fiction. Narration based on reality is one of the strongest methods in this respect. The combination of a strong story, narratives of the Holocaust survivors, choice of music and a sensitive approach to the topic lead to a very moving result. Both of the movies I have chosen to analyze in this paper, *The Power of Good* and *Nicky's family*, are definitely of that kind.

## The Tale of Sir Nicholas Winton

> *In my opinion it is not just enough to lead an exemplary life in a purely passive sense of doing no wrong. The power of good in a man makes him actively help those in need.*
> Sir Nicholas Winton

In 1938, Nicholas Winton was 29 years old and worked as a stockbroker in England. His occupation enabled him to lead a life of ease in spite of the world economic crisis at the time. Yet he also sensed the tension of the late 1930s and followed the deteriorating political situation in Europe with increasing worries. In the winter of 1938, he was supposed to go skiing to Switzerland with his friend Martin Blake. Before Winton's leave, Blake called him and told him that he is not in Switzerland because he went to Czechoslovakia to help the refugees

---

[1] Citations in italics are from *Nicky's family* and *The Power of Good* if not indicated otherwise.

who were fleeing their homes after the Munich Pact. Therefore, Nicholas Winton followed Blake to Prague. Upon seeing the terrible situation of Czechoslovak refugees in camps and learning that no organization was helping the refugee children, he claimed that he was willing to stand up for them personally. Winton understood that the breakout of war was imminent. He had previously come across a map which indicated the plans of German Nazis for a gradual domination of Europe. Thus, as a young gentleman with no financial constraints, he now applied the brain of a stockbroker for his plan. He started writing appeals to various organizations, countries and instances, including the White House, for help. Nevertheless, only two countries gave a positive reply: Great Britain[2] and Sweden. With the help of a Swedish girl working for the Swedish Red Cross[3], first children[4] left by plane to Sweden in December 1938. Nicholas Winton made a list of predominantly Jewish children who faced deep danger, comprising of over 2 000 names. To help these children get out of Czechoslovakia, he founded The British Committee for Refugees from Czechoslovakia – Children's section, and subsequently elected himself honorary president on the first and last meeting of this fictive organization. It was vital to get the greatest amount of children out of cloistered Czechoslovakia in the least possible time. Therefore, Winton placed pictures of the children in English newspapers and magazines. He also made cards with children's pictures and names and sent them to families who expressed interest in taking care of the children. The regulations of the English Government stated that families who took a child would have to pay 50 GBP and commit to taking care of the child until he or she reached the age of 18. In addition, Winton had to cover all the travel expenses associated with the program. Once he and Blake managed to find families willing to adopt the children, he faced the difficult task of getting the Czechoslovak Jewish children out of the country, for what he needed visas. Due to the fact that the process

---

[2] After the Crystal Night (Kristallnacht or Reichspogromnacht) which took place on November 9, 1938 Great Britain alleviated its immigration law and therefore let the children enter the country.
[3] Although she was in fact collaborating with the Gestapo, she nevertheless took the endangered Jewish children to safety in Sweden.
[4] Sources report different data. The book *Lottery of Life* speaks of 20 children (p. 72), the book *Nicky's family* mentions 25 children (p. 51).

carried out by British officers was taking more time than anticipated, and time was running out, Winton eventually printed his own, false English visa.[5] He chose to transport the children from Czechoslovakia by train. The first transport left on March 14, 1939, merely one day before Adolf Hitler proclaimed the remaining parts of cloistered Czechoslovakia a protectorate, the Protectorate Böhmen und Mähren. Winton faced numerous obstacles throughout his quest. Sometimes, he had to pay more money for the transport as the officers would not let the train with the children go otherwise. In total, he managed to organize 8 transports, saving 669 children altogether. Another transport, the greatest so far, with 251 children on board, was scheduled to leave Czechoslovakia on September 1, 1939. Nevertheless, unfortunately, it could not be dispatched because the Second World War broke out.[6] None of the children listed for the transport survived the Holocaust.

---

[5] No child arrived to Great Britain illegally as the country delivered visas before the children reached Great Britain.

[6] The story of 669 saved children remained hidden for 50 years, until the day when Grete, Nicholas's wife, found her husband's scrapbook and letters, along with other documents, in the attic of their house. She asked Winton about it and he told her the whole story. Grete visited Dr. Elizabeth Maxwell, a British specialist in the Holocaust, and she became intrigued with the story. Dr. Maxwell subsequently wrote to all addresses written on the list and got back over 200 answers. Then, one day, Nicholas Winton was asked to attend a show for seniors *That's life*. Little did he know that together with him, the audience would be full of ‚children' he once rescued. To the present day, he keeps in touch with his worldwide family that comprises more than 5 000 people.

The scene from *That's life* is based on a big discrepancy. When Nicholas Winton sits in the audience and the moderator talks to him, Vera Gissing is seated at his left side and another rescued ‚child' sits at his right side. Then the moderator asks whether there are other rescued children in the audience. Everyone stands up, except for Nicholas Winton and his wife Grete who is now sitting on his left side. The second rescued lady is not sitting on his right side either. Matej Mináč admitted that this scene consisted of two BBC programmes and stresses that he merged diverse footage so that the viewer would not be confused.

## The Power of Good

> Life is the best director and tales directed under his baton are the best (Mináč 2011, 82).

The movie *The Power of Good* tells the story of Sir Nicholas Winton and his ‚children' from 1938 to 2002. It is narrated by Joe Schlesinger, a BBC reporter, friend of Nicholas Winton[7] and one of the rescued ‚children'.

*The Power of Good* consists both of documentary and recent footage. Apart from Schlesinger[8], other rescued ‚children' also appear in the movie as narrators. The movie does not represent a compact structure, but rather a mosaic held together by its narrator. Director Matej Mináč managed to find and assemble rare documentary material[9], such as footage of Nicholas Winton and the children from one of the transports in 1939 (obtained from The National archives Washington), a report from a 1939 British Newsreel about the arrival of one transport to Liverpool station, shots from the documentary film *Children in exile* from a Czechoslovak boarding school in Wales (provided by its director Jiří Weiss) and another Czechoslovak Newsreel from BBC, where children at the boarding school listen to Czechoslovak radio.[10] A minor part of the movie also consists of scenes that were shot additionally in the present day, but in fact show the past, these are ‚contemporary documentary' or docutainment[11] shots. Among these is an incident described by Winton, where he was talking to some friends in the lobby of Hotel Šroubek while being followed by a German spy. This scene is played in present day by Nicholas Winton, Vera Gissing (a rescued ‚child') and Winton's wife Grete. The German spy pretending to read the newspaper while listening to the discussion at the next table is played by director Matej Mináč. Other parts of the movie consist of scenes capturing the fabrication of the pass-

---

[7] At the end of the movie, Joe Schlesinger said about Nicholas Winton: *I believe that one of the highest marks of civilization or being civilized or being a human being is just ordinary human decency. That all societies require decency that require decent people, and Nicky Winton is one of the most decent people I know and I can pay him no higher compliment.*

[8] Joe Schlesinger both wrote and read the commentary.

[9] The movie also contains documentary footage from Czechoslovak refugee camps.

[10] Also documentary by its origin, but not hard to find and therefore not mentioned in the text is the news report from Czech television about Nicholas Winton visiting Prague in 2001. This report opens the whole story.

[11] The term consists of two words: ‚documentary' and ‚entertainment'.

ports, lists of children's names, and other necessary arrangements originally taking place in 1939, but also shot additionally.

The footage which illustrates the process of the rescue was also filmed in present day. Thus, we can see as the lists of children's names are typed and their visas printed. The technique of ‚contemporary documentary' footage is applied much more frequently in the second movie, *Nicky's family*.

**Revealing the memory – the scrapbook**

The object which initiates the whole process of narration is Nicholas Winton's scrapbook which he started writing in 1938. Joe Schlesinger holds this scrapbook and browses through its pages, thereby taking the spectators into the past. This scrapbook becomes almost magical, as it is the object by which the past is revealed and remembered. It captures the happy childhood of Jewish children in prewar Czechoslovakia, manifested in one scene of the movie where we see a double page of the scrapbook with pictures. Suddenly the picture on the right side becomes a documentary shot and spectators are thus drawn into the plot (this technique is also used in *Nicky's family*).

Furthermore, the scrapbook introduces the narration of various saved ‚children'. It first turns to a certain page full of pictures of anonymous children's faces, and then focuses onto the story of one concrete child by circling his or her name with a red pen (or by crossing the picture[12]). The story of Nicholas Winton also starts after a shot at his photograph.

The scrapbook is a mysterious object and the narrator unfolds the mystery hidden in it. Moreover, through its founder, the scrapbook is transformed into an object of salvation. As Joe Schlesinger says, *if it were not for the scrapbook, I certainly wouldn't have been here*.

**Narrating techniques**

Both movies work with symbols, metaphors, sentiment and clichés. In order to further enhance emotional aspects, the directors use stark contrasts. When de-

---

[12] In *Nicky's family*, the camera also comes closer to the picture of the child, and his or her story subsequently starts.

scribing prewar Czechoslovakia, *The Power of Good* shows us documentary shots of happy children playing and laughing, while Czech and Slovak national songs are played in the background. These sentimental shots of ‚a happy childhood in Czechoslovakia' are soon replaced with footage of Hitlerjugend and SS troops marching through the streets.[13] The rescued ‚children' also later recall their happy childhood, immortalized in memories of for instance dances at Grand Hotel Pupp or hot chocolate with whipped cream. At the end of the movie, we see big families of rescued ‚children' talking, smiling and kissing each other, which are cliché film techniques, but at the same time constitute the emotional peak of the movie.

National songs also play a symbolic role in the film. This is manifested through both symbolism and cliché in the scene where ‚children' recall hearing the Czechoslovak national anthem *Where is my home?* on the ship which took them from the Netherlands to Great Britain. The pathos embedded in this memory is further amplified by the narrator's words *Where is my home? It was a question that remained unanswered for many years...*

The most frequently applied metaphor throughout the story is the ‚lottery of life and death', which is also used in *Nicky's family*. These words aptly express the reality in which the Jewish parents lived at the time. Not all of the children which were part of the program were chosen by British families. And those who were in fact met their fate by chance, because their future foster families liked their looks or aptitudes, such as playing the piano or drawing. Furthermore, not all of the endangered children managed to leave with the transports. As stated previously, those that were supposed to embark on their journey to Great Britain on September 1, 1939, were unfortunately never able to do so because the war had broken out by then.

Naturally, memories are a crucially important part of this movie. The ‚children' and the narrator recall what they remember from their childhood. Through their memories, the narrators bring the past closer to the present. Their memory

---

[13] Other clichés are represented by documentary footage capturing the gate of the Auschwitz concentration camp with the emblematic inscription of „Arbeit macht frei" while steam comes out of it, or documentary shots of liberated Prague at the end of World War II which are tinged by cheerful music.

is strongly thematised by words of remembrance, such as „I remember" and so forth.

Joe Schlesinger has a very kind face and a gentle voice. When he tells us the story, his eyes seem to smile. At times, we have a feeling as if he was narrating a fairytale. Such a notion is further enhanced by sentences as: *The first words in the scrapbook were written in December 1938.* Nicholas Winton is presented as a hero, who carried on with his work no matter what until the first days of World War II, when nothing more could be done.

Contrasts are also very important in this movie. Scenes of happy childhood are confronted with the reality of the encroaching war. Joe Schlesinger is also an important instrument of this contrast. His kind face often stands in great juxtaposition to the things he says:

> *We are familiar with evil of these days. We are bombarded with it daily on our TVs. For most of us, this violence seems remote, even unreal. We may be horrified, but hey, it's not our problem. And anyway, there's nothing much we can do about it, can we? And indeed, we almost never do.*

The narrator leaves the spectator with some unanswered or partly unanswered questions. For instance, Nicholas Winton says that the British police were interested in the fact that he maintained a busy correspondence with Prague. But an explanation of whether there was a problem which Winton had to solve afterwards is missing. Similarly, the question of why Nicholas Winton remained silent for 50 years and did not say a word about saving 669 Czechoslovak children even to his wife remains unanswered. However, in the book *The Lottery of Life* written by Matej Mináč about Nicholas Winton, we can resolve this question: It is because of the last children transport that was supposed to leave from Wilson's train station on September 1, 1939. Winton recalls this moment:

> *We organized a transport of 251 children that was supposed to go at the beginning of September. That means that we had to take 251 children and their families to the station. [...] In London, we already had 251 families who should take care of the children, once they arrived. All this anxiety, fear and tears of the mothers, who had to let their children go! And doubts of the children from the journey into the unknown. [...] Departure was ready, little travelers were prepared on their seats, but the train didn't leave. [...] Second World War broke out! All the children had to exit the train. Nobody ever heard about them again. Their life journey ended somewhere in concentration camps* (Mináč 2004, 108-109).

The music used in the film represents another significant narrative technique. The director used both songs and music without words. The songs are used to illustrate the happy childhood in Czechoslovakia, whereas footage from the occupation of the country is tinged by military march. The documentary shots taken on the boat trip to Great Britain are deeply moving, accompanied by the Czechoslovak anthem sung by the children. Melodies from *My country – Vltava*, are also used.[14]

Both movies show a mosaic of the Holocaust themes. They narrate the story of some of the saved children, and show the story of Nicholas Winton. A significant element manifested in the movies is that of absurdity. For example, Joe Schlesinger recalls how he was waiting with his father for the transport in Lovosice. The train was late and the train station was to be closed for the night. An officer told them that they would have to stay inside. They were not allowed to stay in the waiting room so they had to go to the bathroom. Therefore, Joe Schlesinger spent the last moments with his father *beside a smelly pissoir inside Hitler's Reich*. Similarly, Nicholas Winton remembers how Rabbis approached him and asked him to stop sending Jewish children to Christian families. For them, a Jewish child endangered by death at home still represented a better situation than a Jewish child sent to Great Britain to live with a Christian family. The most poignant absurdity of anti-Semitism as a whole is revealed in the words of Hugo Marom whose family did not understand what was happening to them, because in their words, they *were more Czechs than Jews and more Czech than most of the Czechs*.

**Different narrating voices and different points of view**

The main narrator of the story is Joe Schlesinger. He provides the spectators with historical information (The Munich Pact), along with other important turning points of the story (1939, 1988). The story is also narrated by other

---

[14] Other songs and melodies used are for example *I will marry you, sweetheart* (Ernest Genersicht), *Theme of Joy, Requiem d-moll KV 626* (W. A. Mozart) or *Direction Prague* (Ervín Toman).

In *Nicky's family*, the *Song for Nicholas Winton* is sung by children of different nationalities. Also the lullaby *Wiegala*, written by the Holocaust victim Ilse Weber, appears in the film, along with a plentitude of Czech and Slovak national songs.

rescued ‚children' who recall those distant days more than 50 years after their departure from Czechoslovakia.

When talking about the late 1930s, narrators are able to bring back the actual feelings and memories they had as children. More than 50 years after the events, they remember the feeling of the upcoming danger, the fact that they were not able to understand, but sensed it. Lord Alfred Dubs remembers: *The departure was really the tension that I sensed without understanding it.* Joe Schlesinger recalls how he and his friends were making fun of Adolf Hitler, how they *imitated his Charlie Chaplin style moustache and his odd cowlick hairdo.* One rescued ‚child' still remembers the absolute quiet that took over the overcrowded Wenceslas square in Prague when Hitler marched with his soldiers into the city on March 15, 1939. Vera Gissing recalls a story (also captured in her book *Pearls of Childhood*) about a young refugee girl who came into their school with no shoes because she and her family escaped from the Sudeten and were left with no time to take their shoes. Vera gave her one pair of her own and her mother subsequently provided the girl with other clothes. One ‚child' survivor mentions the general relief that everybody on the transport felt when their train passed through Holland. They felt free and happy, shouting vulgar words about Adolf Hitler, Joseph Goebbels and Hermann Göring from the train windows. Another amusing memory is that of Dutch white bread which tasted „like wet" to Czechoslovak children. Joe Schlesinger also recalls that he was impressed by the Liverpool station because the platform was even with the train so the children did not have to walk down the stairs.

Nicholas Winton is often addressed by the familiar name Nicky, which is not really appropriate for a centenarian knighted by the English Queen. Yet this detail reveals the intimacy cherished between him and his great ‚family'.

The places which the narrators tell their stories from are mostly static. They are largely seated in chairs in their offices, libraries or living rooms. This is a typical narrating technique used in documents. As both films accent families, the saved ‚children' also talk of their rescue while seated in their living rooms or gardens, surrounded by their families. Only Joe Schlesinger also narrates from places outside his home. When he recalls his memories of the happy childhood in Czechoslovakia, he is standing in front of Prague Castle or Bratislava Castle.

When he tells the spectators about Great Britain, he stands on different places in London, such as in front of the Parliament. When he speaks of the departure, he stands at the Wilson Station in Prague and afterwards at the train station in Liverpool. And when narrating from his office, Joe Schlesinger leafs through the scrapbook.

The director also gave space to narrators which do not constitute part of the story of Winton's rescue of the 669 Czechoslovak children. Grete Winton speaks of her husband, Winton's son talks about his father. Among other non-diegetic narrators are Yehuda Bauer, Simon Wiesenthal or Václav Havel. In *Nicky's family*, this role is taken on, among others, by Elie Wiesel or the Dalai Lama.

**Time marks in *The Power of Good***

The story is not narrated chronologically. The first words are spoken by Joe Schlesinger from the present day. Later, the narrator returns to December 1938 and tells the story of Nicholas Winton chronologically until the beginning of the Second World War. Time levels thus alternate between different pieces of past and presence throughout the whole movie.[15]

A specific time mark is also manifested by the language used. The film is narrated in English, but when two rescued ‚children' remember prewar Czechoslovakia at the time when Hitler was about to take over, they use German mottos, such as *Lieber Führer mach' uns frei von der Tschechoslowakei* (Dear Führer, liberate us from Czechoslovakia). In certain parts of the film, Czech can be heard, such as in the songs of happy childhood in Czechoslovakia, in the movie *Children in exile* shot at the Wales boarding school for Czechoslovak refugees and in the report of Sir Nicholas Winton's visit to the Czech Republic in 2001. Czech also resonates in the shots of Prague Wilson train station, where the loudspeaker announces the departures while in the background we hear the anxious words of a little child, *tati, mně se tam vůbec nechce* (daddy, I do not want to go there). Thus, German is linked to the unhappy past while Czech is cherished in happy childhood memories and English is used to talk about the present and future.

---

[15] The story of *Nicky's family* is likewise not narrated chronologically. This newer movie concentrates on historical events to a greater extent than *The Power of Good*.

Time reveals itself also in the colors of the shots. Documentary footage is naturally black and white, but when the narrator talks of past events from the present, the color of the film suddenly changes into a black and white shot that leads us into the past. This technique is used for instance when Nicholas Winton checks into Hotel Šroubek in Prague, and then the narration of the organization of the rescue action begins. The same method is applied when Nicholas Winton talks about the German spy who followed him in 1938.

The narrator also uses a technique that connects the present with the past. When Joe Schlesinger talks about the signing of the Munich Pact, documentary footage shows Neville Chamberlain waving with the agreement by which he believed to have guaranteed peace for Europe. Speaking about this historical event, Joe Schlesinger from his position of a narrator waves[16] with a folded white paper, by which he connects both time levels.[17] Similarly, when Joe Schlesinger recalls that only Sweden and Great Britain responded positively to Winton's request for a safe haven for Czechoslovak children, he says *the rest of the world closed its eyes, its ears, its hearts and its gates.* At the same time, we can see the closing of embassy gates. Such duplication of meanings enhances the emotional impact of the scene.

## *Nicky's family*

*Nicky's family* is a movie that was finished in 2011. Like *The Power of Good*, this film also consists of documentary[18] material and the narration of the rescued ‚children'.[19] A part of the movie was made additionally and is played by contemporary actors, which constitutes another level to the story of Nicholas Winton

---

[16] This technique is also used in *Nicky's family*. There, Joe Schlesinger stands at a different place with the Parliament behind his back.
[17] Some of the saved ‚children' mention how they years later, while watching their own children and grandchildren, tried to imagine the dread their parents felt when they had to let them go.
[18] More documentary shots from more concrete historical events are used in *Nicky's family* than in *The Power of Good*. Historical events are indicated with subtitles marking the concrete year and place (for example: *Munich Pact, September 1938*).
[19] Some of the narrators also appeared in *The Power of Good*, some of them did not. The same is true of the documentary shots. For example, the director added the documentary shot where children in Czechoslovakia had to sing song about the „hero Adolf Hitler".

and his rescue of 669 Czechoslovak children. We can therefore speak of a film within a film, or a documentary drama, „a television film, based loosely on current events or using the historical themes that are already known to viewers" (Monaco 2004, 499).

In such documentary shots, Sir Nicolas Winton is naturally mostly shown as a young man. For example, we see him packing for his holiday in Switzerland and subsequently arriving to Czechoslovakia. We watch him check in at the Hotel Šroubek in Prague and discussing the possibility of rescue for the children with their parents. The young Swedish girl who works for the Swedish Red Cross but is in fact a collaborator of the Gestapo, is another episodic figure. When she is with Nicholas Winton, she is portrayed holding a white rose, a symbol of innocence which is in contrast with what she does and whom she helps. Nevertheless, she keeps her word and takes approximately 20 children to Sweden by plane.

Dozens of parents surround Nicholas Winton. Among them is a young mother of two little girls whose story we will follow, as the mother represents a synecdoche for all the other parents put in this situation.[20] We see her coming to Nicholas Winton with both her children and pleading for them. As she holds one of her daughters in her arms, the little girl reaches her hand for Nicholas Winton's glasses, which makes the concretization from the amorphous crowd to this family complete. We then follow the young mother on her way to a photographer who takes the perfect picture of her older daughter. Then we see Nicholas Winton cutting this photo, making it smaller and then sticking it on a card. Later, we see a British couple in Winton's London office, leafing through cards with pictures of the children on them, unable to decide which child to take. Finally, Winton remembers and gives them the card with the girl's picture on it. The married couple immediately decides to choose her. Although we do not see the photographing of the other little girl, nor do we see her being picked by British foster parents, we subsequently follow the young mother and both her daughters to the

---

[20] She is not the only one portrayed. One ‚child' remembers how on his last day before the departure from Prague, he was supposed to be with his parents but instead went with a young girl on a boat. In another scene, parents are watching their sleeping son. When the train is on their way from the Reich, German officers come into the train, look scornfully and turn one of the children's suitcases upside down.

train station. Therefore, we know that both girls were chosen. As the train is ready to leave the platform, the mother takes her younger daughter out of the window, because the little one is crying. Suddenly, the train starts moving and she, desperate, runs beside the coach with her daughter in her arms, not knowing what to do. In the last moment, she manages to place the girl back into the arms of her older daughter. The train leaves the station, and we are looking in the face of a desperate and devastated mother. This story was told by one of the rescued ‚children' in *The Power of Good*. This particular mother did not survive the Holocaust and by letting her daughter go, she saved her life.

Again, the main narrator of *Nicky's family* is Joe Schlesinger. Together with him, another rescued ‚child' narrates, Ben Abeles. The narrative techniques, beside the acted part of the movie, are identical as those in *The Power of Good*. The same is true regarding places from which the narrators tell their stories. Additionally, they sometimes talk to a group of kids in a school while lecturing about what happened to them.

While recollecting the past, some ‚children' demonstrate a specific attribute of Holocaust survivor stories. One ‚child' recalls how his father heard that Nicholas Winton was in Prague and helping the Jewish children, went to him and asked him for help. It is actually very improbable that the rescued ‚child' knew the name of Nicholas Winton at that time. He merely knew that his father went to see a gentleman who was supposed to help his son. Yet most of the Holocaust survivors later investigate and study this topic and fill in the information they were not aware of before.

*Nicky's family* was finished in 2011, and is indeed a very current movie. At the end of the film, the event of Winton's train from 2009 is mentioned. The director was present on the train that went from Czech Wilson station to Liverpool 70 years after its first ride. Memories of the distant past are revealed in this atmosphere. And 70 years later, one of the ‚children' lies down on the shelf used for storing luggage that is situated about a meter over the seats. Rescued ‚children' also speak about the good deeds they do to pay back for the rescue of their lives. As one rescued ‚child' explains, *Nicky's deed is like a little stone thrown into a lake. And waves from this stone are spreading more and more. And the further they get, the more good in the world will be done*. A granddaughter of one of the rescued ‚children' explains, how she is trying to help people in need. Then other young people say how they are trying to make a difference by sending clothes to the poor, helping the elderly or building hospitals in Cambodia. Later, we see a big conference room filled with children where Sir Nicholas Winton is watching the projects of different children on a big screen. Various different projects are shown, all seeking to help people in need. Nicholas Winton has tears in his eyes. The last words belong to Winton who says that it is a great reward to him if his deed inspired others. Thus, the end of the movie is also an appeal to the viewers, as the filmmakers say that only 261 stories of „Winton's children" are known.

## Conclusion

Both *Nicky's family* and *The Power of Good* tell about events which happened over 70 years ago. Thus, it becomes almost impossible to narrate a historical reality that distant. Due to these natural constraints, it is not possible to capture the reality itself and the director can only aim to construct an outlook of events that would be close enough to that reality. Both movies analyzed in this paper consist of documentary footage and narratives of rescued ‚children'. Furthermore, *Nicky's family* consists of additionally made scenes. In this respect, documentary shots are nearer to capturing the reality than additionally made scenes. The commentary of the narrators is equally important, as it is impossible for them to bring the present closer.

The most important object is the scrapbook, which reveals the mystery, and through which history is remembered. The scrapbook reveals the identity of the rescued children and introduces the story of the hero, Nicholas Winton. As mentioned in the text, the story of how Nicholas Winton saved 669 Czechoslovak children resembles the narrative technique of a fairytale. Winton is a hero who managed to fulfill his aim no matter what. Indeed, the story has a happy ending for the rescued ‚children'. Furthermore, the appeal to help people in need makes the happy ending even clearer, provides a moral lesson and brings hope.

Parts of the movies constitute of black and white documentary footage. Similarly, black and white outlook of the world is applied in order to simplify the story on numerous occasions. Thus, for example, childhood in prewar Czechoslovakia is depicted as merely happy, Nazis in the train look overwhelmingly arrogant, liberation of Czechoslovakia is also an only ‚white' event and so forth. The director deliberately omits other themes to stress the act of rescue of 669 Jewish children. Simplification, symbols, metaphors and clichés are also applied to help the viewers orientate themselves in the story. Yet, they represent strong appeal to mankind.

Both *Nicky's family* and *The Power of Good* were conceived and made with the intention to celebrate the amazing deed of Sir Nicholas Winton, and in this aspect they are indeed flawless. That is how we should watch these movies.

## Bibliography

*Deleuze*, Gilles 2006 (1985): Film. 2: Obraz – čas. Z francouzsk.ho přel. Čestmír Pelikán. Praha.
*Gissing*, Vera 1992: Perličky dětství. Praha.
*Chatman*, Seymour Benjamin 2000: Dohodnuté termíny: rétorika narativu ve fikci a filmu. Z angličtiny přel. Brigita Ptáčková a Luboš Ptáček. Olomouc.
*id.* 2008 (1978): Příběh a diskurs. Narativní struktura v literatuře a filmu. Z angličtiny přel. Milan Orálek. Brno.
*Macurová*, Alena – *Mareš*, Petr 1993: Text a komunikace. Jazyk v literárním díle a ve filmu. Praha.
*Mináč*, Matej 2005: Loterie života Nicholase Wintona. Praha.
*id.* – *Tulis*, Zdeněk 2011: Nickyho rodina: největší rodina na světě. Praha.
*Monaco*, James 2004 (1977): Jak číst film. Svět filmů, médií a multimédií: umění, technologie, jazyk, dějiny, teorie. Z angličtiny přel. Tomáš Liška. Praha.
Nickyho rodina, Matej Mináč, W. I. P., Trigon Production, J&T, ČT, STV, 2011.
The Power of Good/Síla lidskosti, Matej Mináč, W. I. P. & Trigon Production, 2002.

## Zusammenfassung

Die Rettung von 669 Kindern durch Nicholas Winton vor mehr als 70 Jahren ist heute im Bewusstsein einer breiten Öffentlichkeit. Dies ist nicht zuletzt auch den Filmen von Matej Mináč, *Všichni moji blízcí* (1999; *Alle meine Lieben*), *Síla lidskosti* (2002; *Die Kraft der Menschlichkeit*) und *Nickyho rodina* (2011; *Nickys Familie*) zu verdanken, der damit Nicholas Winstons Tat rühmen und die Geschichte der Öffentlichkeit näher bringen wollte. Im vorliegenden Beitrag geht es um die Analyse der beiden letztgenannten Filme. Obwohl zwischen ihrer Entstehung nur einige Jahre liegen, gibt es zwischen ihnen grundlegende Unterschiede. *Síla lidskosti* besteht aus dokumentarischen Aufnahmen und den Erzählungen der geretteten ‚Kinder', *Nickyho rodina* enthält darüber hinaus gedrehte Spielszenen. Außer Nicholas Winton stehen im Zentrum von *Nickyho rodina* eine junge Frau und ihre beiden jungen Töchter, die als Synekdoche aller Eltern und Kinder gelten, denen zu helfen Winton sich bemühte. Beide Filme setzen sich aus einem Mosaik von Geschichten zusammen, die der Erzähler Joe Schlesinger, ein Journalist und eines der von Winton geretteten ‚Kinder', miteinander verbindet. Die Handlung beider Filme beginnt 1938, wobei *Nickyho rodina* bis ins Jahr 2011 reicht und somit einen höchst aktuellen Film mit einem ausgesprochen moralischen Appell darstellt. Für beide Filme sind eine gewisse Schwarz-Weiß-Sicht und eine Vereinfachung des historischen Kontextes charakteristisch. Der Grund hierfür ist das Bemühen, den Zuschauer nicht durcheinanderbringen und sich auf die Geschichte des Nicholas Winton sowie den erzieherischen Aspekt der Filme zu konzentrieren.

## Resumé

Záchrana 669 dětí Nicholasem Wintonem před více než 70 lety je dnes v povědomí široké veřejnosti. Důvodem jsou i filmy Mateje Mináče, *Všichni moji blízcí*, *Síla lidskosti* a *Nickyho rodina*, který jimi chtěl oslavit čin Nicholase Wintona a přiblížit jeho příběh veřejnosti. Obsahem tohoto článku je analýza posledních dvou snímků. Ačkoli vznikly pouze s několikaletým rozestupem, jsou mezi nimi zásadní rozdíly. První film sestává z dokumentárních záběrů a vyprávění zachráněných ‚dětí', druhý navíc obsahuje dotáčené hrané scény. Kromě Nicholase Wintona jsou ústředními postavami *Nickyho rodiny* mladá dáma a její dvě malé dcerky, které jsou synekdochou všech rodičů a všech dětí, kterým se Nicholas Winton snažil pomoct. Oba snímky sestávají z mozaiky příběhů, které spojuje vypravěč Joe Schlesinger, novinář a jedno ze zachráněných ‚dětí' Nicholase Wintona. Oba příběhy začínají rokem 1938, *Nickyho rodina* končí až rokem 2011, jedná se tak o vysoce aktuální film s vysokým morálním apelem. Pro oba snímky je charakteristické jisté černo-bílé vidění a zjednodušování historického kontextu. Důvodem je snaha nemást diváka, zaměření na příběh Nicholase Wintona a výchovný aspekt snímků.

This article was supported by grant GAČR 13-03627S.

## *Szpera '42* – Theater im Raum der Geschichte

*Małgorzata Leyko, Łódź*

Zu den auffälligsten Aspekten des polnischen Theaters der vergangenen Spielzeiten gehören das Aufführen von Geschichte, das Erinnern an die Vergangenheit und das Verarbeiten von Gedächtnis. Dieser wichtige Theaterdiskurs dient sowohl dazu, die polnische kollektive Identität zu beleuchten, als auch dazu, die offiziellen Geschichtsmodelle mit dem kollektiven, genauer kulturellen Gedächtnis zu konfrontieren. Er ermöglicht es uns, sich im Zeit-Raum Geschichte „zu orientieren" (Schlögel 2007, 70), besonders bezogen auf die jüngste Geschichte. Das heißt, der Diskurs trägt dazu bei, dass wir uns in der Geschichte verorten können. Für Freddie Rokem (2012, 19) strebt

> [...] das ‚Geschichte aufführende' Theater [...] danach, sowohl die Trennung von als auch den Ausschluss aus der Vergangenheit zu überwinden, und ist darum bemüht, eine Gemeinschaft zu erschaffen, in der die Ereignisse aus dieser Vergangenheit wieder von Belang sind.

Diesen „Ausschluss aus der Vergangenheit zu überwinden", eine „Gemeinschaft zu erschaffen" sowie Vergangenheit zu erfahren – so könnte man die Ziele der Urheber und ausführenden Künstler des Theaterprojekts *Szpera '42* (dt. *Sperre '42*)[1] beschreiben. *Szpera '42* wurde von Ruthie Osterman und Tomasz Rodowicz zusammen mit der Gruppe des Teatr Chorea und Künstlern aus Israel vorbereitet.[2] Osterman und Rodowicz schufen zunächst eine Textvorlage, auf deren

---

[1] Übersetzung aus d. Poln. hier und im folg., wo nicht anders gekennzeichnet, Yvonne Belczyk-Kohl.
[2] *Szpera '42*. Theaterprojekt im städtischen Raum. Realisierung: Teatr Chorea und Fabryka Sztuki in Łódź, zusammen mit Künstlern aus Israel. Regie: Ruthie Osterman (Tel Aviv), Tomasz Rodowicz (Łódź); Licht und Ton: Tomasz Krukowski; Visualisierung: Yoav Meir Cohen; Musik: Kuba Pałys. Ausführende: Joanna Chmielecka, Guy Zakh, Yoni Eilat, Łucja Herszkowicz, Ruthie Osterman, Tomasz Rodowicz, Elina Toneva. Realisiert am 24.8.2012 als *Szpera '42. Prolog* im Teatr Szwalnia in Łódź beim internationalen Theaterfestival Retro/per/spektywy (Retro/per/spektiven) sowie am 29.8. und 4.9.2012 als *Szpera '42. Theaterprojekt auf dem Gelände des ehemaligen Gettos Litzmannstadt* anlässlich des 70. Jahrestags der Allgemeinen Gehsperre und des 68. Jahrestags der Liquidierung des Gettos Litzmannstadt. Das internationale Projekt wurde in Zusammenarbeit mit dem Centrum Dialogu im. Marka Edelmana (Marek-Edelman-Dialogzentrum in Łódź) realisiert, die finanzielle Unterstützung erfolgte u.a. durch das Muzeum Historii Polski w Warszawie (Museum für die Geschichte Polens in Warschau) im Rahmen des Programms Patriotyzm Jutra (Patriotismus für

Grundlage sie zwei Theaterveranstaltungen inszenierten, beide gleich wichtig und energetisch. Der Unterschied zwischen ihnen bestand in der Art des Energieflusses, denn der Text wurde unter abweichenden Bedingungen künstlerisch umgesetzt. Am 24. August 2012 wurde die erste Veranstaltung als *Szpera '42. Prolog* im Foyer sowie im Zuschauerraum des Łódźer Theaters Szwalnia vorgestellt – die Kraft dieser Aufführung bestand darin, die Handlung auf begrenztem Raum zu kondensieren und so eine gesteigerte ästhetische Erfahrung bei einer geschlossenen Gemeinschaft (bestehend aus den Zuschauern der Aufführung) hervorzurufen. In meinem Beitrag befasse ich mich mit *Szpera '42*, der zweiten Veranstaltung, die am 29.8. sowie am 4.9.2012 auf dem Gebiet des Łódźer Stadtteils Bałuty (also dem Gelände des ehemaligen Gettos Litzmannstadt) gespielt wurde. Ihre Wirkung wurde dadurch verstärkt, dass die Teilnehmer die Realität der Orte erfuhren, an denen die Szenen spielten. Diese Veranstaltung richtete sich an eine offene Gemeinschaft, der man sich spontan anschließen konnte. Das polnisch-israelische Projekt kehrte zu Geschehnissen zurück, die 70 Jahre zuvor im Getto Litzmannstadt stattgefunden hatten.

Im Januar 1942 begann man im Getto damit, die Juden in das nationalsozialistische Vernichtungslager Kulmhof (poln. Chełmno nad Nerem) zu deportieren. Bis zum Mai 1942 wurden dort 57 000 Menschen in Gaswagen ermordet. Der tragische Höhepunkt dieser ‚Deportationsaktion' fand zwischen dem 5. und dem 12.9.1942 statt und wurde als ‚Wielka Szpera' bezeichnet.[3] Ihr fielen 15 681 Personen zum Opfer, Kinder unter 10 Jahren, Alte und Kranke – nach Meinung der nationalsozialistischen Besatzer „das überflüssige und nichtarbeitende Element", Menschen, für die das Arbeitsgetto keine Verwendung hatte. Im Getto wurden für die Wehrmacht Uniformen, Mützen, Schuhe und Rucksäcke hergestellt, den deutschen Markt versorgte man mit Textilerzeugnissen und Spielzeug. Die ‚Aktion Allgemeine Gehsperre' wurde systematisch geplant und durchgeführt. Die *Getto-Chronik* hält fest,

---

Morgen), die Botschaft Israels in Warschau, das Instytut Polski (Polen-Institut), das Ministerstwo Kultury i Dziedzictwa Narodowego (Ministerium für Kultur und Nationales Erbe), Israel Lottery – Council for Culture & Arts sowie das Instytut Adama Mickiewicza (Adam-Mickiewicz-Institut).
[3] Nach der Bezeichnung der deutschen Besatzer ‚Allgemeine Gehsperre' – dem für alle Getto-Bewohner gültigen Verbot, die ihnen zugewiesenen Wohngebäude zu verlassen.

[...] dass jedes Haus von einem Vertreter der Gestapo [...], in Begleitung einer Schar jüdischer Polizisten, betreten wurde. Er rief alle Hausbewohner im Hof zusammen, ließ sie sich in 2 Reihen aufstellen und bestimmte, nach eigenem Gutdünken, die Deportationskandidaten. Eine solche Aktion dauerte in den einzelnen Häusern manchmal nur 2-3 Minuten.[4]

Diesen Ereignissen ging eine Rede des Judenältesten Mordechai Chaim Rumkowski voraus, in der er die Bewohner des Gettos auf die unvorstellbar grausame ‚Aktion Allgemeine Gehsperre' vorbereiten musste. Er erlag der Illusion, dass die „[...] liczba tych, którzy zostaną uratowani, jest dużo większa od liczby tych, którzy muszą być oddani" („[...] Zahl derer, die gerettet werden, um einiges größer ist als die derer, die geopfert werden müssen") und appellierte deshalb: „Bracia i siostry, oddajcie mi je! Ojcowie i matki, oddajcie mi wasze dzieci" („Brüder und Schwestern, gebt sie mir! Väter und Mütter, gebt mir eure Kinder").[5]

*Szpera '42* wurde als gemeinsamer Weg der Erinnerung von Schauspielern und Teilnehmern gespielt. Dieser Weg hatte sieben Stationen, jede von ihnen stellt einen Ort dar, der bis heute Zeugnis von den tragischen Geschehnissen im Getto ablegt. Wie vor 2000 Jahren in Jerusalem führte der Weg durch die Hektik der Stadt, fügte sich in den Straßenverkehr ein und verband sich mit dem Alltagsleben der Bewohner. In der Atmosphäre eines Sommerabends ergoss er sich auf benachbarte Höfe und Straßen und vergrößerte dabei die wandernde Gemeinschaft um zufällige Passanten und die Anwohner der Gegend, manche beteiligten sich auch nur mit einem flüchtigen Blick am Geschehen.

Das „acting out"[6] von Ereignissen aus der Vergangenheit begann am 4.9.2012 um 18.00 Uhr. Zu Ehren der Opfer der ‚Allgemeinen Gehsperre' läuteten die Glocken vom Turm der Kościół Wniebowzięcia Najświętszej Maryi Panny (Mariä Himmelfahrt-Kirche).[7] Ort der ersten Szene war der Hof mit Spielplatz vor

---

[4] Im polnischen Original zitiert nach der polnischen Ausgabe der Chronik des Gettos Litzmannstadt (Baranowski et al. 2009, 484). Für das Deutsche zitiert nach der deutschen Ausgabe der *Chronik des Gettos Lodz/Litzmannstadt* (Feuchert/Leibfried/Riecke 2007, 453).
[5] Im polnischen Original zitiert nach der Textvorlage von *Szpera '42*, übers. von Monika Polit. Anm. d. Übers.
[6] Vgl. dazu ausführlicher Connerton 2003, 25f.. Connerton adaptiert hier Freuds Begriff des „Agierens" aus dem Essay *Erinnern, wiederholen und durcharbeiten* (1914).
[7] Ruthie Osterman merkt an, dass sie während der Gespräche mit Überlebenden des Gettos Anzeichen von Widerwillen gegenüber Łódź und seinen Bewohnern bemerkte. Einer der

dem Haus Zachodniastraße 14, wo Rumkowski 70 Jahre zuvor seine erschütternde Ansprache an die Getto-Bewohner richtete. Wo früher die alten Gebäude der Feuerwehr waren, stehen heute Neubauten, nur die Wände von Haus Nr. 14 werden zum zweiten Mal Zeugen der Worte: „Getto otrzymało potężny cios. Żąda się od niego tego, co najcenniejsze – dzieci i starców" („Das Getto wurde von einem furchtbaren Schlag getroffen. Man verlangt von ihm das Wertvollste – Kinder und Alte"). Auf einem Podest aus Kisten steht Rodowicz, seine Stimme, die die Worte Rumkowskis ergreifend wiedergibt, richtet sich an die umherstehenden Teilnehmer. Unter ihnen ist ein Mädchen, auf seiner Tasche ein Button mit der Aufschrift „zabieram niegrzeczne dzieci" („ich nehme ungezogene Kinder mit"). Rodowiczs Stimme wird zeitweise von vorbeifahrenden Straßenbahnen oder dem Straßenlärm übertönt (die Zachodniastraße ist die Hauptverkehrsstraße zwischen den Stadtteilen Stadtmitte und Bałuty). „Muszę wziąć dzieci, bo jeśli ich nie wezmę, zabrani zostaną, Boże broń, także inni..." („Ich muss die Kinder nehmen. Denn wenn ich nicht sie nehme, werden, das möge Gott verhüten, auch andere genommen..."). Im Schatten sitzen ältere Frauen, ein wenig am Rande des Geschehens, gerade so, als kehrten sie dem Ganzen den Rücken zu. Sie unterbrechen die Gespräche der Nachbarn. Seit wann sie wohl in diesem Haus wohnen? Welche Erinnerung verbinden sie mit diesem Ort? „Trzeba mieć serce zbójcy, by domagać się tego, czego chcę od was" („Man braucht das Herz eines Räubers, um zu verlangen, was ich von euch verlange"). Nach diesen letzten Worten der Ansprache auf dem Kinderspielplatz ertönt ein Lied, gesungen vom Wielki Chór Młodej Chorei (Großer Chor des Jungen Theaters Chorea). Ein Pferdefuhrwerk weist den Teilnehmenden den Weg. Langsam verlegt sich die Handlung in die Umgebung des Plac Kościelny (Kirchplatz). Das Getto war an diesem Ort sofort zu erkennen, denn hier befand sich eine der Holzbrücken, die im Sommer 1940 über die Zgierskastraße gebaut wurden und die beiden Teile des Gettos miteinander verbanden. „Cały świat / To bardzo wąski most / Najważniejsze jest to / By się nie bać / By się nie bać

---

Überlebenden wünschte sich, die Glocken der Kirche Kościół Wniebowzięcia NMP sollten zum Jahrestag der ‚Wielka Szpera' als Zeichen der Erinnerung und des Bedauerns läuten (vgl. dazu die Angaben unter http://www.ruthieosterman.com/szpera42-site-specific-theatre-event/).

niczego"[8] („Die ganze Welt / ist eine sehr schmale Brücke / Am wichtigsten ist es / sich nicht zu fürchten / sich vor nichts zu fürchten") – zu den Worten des Liedes entsteht die Brücke erneut, sie wird mit bunter Kreide auf den Asphalt gezeichnet. Über den schmalen Steg, vorbei an den gezeichneten Umrissen liegender Personen mit einem gelben Davidstern verlagert sich die Handlung in die Kirche. 1942 wurden hier ein Depot und ein Umschlagplatz für die Gegenstände eingerichtet, die man den im Vernichtungslager Kulmhof Ermordeten gestohlen hatte. Diejenigen, die sie sortieren mussten, fanden darunter manchmal die Kleidungsstücke ihrer Verwandten. Ab 1943 befand sich in der Kirche eine Sortierstelle für Federn und Daunen, weshalb sie ‚Weiße Fabrik' genannt wurde. Die Kirche Kościół Wniebowzięcia NMP gehört zur ältesten und größten der Gemeinden in Bałuty, sogar die Bewohner anderer Stadtteile kennen sie; hier waren sie bei Hochzeiten oder Kommunionsfeiern, auf den ‚weißen' Festen ihrer Familien. An diesem Spätsommerabend füllt das warme Licht der untergehenden Sonne den Kirchenraum. Daunen fliegen im Rhythmus der Bewegungen der Schauspieler auf, die Bündel hin- und hertragen, zu Boden fallen und weiter Federbetten sowie Kissen tragen oder Federn schleppen. Die Daunen, die die Kirche füllen, symbolisieren „[...] sny wydarte z poduszek getta" („[...] Träume, aus den Kissen des Gettos gerissen"), unerfüllte Wunschträume wie aus dem Gedicht des dreizehnjährigen Dichters Abraham Koplowicz, das zur Musik Ayala Asherovs gesungen wird:

> Jak ja będę mieć 20 lat, / Zacznę oglądać nasz piękny świat. / Usiądę w wielkim ptaku motorze / I wzniosę się we wszechświata przestworze. / [...] Popłynę, pofrunę przez morza i rzeki. / Chmura siostrzycą, wiatr będzie mi bratem [...]
>
> Wenn ich 20 werde / Beginne ich meine Reise um unsere schöne Erde. / Setz' mich in einen großen Vogel-Motor / Und steige in die Lüfte empor. / [...] Werd' fahren und fliegen durch Meere und Flüsse. / Die Wolke wird mir Schwester, der Wind Bruder sein [...].

Als sich die Handlung auf den Hof eines Mietshauses am Plac Kościelny 4 verlagert, nehmen die Teilnehmer im provisorischen Zuschauerraum Platz. Vor ihnen stehen in zwei Reihen Nähmaschinen, wie man sie von Fotos aus dem Getto kennt. Diese zeigen die sog. Ressorts, in denen Mützen, Uniformen, Bekleidung und Unterwäsche produziert wurden. In diesem Gebäude befand sich

---

[8] Rabbi Nachman von Bratzlav. Musik: Naomi Schermer.

zwischen 1940 und 1944 der Wydział Ewidencji Ludności (Evidenzabteilung), hier entstand die *Getto-Chronik*. Weder das Haus noch der Hof haben sich seitdem verändert. In den 1970er Jahren befand sich auf der Vorderseite ein auch nachts geöffnetes Geschäft, eines der wenigen in Łódź. Mit ihm assoziieren Taxifahrer die Adresse Plac Kościelny; in der Tiefe des Hinterhofs bediente lange Zeit ein guter Vulkanisierbetrieb seine Kunden. Jetzt wird dort an den Maschinen die *Getto-Chronik* genäht, auf nicht enden wollenden Papierstreifen. Ihre Fragmente, die auf Polnisch gesprochen werden, leuchten auf der Häuserwand in Hebräisch auf; werden sie auf Hebräisch gesprochen, kann man den polnischen Text an der Wand lesen. In diesen Schriftzügen verschmilzt die „starke Bewölkung" mit der Information, dass am 5.6.1942 im Getto 65 Personen starben und ein Mädchen geboren wurde; der Umfang der zugeteilten Lebensmittelrationen vermischt sich mit dem Bericht über den Tod Dawid Kupermans, der aus dem Fenster des ersten Stocks seines Wohnhauses sprang, ferner den Tod Ewa Landaus, die am Stacheldraht erschossen wurde, den Freitod Izrael Rozenbergs, den Tod Maks Krauses, Szlamas, Luizas, Hertas... ihre kraftlosen Körper fallen, sinken zu Boden, immer und immer wieder, zum Rattern der Nähmaschinen. „Preise im Privathandel: stabil", die „Nacht vom Montag auf den Dienstag warm wie im Juli".[9] Zwischen diese Berichte schleichen sich Fragmente aus den Blogs einer israelischen Jugendgruppe ein, die Todeslager besichtigt hat: „młodzież ma dość kultury płaczu" („die Jugend hat genug von der Kultur der Trauer"), „czy przyjdzie kiedyś rok bez informacji o Żydach?" („wird es irgendwann mal ein Jahr ohne Informationen über Juden geben?"), „tak wyglądają szkolne wycieczki – duty free, hotel, Auschwitz, alkohol" („so sehen Klassenfahrten aus: Duty-free-Shops, Hotel, Auschwitz und Alkohol"), „zlikwidować obozy, będzie spokój z wycieczkami" („macht die Lager dicht und die Klassenfahrten haben ein Ende"). Eine junge Frau malt mit Kreide das beschämende Symbol von Łódźer Fußballfans an die Häuserwand. Es basiert auf dem Davidstern. Über ihr leuchten die Worte auf: „nadal nie rozumiem" („ich verstehe noch immer nicht"). Die Bewohner des Hauses, die das Geschehen auf dem Grundstück zunächst verstohlen hinter den Vorhängen hervor beobachtet

---

[9] Die hier gemachten Angaben aus der Textvorlage von *Szpera '42* stimmen mit den Angaben der *Getto-Chronik*, Jahrgang 1942, z.B. S. 281 f., überein. Anm. d. Ü.

hatten, öffnen ihre Fenster nach und nach immer weiter, ganze Familien gehen auf die Balkone, manche kommen auf den Hof, setzen sich zu den Zuschauern, vielleicht begleiten sie die anderen auf dem weiteren Weg. Dieser führt über verfallene, zugewachsene Hinterhöfe, zwischen abgerissenen ‚komórki'[10] und Mauerresten hindurch, die man nicht sieht, wenn man auf den benachbarten Straßen fährt. Solche verlassenen Reviere sind das Königreich heranwachsender Jungen. Man sollte sie nicht betreten. Die Jungen sucht hier niemand. Aber jetzt spielen sie im Hof der ul. Wojska Polskiego 16 (Straße der Polnischen Armee 16) Fußball. Sie sind in das Theaterprojekt eingebunden, ebenso wie ihre Eltern und die Nachbarn, die man in den Fenstern ihrer Wohnungen und auf dem engen Hinterhof sieht. Die Jungen spielen Fußball, so, wie das ihre auf Fotos verewigten Altersgenossen vor 70 Jahren gemacht haben und wie es wohl alle Jungen in ihrem Alter taten und tun. Während die Jungen Fußball spielen, kehrt die Vergangenheit in den Hinterhof zurück: jemand zeigt sich im Tor, jemand läuft eilig über den Hof, ein anderer teilt mit jemandem seine Suppe, wieder ein anderer fällt zu Boden.

Die Gruppe geht weiter. Sie vergrößert sich fortwährend. Sie ringt sich um das Pferdefuhrwerk, das nun voller Brotlaibe ist. Das Brot wird auf dem Weg unter den Teilnehmenden verteilt. Ein Fotograf hat das Original dieser Szene aus der Zeit des Gettos bildlich festgehalten. Irgendwo oben, von einem Dach der niedrigen Gebäude, die jetzt im scharfen Neonlicht erleuchtet sind, ertönt das Lied *Przymknij oczka* (*Schließ die Äuglein*). Geschrieben hat es Jeszajahu Szpigiel nach dem Tod seiner eineinhalbjährigen Tochter Ewa. Ala Diamant sang das Wiegenlied im März 1941 während eines Konzerts im Kulturhaus des Gettos zur Musik von Dawid Bajgelman und weckte damit den Zorn Rumkowskis, weil es die Zuhörer angesichts der Situation im Getto seiner Meinung nach zusätzlich und unnötig traurig stimmte. Das ehemalige Kulturhaus, heute der Supermarkt der Siedlung, ist der Ort einer weiteren Szene.[11] Diese konfron-

---

[10] Das Wort ‚komórka' (wörtl. ‚Zelle') hat mehrere Bedeutungen. Hier ist ein vom Wohnhaus getrennter Raum in einem meist aus Holz bestehenden Raumkomplex gemeint, der einer Wohnung zugeordnet ist und verschiedenen Zwecken dienen kann. Meist wurde er zur Lagerung genutzt. Dieser Kellerraumersatz wird nicht mehr gebaut, in der Stadt Łódź gibt es jedoch noch viele alte ‚komórki' in den Hinterhöfen, die langsam verfallen. Anm. d. Ü.

[11] Diese Szene wurde nur am 29.8.2012 gespielt.

tiert die vergangene mit der heutigen Funktion des Gebäudes, die Kultur des Geistes, die dem Getto Kraft gab, und die heutige Konsumkultur. Einkaufswagen werden hin- und hergeschoben, in ihnen sind neben Lebensmitteln auch Fernseher und Laptops, über deren Bildschirmen Erinnerungen der Überlebenden flimmern. Sind ihre Stimmen noch zu hören?

Die letzte Szene spielt vor dem Krankenhausgebäude, der früheren Krankenkasse, an der Łagiewnickastraße 36/38. Bis 1942 war hier das Getto-Krankenhaus untergebracht. Im linken Flügel befand sich Rumkowskis Privatwohnung. Dieser Ort hat für die Geschichte des Gettos eine besondere Bedeutung, denn hier begann die 'Wielka Szpera' mit der brutalen Liquidierung des Krankenhauses und der Deportation der Kranken in das Vernichtungslager Kulmhof. Später richtete man hier einen Sammelplatz ein, an dem die Kinder und die Alten vor dem Abtransport versammelt wurden. Die Türen des Krankenhauses befinden sich heute im Holocaust Memorial Museum in Washington, wo sie als Triptychon (mit dem Tor des jüdischen Friedhofs in Tarnów und dem Glasfenster einer Krakauer Synagoge) an die Opfer des Gettos Litzmannstadt erinnern. Seit vielen Jahren verfällt das Gebäude. Seine verstümmelte Fassade wird zum Hintergrund der letzten Szene. Die Fassade korrespondiert auf merkwürdige Weise mit ihr. Die, die den Weg bis hierher mitgegangen sind und Brotstücke wie bei einem gemeinsamen Abendmahl geteilt haben, hörten ein Lied Rabbi Shlomo Carlebachs mit einem sich wiederholenden Fragment aus Psalm 23 – „Chociażbym chodził ciemną doliną, zła się nie ulęknę, bo Ty jesteś ze mną" („Und ob ich schon wanderte im finsteren Tal, / fürchte ich kein Unglück; / denn du bist bei mir")[12] –, gesungen vom Wielki Chór Młodej Chorei. Auf der vor dem Krankenhaus aufgestellten Leinwand sieht man langsam Paare in Abendkleidung tanzen – es sind Bilder vom Ball der Überlebenden des Gettos Litzmannstadt, der in der Villa Lodzia im Zentrum von Tel Aviv im Juli 2012 stattfand. In Bałuty wird es still.

Den Rahmen der Erinnerung an die Vergangenheit in *Szpera '42* bildet vor allem der Geschichtsraum, den die Orte ins Gedächtnis rufen – Stationen auf dem gemeinsamen Weg der Erinnerung. Gemeinsam mit dem Spiel der Darsteller wurden sie zum ‚Gedächtnis der Stadt'. Sie sind stumme Zeugen, Spuren frühe-

---

[12] Zit. nach der Luther-Bibel (1968, 513). Anm. d. Ü.

rer Ereignisse, sogar dann, wenn sie gegenwärtig den Status von abwesenden Orten haben, wie z.b. der nicht mehr existente Gebäudekomplex Plac Strażacki (Feuerwehrplatz), die Kirche, die kein Daunenlager mehr ist, oder das verfallene Krankenhaus. Elemente der Vergangenheit in der Funktion von Zeugen waren auch die zitierten Textfragmente wie die Rede Rumkowskis, die eingeblendeten Passagen aus der *Getto-Chronik*, die Erinnerungen der Überlebenden, die Lieder und das Gedicht Koplowiczs. Die Fotografien aus dem Getto, die die Szene der Rede, das Verteilen von Brot, die Nähmaschinen oder das Spiel von Kindern zeigen, sind ebenfalls Zeugen. Sie sollten dazu dienen, die „Stummheit der ‚eigentlichen Zeugen'" (Rokem 2012, 19) zu retten. Zeugenstatus kommt auch den Schauspielern zu, die zwar keine Rolle übernommen haben, jedoch die Leiden der Vergangenheit verkörpern und sie so bezeugen. Rumkowski, eindeutig erkennbar durch die Evokation seiner Worte in der ersten Szene, ist die einzige Figur, die man identifizieren kann. In den weiteren Szenen bezeugen die Schauspieler jedes einzelne Schicksal der 15 681 Opfer der Gehsperre. Aber sie sprechen auch im Namen aller, die im Getto waren. Sie handelten kraft der überlebenden Opfer, manchmal im wörtlichen Sinne, wie Ruthie Osterman, die für ihre Großmutter spricht, oder Łucja Herszkowicz, eine der Schauspielerinnen von Chorea und Enkelin von Jankiel Herszkowicz, dem ‚śpiewak łódzkiego getta' (‚Barden des Gettos Litzmannstadt').

Osterman und Rodowicz haben in einer transparenten künstlerischen Struktur Fragmente, Bruchstücke, Fetzen und Impulse miteinander verbunden, die in Orten, Worten und Bildern überdauert haben. Sie verwarfen das Kriterium der Ganzheit und Vollständigkeit, sodass anstelle einer übergeordneten Texthierarchie ein freier Fluss verbaler Mikrostrukturen und narrativer Sequenzen innerhalb einzelner Szenen zustande kam. Es ist ein Theater, das „[…] andauernd aus der Vergangenheit ‚zitier[t]', aber die exakten Spuren tilg[t], um volle Bedeutung in der Gegenwart zu erlangen" (ebd., 20). Statt eine fiktive Handlung zu konstruieren und durch Illusion an die Vorstellungskraft zu appellieren, betont es die Wirklichkeit ausgeführter Handlungen, das Werden, das Erfahren von Realität.

Um das Wesen eines Theaterprojekts wie *Szpera '42* zu erfassen, eignet sich die in den Worten „im Raume lesen wir die Zeit" enthaltene Konzeption Karl

Schlögels (vgl. dazu Schlögel 2007). Diese steht repräsentativ für den sich in den Geisteswissenschaften vollziehenden ‚spatial turn' und verleiht dem Raum den Rang eines grundlegenden Paradigmas im historischen Diskurs. Sie geht davon aus, dass zwischen Raum und Zeit eine untrennbare Verbindung besteht. Schlögel nimmt an, dass „all unser Wissen von Geschichte […] an Orten" haftet. Daher „[…] ‚orientieren' [wir] uns" automatisch im Raum, wenn wir uns der Vergangenheit zuwenden:

> Wir haben vor unseren Augen sogar Nichtorte, Orte, die wieder verschwunden, untergegangen sind, von denen nichts geblieben ist außer der Erinnerung an sie. Es gibt keine Geschichte im Nirgendwo. Alles hat einen Anfang und ein Ende. Alle Geschichte hat einen Ort. (Schlögel 2007, 71)

Deshalb machten Osterman und Rodowicz durch ihre Inszenierung des Wegs durch Getto-Stationen bewusst, dass zwischen ihnen und der Zeit eine untrennbare Verbindung besteht, selbst dann, wenn sie heute „Nichtorte" sind, und konnten so einen lebendigen Dialog mit dem Gedächtnis des Gettos aufnehmen.

In Łódź war und ist dieser Dialog besonders schwierig. Erst 2003 sagte Jerzy Kropiwnicki, der damalige Stadtpräsident, öffentlich: „Milczenie jest moralnie nie do zaakceptowania. Świadek takiej zbrodni musi krzyczeć z ofiarą. Moje miasto wybrało krzyk" (zit. in Podolska 2009, 226; „Schweigen ist moralisch inakzeptabel. Wer Zeuge eines solchen Verbrechens wird, muss mit den Opfern schreien. Meine Stadt hat das Schreien gewählt"). Kropiwnicki machte diese öffentliche Erklärung im Zusammenhang mit dem 60. Jahrestag der Liquidierung des Gettos Litzmannstadt. Er stieß damit die systematische Arbeit daran an, die Vernichtung der Łódźer Juden wieder in ein Gedächtnis zu holen, das sechs Jahrzehnte lang aus dem Bewusstsein der Łódźer verdrängt worden war.[13] Dieses Phänomen des lokalen Gedächtnisverlustes lässt sich in einem gewissen Maße erklären (aber nicht rechtfertigen!), wenn man sich auf die Konzeption Schlögels bezieht und in Übereinstimmung mit ihr „im Raum die Zeit liest". Von einem Raumpluralismus ausgehend schreibt Schlögel (2007, 66):

> Wenn Räume nicht nur ‚da sind' als tote, passive Bühne und Behältnisse, wenn sie vielmehr geschichtlich konstituiert sind, eine Genese, eine Verfaßtheit, eine Verfalls-

---

[13] Die Bemühungen von Stadt, Vereinen, Organisationen und Einzelpersonen, die Erinnerung an das Getto Litzmannstadt wiederzuerwecken, beschreibt detailliert Podolska (2009, 223-232).

zeit, auch ein Ende haben können, dann ergibt sich daraus auch, daß es viele Räume gibt. [...] Es gibt Geschichtsräume, in denen Generationen einen historischen Epochen- oder Staatszusammenhang zuwege bringen, und die mehr oder weniger von Großkollektiven konstituiert sind, die überschaubar sind und in der die Zeit – in Jahrtausenden, Jahrhunderten [, Jahrzehnten – M. L.] – ihre Spur hinterlassen hat.

Solche Geschichtsräume – mit einer eigenen Genese und einer Verfallszeit, geformt von Generationen im Rahmen ihrer Epoche – überlagern sich und drücken einem bestimmten Gebiet ihren Stempel auf. Dies zeigt sich gerade am Łódźer Stadtteil Bałuty mit seiner Fläche von 4,13 km$^2$, die vom 30.4.1940 bis Ende August 1944 nicht nur das Getto Litzmannstadt markierten, sondern das Getto auch von der Stadt trennten. Das betrifft vor allem zwei Phasen: Veränderungen des Raums wurden in der Zeit der deutschen Besatzung und in der Nachkriegszeit durchgeführt. Während des Zweiten Weltkriegs wurde Łódź seine historische Identität genommen, mit dem neuen Namen der Stadt wurde ihr als Namenspatron General Karl Litzmann aufgezwungen.[14] Die Stadtbevölkerung selbst wurde zum großen Teil ‚ausgetauscht' – im Rahmen der Aktion ‚Heim ins Reich' siedelte man die ansässigen Polen und Juden zu Zehntausenden um oder deportierte sie, an ihrer Stelle wurden Deutsche aus Litauen, Lettland, Estland und der UdSSR angesiedelt, das galt auch für Institutionen mit Propagandabedeutung, wie etwa die Theatergruppe Hans Hess aus Tallinn, die bis 1944 offiziell als Theater zu Litzmannstadt tätig war. Die Einrichtung des Gettos, in dem in den ersten beiden Monaten seines Bestehens 160 000 Menschen zunächst aus Łódź und Umgebung, später auch aus Berlin, Wien und Prag von der Welt isoliert wurden, bedingte die Aussiedlung der Menschen, die dort zuvor gewohnt hatten. Sie bedingte ebenfalls die Zerstörung von Spuren der jüdischen Kultur im städtischen Raum, etwa das Entfernen von Mazewot vom alten jüdischen Friedhof an der Wesołastraße. An ihrer Stelle richtete man auf diesem Gelände ein Holzlager ein. Ein anderes Beispiel ist der Abriss aller Gebäude an der Südseite des Gettos, inklusive der Gemeindesynagoge an der Wolborskastraße 20, um die Stadt durch einen breiten Streifen nackter Erde vom Getto zu trennen. Während die deutschen Besatzer die Getto-Grenzen klar hervorheben und verstärken wollten, ging es nach 1945 darum, die Unterschiede aufzuheben und die

---

[14] Karl Litzmann war im Ersten Weltkrieg Befehlshaber des deutschen Heeres in einer Schlacht bei Łódź.

Wunden im wörtlichen Sinne vernarben zu lassen, indem man die Spuren des Gettos im Stadtorganismus durch den Bau neuer Wohnblockkomplexe oder die Festlegung neuer Verkehrswege (die unter anderem durch das Gelände des alten Friedhofs verliefen) verwischte. Auch Parks und begrünte Plätze auf dem Gelände von während der Besatzung abgerissenen Gebäuden dienten diesem Zweck. Diese Veränderungen erscheinen geradezu paradox, wenn man sie mit einer Notiz aus der deutschen Litzmannstadt Zeitung vergleicht, die den Artikel *Litzmannstadt w przyszłości* (im Original: *Das Litzmannstadt der Zukunft*) zusammenfasst:

> Artykuł ten zapowiada, iż dzielnica miasta, w której obecnie znajduje się getto, będzie w przyszłości zamieniona w parki i ogrody. W dzielnicy tej po zniwelowaniu terenu wybudowane zostaną piękne gmachy. W odniesieniu do Żydów zamieszkujących getto artykuł zaznacza, iż „znikną oni z Litzmannstadtu prędzej aniżeli się tego spodziewają".[15]

> Dieser Artikel kündigt an, dass der Stadtteil, in dem sich gegenwärtig das Getto befindet, in Zukunft in Park- und Gartenanlagen umgewandelt werden wird. In diesem Stadtteil werden nach der Einebnung des Geländes schöne Gebäude errichtet. In Bezug auf die im Getto wohnenden Juden merkt der Artikel an, dass „sie schneller aus Litzmannstadt verschwinden werden, als sie glauben".

Heute ist der alte Streifen nackten Bodens der gepflegte Park Staromiejski (Altstadtpark), und nur seine umgangssprachliche Bezeichnung, Park Śledzia (Heringspark), erinnert noch an die ursprüngliche Bebauung mit ihren engen Gassen und den jüdischen Marktständen. Hinter dem Park, entlang der Wolborskastraße, befindet sich eine Wand aus Wohnblocks der 1950er Jahre. Sie wird auf der Westseite von den neu erbauten Arkaden des Stary Rynek (Alter Marktplatz) abgeschlossen. Diese Dekoration ist modern, sie verdeckt das Gelände des ehemaligen Gettos, das der Zeit zum Opfer fällt. „Tamta przestrzeń nie ma swego *loci*, nie odsyła do żadnego punktu znjadującego się na kartograficznej siatce, nie może więc niczego z rzeczy przypomnianych umiejscawiać" (Majewski 2009, 196; „Dieser Raum hat keinen eigenen *locus*, er verweist auf keinen Punkt des kartografischen Netzes, er kann also nichts Erinnertes verorten").

Im ersten Jahrzehnt nach dem Zweiten Weltkrieg vergrößerte sich die Zahl der Einwohner von Łódź um ca. 200 000 Personen, die vorranging aus der länd-

---

[15] Zit. nach der Textvorlage für *Szpera '42. Theaterprojekt auf dem Gelände des ehemaligen Gettos Litzmannstadt*.

lichen Umgebung der Stadt kamen und die Arbeitskräfte der Textilindustrie stellten. Ein Teil der Neuzugezogenen wohnte auf dem Gelände des früheren Gettos, aus dem in der letzten Phase seiner Auflösung ca. 67 000 Juden in das Konzentrationslager Auschwitz-Birkenau deportiert wurden. Die neuen Bewohner von Bałuty, aber auch von anderen Stadtteilen, brachten ihre eigene Erinnerung an das Vergangene mit. Sie identifizierten sich nicht mit dem Geschichtsraum des Gettos. Das ist einer der Gründe, warum es gerade in Łódź so schwer war, den Dialog mit seiner von der Shoah geprägten Vergangenheit aufzunehmen.

Das Theaterprojekt Ostermans und Rodowiczs richtete sich sowohl an die, die auf ihrem Weg durch das Gelände des ehemaligen Gettos bewusst eine Gemeinschaft bildeten, als auch an die Anwohner der Straßen und Hinterhöfe, in denen das Theaterprojekt realisiert wurde. Die seit 2004 veranstalteten Trauerfeierlichkeiten zum Jahrestag der Liquidierung des Gettos durch die Besatzer sowie die pädagogischen Veranstaltungen (wie beispielsweise das Nachzeichnen der Getto-Grenzen auf den Gehwegen oder das Anbringen von Informationstafeln an Gebäuden) haben Erinnerungsfunktion. Im Gegensatz dazu war die zu *Szpera '42* zusammengefügte Ereigniskette ein „acting out" im Sinne Connertons. Es ist charakterisiert durch das Erleben der Vergangenheit in der Gegenwart, wobei der Zwang zur Wiederholung das Erleben in einen Gegenstand des Gedächtnisses umwandeln soll. Ziel war der Versuch, den Teilnehmenden und den zufälligen Beobachtern die Überwindung eines ‚falschen Gedächtnisses' zu ermöglichen, die geschichtliche Identität von „Nichtorten" zu erfahren und im gegenwärtigen Raum des Stadtlebens Zugang zur Vergangenheit zu finden. Denn mit Tomasz Majewski (2009, 196) lässt sich sagen, dass

[...] wynajdowanie miejsca, właściwego *locus* dla obrazu zapamiętanych przez nas rzeczy ‚leczy' zniszczenie. ‚Nieumiejscowiona' w niczym, odarta z wyobrażeń przestrzeń podważa u podstaw zasadę komemoracji.

[...] das Finden eines Ortes, des geeigneten *locus* für das Bild des von uns Erinnerten, die Zerstörung ‚heilt'. Ein Raum, der nirgendwo ‚nichtverortet' ist und bar jeder Vorstellung liegt, untergräbt schon im Ansatz das Prinzip der Erinnerung [poln. *komemoracja*].

(Aus dem Polnischen von Yvonne Belczyk-Kohl)

## Literaturverzeichnis

MONOGRAPHIEN UND AUFSÄTZE

Connerton, Paul 2003: How Societies Remember. Cambridge.
Majewski, Tomasz 2009: Ulice bez pamięci. In: Pamięć Shoah. Kulturowe reprezentacje i praktyki upamiętniania. Red. Tomasz Majewski i Anna Zeidler-Janiszewska. Łódź, S. 195-196.
Podolska, Joanna 2009: Pamięć getta w Łodzi. In: Pamięć Shoah. Kulturowe reprezentacje i praktyki upamiętniania. Red. Tomasz Majewski i Anna Zeidler-Janiszewska. Łódź, S. 223-232.
Rokem, Freddie 2012: Geschichte aufführen. Darstellungen der Vergangenheit im Gegenwartstheater. Aus d. Engl. von Matthias Naumann. Berlin.
Schlögel, Karl ²2007: Im Raume lesen wir die Zeit. Über Zivilisationsgeschichte und Geopolitik. Frankfurt am Main.

QUELLENSAMMLUNGEN

Kronika getta łódzkiego Litzmannstadt Getto 1941-1944. Bd. 2. Bearbeitung und wissenschaftliche Betreuung Julian Baranowski, Krystyna Radziszewska, Adam Sitarek et al. Beratung und inhaltliche Betreuung Paweł Samuś u. Feliks Tych. Łódź 2009.
Die Chronik des Gettos Lodz/Litzmannstadt. 1942. Bd. 2. Hrsg. v. Sascha Feuchert, Erwin Leibfried u. Jörg Riecke. Göttingen 2007.

INTERNETQUELLEN

Osterman, Ruthie: SZPERA '42 – Site specific theatre event. http://www.ruthieosterman.com (letzter Abruf 15.3.2012).
Rumkowski, Chaim Mordechaj. 1942. Przemówienie Przewodniczącego Starszeństwa Żydów w Litzmannstadt Getto Chaima Mordechaja Rumkowskiego, 4 września 1942. http://www.centrumdialogu.com/pl/litzmannstadt-ghetto/913-przemowienia-chaima-m-rumkowskiego-ogaszajce-wielk-szpere (letzter Abruf 26.3.2013)

HILFSMITTEL FÜR DIE ÜBERSETZUNG

Die Bibel oder die ganze Heilige Schrift des Alten und Neuen Testaments. Nach der deutschen Übersetzung d. Martin Luthers. 1968. Witten.

## Summary

The theatrical project *Szpera '42* realized in cooperation with artists from Israel on the area of the Litzmannstadt Ghetto on the occasion of the 70th anniversary of its liquidation was an attempt to re-establish the memory of the victims of ‚Wielka Szpera' (‚The Great Curfew'). This project is part of an important theatrical discourse which serves as a reflection of our collective identity, and as a confrontation of the paradigm of the past that was created by the official history and the collective cultural memory. It enables us to ‚orientate' in the Space-

Time of history, especially of recent history, which means that it enables us to find our own place in there. The historical space which was constituted by the places was the frame for commemorating the past in *Szpera '42*. They were integrated in the action of the actors as 'Memory of the City', mute witnesses, traces of past events, even if they reached the status of a 'non-place' nowadays. Another element of the past were the fragments of texts or images of the Ghetto taken on photos which should serve the rescue of „the muteness of the 'real witnesses'". Actors who did not act a role but unveiled and bore testimony to the past suffering were also entitled to the status of witnesses. The authors connected the fragments that survived in places, words and pictures within a clear artistical structure. They rejected the criteria of unity and culmination and instead of a superior hierarchy of texts a free stream of verbal microstructures appeared during the scenes. The theatrical action was addressed to those who founded a community that consciously and purposefully walks through the area of the former ghetto every three weeks, as well as to the habitants of the streets and backyards which the community uses to cross. The aim was an attempt to enable the participants of the theatrical action and its accidental audience to overcome the 'bad memory', to recognize the historical identity of the 'non-places' and to find an approach to the past in the contemporary living space of the city.

**Streszczenie**

Projekt teatralny *Szpera '42* zrealizowany w przestrzeni Litzmannstadt Getto w 70. rocznicę jego likwidacji przez Teatr Chorea we współpracy z artystami z Izraela był próbą przywrócenia pamięci o ofiarach 'Wielkiej Szpery'. Projekt ten wpisuje się w ważny dyskurs teatralny, służący oglądowi naszej zbiorowej tożsamości i konfrontacji modeli przeszłości utrwalonych przez oficjalną historię z kolektywną pamięcią kulturową, pozwala nam 'orientować się' w czasoprzestrzeni dziejów, zwłaszcza dziejów najnowszych, to znaczy pozwala odnaleźć w niej swoje miejsce. Ramy przypominania przeszłości w *Szperze '42* stanowiła przede wszystkim przestrzeń historyczna, którą przywoływały miejsca. Zostały one zintegrowane z działaniami aktorów jako 'pamięć miasta', niemi świadkowie, ślad dawnych zdarzeń, nawet jeśli obecnie zyskały status miejsc nieobecnych. Elementem przeszłości w funkcji świadków były także fragmenty wykorzystanych tekstów i obrazy getta utrwalone na zdjęciach, które miały służyć ocaleniu „niemoty 'prawdziwych świadków'". Status świadka przysługiwał także aktorom, którzy nie wcielali się w role, lecz odsłaniali cierpienia z przeszłości i zaświadczali o nich. Twórcy połączyli w przejrzystej strukturze artystycznej fragmenty, które przetrwały w miejscach, słowach i obrazach. Odrzucili kryterium całości i pełni, a zamiast nadrzędnej hierarchii tekstu pojawił się swobodny przepływ mikrostruktur słownych i sekwencji narracyjnych w obrębie poszczególnych scen. Akcja teatralna adresowana była zarówno do tych, którzy świadomie i celowo utworzyli wspólnotę przemierzającą w trzygodzinnym pochodzie teren dawnego getta, jak i do mieszkańców ulic i podwórek, w które wkraczała. Celem była próba umożliwienia uczestnikom akcji teatralnej i jej przypadkowym obserwatorom przezwyciężenia 'złej pamięci', rozpoznanie historycznej tożsamości 'nie-miejsc', odnalezienie we współczesnej przestrzeni życia miasta dostępu do przeszłości.

# Personenverzeichnis

Abeles, Ben 343
Adorno, Gretel 169
Adorno, Theodor W. 101, 157, 169, 265, 273
Agamben, Giorgio 142, 153
Allen, Woody 91
Amann, Jürg 61-68, 128
Améry, Jean 77, 96, 104
Amiel, Irit 41
Andronikova, Hana 12, 303-315
Ankersmit, Frank 49, 55
Anz, Thomas 328
Arendt, Hannah 29, 35, 65, 113, 141, 160, 169-171
Arnold, Agnieszka 54
Asherov, Ayala 351
Assmann, Aleida 39, 55, 157, 169, 324, 328
Assuntino, Rudi 46
Atze, Marcel 61, 67
Auerbach, Rachela 175-178, 180, 182
Augé, Marc 169
Augustová, Zuzana 247f., 261
Auslander, Shalom 44, 54

Baer, Elizabeth 83
Bainvoll, Joseph 199
Bajgelman, Dawid 353
Bąk-Zawalski, Aleksandra 12, 185-201
Balák, Luboš 164
Balík, Štěpán 12, 275-289
Baranowska, Małgorzata 188, 199, 201
Baranowski, Julian 136, 349, 360
Bart, Andrzej 28-35, 50, 107, 112f., 116, 118f., 122-126, 129-133, 135-137, 139-145, 152-155
Bartana, Yael 21-26, 34-36
Barthes, Roland 140
Bauer, Katharina 11f., 69-86
Bauer, Yehuda 40, 55, 340
Bednaříková Procházková, Ivana 279, 287
Begley, Louis (Ludwik Begleiter) 42
Belczyk-Kohl, Yvonne 347, 359

Benedikt XVI, *Papst* 19f.
Benigni, Roberto 41, 157
Benjamin, Walter 168-171
Białoszewski, Miron 46, 54
Biebow, Hans 109, 113, 141, 143
Bieńczyk, Marek 49f., 54, 139-141, 145-148, 152-155
Bily, Christine 13
Binet, Laurent 128
Bittová, Iva 216
Blake, Martin 331f.
Bösch, Frank 59, 67
Bolecka, Anna 44, 54
Bondy, Jan 206
Bondy, Ruth 206, 229
Bor, Josef 220, 223
Boraks-Nemetz, Lillian 70, 83f.
Borkowska, Grażyna 150, 153
Borowski, Tadeusz 77f., 181
Bosmajian, Hamida 69, 71-73, 79, 82f.
Boyne, John 79f., 83
Brady, Hana 76
Brady, Jiří (George) 76
Braun, Eva 159-163
Brecht, Bertolt 169
Brinkmann-Siepmann, Brigitte 170
Brod, Toman 241
Bronfen, Elisabeth 302
Broszat, Martin 62, 67
Bruckner, Ferdinand 61
Bruyn, Günter de 199
Buda, György 104
Bukojemski, Michał 143
Bulgakov, Michail 143

Calvino, Italo 140
Čapek, Karel 220
Carlebach, Shlomo, *Rabbi* 354
Caruth, Cathy 294
Čechov, Anton P. 220f.
Celan, Paul 76, 157, 169
Chamberlain, Neville 341
Chaplin, Charlie 164, 339

Chatman, Seymour Benjamin 345
Chmielecka, Joanna 347
Chmielewska, Katarzyna 153
Chmielewski, Wojciech 153
Chomatowska, Beata 23, 35
Chutnik, Sylwia 26-28, 35, 53f.
Cieślak, Tomasz 328
Cioran, Émile Michel 140
Clarke, Malcolm 236
Clarke, Melvyn 215
Cohen, Werner V. 126
Connerton, Paul 349, 359f.
Cornis-Pope, Marcel 266, 273
Crhová, Marie 264, 273
Cygan, Jacek 43, 54
Cykiert, Abraham 117
Czapliński, Przemysław 46f., 49-51, 55

**D**ahrendorf, Malte 72, 83f.
Dalai Lama 340
Dalle Vacche, Angela 40, 55
Dawidowski, Christian 326-328
Dedecius, Karl 157
Dehn, Wilhelm 170
Delbo, Charlotte 78
Delbos, Stephan 271
Deleuze, Gilles 345
Denemarková, Radka 12, 157-159, 164-168, 170f., 264, 291-302
Dennis, Richard 227
Denzel, Markus A. 158, 169
Derrida, Jacques 145, 147
Diamant, Ala 353
Dichter, Wilhelm 42
Dickens, Charles 124
Dickinson, Emily 91
Dietrich, Margret 169
Djebar, Assia 301
Doering, Sabine 199
Dörner, Andreas 40, 55
Dösseker, Bruno 139
Doležel, Lubomír 159, 169f.
Doma, Akos 104
Donutil, Miroslav 216, 223
Dousková, Irena 12, 275-289
Drda, Adam 301

Drotkiewicz, Agnieszka 50
Dubs, Alfred 339
Dudková, Veronika 241
Dürer, Albrecht 140
Dürrenmatt, Friedrich 167, 169
Dunin, Kinga 21

Ebert, Dietmar 92f., 104
Edelman, Marek 46
Egyptien, Jürgen 56
Ehrenreich, Robert M. 84
Eichenbaum, Ray 116f., 125
Eichengreen, Lucille 120f., 123-125, 141
Eichmann, Adolf 28f., 35, 61, 65-67, 160, 169, 176, 182
Eilat, Yoni 347
Eke, Norbert Otto 85
Elizabeth II., *Queen* 339
Eppstein, Paul 234, 241
Epstein, Leslie 107, 111-113, 119-126
Erdbrügger, Torsten 274
Erdle, Birgit R. 302
Ewers, Hans-Heino 200
Exner, Milan 276, 279, 281f., 287

Farell, Kirby 158, 169
Feuchert, Sascha 11, 107-126, 136, 349, 360
Ficowski, Jerzy 45
Fink, Ida 41, 199
Fischer, Gottfried 186, 199
Fischl, Viktor 212-214, 229
Földényi, Lázlo 99, 101, 104
Foglar, Jaroslav 221
Folman, Ari 41
Forecki, Piotr 55f.
Franěk, Jiří 241, 251, 261
Frank, Anne 44, 76-78, 85
Frankl, Michal 264, 273
Freistadt, Petr 275, 279
Freistadtová, Irena *siehe* Dousková, Irena
Frenzel, Ivo 59, 67
Freud, Siegmund 349
Frevert, Ute 39, 55
Friedman, Filip 176, 182
Frister, Roman 73

Fuchs, Dora 135
Fuchs, Elinor 239, 241
Fuksa, Karel 164

Gazda, Grzegorz 10f., 175-183
Genersicht, Ernest 338
Géreky, Déza 104
Gerron, Kurt 232, 235-237, 242f., 249, 252f., 261f.
Gertler, Dawid 111
Gilcher, William 126
Gilk, Erik 299, 301
Gissing, Vera 333f., 339, 345
Glas, Jan 55
Glasenapp, Gabriele 200
Gleitzman, Morris 80f., 83
Głowiński, Michał 41, 45, 54, 78, 140, 153
Gnauck, Gerhard 17, 35
Goebbels, Joseph 159f., 339
Goelz (Gölz), Christine 270, 273
Göring, Hermann 160, 339
Goldflam, Arnošt 12, 157-164, 167-171, 227-243, 245-262, 264
Goldhagen, Daniel Jonah 165, 169
Goldkorn, Włodek 46
Golebiowski, Anja 10-12, 17-37
Golze, Rosemarie 55
Goodenough, Elizabeth 84
Goschler, Constantin 67
Gounod, Charles 220
Granzow, Brigitte 169
Grass, Günter 296
Gray, Damien 227, 234, 240-242, 249
Greenspan, Henry 82f.
Gren, Roman 48, 54
Greve, Ludwig 199
Gross, Jan Tomasz 54
Grynberg, Henryk 18f.
Gryphius, Andreas 169

Hamburger, Anne 227
Harig, Ludwig 199
Hartmann, Geoffrey 145, 153, 157, 169
Haupenthal, Thomas 71, 83f.
Hausmann, Clemens 293f., 301

Havel, Václav 215, 220, 224, 233, 340
Heberle, Mark A. 84
Heeg, Günther 158, 169
Heer, Hannes 39, 55
Hein, Helmut 65, 67
Heitlingerová, Alena 218, 223
Heller-Roazen, Daniel 153
Herbert, Zbigniew 198
Hermann, Judith 295
Herszkowicz, Jankiel 355
Herszkowicz, Łucja 347, 355
Hesse, Bettina 65, 67
Heydrich, Reinhard 163
Hickethier, Knut 59, 67
Hiemer, Elisa-Maria 12, 317-329
Hilberg, Raul 145
Hilsenrath, Edgar 73
Himmler, Heinrich 159f.
Hinck, Walter 199
Hirsch, Fredy 211
Hirsch, Marianne 47, 56, 69, 84, 139f., 145, 154
Hirschel, Alma 91
Hitler, Adolf 51, 61, 67, 76, 158-164, 168-171, 229, 240, 250, 333, 338-341
Hodian, John 227
Hodrová, Daniela 267
Höllenreiner, Hugo 75, 83
Höß, Rudolf 61-65, 67f.
Hoffman, Ewa 45, 54
Holland, Agnieszka 41, 54
Holý, Jiří 10, 12, 67, 157, 165, 168-170, 227-243, 261, 263, 265-268, 273, 276, 279, 281, 288
Hopster, Norbert 84
Horák, Ferdinand 219
Hořínek, Zdeněk 246, 250, 257f., 261
Horowitz, Beniamin 181
Howell, Yvonne 266, 273
Hrab, Ondřej 232, 249
Hrabal, Bohumil 163, 267
Hříbková, Hana 12, 203-214
Hrtánek, Petr 280, 288
Hrušínský, Rudolf 215
Hruška, Petr 261
Hrzánová, Barbora 275

Ibler, Reinhard 9-13, 245-262
Ishioka, Fumiko 76
Izdebska, Agnieszka 11, 139-155

Jabłkowska, Joanna 130
Jamrozek-Sowa, Anna 323, 328
Janion, Maria 52, 54, 56
Jeismann, Michael 40, 56
Jelinek, Elfriede 66f.
Jentys, Maria 327f.
Johannes Paul II., *Papst* 24, 35
Jostin, Petra 84
Just, Vladimír 250, 261

Kacandes, Irene 69, 84
Kacer, Kathy 76, 83
Kaczyński, Lech 24
Kästner, Erich 84
Kafka, Franz 28-30, 113, 132, 137, 229, 246, 270, 278
Kamiński, Jarosław 48f.
Kamp, Michal 230, 241
Kant, Immanuel 123
Kaptayn, Valentina 12, 263-274
Kárná, Margita 241
Kárný, Miroslav 241
Karski, Jan 47
Kasprzysiak, Stanisław 154
Keff, Bożena 45, 48, 50-53, 55, 57
Keil, Rolf-Dietrich 169
Kertesz, Imre 11, 73, 89-106
Kertzer, Adrienne 73, 83f.
Khan, Mohammed Masud Raza 185, 199
Kijowska, Marta 28, 35, 125, 130, 136
Kinsky, Esther 54f., 325
Kipling, Rudyard 219
Kipphardt, Heinar 61, 67
Klee, Paul 168, 170f.
Kleijn, Karen 79, 85
Klein, Edward 135
Klein, Peter 109, 126
Klein, Staszek 135
Kliems, Alfrun 267, 273
Kligier, Marek 111
Klíma, Ivan 217
Klímová, Helena 217, 223

Klüger, Ruth 11, 89-106, 125f., 199
Kober, Hainer 67
Kocáb, Michael 215, 223
Köppen, Manuel 89, 104
Kokkola, Lydia 73, 75, 80, 84
Kopf, Martina 293, 295-297, 301
Koplowicz, Abraham 351, 355
Korczak, Janusz 141
Kościuszko, Tadeusz 112
Kosiński, Jerzy 78
Kosubek, Gisela 125, 136
Kotowska-Kachel, Maria 317, 328
Kovalčuk, Josef 245, 247f., 250, 261
Kowalska-Leder, Justyna 131, 136
Kowalski, Sergiusz 141
Kozłowski-Kleinmann, Leopold 43f., 54
Krall, Hanna 43, 77
Kramer, Sven 40, 56
Krása, Hans 253
Kraus, František R. 212
Kraus, Harry 203
Kraus, Ota B. 12, 203-214
Kraus, Peter-Martin 206
Kraus, Richard 203
Kraus, Ronny 207
Krause, Maks 352
Krausová, Dita 204-210, 213
Krausová, Michaela 207
Kreutzer, Hans Joachim 199
Kropiwnicki, Jerzy 356
Krukowski, Tomasz 347
Kryl, Miroslav 230, 241
Kubičková, Klára 160, 169
Kuhiwczak, Piotr 80, 84
Kuligowska-Korzeniewska, Anna 144, 154
Kulka, Erich 229
Kundera, Milan 218
Kuperman, Dawid 352
Kuryluk, Ewa 45

Lacan, Jacques 145
Landau, Ewa 352
Landwehr, Margarete 79, 84
Lang, Berel 129, 134, 136
Lang, Rudolf 63

Langer, Lawrence 72, 84, 140, 154
Lawaty, Andreas 169
Lébl, Petr 220, 292
Lechler, Katrin 189, 191, 199
Lehár, Franz 240, 252
Leibfried, Erwin 109, 126, 136, 349, 360
Lempp, Albrecht 54, 125, 136
Lempp, Reinhard 191, 199
Leociak, Jacek 131f., 134-136, 143, 154, 181
Lermen, Birgit 56
Levi, Primo 77, 142, 154, 212
Lévinas, Emmanuel 145
Levine, Karen 76, 83
Levy, Daniel 39, 56, 101, 104
Lewinsky, Charles 236
Leyko, Małgorzata 10, 12, 347-361
Lezzi, Eva 185f., 188, 199
Ligocka, Roma 11, 185-201
Ligocka, Teofilia 191
Liška, Tomáš 345
Littell, Jonathan 64, 67, 128
Litzmann, Karl 357
Löw, Andrea 109, 121, 126
Loewy, Hanno 116, 126
Lomová, Lucie 283
Lorencová, Anna 205, 213
Lorenzer, Alfred 185, 199
Lotman, Jurij M. 160, 169
Lowinger, Kathy 71, 84
Łoziński, Mikołaj 45, 48, 55
Lustig, Arnošt 208, 213f., 217
Luther, Martin 354, 360

Mácha, Karel Hynek 224
Macurová, Alena 345
Märtesheimer, Peter 59, 67
Magry, Karl 241
Mahler, Gustav 230
Mahler, Willy Otto 227, 230-232, 234f., 241f., 250f., 259, 261f.
Maierhofer, Waltrud 199
Majewski, Tomasz 10, 358-360
Makaruk, Katarzyna 153
Malaparte, Curzio 181
Málek, Petr 273

Mangold, Ijoma 133, 136
Mann, Thomas 143
Mareš, Petr 345
Margolis-Edelman, Alina 199
Marom, Hugo 338
Marszałek, Magdalena 169f.
Matwin-Buschmann, Roswitha 44f., 54-56
Maxwell, Elizabeth 333
Maziarski, Jacek 180f.
McGlothlin, Erin 91, 94, 104
McLaren, Ewan 232
Meir Cohen, Yoav 347
Meloch, Katarzyna 44, 56
Mengele, Josef 160, 162f., 205, 211, 318, 327, 329
Merle, Robert 63, 67
Method, Christian 227
Metz, Christian 331
Meyer, Marita 76f., 84
Meyer, Urs 321, 328
Michelangelo Buonarroti 266
Mieszkowska, Anna 45, 56
Mihaileanu, Radu 41
Mikołajczak, Sylwia 77f., 84
Mikos, Jarosław 154
Milchman, Alan 150, 154
Miller, Marek 143
Miłosz, Czesław 51, 77
Mináč, Matej 12, 331-346
Moczarski, Kazimierz 77
Molisak, Alina 153, 169f.
Moller, Sabine 56
Mommsen, Hans 169
Monaco, James 331, 342, 345
Morawiec, Arkadiusz 178, 182
Morrison, Elizabeth S. 273
Morrison, Toni 91
Mostowicz, Arnold 129
Mozart, Wolfgang Amadeus 338
Müller, Herta 293
Murmelstein, Benjamin 66
Murphy, Louise 79

Nachman von Bratzlav, *Rabbi* 351
Nagelschmidt, Ilse 274
Nałkowska, Zofia 77

Naumann, Matthia 360
Neubauer, John 273
Newman, Ja'akov 280, 288
Niederland, William G. 185, 199
Nietzsche, Friedrich 92
Noch, Curt 67
Novotný, Vladimír 306, 314
Nycz, Ryszard 56

Olbracht, Ivan 215
Olczak Ronikier, Joanna 42, 45, 55
Orálek, Milan 345
Orlev, Uri 74, 81
Orski, Mieczysław 326, 328
Orten, Jiří 240
Ossowski, Mirosław 56
Ostachowicz, Igor 31-33, 35f., 45, 52f., 55, 57
Osterman, Ruthie 347, 349, 355f., 359f.

Pałys, Kuba 347
Pankowski, Marian 42f., 45, 50, 55
Pasikowski, Władysław 41
Patočka, Jan 206
Paul, Gerhard 63, 67
Pausewang, Gudrun 74, 83f.
Pavić, Milorad 292
Paziński, Piotr 48, 55, 57
Pelikán, Čestmír 345
Penn, Sean 157
Peschel, Lisa 10, 285
Petersdorff, Friedrich von 13
Petr, Oskar 215
Petr, Václav 208
Petrowskaja, Katja 21, 26, 35
Pfohlmann, Oliver 325, 328
Pick, Jiří Robert 217, 245
Pienowski, Hakan 105
Pietrych, Krystyna 328
Piłsudski, Józef 24
Pirol, Moritz 188, 199
Pitínský, Jan Antonín 228
Plath, Jörg 325, 328
Plato 92
Podolska, Joanna 356, 360
Poelchau, Maria 125

Poláček, Karel 229, 246, 277f.
Polachová, Dita *siehe* Krausová, Dita
Polanski, Roman 41
Polit, Monika 29, 35, 131, 133-136, 142, 154, 349
Polzin, Christian 104
Porter, Robert 267f., 274
Pospíšil, Zdeněk 216
Pressler, Mirjam 74f., 83f.
Přibáň, Michal 288
Přibáňová, Alena 275, 283, 288
Probst, Inga 274
Probst, Lotar 39, 56
Profousová, Eva 301
Prot, Katarzyna 199f.
Proust, Marcel 141
Przymuszała, Beata 149-151, 154
Ptáček, Luboš 345
Ptáčková, Brigita 345
Puccini, Giacomo 256
Pynsent, Robert B. 276f., 279, 281, 288

Rabinovici, Doron 66f.
Radai, Eszter 105
Radziszewska, Krystyna 11, 127-137, 360
Rahm, Karl 239
Rakusa, Ilma 104
Rapaport, Judith 187
Rapaport-Bar-Sever, Michal 187
Raulff, Ulrich 46, 56
Rawicz, Piotr 50
Redington Bobby, Susan 84
Reich-Ranicki, Marcel 46, 55
Reichel, Peter 40, 56, 60, 68
Reicher, Edward 121
Reimer, Carol J. 76, 84
Reimer, Robert C. 76, 84
Rektor, Joab H. 229
Riecke, Jörg 109, 126, 136, 349, 360
Riedesser, Peter 186
Riedl, Peter Philipp 199
Riefenstahl, Leni 21, 163
Robinson, Shalom 187
Rodowicz, Tomasz 347, 350, 355f., 359
Roeck, Bernd 40, 56
Rokem, Freddie 347, 355, 360

Romero, George A. 52
Rosenberg, Alan 150, 154
Rosenfeld, Oskar 116, 126
Roskies, David 296
Roth, Joseph 246
Roth, Markus 11, 59-68
Rozenberg, Izrael 352
Rozensztajn, Szmul 142, 154
Różewicz, Tadeusz 157, 169
Rubinstein, Arthur 140
Rudnicki, Adolf 127f., 136, 142
Rudnicki, Marek 140
Rudzka, Zyta 12, 317-329
Rüsen, Jörn 328
Rumkowska, Regina 113, 118, 130
Rumkowski, Mordechai Chaim 28-30, 35f., 109-124, 126-137, 141-144, 154, 349f., 353, 355, 360
Rutkiewicz, Paweł 10

Saalfeld, Lerke von 104
Šabach, Petr 275
Safrany, Reka 105
Samuś, Paweł 360
Sander, Martin 131, 136
Schandor, Werner 297, 302
Schaumann, Caroline 91, 104
Schermer, Naomi 351
Scherpe, Klaus R. 89, 104
Schindel, Robert 61f., 65-67
Schlesinger, Joe 334f., 337-341, 343, 345f.
Schlink, Bernhard 76f.
Schlögel, Karl 347, 355-357, 360
Schmid, Bernhard 67
Schmid, Ulrich M. 133, 136
Schmid, Wolf 167, 169
Schmidtkunz, Renata 100, 104
Schmitz, Walter 40f., 46f., 56
Schödel, Helmut 61
Schorm, Evald 292
Schreiber, Birgit 197-199
Schuenke, Christa 302
Schulz, Bruno 229
Schulz, Karel 266
Schulz, Paulina 54

Schwamm, Kristin 104
Schwarz, Wolfgang F. 11, 157-171
Segev, Tom 63, 67
Sem-Sandberg, Steve 107, 113f., 121-126, 129, 132-137
Sender, Stuart 236
Sendlerowa, Irena 45, 56
Shakespeare, William 144, 229
Sharon, Ariel 61
Shavit, Zohar 71, 83f.
Sicher, Gustav 204
Sieńkiewicz, Karol 24, 35
Siepmann, Thomas 170
Sierakowski, Sławomir 21-24, 34
Singer, Oskar 116, 126, 181
Šipová, Alexandra 276, 278, 280, 282, 284, 286
Sitarek, Adam 360
Skawińska, Anna 154
Skoumal, David 251, 261
Śliwiński, Piotr 135f.
Śliwowska, Wiktoria 56
Słobodzianek, Tadeusz 45
Smetana, Bedřich 231, 240, 251
Smoleński, Paweł 132, 136, 326f., 328
Sobolewska, Justyna 129, 136
Sokalska, Arlena 33, 36
Sokoloff, Naomi 80, 84
Sorrentino, Paolo 157, 166
Spargo, R. Clifton 69, 84
Spiegel, Szaja 115
Spiegelman, Art 50f., 78
Spielberg, Steven 40f., 44, 99, 157, 188, 218
Spinelli, Jerry 80-83
Špirit, Michael 273
Sruk, Marija 11, 89-106
Staemmler, Klaus 55
Stalin, Iosif 159-161, 229
Stasiuk, Andrzej 18-21, 30, 35
Stavarič, Michael 293
Štědroň, Petr 241
Stefanek, Paul 169
Steinbach, Peter 60, 67
Steinecke, Hartmut 85
Steinlein, Rüdiger 72-74, 84

Stępniewska, Aleksandra 193f., 199
Stern-Cohen, Hilda 115, 126
Stokfiszewski, Igor 25, 36
Stolzmann, Uwe 325, 329
Stránský, Pavel 204f., 209, 213
Straub, Jürgen 328
Strittmatter, Thomas 60, 66f.
Stroux, Stephan 55
Światlowska, Irena 188f., 199
Świerkocki, Maciej 181
Swift, Graham 123
Szajnert, Danuta 11, 139-155
Szałagan, Alicja 328
Szczepan, Aleksandra 49, 56
Szczęsna, Joanna 129, 137
Szczypiorski, Andrzej 40, 55
Szewc, Piotr 44, 55
Sznaider, Natan 39, 56, 101, 104
Szostkiewicz, Halina 44, 56
Szpigiel, Ewa 353
Szpigiel, Jeszajahu 353
Szybowicz, Eliza 32, 36
Szych, Magdalena 13
Szymborska, Wisława 51

Tabori, George 61, 66, 229
Tarantino, Quentin 41, 273
Tauber, Yvonne 200
Thompson, Sterling 230, 232
Tiedemann, Rolf 169
Tokarska-Bakir, Joanna 32
Toman, Ervín 338
Tomáš, Filip 12, 215-224, 245, 261, 273
Tomášová, Tereza 12, 291-302
Toneva, Elina 347
Topol, Jáchym 12, 263-274
Topol, Josef 265
Trávníček, Jiří 241
Trepte, Hans-Christian 11, 39-57
Trettner, Barbara 72, 79, 85
Trobisch-Lütge, Stefan 185, 197, 200
Trojański, Piotr 84
Tschugnall, Karoline 56
Tuckermann, Anja 75f., 83
Tulis, Zdeněk 345

Tulli, Magdalena 17f., 35, 139-141, 148-155
Tusk, Donald 31, 35
Tych, Feliks 360

Ubertowska, Aleksandra 50, 56, 148, 154, 157, 169, 322, 329
Uhde, Milan 12, 215-224
Umińska- Keff, Bożena siehe Keff, Bożena
Unger, Michael 28, 36
Urban, Thomas 133, 137
Usakowska-Wolff, Urszula 56

Valášek, Martin 301
Vera, Yvonne 301
Verdi, Giuseppe 220
Viceníková, Dora 248, 261
Viewegh, Michal 275
Vinická, Tereza 242
Vlasáková, Šárka 12, 331-346
Vodička, Libor 248, 261
Vojtěch, Daniel 274
Voskovec, Jiří 164
Vygotskij, Lev S. 167, 170

Wachtel, Andrew Baruch 266, 274
Wagner, Richard 163
Walser, Martin 91, 199
Wangh, Martin 187, 200
Watts, Irene 70, 83f.
Weber, Ilse 338
Weber, Samuel 273
Weber, Shierry 273
Weigel, Sigrid 291, 302
Weil, Jiří 208, 211-214
Weinberg, Manfred 294, 302
Weiner, Richard 246
Weiss, Jiří 334
Weliczker, Leon 11, 175-183
Wells, Herbert George 204
Welzer, Harald 56
Wende, Waltraud 40, 56
Werfel, Franz 246
Werich, Jan 164
Wermuth, Ruta 41f., 45, 55

Weyler, Svante 105
White, Hayden 158, 170
Wiesel, Eli 77, 340
Wiesenthal, Simon 340
Wilkomirski, Binjamin 73
Winton, Grete 333f., 340
Winton, Nicholas 331-346
Wirrer, Jan 84
Wisse, Ruth R. 120, 126
Witthoefft, Jutta R. 213
Wodecka, Dorota 31, 36
Wojdowski, Bogdan 48, 55
Wolf, Friedrich 61
Wolff, Karin 55
Wolff, Manfred 56
Wolff-Powęska, Anna 55f.
Woolf, Virginia 292
Wróbel, Józef 41, 43, 47, 56

Yehude, Rachel 187
Yolen, Jane 78f., 83f.
Young, James Edward 263, 274, 296, 302

Zajac, Peter 165, 170
Zakh, Guy 347
Zalashik, Rakefet 186-188, 200
Zand, Gertraude 168-170, 267, 274
Zeidler-Janiszewska, Anna 360
Zeitlin, Froma I. 145, 154
Zelizer, Barbie 40, 56
Zemel, Carol 21f., 36
Zgodzaj, Michael 55
Ziok, Ilona 236
Zitová, Olga 12, 303-315
Żmijewski, Artur 25, 36
Zucker, Alex 266, 269, 273
Żukowski, Tomasz 153
Zybura, Marek 169

# Sie haben die Wahl:

Bestellen Sie die Schriftenreihe
*Literatur und Kultur im mittleren und östlichen Europa*
**einzeln** oder im **Abonnement**

per E-Mail: vertrieb@ibidem-verlag.de | per Fax (0511/262 2201)
als Brief (***ibidem***-Verlag | Leuschnerstr. 40 | 30457 Hannover)

---

**Bestellformular**

☐ Ich abonniere die Schriftenreihe *Literatur und Kultur im mittleren und östlichen Europa* ab Band # ____

☐ Ich bestelle die folgenden Bände der Schriftenreihe *Literatur und Kultur im mittleren und östlichen Europa*
# ____; ____; ____; ____; ____; ____; ____; ____; ____; ____

**Lieferanschrift:**

Vorname, Name ...........................................................................................

Anschrift .....................................................................................................

E-Mail............................................... | Tel.: ...............................................

Datum ............................................. | Unterschrift ...................................

---

**Ihre Abonnement-Vorteile im Überblick:**
- Sie erhalten jedes Buch der Schriftenreihe pünktlich zum Erscheinungstermin – immer aktuell, ohne weitere Bestellung durch Sie.
- Das Abonnement ist jederzeit kündbar.
- Die Lieferung ist innerhalb Deutschlands versandkostenfrei.
- Bei Nichtgefallen können Sie jedes Buch innerhalb von 14 Tagen an uns zurücksenden.

***ibidem*-**Verlag

Melchiorstr. 15

D-70439 Stuttgart

info@ibidem-verlag.de

www.ibidem-verlag.de
www.ibidem.eu
www.edition-noema.de
www.autorenbetreuung.de